HISTOIRE ET EXAMEN

DE

L'EMPIRISME PHILOSOPHIQUE

PAR

L'Abbé Ad. BOIXIÈRE

ANCIEN PROFESSEUR

Chanoine honoraire de Saint-Brieuc

Directeur de la Semaine Religieuse du Diocèse

SAINT-BRIEUC

IMPRIMERIE-LIBRAIRIE-LITHOGRAPHIE RENÉ PRUD'HOMME
Imprimeur de Sa Grandeur Monseigneur l'Évêque

1891

HISTOIRE ET EXAMEN

DE

L'EMPIRISME PHILOSOPHIQUE

LETTRE

DE SA GRANDEUR MONSEIGNEUR FALLIÈRES

Évêque de Saint-Brieuc et Tréguier

à M. l'Abbé BOIXIÈRE, Chanoine honoraire

DIRECTEUR DE LA SEMAINE RELIGIEUSE DE SAINT-BRIEUC

ÉVÊCHÉ
DE
Saint-Brieuc & Tréguier

Saint-Brieuc, le 26 novembre 1890.

MON CHER CHANOINE,

J'ai parcouru avec un égal intérêt les deux parties de votre ouvrage intitulé : *Histoire et examen de l'Empirisme philosophique.*

La première est une véritable galerie de portraits. On y passe successivement en revue les *Empiristes* de tous les temps et de tous les pays. Plagiaires ou héritiers les uns des autres, ils conservent tous, quoi qu'ils aient fait pour le perdre, je ne sais quel air de famille qui les décèle et les trahit. Tous, en effet, s'accordent à refuser toute certitude à ce qui dépasse les limites de la pure expérience. Après les avoir, grâce à vous, embrassés d'un coup d'œil d'ensemble, on ne peut s'empêcher de redire avec les livres saints qu'*il n'y a rien de nouveau sous le soleil*, et qu'en philosophie les Empiristes, tout en paraissant progresser, ne font que tourner dans le cercle infranchissable qui les emprisonne : *In circuitu impii ambulant* (Ps. 11, 9).

Dans la seconde partie de votre travail, vous passez à la discussion des systèmes empiriques dont vous avez ainsi montré, par leur simple rapprochement, les traits de ressemblance et les liens de parenté ; et, comme on ne rejette pour tout de bon que ce qu'on remplace avantageusement, vous remettez en honneur la philosophie de saint Thomas et le système scolastique tel que l'a interprété et professé un auteur contemporain, trop peu connu, le judicieux San-Severino.

Quant à l'importance et à l'opportunité de la publication que vous avez courageusement entreprise et menée à bonne fin, mon cher Chanoine, elles seront reconnues de quiconque sait observer et réfléchir : — l'importance, car c'est toujours dans la métaphysique qu'il faut chercher et atteindre la source des erreurs qui corrompent les sociétés ; — l'opportunité, car jamais l'esprit humain ne fut plus absorbé que de nos jours dans les sens et dans la matière.

Ancien professeur de rhétorique, vous avez non-seulement visé à la sobriété de style et à la clarté requises par votre sujet, mais encore écarté de votre plan et de votre œuvre tout appareil d'érudition.

Vos anciens élèves vous en sauront gré, ainsi que les jeunes rhétoriciens qui recevront votre ouvrage, comme c'est notre désir, au nombre de leurs prix, et à qui vous servirez par là d'introducteur au seuil de leurs études philosophiques. Vous leur apprendrez, par votre propre exemple, que, même dans la maladie, la pensée ne s'affaiblit pas avec la vie organique, et qu'avec la grâce de Dieu, l'âme peut rester toujours maîtresse du corps qu'elle anime.

Ce qui m'a particulièrement touché dans la préface de votre ouvrage, mon cher Chanoine, c'est le sentiment vif et profond auquel vous avez cédé en le composant et en le publiant. A la vue de la génération contemporaine, adoratrice plus ou moins inconsciente des seules forces naturelles et créées, vous avez ressenti dans votre cœur de prêtre quelque chose de ce douloureux frémissement qu'éprouvait saint Paul dans la ville d'Athènes, à la vue de l'idolâtrie : *Incitabatur spiritus ejus in ipso, videns idololatriæ deditam civitatem.* (Act. XVII, 16).

Ce sentiment vous honore grandement, mon cher Chanoine. Comment n'y verrais-je pas un présage de succès pour la belle et bonne œuvre qu'il vous a inspirée ?

Agréez, mon cher Chanoine, avec mes félicitations, mon affectueux dévouement en N. S.

† PIERRE-MARIE,
Ev. de Saint-Brieuc et Tréguier.

PRÉFACE

Le dix-neuvième siècle, on l'a dit bien souvent, est une époque de transition : il aura sur les générations futures une influence énorme, car la grande question qui préoccupe aujourd'hui les esprits est pour la société une question de vie ou de mort. Il s'agit, en effet, de rompre ouvertement avec dix-huit siècles de croyances chrétiennes, pour entrer dans une voie nouvelle, mystérieuse, bordée de précipices et semée de cruelles déceptions ; ou bien il s'agit de répudier pour toujours le philosophisme du dix-huitième siècle, et de revenir sérieusement à la foi de nos pères, seul rempart contre les débordements du crime. La lutte est engagée entre le bien et le mal : lutte grandiose, féconde en émotions ; lutte qui captive, à l'heure où nous écrivons, toutes les intelligences et tous les cœurs ; lutte qui doit, semble-t-il, fixer d'une manière définitive l'avenir du genre humain tout entier.

Dans ce moment décisif, il est commandé à tous les hommes de se jeter au sein de la mêlée, et de prendre part au grand mouvement de la pensée humaine. Lorsqu'il y va du salut de la société, personne n'a le droit de rester spectateur oisif et tranquille. Les défenseurs du mal sont réunis en groupe ; tous leurs efforts convergent vers un but unique : renverser la religion du Christ, et sur ses ruines bâtir la révolution, c'est-à-dire le chaos et le désordre. Défenseurs du bien, levons-nous aussi ! rangeons-nous sous l'étendard de la vérité ;

unissons-nous pour venger la foi méconnue, la raison outragée, la dignité humaine avilie !

Si nous voulons rechercher les causes de cette lutte engagée entre la barbarie et la civilisation, il faut porter nos regards sur la tournure qu'ont prise les études philosophiques, et sur les principes subversifs dont la jeunesse contemporaine fait la nourriture habituelle de son intelligence. Pour ne parler que de notre pays, qui devrait marcher à la tête de toutes les nations, ne voyons-nous pas, depuis un siècle environ, nos docteurs de l'Institut, nos professeurs de l'Université, se mettre à la remorque de l'Allemagne et lui demander des idées et des systèmes philosophiques? Depuis trop longtemps nous subissions l'influence de l'Allemagne savante ; l'Allemagne militaire nous a fait aussi subir la sienne. D'abord le joug des idées, puis celui des canons : la logique n'exigeait-elle pas cette terrible conséquence ? Mais élargissons la question.

Parmi les philosophes qui ont apparu tour à tour sur la scène du monde, les uns ont entrevu plus ou moins clairement les raisons dernières des choses, et ils se sont imaginé que l'homme peut tout savoir ; d'autres, pénétrant plus loin dans les secrets de la nature, se sont tout à coup heurtés contre un mystère qui a déconcerté la puissance de leur génie, et ils se sont écriés que l'homme ne peut rien savoir. Tous se sont jetés dans l'excès. Où donc est la sagesse ? « Elle consiste, dit Lactance, à ne pas croire que vous sachiez tout, ce qui n'appartient qu'à Dieu, et à ne pas prétendre que vous ne savez rien, ce qui est le propre de la brute. Entre ces deux extrémités il y a un milieu qui convient à l'homme : c'est une science mêlée de ténèbres et comme tempérée par l'ignorance ».

L'oubli de cette vérité fondamentale a produit dans la philosophie cet amalgame incompréhensible de systèmes contraires dont l'histoire nous raconte les vicissitudes. Trop souvent l'audace humaine ne s'est signalée que par des écarts, et la chaîne des erreurs a vu s'attacher à chacun de ses anneaux un groupe plus ou moins compact d'intelligences égarées. Mais il est bien difficile de rester stationnaire, une fois qu'on s'est engagé dans cette route funeste. Aussi voyons-nous tous les esprits logiques et conséquents se précipiter dans le matérialisme ou dans l'idéalisme, aussitôt que leurs yeux se sont fermés à la lueur de la vérité. Les uns anéantissent le monde matériel et n'en font qu'un tableau, une image, une ombre, une apparence sans réalité. Les autres anéantissent le monde spirituel, qu'ils considèrent comme un rêve, et ne voient partout que matière. La vérité n'est pas entre les deux, elle est au-dessus.

Ce sont les derniers qui feront l'objet de ce travail. D'autres plus habiles et plus éloquents se sont attaqués corps à corps à ce géant monstrueux, à cette hydre aux proportions effrayantes. Nous voulons aussi jeter une pierre à l'ennemi commun. Nous voulons apporter notre poignée de ciment à la digue élevée contre ce torrent qui grossit toujours et menace de tout engloutir dans ses ondes débordées. Nous voulons frapper notre coup de hache à la racine de cet arbre empoisonné.

L'arbre du mal est fort, sans doute ; ses racines pénètrent profondément dans le sol de la société moderne. Mais la Vérité est plus forte encore. Elle tient dans sa main une serpe formidable ; et l'arbre tombera tôt ou tard ; et ses rejetons seront brisés ; et les coryphées du mal seront effrayés de leur défaite. Nous le savons, et nous l'affirmons, car une parole divine nous en a donné l'assurance ; et nous, qui avons le bonheur de posséder la foi, nous savons aussi qu'une parole divine ne trompe jamais. Sans doute la Vérité n'a pas besoin, pour sa défense, d'une plume inexpérimentée comme la nôtre ; mais tout homme doit travailler à sa garde et à sa propagation. Quoiqu'elle se suffise par elle-même, Dieu l'a confiée comme un dépôt précieux à l'Église catholique, et tous ceux qui ont la gloire d'appartenir à l'Église catholique sont chargés de la défendre.

Dieu a remis à chacun de nous le soin de son frère : *Mandavit unicuique Deus de proximo suo.* Et je vois mes frères se précipiter tête baissée dans le gouffre du matérialisme ; je les vois se perdre sous mes yeux, et je ne les avertirais pas ! Et je ne chercherais pas à les retenir au moins sur le bord de l'abîme ! Oh ! si j'avais le bonheur d'en sauver un, un seul ! Cette pensée suffirait pour embaumer le reste de ma vie, dont les jours semblent désormais comptés. Du moins tous les efforts de mon âme convergeront vers ce but unique, et à défaut du génie, auquel je ne puis prétendre, j'espère que Dieu m'accordera le courage de combattre toujours pour sa cause. C'est donc la conscience d'un devoir qui nous a poussé à joindre notre faible voix à tant d'éloquentes manifestations. C'est l'espérance de produire autour de nous quelque bien qui nous a fait entreprendre l'*Histoire et l'Examen de l'empirisme philosophique.*

Nous verrons par l'*Histoire* que l'orgueilleuse philosophie du dix-huitième et du dix-neuvième siècle ne peut revendiquer aucune gloire sous le rapport des découvertes, puisqu'elle ne fait que répéter les sophismes des anciens. Nous verrons par l'*Examen* combien cette pernicieuse doctrine répugne à la saine philosophie.

Si ces pages ont quelque mérite, la plus grande et la meilleure part en revient aux auteurs qui nous ont guidé dans notre travail. Nous devons une particulière reconnaissance à M. l'abbé P. Carbonel, professeur de philosophie, et à M. P.-M. Brin, prêtre de Saint-Sulpice. Leurs excellentes *Histoires de la philosophie* nous ont été d'un grand secours, et nous y avons puisé largement. Nous ne pouvons oublier non plus M. H. de Valroger, prêtre de l'Oratoire, dont la *Genèse des espèces*, ouvrage rempli d'érudition et de modestie, a été pour nous une mine féconde et précieuse. Citons encore, parmi ceux qui nous ont prêté un utile concours, MM. Vallet, prêtre de Saint-Sulpice (*Histoire de la philosophie*), Amédée de Margerie, professeur à la Faculté des lettres de Nancy (*Philosophie contemporaine*), Amédée-H. Simonin (*Le matérialisme démasqué*), Ferraz, professeur de philosophie à la Faculté des lettres de Lyon (*Histoire de la philosophie en France au XIXᵉ siècle*), l'abbé A. Mellier, professeur à la Faculté catholique des lettres de Lyon (*Leçons de philosophie*), l'abbé Berthaud, professeur de philosophie (*Cours de philosophie*).

Loin de nous donc la sotte et ridicule prétention de nous attribuer un honneur que d'autres méritent avant nous et plus que nous. Notre but, nous le répétons, n'est pas de faire du bruit, mais de faire du bien. Or, il y a dans le monde tant d'esprits imbus des doctrines matérialistes et athées, et, par suite, tant de pauvres âmes qui traversent la vie sans étoile, sans boussole et sans guide ! Si pour ces âmes nous sommes incapable d'être le phare qui éclaire et illumine toute la route, essayons d'être au moins l'humble luciole, le modeste ver luisant posé sur le talus qui borde le chemin, comme pour indiquer au voyageur l'endroit où les faux pas seraient plus faciles et les chutes plus dangereuses.

Aussi laissons-nous de bon cœur à la critique le privilège d'user de tous ses droits et même de toutes ses licences, car nous sommes le premier à reconnaître que notre œuvre doit être remplie d'imperfections et de défauts. Et nous acceptons d'avance toutes les humiliations qui ne manqueront pas sans doute de nous venir de ce côté, car nous espérons que, malgré tout, notre parole ne sera pas absolument inféconde. Disons-le cependant, puisque c'est la vérité, ceux qui connaissent les conditions particulières et vraiment exceptionnelles dans lesquelles ce travail, d'abord simple dissertation d'école, a pris assez brusquement les proportions d'un volume, ceux-là peuvent attester que nous aurions quelque droit à l'indulgence du lecteur le plus sévère. Mais nous ne voulons pas commencer par mettre cette indulgence à l'épreuve, en prolongeant une préface que quelques-uns prendraient peut-être pour une tentative d'apologie.

Il nous reste un devoir bien doux à remplir. En déposant ce premier essai aux pieds de notre Mère, la sainte Eglise Romaine, nous la prions d'agréer l'humble hommage de notre respectueuse tendresse et de notre soumission filiale.

AD. BOIXIÈRE, *prêtre*.

Saint-Brieuc, 8 août 1890.

HISTOIRE & EXAMEN

DE

L'EMPIRISME PHILOSOPHIQUE

INTRODUCTION

« L'Empirisme, dit M. Fr. Riaux, est cette doctrine philosophique qui nie la certitude de tout ce qui dépasse les limites de la pure expérience. Pour la philosophie empirique, il n'y a de vrai, de réel, de perceptible, de certain, que le fait qui nous est directement et immédiatement connu : tout le reste peut bien être affirmé, mais ne sera jamais connu, ni démontré (1) ».

Nous acceptons cette définition sans la discuter, mais nous constatons immédiatement que la pure expérience n'a d'action que sur les phénomènes internes ou externes, et ne peut atteindre par elle seule jusqu'à la réalité substantielle, jusqu'à l'âme. Nous désignerons donc sous le nom générique d'*Empirisme* tous les systèmes philosophiques qui conduisent, par des voies différentes, au même résultat : l'abaissement de la dignité humaine et l'exaltation de la matière.

(1) Ad. Franck, *Dict. des Sciences philosoph.* Art. Empirisme.

Ces systèmes sont nombreux, si l'on en juge par les différents noms qu'ils ont pris et par les différentes formes qu'ils ont revêtues en traversant les siècles. Mais quels que soient les déguisements sous lesquels ils se présentent, il est facile de reconnaître leur origine. Transformisme, déterminisme, fatalisme, naturalisme, positivisme, etc., sont, à notre avis, des mots nouveaux qui n'expriment point de nouvelles choses. Ce n'est pas le moindre intérêt de l'histoire de montrer que l'esprit humain, une fois sorti du chemin de la vérité, est réduit à tourner incessamment dans le même cercle de contradictions et d'erreurs.

Il nous semble qu'on pourrait ramener à deux principaux tous les systèmes empiriques : les uns sont *matérialistes,* les autres sont *sensualistes.* Si ces expressions, dans le sens où nous les employons, ne concordent pas d'une manière absolue avec la terminologie actuellement usitée dans les écoles, nous dirons pour nous justifier, ou au moins pour nous excuser, que toutes les écoles elles-mêmes ne sont pas parfaitement d'accord entre elles sur la définition de ces termes, et nous commencerons par bien établir la signification que nous entendons leur donner dans le cours de ce travail.

Le *matérialisme,* poussé jusqu'à ses dernières conséquences, ne voit dans l'homme qu'une réunion de molécules organisées. Il explique notre origine par la théorie de la transformation des êtres ; la sensation, par l'influence fatale des objets extérieurs sur nos organes ; l'idée, par les sécrétions du cerveau ; la volonté, par les mouvements des viscères ; la mort, par la désagrégation des molécules. Mais il n'admet ni Dieu créateur, ni âme spirituelle, ni liberté, ni vie future.

Le *sensualisme* ne va pas si loin : il reconnaît l'existence d'une âme spirituelle et n'accorde pas à la matière la faculté de penser. Mais l'esprit qu'il donne à l'homme n'a que des facultés sensitives, et les idées que nous acquérons ne sont que des sensations transformées. Or, comme les animaux privés de raison sont aussi bien que nous susceptibles d'éprouver des sensations, on ne voit plus de différence essentielle entre l'homme et la brute.

Tels sont les deux systèmes dont nous allons entreprendre l'examen, après avoir préalablement exposé la vie et la doctrine de leurs principaux défenseurs.

Comme on le voit, les matérialistes et les sensualistes, d'accord pour tirer l'idée de la sensation, ne le sont plus quand il s'agit d'expliquer la nature de l'âme. Les premiers soutiennent qu'elle n'est pas distincte du corps. Les seconds reconnaissent son immatérialité ; mais ils subordonnent tellement l'exercice et même l'existence de ses facultés à l'organisation extérieure du corps, qu'ils finissent presque toujours par tomber dans le matérialisme.

D'ailleurs, nous tenons à le dire dès le début en attendant que nous le prouvions plus tard, le sensualisme est un système incomplet et illogique, qui ne reste sur les confins de la matière qu'au prix d'une inconséquence. Qu'un logicien rigoureux adopte les principes du sensualisme, et par la seule force des choses, la matière apparaîtra bientôt à ses yeux comme l'unique réalité. Nous en verrons des exemples.

On ne s'attend pas sans doute à trouver ici tous les développements que comporterait le sujet qui nous occupe. A elle seule, l'histoire du matérialisme, quand même on se renfermerait dans les limites du dix-neuvième siècle, quand même on se bornerait à la période contemporaine, fournirait matière à plusieurs volumes considérables. De même, l'examen de ce système, qui a la prétention de ne laisser sans réponse aucune question, serait l'occasion d'un traité complet de philosophie. Notre horizon est moins étendu ; nous avons tenu pourtant à l'élargir un peu à mesure que nous approchions de l'époque actuelle, et nous espérons qu'on nous saura gré du travail de classement grâce auquel nous avons pu grouper en différentes catégories les matérialistes contemporains, ce qui rendra plus facile, croyons-nous, l'étude de leurs doctrines.

Pour mettre plus de clarté dans cet ouvrage, nous esquisserons d'abord d'un seul jet l'histoire de l'empirisme philosophique, puis nous discuterons sa valeur.

Ce procédé, moins scientifique peut-être que celui qui consiste à combattre l'erreur à mesure qu'elle se produit, nous semble présenter un double avantage : le premier, c'est qu'il fait voir d'un seul coup d'œil l'enchaînement et la filiation de tous les systèmes empiriques ; le second, c'est qu'il réunit en un seul faisceau tous les arguments que l'autre procédé sème çà et là, selon les besoins du moment.

PREMIÈRE PARTIE

HISTOIRE

DE L'EMPIRISME PHILOSOPHIQUE

PREMIÈRE PARTIE

HISTOIRE
DE L'EMPIRISME PHILOSOPHIQUE

L'origine de l'empirisme remonte, chez presque tous les peuples, à l'origine même de la philosophie, c'est-à-dire à l'époque où la raison humaine, s'émancipant elle-même, eut assez de confiance en ses propres forces pour s'imaginer qu'elle n'avait plus besoin d'aucun secours extérieur. Ce vice de naissance est d'ailleurs facile à expliquer. La matière nous entoure de toutes parts ; les passions sensuelles tiennent trop souvent notre âme captive dans les liens du corps. Malgré nous, et par un effet de notre nature dégradée, le monde sensible nous domine et nous asservit, si nous ne cherchons ailleurs la force de résistance que nous ne trouvons pas en nous-mêmes. Il ne faut donc pas trop s'étonner si les premiers philosophes, au lieu de descendre en leurs cœurs et de chercher un remède à la faiblesse de leur raison, ont concentré toutes leurs méditations et porté toutes leurs investigations sur le monde physique.

Et comme la nature humaine n'a pas changé depuis Thalès et Kapila, comme les mêmes passions tourmentent encore le cœur de l'homme, malgré la lumière plus vive qui brille aux yeux de son intelligence, l'homme s'égare encore de nos jours dans le labyrinthe de l'erreur. Et au moment même où nous écrivons ces lignes, le plus grossier matérialisme semble vouloir tenir dans nos écoles publiques les rênes de la philosophie.

La pernicieuse doctrine dont nous entreprenons l'histoire et l'examen a donc trouvé dans tous les temps des défenseurs plus ou moins convaincus, et par là même plus ou moins redoutables. Aussi, en écrivant son histoire, suivrons-nous la méthode généralement adoptée pour l'histoire universelle du monde.

Nous distinguerons, dans l'histoire de l'empirisme, trois époques principales. La première commence avec la philosophie elle-même et se termine au complet établissement du christianisme : c'est l'époque où domine le matérialisme proprement dit. La seconde comprend tout le moyen-âge et peut être considérée comme une époque de transition entre l'empirisme ancien et l'empirisme moderne : c'est le règne du sensualisme mitigé. Enfin la dernière époque commence avec François Bacon et se continue encore de nos jours : ici nous voyons apparaître et se développer parallèlement le matérialisme et le sensualisme.

PREMIÈRE ÉPOQUE

EMPIRISME ANCIEN

L'idée de philosophie implique l'idée de civilisation. Voilà pourquoi, dans les temps anciens, nous ne voyons la philosophie fleurir qu'au sein des contrées où régnait déjà la civilisation, c'est-à-dire au sein de l'Asie et de l'Europe.

L'Asie, berceau des sciences, fut aussi le berceau des études philosophiques. Longtemps avant que Thalès formulât dans la Grèce ses premiers enseignements, la philosophie brillait du plus vif éclat en Egypte, en Perse, en Chaldée, en Phénicie, en Chine, en Judée et dans l'Inde. Les monuments historiques qui nous sont parvenus au sujet de la Chaldée et de la Phénicie sont trop peu nombreux, et surtout trop obscurs, pour nous donner une notion exacte des connaissances philosophiques dans ces contrées. L'Egypte et la Perse, bien que remplies de superstitions religieuses, paraissent avoir échappé complètement à l'accusation d'empirisme. La Chine elle-même en est demeurée pure jusqu'au treizième siècle de notre ère, c'est-à-dire jusqu'à l'apparition des Lettrés, secte philosophique dont la doctrine est un panthéisme matérialiste. Quant à la Judée, instruite par Dieu lui-même et puisant ainsi la science à sa véritable source, c'est dans la Bible qu'il faut chercher l'exposé de ses doctrines religieuses, bien supérieures à toutes les doctrines philosophiques étrangères. Ainsi, de toutes les contrées asiatiques dont nous connaissons l'histoire, l'Inde reste la seule où nous apercevions l'empirisme nettement formulé.

En Europe, la civilisation ne se développa très probablement que sous l'influence de l'Asie, et ne pénétra d'abord que dans la Grèce et dans l'Italie. Aussi voyons-nous la philosophie de ces deux pays faire de fréquents emprunts à la philosophie orientale. C'est surtout en Grèce que se dessinent parfaitement, chacun dans sa sphère, tous les systèmes inventés par l'esprit humain pour fournir des réponses aux questions qui l'intéressent le plus. Or, entre tous ces systèmes disparates, l'empirisme fut celui qui compta les plus nombreux défenseurs.

L'empirisme ancien apparaît donc successivement sur trois théâtres principaux : en Inde, en Grèce et en Italie.

CHAPITRE Ier

De l'Empirisme en Inde.

On ne sait à quelle époque précise remonte l'empirisme indien ; la chronologie de cette contrée est encore à trouver. Les travaux de l'anglais Colebrooke, insérés de 1823 à 1827 dans les *Transactions de la Société asiatique de Londres*, et ses *Essais*, publiés en 1837, avaient servi de base et de point de départ à tous les travaux postérieurs, jusqu'à l'apparition toute récente de l'ouvrage de Mgr Laouénan, archevêque de Pondichéry. Quarante années de séjour ou de pérégrinations au milieu des populations indiennes ont mis le missionnaire breton à même d'éclaircir beaucoup de faits obscurs, de combler beaucoup de lacunes et de rectifier beaucoup d'erreurs. C'est lui surtout qui nous servira de guide dans l'exposition des systèmes dont nous avons à parler. Or, voici ce qu'il dit relativement à la chronologie de l'Inde : « L'Inde ne possède pas d'histoire, ou plutôt ne possède pas de chronologie : les faits historiques abondent dans ses livres, mais aucun n'a de date ; de sorte que c'est par des rapprochements avec des évènements appartenant à l'histoire des peuples étrangers qui ont eu des rapports avec elle, qu'on est parvenu à déterminer d'une manière approximative les époques auxquelles se sont passés quelques-uns de ces faits (1). » Aussi loin que puissent pénétrer nos regards dans les ténèbres de l'antiquité, nous voyons l'Inde partagée en deux grandes sectes religieuses qui se disputent perpétuellement la prédominance. Ces deux sectes sont le *Brahmanisme* et le *Bouddhisme ;* chacune d'elles donna naissance à plusieurs écoles de philosophie.

I

EMPIRISME BRAHMANIQUE

La doctrine du *Brahmanisme* (2) est renfermée dans les *Vêdas* (3), livres sacrés qui correspondent, mais qu'on ne peut comparer à la *Bible* des Hébreux. Les différentes interprétations de ces livres, d'abord reçus sans examen, donnèrent naissance à six écoles de philosophie, ou *Darsanas* (Miroirs de la vérité). Toutes s'accordent à reconnaître l'autorité sacrée des Vêdas, mais chacune s'appuie sur un principe spécial pour les

---

(1) *Du Brahmanisme et de ses rapports avec le Judaïsme et le Christianisme*, Préface, IX-X.

(2) *Brahma* est le nom donné par les philosophes indiens à la divinité suprême. Pendant la période philosophique, cette divinité était regardée comme impersonnelle et abstraite ; elle devient personnelle et agissante pendant la période législative, et on l'appelle alors *Brahmâ*, en accentuant la dernière syllabe.

(3) *Vêda*, de la racine *Vid*, savoir, en hébreu *Yada*, en grec οἶδα, en latin *videre*, signifie la science par excellence.

interpréter à sa manière. Deux de ces écoles sont panthéistes : l'école *Yôga* de Patanjali et l'école *Uttara-Mimansa* ou *Védanta* de Vyâsa. Deux s'occupent uniquement de logique : l'école *Nyaya* de Gaütama et l'école *Purva-Mimansa* de Jaïmini. Les deux autres sont empiriques : l'école *Sankhya* de Kapila et l'école *Vaiséshika* de Kanada. Nous parlerons seulement de ces deux derniers philosophes.

Si les légendes disaient vrai, l'existence de Kapila remonterait à la plus haute antiquité ; mais la critique historique ramène cette haute antiquité au cinquième siècle avant l'ère chrétienne. L'école fondée par Kapila porte le nom de *Sankhya,* mot qui signifie littéralement *système numéral, rationnel, distinctif.* D'après ce système, nous avons quatre moyens de connaître : la sensation, le raisonnement, l'induction et le témoignage. Or, toute la science humaine se ramène à vingt-cinq principes dont voici la série : la matière, l'intelligence, la conscience, le son, la saveur, la couleur, l'odeur, la tangibilité, l'eau, la terre, l'air, le feu, l'éther, l'œil, l'oreille, le nez, la langue, la peau, la voix, les mains, les pieds, les voies excrétoires, les organes génitaux, l'esprit et l'âme.

Kapila aurait dû s'arrêter après avoir élucubré cette bizarre nomenclature : on n'aurait pu du moins l'accuser de matérialisme, puisqu'il met la matière et l'âme aux deux extrémités de sa série, et semble ainsi reconnaître entre elles une différence essentielle. Mais tous ces principes que nous venons d'énumérer avec lui, il les ramène en définitive à un seul : « la matière éternelle, sans formes, sans parties, la cause matérielle et universelle, qu'on peut induire de ses effets, qui produit tout et n'est pas produite ». De la matière découle d'abord l'intelligence, qui donne elle-même naissance à la conscience, celle-ci au son, et ainsi de suite, jusqu'à l'épuisement complet de la série. Pour l'âme, elle résulte de la combinaison de tous les autres principes : c'est un atôme d'une ténuité extrême, d'une subtilité sans pareille ; mais c'est un atôme, et par conséquent c'est de la matière. Elle a pour siège le cerveau et « s'étend au-dessous du crâne, à l'exemple d'une flamme qui s'élève au-dessus de la mèche ». N'est-ce pas là, dit à ce propos Victor Cousin (1), la fameuse pensée intercrânienne dont on a cru faire récemment une découverte merveilleuse ? (2) Il se trouve ainsi que le premier philosophe que nous rencontrons dans notre étude est le précurseur de ce fameux Broussais qui fit tant de bruit au commencement de ce siècle.

D'un système comme de l'autre, il résulte que l'âme n'est pas réellement distincte du corps, mais qu'elle est un résultat de l'organisme ; que la faculté de penser est une propriété qui découle de la combinaison des divers éléments matériels ; que la conservation du corps procure le libre exercice de la pensée, et que la dissolution du corps entraîne l'anéantissement de l'âme individuelle. C'est le matérialisme pur, adopté dans toute la force de ses principes et poussé dans toute la rigueur de ses conséquences.

C'est l'athéisme aussi : car, selon Kapila, ce ne serait pas de Brahmâ, ou même de l'Esprit suprême, mais d'une substance primitive, simple, éternelle, innommée, inconnue, que seraient émanées, par leurs propres forces et sans aucune action extérieure, les âmes et les énergies intellectuelles. Et voici que la science moderne ne peut plus se vanter d'avoir découvert ni le panthéisme, ni la théorie crâniologique, ni l'athéisme, ni les systèmes de l'émanatisme et des générations spontanées.

(1) *Histoire générale de la philosophie,* IIe leçon, *Philosophie orientale.*
(2) Allusion à la doctrine et au langage du docteur Broussais, dans son traité *De l'Irritation.*

Spinosa, Broussais, Buchner, Pierre Leroux et Lamarck ne sont que les plagiaires des philosophes indiens.

Plusieurs siècles après l'école de Kapila, à une date qu'il est difficile de fixer positivement, mais qui est certainement postérieure à l'établissement du christianisme, apparut l'école Vaiséshika, dont on attribue la fondation à Kanada. La partie philosophique du système de Kanada est une espèce de physique qui a pour but d'expliquer la formation de l'univers et la distinction des êtres qui l'habitent.

Pour remplir son premier objet, Kanada suppose des atomes simples, indivisibles, indécomposables, qui existent de toute éternité, car la création proprement dite lui semble impliquer contradiction. « Comme l'araignée tire d'elle et retire en elle son fil, comme les plantes sortent de la terre et y retournent, comme les cheveux de la tête et les poils du corps croissent sur un homme vivant ; ainsi sort l'univers de l'inaltérable (1) ». En vertu de leur nature et par la force des lois qui les régissent, ces atomes entrent en mouvement sans qu'il leur soit besoin d'une impulsion étrangère. Soumis à la loi de l'attraction comme à celle du mouvement, ils se condensent, ils s'agrègent ; leur agrégation compose les corps, et les corps composent l'univers.

Mais ces corps, bien que parties constituantes du même tout, sont différents les uns des autres. Comment donc expliquer cette différence ? D'après Kanada, la distinction des êtres est fondée sur six principes primitifs, qu'il appelle *catégories* ; ce sont : la substance, la qualité, l'action, le commun, le propre et la relation. Entre toutes ces catégories, la substance tient sans contredit le premier rang, et peut se diviser en neuf espèces : la terre, l'eau, la lumière, l'air, l'éther, le temps, le

---

(1) Colebrooke, *Mélanges*, t. I, p. 342.

lieu, l'âme et le *manas*, ou sens interne, qui est comme le réservoir auquel aboutissent tous les autres sens.

Comme on le voit, la philosophie Vaiséshika est une physique atomistique et corpusculaire. Avait-on parlé des atômes dans l'Inde avant d'en parler en Grèce ? Question difficile à résoudre. Les recherches les plus récentes semblent démontrer que Kanada ne vivait pas avant le septième siècle de l'ère chrétienne. Il serait donc postérieur de plus de douze siècles aux premières écoles philosophiques de la Grèce. Quoi qu'il en soit, la philosophie indienne existait longtemps avant lui, et si les documents primitifs ne nous en sont pas parvenus, nous pouvons croire du moins qu'il n'est pas l'inventeur des atômes. Du reste, ses atômes ne ressemblent pas à ceux d'Epicure. « Celui-ci supposait que les atômes, divers seulement par leurs formes, étaient identiques par leur essence, et dès lors il ne pouvait expliquer l'univers que par des lois purement mécaniques, par les lois du mouvement, en vertu desquelles les diverses formes se combinaient ou se séparaient. Dans l'hypothèse du philosophe indien, il existe autant d'atômes doués de propriétés caractéristiques, et par là même essentiellement différents, qu'il existe de phénomènes généraux dans la nature : le son provient des atômes sonores, la lumière des atômes lumineux, etc. ; de sorte que la formation primitive des agrégats ne dépend pas des seules lois mécaniques du mouvement, mais des affinités intimes qui tendent à rapprocher les atômes naturellement analogues, et probablement aussi à séparer les atômes antipathiques par leur essence (1) ».

Quant à la Divinité, voici l'opinion de Kanada. D'après lui, la forme visible de Dieu, c'est la lumière. Réduite à l'état le plus pur, la matière elle-même est aussi la

---

(1) DE SALINIS et DE SCORBIAC, *Précis de l'hist. de la philos.* 3ᵉ édition, p. 43. Paris, Hachette, 1847.

lumière. Ainsi la lumière, qui est la plus pure essence de la nature, est en même temps l'infini qui nous enveloppe : la lumière est Dieu. Et puisque la matière peut devenir lumière, Dieu n'est pas essentiellement distinct de la matière. Kanada tombe ainsi dans le panthéisme matérialiste. Si vous lui demandez maintenant ce que c'est que l'âme humaine, il vous répondra que c'est un atôme plus rapide que les autres, et qu'on ne peut en savoir davantage.

« Kanada a rattaché à sa doctrine atomistique une série d'explications des phénomènes matériels, parmi lesquelles nous remarquerons les trois points suivants, qui ont quelques rapports avec les découvertes modernes : 1° que la gravité est la cause particulière de la descente des corps ; 2° qu'il existe sept couleurs primitives, au nombre desquelles Kanada place, il est vrai, le blanc et le noir ; 3° que le son se propage par ondulations, rayonnant d'un point central dans toutes les directions (1) ».

Telles sont, en résumé, les doctrines des deux écoles empiriques auxquelles le Brahmanisme donna naissance. Il nous reste maintenant à exposer celles de son ennemi mortel, le Bouddhisme.

II

EMPIRISME BOUDDHIQUE

Les difficultés chronologiques que nous avons rencontrées jusqu'ici reparaissent encore à propos du *Bouddhisme*, qui tire son nom de *Bouddha* ou *Buddha*. Laissant de côté les merveilleuses légendes racontées sur la vie de ce personnage, nous croyons qu'on peut

(1) *Ibid.*

concilier les divergences d'opinions relatives à son existence, en admettant qu'il florissait vers l'an 500 avant notre ère. D'après les Brahmes, dont il combattait la doctrine, Bouddha était la neuvième incarnation de *Vichnou* (le soleil), mais une incarnation trompeuse et funeste. Le grand crime du Bouddhisme était de rejeter absolument l'autorité des Védas, dont le Brahmanisme faisait sa règle de foi. Nous distinguerons dans l'empirisme bouddhique deux grandes écoles de philosophie : l'école du Bouddhisme proprement dit et l'école du Djaïnisme. La pénurie de documents ne nous permettra pas d'entrer dans beaucoup de détails, mais nous en possédons assez pour avoir une idée des différents systèmes bouddhiques.

Le nom de Bouddha signifie en sanscrit « Celui qui possède la connaissance absolue des choses ». Ce nom fut donné à Sakya-Mouny, fondateur de la nouvelle religion qui devait remplacer le Brahmanisme. Ses disciples se divisèrent en plusieurs sectes qui existent encore de nos jours, après avoir plus ou moins modifié leurs théories primitives. D'après Colebrooke (1), les différentes interprétations des écrits de Bouddha ont donné naissance à quatre écoles dont chacune a eu son chef. La première soutient que *tout est vide*. La deuxième excepte du *vide universel* l'intelligence qui perçoit et qu'elle regarde comme éternelle : tout le reste est *vide*. La troisième affirme l'existence des objets extérieurs, non moins que celle des sensations internes. La quatrième se subdivise : quelques-uns de ses partisans reconnaissent la perception immédiate des objets extérieurs ; d'autres n'admettent qu'une conception médiate de ces mêmes objets, par le moyen d'images ou formes ressemblantes présentées à l'intelligence.

(1) *Philosophie des Indous*, trad. franç. de G. Pauthier, p. 222.

Ainsi, la première école professe le scepticisme absolu de Pyrrhon ou le nihilisme de Hume, à moins qu'on n'aime mieux y voir l'idéalisme de Berkeley. La deuxième enseigne le subjectivisme ou panthéisme individuel renouvelé par Fichte, en Allemagne. Quant aux dernières, elles reconnaissent, à l'état d'atômes, les quatre éléments que nous verrons bientôt se disputer en Grèce l'honneur d'avoir formé le monde ; ce sont la *terre, l'eau, l'air* et le *feu*. Elles n'admettent ni *l'élément éthéré* qu'on trouve dans presque tous les autres systèmes philosophiques de l'Inde, ni une âme intellectuelle vivante et distincte du phénomène de la pensée, ni aucune substance qui ne puisse se ramener à l'un des quatre éléments primitifs. L'homme ne serait donc qu'un agrégat d'atômes organisés pour recevoir l'impression des objets extérieurs sur lesquels s'exerce son raisonnement. N'est-ce pas la théorie de Cabanis ?

D'après M. Hodgson, résident anglais du Népal (1), le Bouddhisme se divise encore aujourd'hui en quatre principales sectes ou systèmes distincts d'opinions sur *l'origine du monde*, la nature de la cause première, la *nature* et *la destinée de l'âme*. Les sectateurs du premier système affirment que la matière est la substance unique, et ils lui attribuent deux états ou modes d'être : l'*action* et le *repos*. La succession de ces deux états est éternelle ; elle cause la naissance et la destruction des formes corporelles palpables. L'homme peut accroître ses facultés à l'infini, jusqu'à la parfaite identification de sa nature avec la matière à l'état de repos : c'est tout à la fois le matérialisme et le quiétisme. Les partisans du second système reconnaissent l'existence d'un être suprême, infini et immatériel : quelques-uns considèrent cet être suprême comme la cause unique de toutes choses ; d'autres lui associent un principe

---

(1) Cf. *Nouveau Journal Asiat.*, t. VI, p. 81.

matériel égal et coéternel, et nient la Providence : c'est le dualisme. Les deux autres sectes s'occupent surtout de tracer les règles morales et pratiques qui doivent conduire l'homme au vrai bonheur. Relativement à la destinée de l'âme, toutes ces écoles admettent la métempsycose et l'absorption finale. Mais en quoi l'âme est-elle absorbée ? Sur ce point, les divergences sont presque aussi nombreuses que sont nombreux les sectateurs du Bouddhisme (1).

Le Djaïnisme semble contemporain du Bouddhisme. Le nom de *Djaïna* ou *Djina*, qu'on donne au fondateur de ce système, signifie « Celui qui sait tout. » Les Djaïnas sont probablement ces philosophes indiens dont les écrivains grecs ont fait mention sous le nom de *gymnosophistes*, Γυμνοσοφίσται. Ils se divisent en deux sectes : les *Swetembaras* (ceux qui portent des vêtements blancs), et les *Digambaras* (ceux qui sont vêtus d'air). Les annales bouddhistes rapportent que quelques-uns des disciples de Bouddha adoptèrent l'usage de vivre sans vêtements ; le maître ayant blâmé cette pratique, les disciples se retirèrent pour former une secte à part qui prit le nom de son nouveau chef, Djaïna. Quoi qu'il en soit de l'origine de cette école, on voit que Diogène n'a pas le monopole du cynisme.

D'après les Djaïnas, l'univers est composé d'une série indéterminée de mondes qui se succèdent perpétuellement les uns aux autres, grâce à leurs évolutions variées et à leurs transformations diverses, et doivent se succéder sans cesse de la même manière. Le monde que nous habitons renferme deux classes d'êtres : les uns sont animés, les autres sont inanimés. Ces deux classes sont homogènes quant à leurs éléments primitifs ; les différences qui les caractérisent proviennent

(1) Cf. FRANCK, *Dict. des Sciences philos.*, art. BOUDDHISME.

uniquement des diverses combinaisons de leurs atomes constitutifs. L'âme humaine a donc la même essence que le reste des corps, et ce que nous appelons vie n'est qu'une propriété de la matière. Les êtres inanimés proviennent des quatre éléments déjà admis par l'école bouddhiste : la terre, l'eau, l'air et le feu. L'âme humaine est le sujet, et les êtres inanimés sont l'objet de la jouissance. Or, l'âme est dans un état de *servitude* lorsqu'elle est obligée d'agir ; elle conquiert la *liberté* par l'accomplissement des préceptes qui ont pour but de détruire l'activité ; elle atteint la *perfection* dans le repos absolu.

Nous ne sommes encore qu'au début de ce travail, et nous n'avons pu qu'esquisser rapidement l'histoire de la philosophie dans l'Inde. Onze écoles ont successivement passé sous nos yeux, et parmi elles, cinq ont enseigné l'empirisme. Or, en étudiant ces dernières, nous voyons déjà paraître la pensée intercrânienne de Broussais, l'athéisme de Buchner, l'émanatisme de Pierre Leroux, les générations spontanées de Lamarck, l'atomisme de Démocrite et de Gassendi, le scepticisme de Pyrrhon, le nihilisme de Hume, l'idéalisme de Berkeley, le subjectivisme de Fichte, la théorie organique de Cabanis, le dualisme d'Aristote, des Manichéens et des Gnostiques, la métempsycose de Pythagore, le quiétisme de Molinos, le panthéisme de Jordano Bruno et de Spinosa, le cynisme de Diogène, l'évolutionisme et le transformisme de Darwin. Ainsi donc, dans l'état actuel de nos connaissances historiques, nous pouvons dire que l'Inde a parcouru longtemps avant nous tous les systèmes que l'Europe croit avoir inventés. Nous serons à même de faire une constatation analogue en étudiant l'histoire de l'empirisme grec, dont nous allons maintenant nous occuper.

CHAPITRE II

De l'Empirisme en Grèce.

L'histoire de la philosophie grecque, dans les temps anciens, se divise en deux époques séparées l'une de l'autre par Socrate.

I

EMPIRISME GREC AVANT SOCRATE

Avant l'apparition de cet homme illustre, les savants de la Grèce s'occupèrent uniquement d'expliquer l'univers sensible, et cinq écoles rivales apparurent presque en même temps. L'école *éléatique*, fondée par Xénophane 580 ans avant J.-C., et l'école *italique*, fondée par Pythagore vingt ans plus tard, en 560, enseignèrent une espèce de panthéisme idéaliste. L'école *sophistique*, dont le plus célèbre représentant fut Gorgias, qui vivait 460 ans avant J.-C., attaqua tous les systèmes et professa le scepticisme. L'école *ionienne* (600) et l'école *atomistique* (500) tombèrent dans le matérialisme. Voici leur histoire et l'exposé de leur doctrine.

1. Ecole ionienne

L'école *ionienne*, la première en date de toutes les écoles philosophiques de la Grèce, eut pour fondateur Thalès de Milet, qui vécut de 639 à 548 avant J.-C. On le croit communément originaire de Phénicie, et les connaissances qu'on lui attribue en astronomie et en mathématiques confirmeraient cette opinion. Comme tous les savants de son époque, il voulut compléter son instruction par les voyages : ce fut dans ce but qu'il visita la Crète, l'Egypte et une partie de l'Asie. Après s'être ainsi éclairé à la lumière des nations civilisées, Thalès vint se fixer définitivement à Milet, et bientôt une foule de disciples se réunirent autour de lui pour recevoir ses enseignements. La tradition le range au nombre des sept sages de la Grèce. S'il faut en croire Cicéron, ce sage illustre ne fut pas exempt de distractions, et un jour il reçut d'une vieille femme une verte réprimande pour s'être laissé choir dans une fosse pendant qu'il contemplait les astres.

Thalès n'enseigna pas formellement le matérialisme : au contraire, examinant les mouvements du monde et les transformations qui s'y passent, il pensait qu'une force vivante, une *âme* est nécessaire pour produire ces phénomènes. Mais il posa les fondements de la philosophie empirique, en substituant des théories purement physiques aux anciennes explications données par la mythologie pour rendre compte de l'existence et de la distinction des choses. S'appuyant sur les données de l'expérience sensible, sans tenir compte de l'absolue nécessité d'un Créateur, il établit comme principe général et point de départ de son système que rien ne se fait sans une matière préexistante. Par conséquent, l'existence de l'univers demeure inexplicable, si l'on ne suppose la préexistence éternelle d'une matière primitive, source unique de toutes les autres existences. Nous retrouvons ici le dualisme que nous avons déjà rencontré dans l'Inde. A côté de l'intelligence qui dispose et coordonne, il y a la matière sur laquelle s'exerce cette intelligence. Ces deux principes se complètent mutuellement et ont besoin de vivre en bonne harmonie pour remplir leur destination. Sans l'intelligence, en effet, la matière serait toujours informe, et sans la matière, l'intelligence resterait inactive.

La difficulté consistait à déterminer la nature de cette matière. Voici comment Thalès y arriva. Les corps, dit-il, sont composés de matière et de forme, et c'est précisément d'après leurs différentes formes qu'on les range dans telle ou telle catégorie. Mais ces formes étant en nombre infini, il faut que la matière, homogène dans tous les corps, ne possède par elle-même aucune forme déterminée et soit propre à recevoir indifféremment l'une ou l'autre. Le problème se réduisait ainsi à trouver dans la nature une substance privée de toute forme particulière et indifférente par elle-même à toutes les formes. Or, dans tout l'univers, Thalès ne rencontra aucune substance plus propre que l'eau à remplir ces deux conditions de la matière première. Il admit donc l'eau comme principe unique de tout ce qui existe dans l'univers. En effet, disait-il, les animaux et les plantes naissent et se nourrissent dans l'humidité, et les astres eux-mêmes semblent se nourrir des vapeurs de la terre. Ainsi, tout en possédant quelques notions exactes sur la nature des corps, Thalès confondait la forme substantielle avec les formes accidentelles ou individuelles qui frappent nos yeux.

Quant à l'âme humaine, il faisait consister son essence dans l'activité spontanée, ainsi que plus tard le fit Descartes. Mais cette propriété particulière à l'esprit ne suffisait pas, aux yeux du philosophe grec, pour le faire poser comme une exception à la règle générale de la formation des corps. D'après Thalès, l'âme humaine provient donc de l'eau, comme tout le reste, par voie de conversion.

Hippon de Rhegium est mentionné par Aristote immédiatement après Thalès. De même que son maître, Hippon regarde l'eau comme l'élément primitif et l'âme du monde. Il soutient que rien n'existe ni ne peut exister en dehors de ce que les sens nous révèlent. Nous ne connaissons aucun détail sur sa vie.

Le second chef de l'école ionienne fut en réalité Anaximandre, né à Milet, 610 ans avant J.-C., mort en 547. Nous ignorons à peu près son histoire. Nous savons seulement que les dissertations astronomiques et géographiques de son maître éveillèrent en lui une passion ardente pour ces deux sciences. Le résultat de ses études est exposé dans la *Physique* et dans la *Métaphysique* d'Aristote, et l'on s'étonne de voir tant de connaissances scientifiques au sein d'une société regardée comme barbare par les savants de nos jours. La démonstration de l'obliquité de l'écliptique et de la réflexion des rayons solaires par la lune, l'invention des cartes géographiques et du gnomon, font crouler par la base le système de Bailly, qui veut appliquer aux sciences la théorie du développement progressif et indéfini.

Au point de vue philosophique, Anaximandre adopta d'abord la doctrine de son maître ; ce fut lui, dit-on, qui formula le principe de l'école ionienne en posant l'axiome : *Ex nihilo nihil*. Mais, devenu chef de cette école, il se permit de modifier à sa manière l'enseignement du fondateur. L'importance attribuée à l'eau dans la théorie de Thalès le fit diriger de ce côté ses observations. Il reconnut la fluidité du liquide primitif, mais il ne la trouva pas suffisante pour expliquer tant de conversions. De plus, l'eau ne lui parut pas absolument dénuée de forme, comme Thalès l'avait avancé. Par là même elle ne remplissait plus les deux conditions de la matière première, et il fallait donner à l'univers un autre principe.

S'élevant au-dessus des données de l'expérience sensible, Anaximandre admit l'existence d'un infini quelconque, qu'il appelle τό ἄπειρον, l'infranchissable, l'illimité, l'indéterminé ; mais d'un infini matériel, fluide qui tient tout à la fois de l'eau, de l'air et du feu ; fluide éternel, incorruptible, qui produit tout, dans lequel tout revient se confondre, mobile dans ses parties, immuable dans son ensemble. Il est probable, et c'est l'opinion d'Aristote et de saint Augustin, qu'Anaximandre voulait ainsi désigner le *chaos*. Il aurait donc admis au commencement, non pas un seul élément comme Thalès, mais la confusion de tous les éléments.

Là ne s'arrêta pas la réforme d'Anaximandre. Thalès avait bien assigné au monde une matière première, mais sa doctrine restait obscure, relativement à l'agent qui l'avait façonnée. Son disciple combla cette lacune en enseignant que l'ἄπειρον est tout à la fois matière et cause du monde. Il ne recourt pas à la puissance de Dieu pour mettre l'ordre dans le chaos primitif ; mais il semble dire qu'un mouvement éternel dans les éléments primitifs les a peu à peu dégagés, puis agrégés successivement de diverses manières jusqu'au moment où ils ont formé ce qui existe. Et comme ce mouvement continue à se produire, il finira par tout détruire et tout ramener au chaos des premiers jours. Ce système est la formule du panthéisme matérialiste.

Dans le même temps qu'Anaximandre vivait Phérécyde de Scyros, né vers l'an 600 avant J.-C. Il ouvrit une école à Samos et compta Pythagore au nombre de ses disciples. D'après Cicéron, il fut le premier philosophe qui enseigna l'immortalité de l'âme. Comme principe du monde, il admet une matière informe à l'état liquide qui représente assez le chaos d'Anaximandre, et une cause ordonnatrice, source et modèle de toutes les perfections : ce qui fait croire que Phérécyde s'était élevé, par la seule force du raisonnement, jusqu'à l'idée de la Divinité. Mais il ne va pas jusqu'à la notion d'un Dieu créateur faisant tout sortir du néant, et la matière primitive du monde partage avec son ordonnateur l'attribut de l'éternité. Il faut quand même savoir gré à Phérécyde de cet effort suprême de raison.

Le troisième chef de l'école ionienne fut Anaximène, qui vécut de l'an 550 à l'an 490 avant J.-C. Disciple et concitoyen d'Anaximandre, il hérita des doctrines de son maître. Comme lui, il admettait un infini se composant de la somme des êtres qui remplissent le monde. Mais, d'un côté, l'infini d'Anaximandre lui sembla trop abstrait pour la plupart des intelligences ; d'un autre côté, la matière première adoptée par Thalès ne lui paraissait pas remplir suffisamment toutes les conditions exigées. Afin donc de se proportionner autant que possible à tous les esprits, il essaya de se frayer une route entre ses deux prédécesseurs, et il plaça dans l'air le principe unique de toutes choses. Cet élément, moins abstrait que celui d'Anaximandre et plus subtil que celui de Thalès, lui parut donner une explication suffisante des phénomènes physiques. Raréfié, l'air s'élève et produit le feu ; plus dense, il descend et forme les nuages ; plus dense encore, il tombe et se résout en eau ; enfin, arrivé à un certain degré de condensation, il se transforme et donne naissance à la terre.

On a coutume de ranger aussi, parmi les représentants de l'école ionienne, Héraclite d'Éphèse, qui florissait 500 ans avant J.-C. Nommer Héraclite, c'est nommer le pleureur éternel, le type du misanthrope, le philosophe ténébreux dont Socrate lui-même ne pouvait comprendre les écrits, le malade désespéré qui se laissa mourir pour échapper à la souffrance. Héraclite semble appartenir en réalité à l'école italique, mais sa doctrine le rapproche beaucoup de l'école ionienne. Successivement disciple de Pythagore et de Xénophane, il entreprit de concilier leur idéalisme avec l'empirisme de Thalès. D'après lui, le principe unique et universel des choses, c'est le feu. Tout ce qu'il y a d'indestructible dans la nature est constitué par le feu ; le reste est dans un flux et reflux perpétuel.

Cette doctrine, Héraclite l'a longuement exposée dans son livre : *De la Nature*, Περὶ φυσεως. Diogène Laërce nous apprend que cet ouvrage était divisé en trois parties, dont la première traitait de l'*univers*, la deuxième de la *politique* et la troisième de la *théologie* : « Il n'y a qu'un monde, dit-il ; et ce monde est fini ; le feu l'a formé, et quand il aura passé par une série de transmutations successives, le feu le consumera ». La loi de ce flux perpétuel des choses, c'est l'union des contraires, et les contraires sont identiques en Dieu, qui est l'unité même des contraires. Ne croirait-on pas lire une phrase de Hégel, affirmant l'identité des contraires, l'identité de l'être et du non-être dans *l'universel devenir ?*

Cratyle, disciple d'Héraclite, fut l'un des maîtres de Platon. Il soutenait avec Héraclite que les choses sensibles sont dans un flux et reflux perpétuel, et il en concluait que les sens sont trompeurs. Il attribuait ce vice à la parole elle-même et s'abstenait de parler, se contentant de remuer le doigt pour exprimer ses idées.

Le plus remarquable philosophe de l'école ionienne est Anaxagore, contemporain d'Héraclite. Il naquit à Clazomène, dans l'Ionie, 500 ans avant J.-C., et fut disciple d'Anaximène de Milet. A l'âge de vingt ans, il visita l'Egypte, et alla compléter chez les prêtres de Memphis ses connaissances en astronomie. De retour en Grèce en 475, il transporta le siège de son école à Athènes, où il devint l'ami et le conseiller de Périclès. Exilé plus tard par les Athéniens, il se retira à Lampsaque et mourut vers l'an 427 avant J.-C.

Sous le rapport scientifique, Anaxagore a enrichi l'astronomie de plusieurs découvertes : ainsi, il savait que la lune est un corps opaque ; il donna la véritable théorie des éclipses et reconnut que la voie lactée est la réunion d'un grand nombre d'étoiles. Mais il se distingua surtout par son enseignement philosophique. S'il admit, avec Thalès et son école, l'éternité de la matière, il sut au moins, par une heureuse inconséquence, distinguer cette matière de sa cause, et affirma d'une manière plus nette le principe intelligent qui a présidé à la disposition du monde. C'est à lui que nous devons la première démonstration de l'existence de Dieu, tirée de l'ordre harmonieux qui règne dans l'univers. Il a prouvé qu'il faut une cause intelligente à une œuvre aussi parfaite. Malheureusement il a rabaissé la notion de Dieu et de l'âme humaine en les confondant avec l'univers matériel et en leur refusant la personnalité. De plus, il a contribué à effacer de l'esprit du peuple l'idée de la création, en affirmant l'existence d'une matière éternelle. Enfin cette intelligence qu'Anaxagore reconnaît comme nécessaire à l'ordonnance du monde, n'est pas pour lui un être distinct du monde, du moins essentiellement : elle l'anime en le pénétrant tout entier. Son système est donc une forme de panthéisme plus élevée que les précédentes, mais c'est encore le panthéisme.

Anaximène eut un disciple plus direct et plus fidèle dans la personne de Diogène, né à Apollonie, dans l'île de Crète, vers l'an 530 avant J.-C., mort vers l'an 450. Diogène connut certainement Anaxagore, mais il ne profita guère de ses leçons. Il n'admet qu'un seul principe du monde et suppose que ce principe est à la fois matière et esprit : c'est un *air intelligent*. L'âme elle-même n'est qu'un peu d'air chaud ; la sensation n'est que l'ébranlement de l'air contenu dans nos organes, et la pensée n'est que le passage rapide de l'air dans le sang. Nous revenons au panthéisme matérialiste.

L'éclat de l'école ionienne commence à diminuer avec Empédocle, qui naquit à Agrigente vers l'an 490 et mourut en 420. Il enseigna d'abord en Sicile ; plus tard il vint à Athènes, et termina ses jours d'une manière assez mystérieuse : d'après les uns, il fut enlevé au ciel ; d'après les autres, il se noya en passant la mer ; d'autres prétendent qu'il se précipita volontairement dans le cratère de l'Etna. L'engouement et l'adulation dont il fut l'objet, pendant sa vie et après sa mort, de la part de ses concitoyens, ne peuvent s'expliquer que par le fanatisme inconscient des masses, qui ont besoin d'idoles quand elles n'adorent plus le vrai Dieu.

La philosophie d'Empédocle traite de la connaissance humaine, de l'origine du monde et de la nature des êtres qui le remplissent. Empédocle affirme que la vérité doit être enseignée à l'homme pour qu'il la connaisse ; il n'admet ni le témoignage des sens, ni le travail de l'intelligence. En revanche, il prétend que la matière du monde est éternelle, et que la chaleur du soleil, fécondant la terre, donna naissance aux plantes et aux animaux. Il explique par la porosité des corps et par les effluves qu'ils émettent sans cesse les sensations, les sentiments, les perceptions des sons et toutes les opérations intellectuelles. L'esprit est un composé des quatre éléments primitifs et réside dans le sang, qui procède de la même combinaison. Il veut bien admettre cependant que l'âme n'est pas destinée à se décomposer. En résumé, la doctrine d'Empédocle est un mélange de toutes les doctrines philosophiques qui l'avaient précédé : on y trouve le panthéisme, le dualisme, le matérialisme, le mysticisme, les générations spontanées, et au-dessus de tout, la grande loi de la nécessité.

Parmi les disciples d'Anaxagore, on doit citer Archélaüs le physicien. Il naquit probablement à Milet, vers l'an 470. Nous le trouvons d'abord à Athènes, puis à Lampsaque, où il devient le successeur d'Anaxagore, l'an 426. Il revient ensuite établir son école à Athènes, et compte Socrate parmi ses auditeurs. On l'a surnommé le *physicien*, à cause de la tendance expérimentale de sa philosophie. D'après lui, l'existence de l'univers s'explique au moyen de deux principes : le feu et l'eau. Ces deux éléments, d'abord confondus, se séparent et produisent la terre et l'air. Puis les quatre éléments se superposent par ordre de légèreté, et l'action du feu sur le limon de la terre donne naissance aux plantes, aux animaux et à l'homme.

Terminons la liste des philosophes ioniens en mentionnant Hermotime de Clazomène, qui prétendait qu'à certains moments son esprit quittait son corps pour voyager au loin. Ses disciples profitèrent d'une de ces absences de l'esprit et portèrent au corps un coup mortel qui rendit la séparation définitive.

De tout ce qui précède on peut conclure que l'école ionienne, envisagée dans son caractère prédominant, fut une philosophie de la nature et s'occupa de l'univers au point de vue physique plutôt qu'au point de vue moral. De Thalès à Anaxagore, le progrès est sensible dans la conception philosophique de Dieu et dans la conception de la matière. Si les explications de divers phénomènes physiques ont été détruites par la science postérieure, les philosophes qui les ont hasardées ont eu du moins le mérite d'avoir cherché à constituer l'unité de la science expérimentale, en remontant des faits particuliers aux principes généraux. Voilà ce qu'on peut dire à l'avantage de l'école ionienne. Mais il lui a manqué l'idée d'un Dieu créateur, personnel et indépendant, d'une matière tirée du néant et d'une âme spirituelle, intelligente, libre et immortelle. L'école atomistique ne sera pas plus heureuse.

2. Ecole atomistique

Vers le temps où s'éteignait la gloire de l'école ionienne apparut l'école éléatique de Xénophane, dont les principes conduisent logiquement à la négation du monde extérieur. Cette réaction idéaliste contre le matérialisme de Thalès provoqua elle-même une seconde apparition de l'empirisme. En face de l'école idéaliste de Xénophane se dressa l'école atomistique de Leucippe, environ 500 ans avant J.-C.

Leucippe était un ancien disciple de Zénon l'idéaliste. Les auteurs ne sont pas d'accord sur le nom de la ville qui lui donna le jour : les uns le font naître à Milet, les autres à Abdère, d'autres à Elée. Les dates exactes de sa naissance et de sa mort, ainsi que les principales circonstances de sa vie, ne sont pas mieux connues. Quoi qu'il en soit, c'est à lui qu'on attribue généralement le fameux système des atomes et du vide, adopté et développé ensuite par Démocrite et par Epicure. Il passe encore pour avoir inventé l'hypothèse des tourbillons, perfectionnée plus tard par Descartes.

Lorsque Leucippe parut dans l'arène philosophique, l'école ionienne venait de nier la certitude de la raison, l'école italique et l'école éléatique venaient de nier la certitude expérimentale. Pour concilier ces deux espèces de scepticisme, Leucippe se proposa de constituer toute la science humaine en un seul corps de doctrine. Voici la marche qu'il suivit dans cette entreprise, qui rappelle singulièrement celle de l'indien Kapila, du grec Aristote, et du prussien Kant. Il n'y a rien de nouveau sous le soleil.

Nous avons, dit Leucippe, deux moyens de connaître : les sens et l'induction. Or, nous pouvons appliquer à un double objet ces deux instruments, car la science universelle se réduit à deux choses : les corps et leurs qualités. Mais les qualités des corps, c'est à dire les phénomènes que nous remarquons en eux, sont de deux sortes : les unes supposent nécessairement l'étendue, et peuvent s'appeler qualités premières ; les autres ne la supposent pas nécessairement, et peuvent s'appeler qualités secondes. Comme les corps, ou dans leur nature ou dans leurs qualités, sont l'unique objet de la science, il s'ensuit que le monde physique seul jouit d'une existence objective. Ces corps ont des formes diverses, et par suite du mouvement auquel ils sont soumis, ils subissent des changements substantiels. La philosophie a donc pour but d'expliquer l'infinie variété de leurs formes et les transmutations ou transformations successives par lesquelles nous les voyons passer.

D'abord ces deux faits demeurent sans explication possible pour celui qui n'admet pas entre les corps certains intervalles plus ou moins considérables. Donc le vide est nécessaire. Mais comme la nature a horreur du vide, elle imprime à tous les corps un mouvement perpétuel, dans le but de combler, au moins successivement, tous les intervalles : telle est l'origine du mouvement. Ce mouvement réside dans une infinité d'atômes simples et indivisibles, qui se promènent éternellement à travers l'espace. Lorsque, dans leur course vagabonde, le hasard les pousse à se rencontrer, ils s'unissent et s'agrègent. Alors la figure spéciale que chacun possède, en se combinant de telle ou telle manière avec la figure d'un autre atôme, donne pour résultante une forme finale, qui dépend du mode suivant lequel s'est effectuée la combinaison. Puisque le mouvement est essentiel aux atômes, et puisque tous les êtres sont formés par les atômes, il s'ensuit qu'il n'y a point dans le monde de liberté. Ainsi la cause suprême, l'arbitre souverain, le régulateur inflexible de l'univers, c'est le Destin, ou, pour mieux dire, c'est la fatalité.

En résumé, Leucippe voulut bien accorder aux corps une infinité d'éléments simples et indivisibles, ce qui lui parut satisfaire la raison et confondre suffisamment l'école ionienne ; puis il admit que ces éléments varient sans cesse, et par leurs combinaisons innombrables opèrent la génération et la dissolution des corps, ce qui lui parut satisfaire l'exigence des sens et réfuter l'idéalisme de Xénophane. Pour l'âme humaine, elle participe à la nature et aux modifications de tous les autres corps : c'est un composé d'atomes de feu, et la vie n'est que le flux et reflux de ces mêmes atomes, tour à tour aspirés par les êtres vivants.

Leucippe eut pour successeur son disciple Démocrite, né dans la ville d'Abdère, en Thrace, vers l'an 480 avant J.-C. Quelques historiens assurent que Démocrite voyagea dans l'Orient, et qu'il eut même des relations scientifiques avec les philosophes indiens appelés par les Grecs *Gymnosophistes*. Le moyen le plus sûr, alors comme aujourd'hui, de se faire un nom célèbre, était de se singulariser par quelque extravagance. Héraclite avait pris le parti de pleurer toujours ; Démocrite prit celui de rire sans cesse, et cette manie attira si bien sur lui l'attention de ses concitoyens, qu'on fit venir Hippocrate lui-même, le prince de la médecine, pour guérir la tête du philosophe. L'histoire se tait sur la nature du traitement employé, mais elle atteste que le singulier malade vécut plus d'un siècle.

Démocrite fit à la doctrine de Leucippe ce qu'Anaximandre avait fait à celle de Thalès : il la compléta. Ainsi, Leucippe avait distingué dans les corps deux espèces de propriétés : les unes, comme la visibilité, la tangibilité, découlent immédiatement de l'étendue ; les autres, comme l'odeur, le son, peuvent s'expliquer indépendamment de l'étendue. Mais Leucippe n'avait rien dit sur la nature de ces dernières. Démocrite combla cette lacune en soutenant que les qualités des corps sont de pures affections de notre esprit. De plus, Leucippe avait oublié de dire un mot bien clair de l'âme humaine ; Démocrite entreprit d'expliquer sa nature et le mode de sa connaissance. Voici le résumé de sa doctrine sur ces deux points essentiels.

Partant de ce principe : *Rien ne sort du néant, rien n'y retourne*, Démocrite admet que le monde est composé de deux éléments primitifs : le vide et les atômes. Le vide, c'est le néant pur ; les atômes, indivisibles par nature, sont les éléments constitutifs de toutes choses. Leurs principales propriétés sont la pesanteur, le mouvement perpétuel, l'attraction et la répulsion. Chaque corps est formé d'une agrégation d'atômes, et la diversité des corps s'explique par la diversité des atômes. L'âme humaine est matérielle ; mais les atômes qui concourent à sa composition sont d'une nature plus subtile que les autres : ils ressemblent à ces corpuscules lumineux et pulvérulents que nous voyons parfois se jouer dans un rayon de soleil.

Cela posé, pour expliquer la connaissance humaine, Démocrite invente l'hypothèse des *idées-images*, à laquelle Locke devait donner plus tard une célébrité peu méritée. Des émanations subtiles, images fidèles, mais invisibles à nos yeux, partent des corps extérieurs. Au moyen d'un mouvement rapide, l'air transmet ces émanations à nos organes, et les formes extérieures des corps viennent s'imprimer dans notre âme. Impossible, dit Démocrite, d'expliquer autrement la connaissance humaine, car le semblable seul peut agir sur le semblable. Il est aisé de voir que cette théorie confond l'une avec l'autre l'idée et la sensation ; et comme la sensation est fatale, une fois sa cause posée, l'activité de l'âme humaine se trouve ainsi réduite à un simple mouvement organique.

Les principes de Démocrite ne laissent même pas soupçonner l'action de Dieu, et par suite ne supposent pas son existence. Il fallait pourtant bien dire quelque chose de cet Être dont tous les philosophes avaient parlé. D'un autre côté, toute idée venant des sens et du flux des atômes des corps, il fallait trouver aussi à l'idée de Dieu une origine corporelle. Démocrite imagine donc que d'énormes agrégats d'atômes, ayant la forme humaine, voltigent autour de la terre, plus durables que nous, mais destinés aussi à se décomposer. Ils nous apparaissent en songe et nous font du bien ou du mal, selon leur caractère bon ou mauvais. Telle est, selon Démocrite, l'origine de l'idée de Dieu ; jointe à la terreur, cette idée a enfanté les religions. Lucrèce soutiendra plus tard la même thèse avec une éloquence digne d'une meilleure cause.

La morale de Démocrite découle logiquement de cette doctrine. S'il n'y a que des sensations dans l'homme et que des atômes dans l'univers, il est impossible de concevoir la notion absolue du juste et de l'injuste. La morale ne peut donc être qu'un calcul égoïste de jouissances sensuelles, de même que l'âme n'est qu'une combinaison de sensations, de même que l'univers n'est qu'une combinaison d'atômes.

Parmi les disciples du philosophe d'Abdère, on cite Diagoras de Mélos, qui passa, dit-on, d'une extrême piété à l'athéisme, parce qu'un parjure qui lui causait préjudice n'avait pas été puni par les Dieux. Il se fit chasser d'Athènes, vers l'an 415 avant J.-C., pour s'être moqué avec Alcibiade des mystères d'Eleusis.

Mentionnons encore Métrodore de Chio, qui vivait entre l'an 420 et l'an 337. Il penche plus nettement que son maître vers le scepticisme. Diogène Laërce lui fait dire : « Je ne sais pas même si je ne sais rien ». Cicéron cite de lui une parole semblable : « Nous ne pouvons pas savoir si nous savons quelque chose ou si nous ne savons rien, pas même ce que c'est que savoir ou ne savoir pas, pas même s'il existe quelque chose ou s'il n'existe rien ».

Après lui vient Anaxarque d'Abdère, qui vivait dans la dernière moitié du quatrième siècle avant J.-C. Anaxarque était disciple de Métrodore, et peut-être de Démocrite ; il fut le maître de Pyrrhon le sceptique et même d'Epicure, suivant quelques-uns. Il ne paraît pas s'être occupé de faire progresser ni même de propager la doctrine de ses maîtres ; mais il mettait si bien leur morale en pratique qu'on l'appela *eudémoniste, le bienheureux.*

Ainsi s'éteignit dans le scepticisme et dans le relâchement des mœurs l'école atomistique de Leucippe, qui avait voulu faire protester les sens contre la raison. Ainsi doit finir toute recherche philosophique qui n'accepte pas simultanément l'autorité de toutes les facultés humaines.

II

EMPIRISME GREC APRÈS SOCRATE

Heureusement pour la philosophie, dans le même temps que Démocrite parut Socrate, dont le grand mérite est d'avoir, comme le dit Cicéron, fait descendre la philosophie du ciel sur la terre, « en ce sens, explique Cousin, qu'il l'a ramenée à l'étude de la pensée humaine considérée, non pas comme borne, mais comme point de départ de toute saine philosophie ». Les contemporains de ce grand homme ne surent pas le comprendre, et leurs préjugés stupides le condamnèrent à boire la ciguë au fond d'un cachot.

Parmi les écoles fondées par les disciples de Socrate, deux se rapprochèrent de l'idéalisme : l'Académie de Platon et l'école mégarique d'Euclide. L'école cynique d'Antisthène se proposa pour but unique de débarrasser l'homme de toutes les nécessités de la vie et de le soustraire à toute surveillance. Le Lycée, qui eut pour chef Aristote, s'efforça de tenir un juste milieu entre le matérialisme et l'idéalisme. Cependant un des successeurs d'Aristote au Lycée, Straton, mort environ 270 ans avant J.-C., et surnommé le *physicien* ou le *naturaliste*, frayant le chemin aux matérialistes modernes, attribuait la formation du monde aux seules lois de la mécanique, et n'admettait pas de cause première. L'école sceptique, dont le plus célèbre représentant fut Pyrrhon, continua l'œuvre de l'école sophistique et nia toute espèce de vérité. Trois autres écoles furent empiriques : l'école cyrénaïque d'Aristippe, l'école stoïque de Zénon et l'école d'Epicure. Nous allons nous occuper exclusivement de ces dernières.

1. Ecole Cyrénaïque

La première qui se présente aux regards, dans l'ordre des temps, est l'école Cyrénaïque. Elle fut fondée, vers l'an 380, par Aristippe, né à Cyrène, colonie grecque de l'Afrique. On ignore la date exacte de la naissance d'Aristippe. Désireux de s'instruire, il quitta la Lybie pour venir à Athènes, afin de suivre les leçons de Socrate. Denys le tyran le fit entrer à sa cour et le constitua dégustateur des mets royaux. Cette noble fonction, digne de la doctrine sensualiste professée par le philosophe, lui attira beaucoup de désagréments, dont il sut presque toujours se tirer avec esprit. Denys lui demandait une fois pourquoi les philosophes assiègent sans cesse les palais des grands, tandis que ceux-ci ne visitent jamais les philosophes : « C'est, lui répondit Aristippe, que les médecins vont ordinairement chez les malades, tandis que les malades ne vont guère chez les médecins. » On accuse Aristippe d'avoir fait de la philosophie un objet mercantile, en exigeant une rétribution pour les leçons qu'il donnait.

Du reste, il s'occupa très peu de questions spéculatives. Selon lui, l'âme humaine est matérielle, et toutes nos actions, soumises à l'empire de la nécessité, ont leurs principes en deux mouvements intérieurs : la douleur et le plaisir. Né dans la richesse et accoutumé à tous les avantages de la vie, le philosophe de Cyrène s'occupa surtout de se ménager une existence agréable, en accommodant à ses goûts la doctrine de son maître. Le résumé de sa morale consiste à dire que le bien suprême consiste dans le plaisir actuel, et que la vertu doit se borner à savoir jouir du présent, puisque l'avenir est inconnu.

Aristippe eut pour lui succéder sa fille Aréta. C'est le seul nom de femme que nous trouvions à la tête d'une école de philosophie, bien que l'école cynique compte au nombre de ses partisans la noble Hipparchia, qui voulut devenir l'épouse de Cratès de Thèbes. Cultivée avec grand soin au détriment de son frère, qui ne promettait pas de donner à la secte cyrénaïque un chef suffisamment digne, Aréta rappelle assez bien ces femmes célèbres du dix-huitième siècle, dont les salons étaient ouverts à tous les ennemis de la religion et de la morale. Elle n'apporta d'ailleurs aucune modification essentielle aux enseignements de son père, et se contenta de suivre les règles commodes qu'il avait tracées pour la conduite de la vie.

Parmi les représentants de l'école cyrénaïque, quelques auteurs citent Bion le Borysténète, qui, suivant Eratosthène, donna à la philosophie un manteau de pourpre. Mais cette école semble en réalité finir avec Aristippe le Jeune, fils d'Aréta, qui vivait l'an 360. Initié par sa mère aux doctrines de son aïeul, et pour cela surnommé *Métrodidacte*, il essaya de développer les théories de son école et d'en perfectionner la doctrine ; mais il s'occupa surtout d'en pratiquer les maximes. Il fut le dernier de son nom, et l'école cyrénaïque proprement dite finit avec lui, car elle se fractionna immédiatement en plusieurs sectes.

A la tête de l'une d'elles parut Annicéris de Cyrène, fondateur de la secte des Annicériens. Il florissait vers l'an 300. Sa morale se rapproche beaucoup de celle d'Epicure.

Théodore de Cyrène, disciple d'Annicéris et d'Aristippe le Jeune, fonda, lui aussi, une secte qui fut appelée la secte des Théodoriens. Il enseigna formellement l'athéisme, et fut condamné devant l'Aréopage.

Dans le même temps vivait Evhémère. On ne connaît rien de certain sur sa vie. Sa doctrine, désignée sous le nom d'évhémérisme, consiste à dire que les Dieux ne sont que des hommes divinisés par la crainte ou l'admiration.

En résumé, l'école cyrénaïque fut une préparation de l'épicurisme, comme l'école cynique fut une préparation du stoïcisme. Elle bannit la recherche du vrai en soi pour réduire toute l'activité humaine à la poursuite du plaisir. Le scepticisme et la volupté : telle est, à ses yeux, la condition naturelle de l'homme.

2. Ecole stoïque

Nous venons de dire que la philosophie des stoïciens se trouve en germe dans l'école cynique d'Antisthène. En réalité, les cyniques ne méritent pas le nom de philosophes, car leur morale ne repose sur aucun principe, et dans la pratique, ils sacrifiaient la nature humaine à une fausse idée de vertu qui n'était, au fond, que la sauvage exaltation de l'égoïsme. Les stoïciens, du moins, essayèrent de donner une base philosophique aux maximes qui devaient diriger leur vie.

Vers le temps où s'éteignait la renommée de l'école cyrénaïque apparut l'école stoïcienne, fondée par Zénon. Nous ne connaissons pas la date de la naissance du fondateur du Portique, nous savons seulement qu'il mourut vers l'an 264, après avoir vécu plus de quatre-vingt-dix ans. Né à Cittium, dans l'île de Chypre, Zénon avait d'abord fait partie de l'école cynique d'Antisthène, puis il avait passé successivement par l'école mégarique d'Euclide et par l'école académique de Platon. Après avoir pris dans chacune ce qui s'adaptait le mieux à la tournure de son esprit, il se constitua lui-même chef d'une nouvelle école. Il enseigna longtemps sous un portique d'Athènes, στόα : de là l'épithète de *stoïque*. Sa philosophie se divise en trois parties : la logique, pour diriger l'esprit ; la physique, pour l'instruire ; la morale, pour le perfectionner.

La logique des stoïciens porte presque exclusivement sur le critérium de certitude qu'elle fait consister dans la conformité de la représentation intellectuelle avec son objet. Or, d'après eux, toute représentation, si spirituelle qu'elle paraisse, n'est que la transformation d'une représentation sensible. Nous voyons déjà poindre le système de la sensation transformée. Il paraît certain que le fameux axiome : *Nihil est in intellectu quod prius non fuerit in sensu*, communément attribué à Aristote, appartient réellement à Zénon, qui ne l'entendait pas de la même manière que les scolastiques.

La physique de Zénon roule sur la nature des corps et sur l'essence de l'âme humaine. Selon lui, il n'y a dans l'univers d'autres réalités que les corps, qui se divisent en deux catégories : les corps inertes, ou pure matière, et les corps actifs, ou esprits. Ceux-ci sont composés de deux éléments : la matière, principe de la passivité, et la divinité, principe de l'activité, résidant dans la matière. Nous revenons ainsi au panthéisme matérialiste. Ces deux éléments, en effet, dérivent eux-mêmes d'un principe unique, l'éther, c'est-à-dire le feu primitif d'Héraclite, qui pénètre tout de sa substance. L'âme humaine est un corps composé comme tous les autres êtres, et la matière entre comme élément constitutif dans son essence : autrement elle ne pourrait s'unir à la matière. Il suit de là que toutes nos idées viennent des sens, et que la liberté est un vain mot inventé par l'orgueil humain. Pourtant les stoïciens se proclament libres.

La morale stoïcienne repose sur ce grand principe qu'il faut vivre conformément à la raison ; et comme la raison ne relève que d'elle-même, il en résulte que le sage peut tout faire sans faillir, par cela seul qu'il est sage. Souffrir n'est rien, car la douleur n'est pas un mal, et la vertu est le seul bien. Or, la vertu, c'est l'indépendance. Au fond, cette doctrine est la glorification de l'égoïsme. Elle est contenue tout entière dans une formule complètement négative et se résume en deux mots : Ἀνέχου καί ἀπέχου, *supporte et abstiens-toi*.

Parmi les premiers disciples de Zénon, on trouve d'abord Persée de Cittium, que son maître envoya à sa place auprès d'Antigone Gonatas, qui l'avait demandé lui-même. « Le disciple, disait Zénon, est aussi capable que le maître, et de plus il a l'avantage de la jeunesse. » Vient ensuite Hérille de Carthage, qui donna à la morale un but absolu et un but relatif; puis Ariston de Chios, chef de la Secte des Aristoniens, qui rejetaient la logique et la physique ; et enfin Athénodore de Soli, qui suivait la même voie.

Le plus remarquable fut Cléanthe, né vers l'an 300 avant J.-C. Originaire d'Assos, dans la Troade, en Asie, Cléanthe fut d'abord athlète, puis il vint se mettre au nombre des disciples de Zénon. Il gagnait sa vie à tirer de l'eau pendant la nuit, afin de pouvoir étudier pendant le jour. Pour conserver les leçons de son maître, il les écrivait sur des morceaux de brique. Il mit si bien en pratique l'ἀπέχου de Zénon, qu'il se laissa mourir de faim.

Il eut pour successeur un de ses disciples, Chrysippe, né à Soli, en Cilicie, vers l'an 280. Chrysippe était adonné à l'oisiveté et aux plaisirs, lorsque la perte de son patrimoine le tourna du côté de la philosophie. Il vint à Athènes, entendit Cléanthe, suivit les leçons des académiciens Arcésilas et Lacyde, puis retourna définitivement au stoïcisme, dont il fut un si ferme soutien, qu'on le surnomma la *Colonne du Portique*. Il fit des changements considérables à la doctrine de Zénon, mais il ne nous reste rien de ses ouvrages. Les historiens ne sont pas d'accord sur le genre de sa mort : quelques-uns le font mourir à la suite d'un excès de boisson ; d'autres le font s'étrangler à force de rire, ce qui ne convient guère, remarque judicieusement un biographe, à la gravité philosophique. Apollodore fixe à l'an 208 l'époque de sa mort ; Lucien le fait vivre jusqu'à l'an 199.

On cite encore, parmi les stoïciens grecs, Zénon de Tarse, qui florissait environ 200 ans avant J.-C. ; Diogène de Babylone, Antipater de Sidon, Panœtius de Rhodes, qui tint école à Rome, et enfin Posidonius d'Apamée. Le stoïcisme passa ensuite à Rome, où nous le retrouverons bientôt.

3. Ecole épicurienne

D'ailleurs, l'école stoïque fut avantageusement remplacée par l'école épicurienne, qui partait des mêmes principes philosophiques pour aboutir à des conclusions morales diamétralement opposées.

Né au bourg de Gargette, dans l'Attique, ou, selon quelques auteurs, à Samos, l'an 341, Epicure quitta de bonne heure l'étude de la grammaire pour s'adonner à celle de la philosophie, qui promettait une satisfaction plus complète à son esprit avide de connaître. Après avoir lu les ouvrages d'Anaxagore, d'Archelaüs et de Démocrite, il suivit les leçons de Xénocrate et de Nausiphane. Quelques-uns ajoutent même qu'il fut disciple de Platon. Mais le sensualisme de ses goûts et de ses habitudes l'empêcha de se fixer à l'Académie. La morale de Démocrite était plus en harmonie avec son tempérament : pour être logique, il adopta le reste de sa doctrine et devint lui-même le chef d'une nouvelle secte à laquelle il donna son nom. La dépravation de ses mœurs est passée en proverbe, bien que les encyclopédistes du dernier siècle aient essayé de le réhabiliter sous ce rapport. On a dit que sa conduite privée valait mieux que sa doctrine morale ; il semble pourtant certain que ses débauches effrénées lui occasionnèrent une longue et terrible maladie dont il mourut, l'an 270 avant J.-C.

Epicure voyait surtout dans la philosophie une science pratique qui doit conduire l'homme au bonheur. Mais avant de connaître les moyens d'y arriver, il est bon de se connaître soi-même : par conséquent, on doit d'abord étudier la *psychologie*, ou science de l'âme. Une fois cette science acquise, il faudra entreprendre l'étude des lois qui président à l'exercice de nos facultés : la *logique* est donc le complément indispensable de la psychologie. Ce n'est pas tout : le bonheur de l'homme ne dépend pas seulement de lui-même, il relève aussi du monde extérieur : la *physique* nous fera connaître ce monde. Enfin, lorsque nous aurons une science complète de nos facultés, des lois qui les régissent et des phénomènes du monde sensible, nous pourrons fixer les règles à suivre pour arriver au vrai bonheur, et la *morale* viendra couronner l'édifice de nos connaissances. La philosophie d'Epicure se divise donc en quatre parties, dont nous allons donner une idée, sans nous astreindre au plan que nous venons d'exposer.

Dans sa *Physique*, Epicure se propose d'expliquer la formation de l'univers, et il adopte à ce sujet la théorie de Leucippe et de Démocrite, soutenant avec eux que le monde provient du concours fortuit des atômes. Il se sépare néanmoins de ses deux devanciers en attribuant aux atômes, non plus un seul mouvement en ligne droite, ce qui rendrait leur rencontre impossible, mais un double mouvement, l'un en ligne droite, l'autre en ligne brisée. C'est ce qu'on a nommé la *théorie des atômes crochus*. De toute éternité ces atômes existent ; leurs différentes combinaisons produisent la variété des êtres. Les Dieux eux-mêmes ne sont que des agrégats d'atômes combinés d'une manière plus parfaite que les autres. D'ailleurs, condamnés par leur nature à une perpétuelle inaction et plongés dans les délices d'un repos absolu, ils ne s'occupent en rien des choses d'ici-bas. La crainte des Dieux est donc une crainte illusoire, bonne pour retenir les ignorants dans la ligne du devoir ; le vrai sage doit s'en débarrasser au plus vite.

Mais c'est sur l'âme humaine qu'Epicure a principalement dirigé ses observations, dans la *Psychologie*. L'âme humaine est unie à un corps ; dès lors il faut, dit Epicure, qu'elle soit matérielle ; car comment ce qui est matière pourrait-il faire une seule et même chose avec ce qui ne l'est point ? L'âme est donc corporelle comme le reste des êtres. Les atômes qui la composent sont des sphéroïdes excessivement subtils, et par là même très aptes à recevoir une impression quelconque. Elle est quelque chose d'indivisible comme l'air et d'actif comme le feu. Mais elle est destinée à périr avec le corps ; aussi nous la voyons vieillir avec lui, après l'avoir vue passer progressivement de la faiblesse de l'enfance à la vigueur de l'âge mûr.

Cela posé, la *Logique* ou *Canonique* nous apprendra que l'âme humaine peut se mettre en rapport avec le monde extérieur de trois manières différentes : par les *sens*, par l'*intelligence* et par les *appétits* ou *passions*.

Les *sens* ne sont autre chose que les organes corporels s'exerçant sur les objets physiques : c'est par leur entremise que nous vient la sensation. Or, c'est dans la sensation qu'il faut chercher le principe de toute connaissance humaine ; d'où il suit que la sensation est la mesure de la vérité. En effet, dit Epicure, la sensation excite en nous un mouvement, et c'est d'après ce mouvement que nous jugeons la vérité. Mais si tout se ramène à la sensation, reste encore à savoir quelle est l'origine de la sensation. Pour l'expliquer, Epicure renouvelle la doctrine de Démocrite. Certaines émanations subtiles, parties des corps extérieurs, pénètrent dans le nôtre par les organes, excitent notre âme à se mettre en mouvement et impriment en nous leurs images. Nous acquérons ainsi l'idée d'un monde existant en dehors de nous ; et comme ce monde est en réalité le seul qui existe, il s'ensuit que les *sens* nous donnent une science complète.

Après cela, on ne voit pas quel rôle peut jouer l'*intelligence*, et l'on s'étonne de la voir mentionnée parmi les facultés de l'âme, puisque les sens usurpent à peu près toutes ses fonctions. Epicure lui accorde néanmoins deux attributs principaux : elle choisit, entre les images fournies par les sens, celles qui lui conviennent le mieux, pour en faire l'objet spécial de son examen ; elle généralise ensuite sur les données des sens et en forme les notions premières, base de tout raisonnement.

Quant aux *appétits* ou *passions*, ce sont aussi les sens

qui les produisent. Les passions nous font connaître les rapports qui existent entre les objets extérieurs et nous-mêmes, relativement à notre bonheur. Elles ont donc pour objet le plaisir et la douleur, et produisent en nous, par suite de l'impression qu'elles nous communiquent, l'espérance ou la crainte.

Telle est, en résumé, la doctrine d'Epicure relativement à l'essence et aux facultés de l'âme humaine. Voici maintenant la *morale* qu'il en déduit.

Puisque l'âme ne fait avec le corps qu'une substance matérielle, elle doit périr avec lui. Par conséquent il faut regarder comme des chimères tout ce que les poètes racontent de l'Elysée et du Tartare : ces fictions ridicules ne peuvent servir qu'à jeter le trouble dans nos consciences et à empoisonner nos plaisirs. Puisqu'il n'y a point d'autre vie, il en résulte que l'homme a pour unique obligation de tendre au bonheur ici-bas. Or, le souverain bonheur est, pour le corps, la satisfaction des sens ; pour l'âme, c'est la tranquillité. Nous devons donc chercher avant tout à recueillir sur la terre la plus grande somme possible de jouissances, soit spirituelles, soit corporelles ; en d'autres termes, nous devons satisfaire nos goûts et nos passions. Ce que l'on appelle loi naturelle n'est qu'une convention passée primitivement entre les hommes pour sauvegarder leurs intérêts individuels. Par conséquent, la seule règle qui doive nous guider dans nos rapports avec nos semblables, c'est l'intérêt personnel. Et pour ce qui regarde les Dieux, puisqu'ils ne s'occupent pas de nous, nous ne sommes pas obligés de nous occuper d'eux : la religion n'est bonne que pour les ignorants. Ainsi la morale d'Epicure peut se résumer tout entière en un seul mot qui est le dernier mot de beaucoup de morales individuelles : l'égoïsme.

Au nombre des disciples d'Epicure furent d'abord

ses trois frères, Aristobule, Néoclès et Chérédème ; puis Métrodore de Lampsaque, Polyen de Lampsaque, Timocrate, Hermachus de Mitylène, Apollodore l'Epicurien, Colotès, Zénon l'Epicurien, Diogène de Séleucie, Phèdre, Philodème de Gadara, et une foule d'autres dont les noms sont à peine connus. L'histoire de leur vie et l'exposé de leur doctrine nous entraîneraient dans des répétitions fastidieuses. Alléchés par la morale plutôt que convaincus par les principes de leur maître, ils n'ont laissé après eux aucune œuvre assez importante pour attirer l'attention d'un historien.

Avec Epicure tombe l'éclat de la philosophie empirique en Grèce. Thalès l'avait inaugurée en attribuant à l'eau le monopole exclusif de la formation des êtres, et l'école ionienne, dont il fut le père, modifia quelque peu la forme de son enseignement sans en altérer la substance ; Anaximandre mélangea de l'air et du feu avec l'eau de Thalès ; Anaximène préféra l'air pur ; Héraclite aima mieux le feu. Plus d'un siècle après Thalès, Leucippe survint avec son vide, ses atômes et ses tourbillons ; puis Démocrite compléta la doctrine de l'école atomistique en y ajoutant la théorie des idées-images. Après un siècle de gloire, l'école atomistique fut remplacée par l'école cyrénaïque d'Aristippe, à laquelle Aréta et Aristippe le Jeune ne purent donner qu'une durée et un éclat éphémères. Le stoïcien Zénon la renversa rudement et lui substitua une morale plus austère, que Cléanthe et Chrysippe mirent en pratique, chacun à sa façon. Mais un siècle d'existence suffisait pour épuiser la force vitale de ces doctrines sans consistance. Epicure arrive, plante son drapeau sur les ruines de l'école stoïque, et rallie autour de lui la majorité des libres-penseurs de son temps.

Dans cette rapide exploration à travers quatre siècles, nous avons rencontré des systèmes déjà connus et que nous retrouverons encore : atomisme, dualisme, panthéisme, athéisme, etc. Mais nous avons aussi examiné des théories dont on a voulu pendant longtemps faire honneur à l'époque moderne : les idées-images de Locke, les tourbillons de Descartes, la sensation transformée de Condillac, le criticisme de Kant et l'identité absolue d'Hégel.

CHAPITRE III

De l'Empirisme en Italie.

La philosophie fut longtemps pour les Romains une science inconnue. Au moment où tant de systèmes divers se combattaient sur le sol de la Grèce, la future capitale du monde n'avait encore qu'une préoccupation : reculer de plus en plus les limites de sa puissance. Le génie romain n'était pas fait pour les discussions de l'école. Les âmes énergiques qui devaient soumettre le monde n'envisageaient que le côté pratique des doctrines que leur enseignaient les vaincus. Mais la puissance des idées est plus irrésistible que celle des armes. Ceux que le glaive avaient terrassés se relevèrent, pénétrèrent au sein des familles, se produisirent sur le forum et régnèrent par l'intelligence. Et voilà comment ne tarda pas à se faire sentir la pernicieuse influence des Grecs efféminés qui venaient à Rome ouvrir des écoles publiques ou instruire les jeunes patriciens.

De toutes les écoles philosophiques de la Grèce, trois seulement purent trouver des sectateurs en Italie : ce fut d'abord l'Epicurisme, puis le Platonisme, et enfin le Stoïcisme. L'Académie de Platon, transformée en Académie nouvelle, fut préconisée par Cicéron, le seul homme, a-t-on dit, dont le génie ait égalé la grandeur de l'empire romain. Mais Cicéron, qu'on pourrait appeler à certains égards le Voltaire de l'ancienne Rome, est plutôt partisan de l'éclectisme que de l'empirisme, et bien qu'il ait avancé plusieurs propositions qui semblent conduire à ce dernier système, il ne l'a pas formellement enseigné. Nous n'avons donc pas à nous occuper de lui, sinon pour dire que l'universalité de son talent peut le faire comparer à Voltaire, et que par ses doctrines philosophiques il semble être le précurseur de Cousin. A Rome, l'épicurisme eut pour principaux représentants deux poëtes, Lucrèce et Horace, et un naturaliste, Pline l'Ancien. Le stoïcisme fut défendu par Sénèque, Epictète et Marc-Aurèle. Nous aurons ensuite à parler de deux hommes, Celse et Lucien, partisans de la doctrine d'Epicure, mais beaucoup plus fameux par leur haine acharnée contre le christianisme que par leurs travaux philosophiques.

I

L'EPICURISME EN ITALIE

L'épicurisme s'introduisit dans Rome en même temps que l'influence des philosophes grecs. L'austérité républicaine n'existait plus que dans le souvenir du peuple ; la mollesse des mœurs gagnait du terrain à mesure qu'en perdait la mâle vertu des vieux Romains. Cette tendance générale vers les plaisirs sensuels et les distractions extérieures trouva naturellement une alliée complaisante dans la doctrine d'Epicure. Aussi l'épicurisme rencontra-t-il à Rome beaucoup de partisans. Si trois d'entre eux seulement méritent d'être mentionnés, c'est que les autres étaient plus occupés à mettre en pratique la morale d'Epicure qu'à soutenir ou à développer ses principes philosophiques.

Le premier romain qui mérite le nom de philosophe en même temps que celui de poète est Lucrèce, ardent sectateur d'Epicure. Nous ne savons au juste ni la date de sa naissance, ni celle de sa mort. On admet généralement qu'il vécut de l'an 92 à l'an 52 avant J.-C. Suivant une tradition qui mérite peu de créance, il écrivit son poème dans les intervalles lucides que lui laissait la folie, et il termina ses jours par le suicide. Ce qu'il y a de certain, c'est qu'il naquit environ un siècle avant l'ère chrétienne, et qu'il fut en relation avec tous les grands hommes qui illustrèrent la fin de la république romaine. Il connut Cicéron, Varron, César, Pompée, Salluste et Catulle. Appartenant à une famille distinguée, il suivit les cours des maîtres illustres qui enseignaient à Rome la philosophie de la Grèce. Mais la passion des plaisirs enchaîna son génie. La nature l'avait fait grand poète, l'éducation le rendit mauvais philosophe.

Le poème intitulé *De la Nature, De rerum naturâ*, est le fruit des études de Lucrèce et le résultat de sa préférence pour la doctrine d'Epicure. Après une brillante invocation à Vénus, divinité nationale et protectrice des Romains, le poète, pendant six chants consécutifs, s'attaque à toutes les vérités qui sont la base de l'ordre moral et le fondement de la société. Il nie la création, soutenant qu'elle est impossible en vertu du fameux principe : *Ex nihilo nihil* ; il nie la spiritualité de l'âme, disant qu'elle doit périr avec le corps ; il nie la liberté, qu'il appelle un rêve de l'orgueil humain ; il nie l'existence de la Divinité, inventée, dit-il, par la crainte et la sottise : *Primus in orbe Deos fecit timor* ; il nie la supériorité de l'homme sur la brute ; il nie enfin tout ce qu'affirme la saine raison. On voit clairement que son but est d'enlever à l'homme la crainte de la mort et de détruire le culte de la Divinité pour le remplacer par le culte des plaisirs. Cet ouvrage célèbre nous fait toucher du doigt la dégradation de la société romaine à l'époque où vivait Lucrèce. Ce qu'il y a d'étrange, c'est que la philosophie d'Épicure, si peu poétique en elle-même, ait pu inspirer un véritable poète ; car Lucrèce fut le chantre inspiré de la nature, de la matière, du plaisir et du néant. Nous serons moins surpris si nous voulons réfléchir que la poésie exprime seulement les idées vivantes dans les esprits, et qu'à cette époque où sombraient toutes les croyances religieuses, politiques et sociales, le matérialisme seul exprimait ce qui restait de triste enthousiasme au fond du cœur de l'homme.

L'ouvrage de Lucrèce est celui d'un philosophe qui cherche à se convaincre ; ceux d'Horace appartiennent à un poète qui se laisse doucement bercer sur le fleuve de la vie. Avant d'être philosophe, Horace est poète ; mais avant d'être poète, il est épicurien, et il s'appelle lui-même *Epicuri de grege porcus*, un porc du troupeau d'Épicure. Il vécut de l'an 65 à l'an 8 avant J.-C. Fils d'un affranchi qui lui fit donner une éducation patricienne, Horace s'enthousiasma pour Brutus, tout chaud encore du meurtre de César, et ce fut sous l'étendard de Brutus qu'il voulut déployer sa valeur guerrière, aussitôt qu'il fut en âge de porter les armes. Mais à la première bataille, il jeta son bouclier pour s'enfuir plus légèrement. « Philippes, dit Galiani, le guérit de la maladie qu'on appelle bravoure, et il redevint pour toujours poète, et comme de raison, poltron ». La bataille de Philippes est l'évènement le plus considérable de la vie d'Horace. Lui-même en parle sans vergogne. Le reste de son existence s'écoule doucement au sein de cette aisance qu'il appelle médiocrité, soit à Rome, soit dans ses maisons de campagne de Tibur et de Sabine.

La philosophie d'Horace, toute en morale, est exposée dans le premier livre de ses Épîtres. Son véritable maître est Épicure, dont il développe sans cesse les doctrines égoïstes. « Le sage, dit-il, demande à la vie tous les biens qu'elle offre à ceux qui savent les découvrir et en jouir. Point de regrets inutiles pour ce qui n'est plus et ne saurait revenir ; point d'ambitions démesurées ; le jour qui nous éclaire peut être le dernier : jouissons-en. Aimons, buvons, rions, chantons. Se porter bien, avoir de bons amis, des livres, un domaine aux champs, une maison à la ville, que faut-il de plus pour être heureux ? » Cette morale sensualiste, signe avant-coureur de la catastrophe qui devait briser l'empire romain, nous aurons occasion de la retrouver à une époque plus rapprochée de nous, et elle annoncera encore une catastrophe effrayante.

Le plus recommandable des matérialistes de Rome est sans contredit Pline l'Ancien, né à Vérone 23 ans après J.-C., mort l'an 79. Les règnes de Claude et de Néron le remplirent d'une tristesse qui ne le quitta pas même à l'avènement de son ami Vespasien. Génie vaste et extrêmement riche, il travailla toute sa vie avec une ardeur infatigable. Il était soldat en Germanie lorsqu'il composa un traité sur l'emploi du javelot dans la cavalerie, *De jaculatione equestri*. De retour à Rome, il devient successivement biographe, légiste, rhéteur, historien, grammairien. Il ne nous reste maintenant de Pline l'Ancien que son *Histoire naturelle* en trente-sept livres, véritable encyclopédie des connaissances humaines à son époque. Physique, botanique, zoologie, minéralogie, astronomie, médecine, agriculture, peinture, statuaire ; toutes les sciences et tous les arts apportent leur contingent à cette volumineuse compilation. On sait que Pline l'Ancien mourut en voulant surprendre les secrets du Vésuve, lors de la fameuse éruption qui ensevelit les villes d'Herculanum, de Pompéï et de Stabies.

Les horreurs du règne de Néron semblent avoir produit sur l'âme de Pline, naturellement honnête, une impression ineffaçable. Mais il impute aux Dieux les atrocités dont il est le témoin indigné, et il professe l'athéisme. « On croit, dit-il, que les Dieux s'occupent des choses humaines et qu'ils punissent les crimes. Cette croyance peut être utile, mais elle n'a pas de fondement sérieux, car la puissance des Dieux est bien bornée : ils ne peuvent ni rendre la vie, ni arrêter la mort ; d'où il suit que ce que nous appelons Dieu est simplement la nature ». Quant à l'homme, Pline le ravale au-dessous de la brute, en montrant toutes les misères qui l'accablent depuis sa naissance : le seul bien qu'il ait reçu de la nature, c'est la mort et le pouvoir de mourir quand il veut. « L'autre vie, ajoute-t-il, est une chimère ; l'âme n'est pas autre chose que le souffle vital ; après la mort, le corps et l'âme n'ont pas plus de sentiment qu'ils n'en avaient avant la naissance ». Cette philosophie est bien celle du désespoir : ce regard désolé que le philosophe promène sur la destinée de l'homme, ce dégoût profond de la vie, cette soif du néant, voilà un singulier jour projeté sur le temps misérable où vivait Pline l'Ancien. On retrouve d'ailleurs dans Tacite cette sombre philosophie du découragement : c'est un fruit du siècle de Néron.

II.

LE STOÏCISME EN ITALIE

Cependant quelques âmes mieux trempées ou plus favorisées par les circonstances tentèrent de réagir contre les tendances sensualistes de la morale épicurienne. Ce que Lucrèce avait fait pour l'épicurisme, Sénèque le fit pour le stoïcisme : sans avoir recours à la poésie, il revêtit les doctrines du Portique de formes qui ne manquent pas d'éclat. Après lui, l'esclave Epictète et l'empereur Marc-Aurèle s'occupèrent surtout de la morale stoïcienne. Nous allons parler successivement de ces trois derniers représentants du stoïcisme.

Sénèque naquit à Cordoue, en Espagne, et vécut de l'an 2 à l'an 65 de l'ère chrétienne. Son père, chevalier romain, fut lui-même le précepteur de ses trois fils, qui tous se distinguèrent dans l'éloquence. L'aîné prit plus tard le nom de Gallion, suivit la carrière des honneurs et fut proconsul à Corinthe, où il eut à juger saint Paul. Le plus jeune n'eut pour l'art oratoire qu'un culte désintéressé, et fut le père du poète Lucain. Quant au second des trois frères, Sénèque le Philosophe, il quitta l'école de son père vers l'âge de dix-sept ans, pour embrasser la doctrine stoïcienne. Nous le voyons tour à tour avocat, questeur, voyageur, puis exilé par Claude, et enfin précepteur de Néron. Comblé d'abord de biens et de richesses par son élève, mais bientôt en butte aux soupçons du tyran, il se décida trop tard à quitter la cour, et n'eut pas le courage de survivre à sa disgrâce : il termina sa vie par le suicide.

Sénèque est pour nous le représentant le plus complet de la doctrine stoïcienne à Rome. Dans son ouvrage sur la *Superstition*, où saint Augustin et Lactance ont puisé tant d'arguments contre le polythéisme, il combat la théogonie des poètes, qui lui paraît absurde. Il ne s'est guère occupé de la partie spéculative du stoïcisme ; mais on peut voir, par ce qu'il en dit, qu'il pense au fond comme le Portique : son Dieu, dont il exalte Providence, n'est autre chose que l'âme du monde, et l'âme humaine n'est pour lui qu'un composé d'éléments subtils. En morale, il oublie que la froide raison ne constitue pas l'homme tout entier ; il oublie que la perfection humaine consiste dans l'équilibre harmonieux de toutes les facultés ; il ne sait pas faire la part du cœur. Et c'est précisément cette sécheresse absolument stoïque qui nous fait révoquer en doute la correspondance prétendue de Sénèque et de saint Paul. Que Sénèque ait connu les chrétiens, on ne peut le nier ; mais on ne trouve nulle part dans ses *Lettres* ou dans ses ouvrages philosophiques la croyance au dogme de la vie future, seule consolation capable de faire supporter patiemment les infortunes de la vie présente. Sénèque n'a pas l'idée de cette vie future, où la vertu recevra sa récompense, et le vice son châtiment. Le suicide tient trop de place dans son code de morale : il est toujours prêt à recourir à cette extrémité. Dans l'une de ses premières lettres à Lucilius, il lui dit de renoncer à tout ce qui l'empêche de mener une vie philosophique, ou bien de renoncer simplement à la vie : *Censeo aut ex vitâ istâ exeundum, aut e vitâ exeundum.* Cependant, à côté de ces exagérations fâcheuses, on peut lire avec fruit, relativement à la bienfaisance et à l'amour du genre humain, des pages remplies de sentiments admirables, qui laissent voir l'influence naissante du christianisme.

Arrivés à ce point de notre étude historique, nous voyons un nouvel horizon s'ouvrir devant nous, et nous sommes obligés de compter avec cette influence chrétienne que nous venons de remarquer dans les écrits de Sénèque. Depuis la venue de l'Homme-Dieu, un mystérieux travail de transformation s'opérait dans le monde, agissant tout à la fois sur les intelligences et sur les volontés. Il y avait au fond de toutes les âmes un élément que l'ancienne philosophie avait négligé, une source d'amour longtemps comprimée par l'orgueil des philosophes et l'abrutissement des masses. Du haut du Calvaire, le sang d'un Dieu jaillit sur la race humaine, fit reprendre à cette source d'amour sa direction naturelle, et le dogme de la véritable fraternité germa dans les cœurs. En vain les empereurs multipliaient les édits de persécution contre le christianisme : ils subissaient malgré eux l'influence de sa lumineuse doctrine. En vain les philosophes, par ignorance ou par haine de la religion véritable, demandaient aux vieilles écoles de la Grèce une réponse à ces questions capitales qui toujours ont préoccupé les esprits sérieux : ils arrivaient malgré eux, du moins pour le côté pratique de la vie, aux solutions du christianisme. De ce nombre furent Epictète et Marc-Aurèle, l'un esclave, l'autre empereur.

Epictète florissait vers la fin du premier siècle de l'ère chrétienne. On ne connaît ni la date de sa naissance, ni celle de sa mort. Né à Hiérapolis, en Phrygie, il fut d'abord esclave d'Epaphrodite, un des affranchis de Néron, puis il obtint la liberté. Son goût le portait vers l'étude de la philosophie, et l'école de Zénon obtint ses préférences, à cause de sa morale austère. Enveloppé dans la proscription dont Domitien frappa les philosophes, vers l'an 90 de l'ère chrétienne, il se retira à Nicopolis, en Epire, où il ouvrit une école. Plus tard il revint à Rome et vécut dans une grande intimité avec l'empereur Adrien. Sa vie fut pauvre et modeste. On raconte de lui plusieurs traits de patience et de douceur. Un jour son maître Epaphrodite, dans un accès de colère ou de cruauté, s'amusait à lui tordre la jambe. « Vous allez la casser », lui dit Epictète ; et comme le maître continuait, la jambe se brisa en effet ; Epictète ajouta simplement : « Je vous l'avais bien dit ». Un autre jour, un voleur lui déroba une lampe de fer : « S'il revient demain, dit le philosophe, il sera bien attrappé, car il ne trouvera qu'une lampe de terre ».

Ces deux traits résument toute la morale d'Epictète, qui est celle des stoïciens, *sustine et abstine, supporte la douleur et abstiens-toi du plaisir*. Du reste, Epictète n'a rien laissé par écrit, pas plus que Socrate. Arrien, l'un de ses disciples, recueillit ses maximes et les réunit dans un petit volume bien connu sous le nom de *Manuel d'Epictète*. Ce recueil, après avoir subi quelques corrections, a servi longtemps de manuel ascétique aux moines chrétiens. Il est à remarquer que les deux philosophes païens qui se sont le plus approchés de la vérité, Socrate et Epictète, ne se sont occupés que de la morale, ont essayé de rendre leur vie conforme à leurs principes, ont souffert à cause des vérités qu'ils enseignaient, et sont connus seulement par leurs disciples. Mais Socrate ne relevait que de lui-même, tandis qu'Epictète s'était enrôlé sous la bannière d'un matérialiste.

Le *Manuel* d'Epictète, dit M. Emile Burnouf, est un règlement de vie inspiré non seulement par les doctrines stoïciennes, telles que l'école de Zénon les avait transmises, mais aussi par le spectacle des évènements. A l'époque où vivait Arrien et même Epictète, Rome avait vu les plus honnêtes gens frappés dans leurs biens ou dans leurs personnes par l'arbitraire et la violence des plus mauvais empereurs. Le stoïcisme s'était raidi contre les misères de la vie ; l'on en était venu à cette indifférence courageuse que montraient de leur côté les chrétiens persécutés : « Que la mort et l'exil et tout ce que l'on redoute soient chaque jour présents devant tes yeux, mais surtout la mort ; ainsi rien de vil n'entrera dans ta pensée, et tu ne concevras aucun désir excessif ». Et l'on s'accoutumait à se considérer ici-bas comme acteur dans une comédie où le plus sûr était d'accepter son rôle, quel qu'il fût, et de le jouer pour le mieux. Le *Manuel* est tout rempli de ces sentiments. Il ne se compose que de cinquante-trois articles, en général très courts, où la morale pratique des stoïciens se trouve résumée.

Nous venons de parler d'un esclave; nous allons parler d'un empereur. Marc-Aurèle, surnommé le *Philosophe*, naquit à Rome l'an 121, et mourut en 180. Il appartenait à une famille consulaire. Séduit de bonne heure par la philosophie des stoïciens, il était tout jeune encore quand l'empereur Adrien le distingua parmi les enfants nobles, et l'éleva successivement à toutes les dignités de l'Etat. Son successeur Antonin fit plus encore : il adopta le jeune philosophe et voulut l'associer aux affaires de l'empire. Marc-Aurèle monta sur le trône l'an 161 et fut le deuxième Antonin ; mais il n'en conserva pas moins son goût pour la philosophie. Attaqué par les Barbares de la Germanie, il dut plus d'une fois la victoire aux Chrétiens qui combattaient dans son armée, ce qui ne l'empêcha pas de laisser exécuter contre eux les décrets de persécution portés par ses prédécesseurs : ce fut, comme on le voit, un partisan des lois existantes. Il mourut à Vienne, en Autriche, après deux ans d'une campagne entreprise contre les Germains.

Marc-Aurèle a écrit en grec le livre intitulé *Pour lui-même*, autrement dit *Les Pensées*. Comme Epictète, il est moraliste plutôt que dogmatisant. Il connaissait les Chrétiens, car il parle de leur constance à souffrir la mort; il connaissait leur doctrine, car l'un d'entre eux, le philosophe Justin, la lui expose dans une célèbre *Apologie* qui lui fut adressée ; de plus, il avait un caractère doux et sensible, et l'on retrouvait en lui toutes les vertus qui avaient fait bénir le nom d'Antonin. D'où vient donc que tant de belles qualités ont été stériles pour le monde ? Il faut chercher l'explication de cette étrange anomalie dans les passions honteuses qui souillèrent la vie privée de Marc-Aurèle.

Le miracle de la Légion Fulminante, dont les prières firent tomber du ciel une pluie salutaire et changèrent en une victoire glorieuse une déroute certaine, ne put avoir d'influence que sur sa conduite extérieure vis-à-vis des chrétiens. Il demeura le plus superstitieux de tous les idolâtres, comme les païens eux-mêmes en ont fait la remarque. Malgré toute sa philosophie, ou plutôt par amour pour cette philosophie, il ne voulut voir dans le christianisme qu'une aberration de l'esprit humain. Voici le jugement qu'il formule dans l'une de ses *pensées,* où il expose la doctrine stoïcienne du suicide : « Sors de la vie sans colère, simplement, librement, modestement. Que tu aies au moins dans ta vie le mérite d'en sortir avec dignité. Quitte ce monde avec réflexion, avec noblesse, sans tragédie, comme un homme qui obéit à son propre jugement, non comme celui qui obéit à une impression frivole, ainsi qu'il arrive aux Chrétiens. »

III

LES ENNEMIS DU CHRISTIANISME

Tel fut, à Rome, le dernier cri du stoïcisme expirant : c'est la glorification du suicide et une invocation à la mort. Désormais les âmes naturellement honnêtes qui auront soif de la vérité n'iront plus la demander aux doctrines sèches et égoïstes du vieux Zénon : elles iront la puiser à sa véritable source, à la religion chrétienne. Celles qui ne se sentiront pas assez fortes, assez courageuses pour conformer leurs actions aux principes du christianisme, chercheront un refuge dans le camp d'Épicure. Les deux plus ardents sectateurs de cette école, au deuxième siècle, furent Celse et Lucien.

Celse vivait 120 ans après J.-C. Il avait vu l'empire s'agiter pour combattre avec le glaive de la persécution la doctrine nouvellement prêchée dans le monde romain. Il fut le premier philosophe, si toutefois il mérite le nom de philosophe, qui attaqua directement le christianisme. Son ouvrage intitulé *Discours de vérité* ne nous est connu que par la réfutation qu'on en a faite. C'est un libelle rempli d'invectives contre la religion révélée, dans lequel tous les adversaires de la Révélation sont allés chercher leurs arguments les plus absurdes, ayant bien soin de laisser le remède pour ne prendre que le poison.

Celse, dit l'abbé Darras, établissait d'abord l'illégalité des assemblées chrétiennes, qu'il traitait de conspirations permanentes où les intérêts de l'Etat, l'ordre public, la paix des familles, les lois de la morale étaient également outragés. Le culte des Chrétiens, disait-il, n'est qu'une importation barbare venue des Juifs : la législation romaine et le bon sens étaient d'accord pour réprouver un dogme essentiellement athée. Il insistait avec une amère ironie sur l'invraisemblance, l'absurdité des miracles de l'Ancien Testament. Un peuple ignorant et grossier pouvait seul, d'après lui, admettre comme un livre sacré le romanesque échafaudage dont Moïse et les autres prophètes avaient doté la race hébraïque. Quant aux miracles de Jésus-Christ, Celse ne les niait pas, mais il les attribuait tous à un pouvoir magique, à l'intervention des génies du mal, évoqués par une goétie supérieure.

Selon lui, la morale chrétienne n'était qu'un emprunt fait aux philosophies du paganisme, une sorte de manteau destiné à couvrir des ignominies immondes dont la secte gardait le secret. La meilleure preuve, ajoutait-il, qu'il n'y a rien de sérieux dans le prétendu avènement d'un Sauveur divin, c'est que les Juifs ont refusé de l'admettre. Quoi ! disait-il, les Juifs auraient, pendant quinze cents ans, vécu dans l'attente d'un Messie, et lorsque ce Messie paraît enfin, ils le répudient unanimement ! L'attitude de ce peuple témoigne que, malgré son ignorance proverbiale, il avait compris que nul avènement divin n'est possible sur la terre. Tout se réduit donc, dans le christianisme, à une folle superstition fondée par un imposteur habile, maintenue par des chefs qui ont juré la ruine de l'empire, et embrassée par une foule enthousiaste, aussi ignorante que crédule. Ces idées générales donnent à la physionomie de l'épicurien Celse un trait de ressemblance avec Voltaire.

Le *Discours de vérité* n'est donc, comme on le voit, qu'un tissu de mensonges et de sophismes, dans lequel l'auteur prend à tâche de nier et d'abattre par le ridicule tout ce qu'affirme la philosophie chrétienne. Ce libelle fut réfuté d'une manière écrasante par Origène. Mais ceux qui font si grande exploitation des absurdités de Celse se donnent bien garde de lire ou de faire connaître les réponses de son puissant contradicteur. Pourtant il est difficile d'expliquer cet engouement, car la philosophie de Celse est inintelligible, et son fameux *Discours de vérité* est rempli des plus choquantes contradictions. Tantôt il admet le dogme de la divine Providence, tantôt il le rejette ; il nie effrontément la liberté humaine et place les animaux au-dessus de l'homme. Celse figure, avec Lucien, parmi les ennemis les plus acharnés du christianisme.

Lucien naquit à Samosate, capitale de la Comagène, province de Syrie. On croit communément qu'il vécut de l'an 120 à l'an 200 après J.-C. Ses parents le destinaient à la profession de sculpteur ; mais il n'avait aucun goût pour cet art : dès la première leçon il abandonna le maître auquel on l'avait confié, et s'adonna tout entier à l'étude des belles-lettres. Après avoir parcouru comme voyageur presque toutes les contrées du monde civilisé, il se fixa en Egypte, où l'empereur Marc-Aurèle lui avait assigné d'importantes fonctions administratives et judiciaires. On suppose qu'il mourut à Alexandrie, dans les premières années du règne de Commode.

Lucien a laissé une foule d'ouvrages qui font plus d'honneur à son talent littéraire qu'à son génie philosophique. Au point de vue du dogme, il est sceptique aussi bien en philosophie qu'en religion ; au point de vue de la morale, il est épicurien. Son idole est Epicure : il l'appelle un homme digne d'être placé sur les autels, un génie divin, un sage qui a conduit dans la route de la vraie sagesse et du vrai bonheur tous ceux qui ont écouté ses leçons. La littérature de Lucien est généralement estimée : dans la plupart des collèges on la propose comme modèle aux jeunes humanistes. On ne pourrait en dire autant de sa philosophie, qui est complètement négative. Ce satirique esprit ne sait qu'une chose, détruire en se moquant, et la lecture de ses ouvrages ne produit dans l'âme qu'une impression de vide, de raillerie ou de dégoût.

« Lucien, dit M. Alexis Pierron, s'arrête aux principes les plus grossiers : il ne voit ou ne veut voir que ce qui se voit, se sent et se touche. Le monde de la pensée n'est pour lui que le pays des chimères. Tout ce qui dépasse l'étroit horizon de nos sens et de notre vie n'a jamais existé, selon lui, que dans l'imagination des philosophes ou dans les croyances déraisonnables de la multitude ignorante. Nul écrivain ne saurait donner une plus vive idée de l'état des âmes dans ce siècle, où le paganisme ne faisait plus illusion à personne, et où le christianisme n'avait point encore complètement triomphé. La réputation et l'estime dont jouit toute sa vie un pareil mécréant et un pareil blasphémateur montrent, mieux que ne feraient tous les discours, combien s'était relâché le lien religieux, et combien peu les gouvernants eux-mêmes se souciaient non seulement de l'orthodoxie païenne, mais même du respect dû à des choses si longtemps sacrées ».

Ici nous voyons le matérialisme s'assoupir. La lumière du christianisme brillait sur le monde d'un éclat toujours croissant, et les ténèbres de l'erreur s'effaçaient peu à peu. Une parole divine, disons mieux, le Verbe divin était venu apprendre à l'homme que tout en lui n'est pas matière, et que son corps n'est que la moindre partie de lui-même. Cette consolante doctrine, complètement inconnue dans le monde païen, s'implanta miraculeusement par toute la terre et fructifia dans le sang des premiers martyrs. A peine quelques voix discordantes, dont le bruit fut bientôt étouffé, purent-elles se faire entendre au milieu du concert général qui proclamait la spiritualité de l'âme humaine.

DEUXIÈME ÉPOQUE

EMPIRISME AU MOYEN-AGE

Pendant les premiers siècles du christianisme, l'histoire de la philosophie est intimement liée à celle de la religion. Il est vrai que quelques savants, quelques hommes d'étude, s'abstenant par ignorance ou par principe de se mêler aux controverses religieuses, puisèrent dans les vieilles écoles, fouillèrent les vieilles doctrines et firent un choix de ce qui convenait le mieux à leur genre d'esprit ou à leur génie philosophique. Il suffit de mentionner parmi eux Plutarque, Apollonius de Tyane, Dion Chrysostome, Maxime de Tyr, Alexandre d'Aphrodise, Diogène Laërce, Galien et Ptolémée, qui vivaient tous dans les deux premiers siècles de l'ère chrétienne. Ils sont partisans de l'éclectisme, c'est-à-dire de la conciliation des divers systèmes, dont chacun, disent-ils, contient au moins un rayon de vérité. Mais en dehors d'eux, les philosophes proprement dits, inquiets des progrès rapides que faisait dans le monde la doctrine évangélique, prirent en mains la défense de la raison humaine et revendiquèrent ses droits, qu'ils croyaient lésés par les dogmes de la foi catholique : ainsi apparurent le nouveau scepticisme, l'école d'Alexandrie et les écoles arabes. D'un autre côté, les novateurs, les hérésiarques et tous les ennemis nés du christianisme, voulurent appuyer leurs systèmes sur des doctrines philosophiques déjà connues : ainsi firent les gnostiques, les manichéens et les partisans de la Kabbale.

Si donc nous voulons jeter un coup d'œil général sur la philosophie empirique aux premiers siècles de notre ère, nous la trouverons plus ou moins formellement enseignée par le nouveau scepticisme d'Ænésidème, par l'école d'Alexandrie et par les écoles arabes de Bagdad et de Cordoue. Le caractère indépendant des doctrines formulées par ces différentes sectes nous autorise à leur donner le nom d'empirisme philosophique. Parallèlement, nous trouvons le gnosticisme, le manichéisme et la Kabbale qui, sous une teinte religieuse, enseignent les mêmes erreurs et conduisent au même résultat. Bien qu'il n'y ait rien de moins religieux que l'empirisme, nous devons pourtant reconnaître qu'ici c'est l'empirisme en religion. L'étude de tous ces systèmes nous conduit jusqu'au douzième siècle.

Arrivés à cette époque, nous pouvons déjà constater l'existence d'une nouvelle philosophie qui se propose de faire concorder, autant que possible, les théories d'Aristote avec les données de la foi chrétienne. On lui a donné le nom de philosophie scolastique, parce qu'elle fut professée au sein des écoles publiques pendant toute la durée du Moyen-Age. Née avec le IX° siècle, dans les universités fondées par Charlemagne, elle atteignit son apogée au XIII°, avec saint Thomas d'Aquin, qu'on a surnommé l'*Ange de l'Ecole*. Mais elle eut à soutenir de rudes assauts et à combattre des dissentions intestines dont nous parlerons à propos de la fameuse querelle des *Universaux*.

Enfin la Renaissance arrive, aussi bien pour la philosophie que pour la littérature. Le quinzième et le seizième siècle peuvent être considérés comme une période de transition entre l'empirisme ancien et l'empirisme moderne.

Pour ne rien omettre, nous devrions nous occuper aussi de l'empirisme des *Lettrés* chinois, qui commencèrent à faire parler d'eux vers le XI° siècle de notre ère. L'absence de documents authentiques et précis nous oblige à n'en dire ici qu'un mot. Deux grandes écoles rivales se partageaient la Chine : celle de Lao-Tseu et celle de Confucius. La première professait un panthéisme absolu ; la seconde est surtout une école de morale. Les *Lettrés* du XIII° siècle, s'appuyant sur l'autorité de Confucius et se donnant comme les seuls interprètes autorisés de sa doctrine, ont mis en vogue une espèce de panthéisme matérialiste. La cause première, ils l'appellent indifféremment le *sans faîte* ou le *grand faîte*, l'*illimité* ou le *limité*, l'*indistinct* ou le *dernier terme de la distinction*, l'*indéterminé* ou le *point culminant de la détermination sensible*. On comprendra que nous n'entreprenions pas l'exposé complet d'un système qui n'est autre chose, au fond, que le syncrétisme, c'est-à-dire la confusion de tout, ou si l'on aime mieux se servir d'une expression plus moderne, le système de l'identité absolue. Du reste, cette doctrine des Lettrés n'a pu produire qu'une mauvaise physique, basée sur des abstractions au moyen desquelles elle prétend tout expliquer, alors qu'elle n'explique rien du tout. C'est assez de la mentionner en passant : nous n'y reviendrons pas.

Notre plan se trouve donc ainsi tout tracé, et la deuxième époque de l'histoire de l'empirisme se divise naturellement en trois périodes. La première s'occupe des différents systèmes qui ont précédé l'apparition de la philosophie scolastique ou combattu ses commencements. La seconde raconte les luttes qui ont marqué son apogée. La troisième expose les suites et les conséquences de son déclin.

CHAPITRE Ier

De l'Empirisme avant l'apogée de la scolastique.

Lorsque la semence d'un arbre vigoureux est confiée à la terre, il se produit un travail caché dont la durée et l'intensité sont en proportion avec la taille que l'arbre doit atteindre, la vigueur qu'il doit acquérir et les fruits qu'il doit produire. Et si la semence est jetée dans un terrain mal préparé, la difficulté s'augmente de tous les obstacles que rencontrent les racines dans leur extension et la tige dans son développement. Il en est de même de la vérité. Les doctrines purement humaines, trouvant un sol meuble et disposé à les recevoir, se répandent rapidement, mais leur durée est restreinte et les siècles en ont facilement raison. Au contraire, les doctrines fondées sur la véritable nature des choses ont à vaincre les passions et les préjugés, et se fixent avec difficulté dans les esprits ; mais elles doivent durer autant que la vérité elle-même, c'est-à-dire toujours. C'est un arbre dont les racines pénètrent peu à peu jusque dans les profondeurs de l'âme humaine, et dont les rameaux féconds fournissent aux hommes de bonne volonté un appui bienfaisant, une ombre rafraîchissante et une nourriture substantielle. Parfois les nuages des sophismes nous dérobent sa vue ; parfois le vent de la tempête menace de le renverser ; mais bientôt le nuage se dissipe, la tempête s'apaise, et l'arbre nous offre encore son appui, son ombre et ses fruits.

S'il nous était permis d'appliquer cette figure à la philosophie scolastique, nous dirions que ses racines ont rencontré beaucoup d'obstacles à franchir, à percer ou à tourner, que ses progrès ont été lents et laborieux, qu'elle a même subi des éclipses prolongées, et qu'elle finira par être l'unique point de repère, l'unique refuge, l'unique aliment de toute intelligence amie de la vérité. Et qu'on ne s'étonne pas de l'importance que nous attachons à la scolastique : pour quiconque a sérieusement étudié, elle remplit dans l'histoire philosophique du moyen-âge le même rôle que la féodalité dans son histoire politique.

Avant son apparition, l'empirisme avait été formulé tout à la fois par la philosophie et par le fanatisme religieux. A ses débuts, elle se trouva aux prises avec la Kabbale et avec la philosophie d'Aristote commentée par les Arabes dans un sens favorable à la religion musulmane.

I

L'EMPIRISME CHEZ LES PHILOSOPHES

Nous touchons aux derniers moments de la philosophie païenne. Les grandes écoles de la Grèce s'évanouissent en se transformant, et finissent par disparaître. La décrépitude est partout ; la vieille société s'en va. Pourtant quelques essais sont tentés dans le but de rajeunir les anciennes doctrines, mais ces essais demeurent infructueux : nous pourrons le constater en parcourant l'histoire du nouveau scepticisme et de l'école d'Alexandrie.

1. Nouveau scepticisme

La nouvelle Académie, fondée par Arcésilas vers l'an 280 avant J.-C., et destinée à remplacer celle de Platon, avait abouti au doute et à l'indécision. Carnéade, qui fut son principal représentant, alla, dit-on, jusqu'à nier la certitude des vérités rationnelles. Cette chute ne pouvait que favoriser le développement du scepticisme, que nous voyons renaître avec Ænésidème, sous le nom de *scepticisme empirique* ou *nouveau scepticisme*.

Ænésidème naquit à Gnosse, en Crète, au commencement du premier siècle de notre ère, et fonda son école à Alexandrie. Les positivistes de nos jours peuvent le revendiquer comme leur aïeul. Plus hardi que tous ses devanciers, et précurseur de Kant et de Hume, il attaque comme le premier la légitimité des affirmations de la raison, et comme le second il combat le principe de causalité. A ne consulter que les sens, dit-il, il est impossible de saisir dans l'univers autre chose que des phénomènes avec leurs relations accidentelles, et jamais rien qui ressemble à une dépendance nécessaire, à un rapport de causalité : d'où il suit que nous ne connaîtrons jamais rien de positif ni sur l'existence de Dieu, ni sur la nature de l'âme. Remarquons toutefois que le nouveau scepticisme s'éloigne en un sens de l'école sophistique aussi bien que de la nouvelle Académie ; il ne nie pas, il doute, et il se renferme dans son doute comme dans une citadelle qu'il veut rendre imprenable en l'entourant de remparts et de fortifications avancées.

A la suite d'Ænésidème, nous rencontrons Agrippa, qui vécut dans la seconde moitié du premier siècle. Nous ne connaissons de lui que ses *cinq motifs de doute*, grâce auxquels il essaie de simplifier et de coordonner tous les arguments de son école. Sous le rapport de l'argumentation, les positivistes modernes ne l'ont point surpassé.

Viennent ensuite Antiochus de Laodicée et son disciple Ménodote de Nicomédie, puis le disciple de celui-ci, Hérodote de Tarse, qui fut le maître de Sextus

Empiricus. Ce dernier seul mérite d'attirer notre attention, moins à cause de sa doctrine personnelle, qui est celle de ses devanciers, qu'à cause de ses travaux remarquables sur le scepticisme, où se résument cinq siècles de controverse.

Sextus vivait à Tarse au commencement du troisième siècle de notre ère. On a ajouté à son nom celui d'*Empiricus*, parce qu'il appartenait à l'école des médecins *empiriques*, opposée à l'école des *méthodiques* : ceux-ci, pour guérir les maladies, essayaient d'en découvrir les causes ; ceux-là considéraient comme vaines toutes les spéculations sur la nature des maladies, et ne voulaient d'autre guide que l'expérience. Cela ne veut pas dire que tous les médecins empiriques fussent des matérialistes ; mais ceux qui s'occupaient de philosophie étaient naturellement portés par leurs doctrines médicales à ne pas s'élever au-dessus de l'expérience sensible.

Quant à Sextus Empiricus, le scepticisme qu'il professe tient à ne pas contredire le sens commun : il accepte et admet comme certain ce qu'on appellerait aujourd'hui les phénomènes de conscience, ou encore l'élément subjectif de la connaissance humaine. Il s'exprime ainsi : « Dire que notre scepticisme détruit les phénomènes, c'est ne pas nous entendre. Nous admettons tout ce qui affecte les sens et l'imagination et emporte malgré nous notre assentiment. Il est vrai que nous n'accordons rien de plus. Ainsi, tout en admettant ce qui nous affecte, en tant qu'il nous affecte, nous nous demandons si ce qui nous affecte est tel qu'il paraît être. Ainsi, par exemple, le miel me paraît doux, et je ne nie pas cette sensation de douceur que j'éprouve ; mais je me demande ensuite si le miel est doux en lui-même, abstraction faite de celui qui le goûte. Or, il ne s'agit plus ici de ce qui me paraît, mais de ce qu'on affirme touchant ce qui me paraît ».

Si nous rangeons Sextus parmi les philosophes empiriques, c'est que son critérium de certitude ne s'élève pas au-dessus des données sensibles de l'expérience, et qu'il s'attache à l'apparence des choses en prétendant qu'il n'y a pas d'autre science certaine que celle-là. Son exposé doctrinal du scepticisme lui assigne un rang que nous n'avons pas donné aux anciens sceptiques de la Grèce, dont le doute était moins affirmatif et moins prétentieux. En effet, tout en se déclarant l'ennemi juré du dogmatisme, Sextus ne fait en réalité que dogmatiser dans ses ouvrages.

Nous laisserons son école pour nous occuper maintenant de celle d'Alexandrie.

2. Ecole d'Alexandrie

Il semble à première vue que l'école d'Alexandrie ne puisse être suspectée de conduire à l'empirisme philosophique ; il semble même qu'elle incline vers l'excès opposé, puisqu'on lui donne indifféremment les noms de *néoplatonisme*, d'*éclectisme alexandrin* et de *mysticisme alexandrin*. Nous la verrons pourtant aboutir au panthéisme et admettre l'éternité de la matière.

L'expédition d'Alexandre avait établi de fréquentes relations entre l'Orient et la Grèce. Grâce à sa position géographique, Alexandrie devint bientôt, en même temps que le centre des relations commerciales, le centre du commerce intellectuel entre les différents pays. Toutes les doctrines s'y rencontrèrent. Mais on donne plus spécialement le nom d'école d'Alexandrie à cette succession de philosophes qui, pendant les premiers siècles de l'ère chrétienne, entreprirent de concilier les doctrines orientales avec les systèmes de la Grèce.

Si l'on veut connaître la véritable origine de l'école

d'Alexandrie, il faut remonter jusqu'au juif Philon, né environ trente ans avant J.-C. Il inaugura un système d'exégèse qui consiste à ne voir, dans les faits racontés par la Bible, que des allégories et des symboles. Ses théories ne sont pas toujours d'accord entre elles : il enseigne tantôt le dualisme, tantôt le panthéisme. Ici la matière est éternelle et Dieu n'est que l'architecte du monde ; là il semble reconnaître la création *ex nihilo*.

Entre Philon et Plotin, qui fut le principal représentant de l'école d'Alexandrie, on place Numénius d'Apamée, Potamon d'Alexandrie, Ammonius Saccas et Aristobule le Juif, dont les noms s'éclipsent devant celui de Plotin.

Celui-ci naquit l'an 205 après J.-C., à Lycopolis, dans la Haute-Egypte. Il mourut à Rome l'an 271. C'est à lui surtout que l'école d'Alexandrie est redevable du caractère mystique qui la distingue. Son disciple Porphyre, qui a écrit sa vie, le présente comme un homme extatique et inspiré.

C'est qu'en effet Plotin ne se contente ni des sens, ni de la raison, ni de la réunion de ces deux moyens de connaître. Il a recours à un autre mode qu'il préconise comme plus sûr et comme le plus parfait : l'extase, qui est l'absorption ou l'unification en Dieu. De là au panthéisme, le trajet est court : aussi le nouvel académicien admet que le monde procède de Dieu par émanation plutôt que par création, et par là même il semble admettre que le monde est éternel et nécessaire. Mais si le monde est nécessaire, c'est la fatalité qui règle toutes les actions humaines. Et voilà qu'en voulant trop s'élever au-dessus de la raison, Plotin ne trouve plus le point d'appui qui l'empêcherait de s'égarer : il tombe au niveau des matérialistes ; il confond le désir avec la nature, et la nature avec la nécessité. Panthéisme et fatalisme : voilà l'abîme où l'entraînent les principes qu'il a posés.

Le plus remarquable des disciples de Plotin, au dire du maître, serait Amélius d'Etrurie, dont il ne nous reste aucun ouvrage. Nous savons seulement qu'il se retira en Syrie, où il continua l'école de Plotin.

A Rome, cette école fut continuée par Porphyre, né à Tyr l'an 232, et célèbre par ses écrits contre les Chrétiens. Après avoir beaucoup voyagé, il mourut à Rome vers l'an 310. Il professa un panthéisme plus accentué que celui de Plotin. D'après lui, l'âme humaine ne fait qu'un avec le monde.

Jamblique, son disciple, était originaire de Chalcis, et florissait vers l'an 310. Il se livra aux sciences théurgiques et soutint, comme ses prédécesseurs, la théorie des émanations.

Après lui on peut citer Hiéroclès, dont la vie est peu connue. On sait qu'il naquit à Alexandrie et qu'il vécut dans le cinquième siècle. Il s'efforça de concilier la doctrine des Alexandrins avec le dogme chrétien sur la création de la matière.

Nous trouvons ensuite Proclus, né en 412 à Xanthe ou à Bizance. Il fréquenta de bonne heure les écoles d'Alexandrie, et se rendit ensuite à Athènes, où il étudia la philosophie grecque. Il y ouvrit une école qui fut fréquentée par de nombreux disciples. Après avoir voyagé en Asie, il revint dans la patrie de Platon, reprit son enseignement interrompu, et mourut en 485. Il conserve toutes les théories de Plotin, mais il les approfondit davantage et les raisonne d'une manière plus logique.

En même temps que Proclus, vivait Olympiodore, et après celui-ci vint Damascius de Damas, qui fut le dernier philosophe grec : un édit de l'empereur Justinien ferma l'école d'Athènes en 529, et Damascius alla s'éteindre obscurément à Alexandrie.

Panthéisme, fatalisme, éternité de la matière produite

par émanation : voilà donc les trois points qui rapprochent du matérialisme l'école d'Alexandrie, et voilà pourquoi nous rangeons les partisans de cette école parmi les philosophes dont nous aurons bientôt à réfuter les doctrines.

II

L'EMPIRISME CHEZ LES SECTES RELIGIEUSES.

Nous l'avons dit, le dogme catholique n'eut pas seulement à soutenir l'assaut des philosophes qui ne connaissaient d'autre guide que la raison, avec ses infirmités et ses écarts ; il eut aussi, il eut surtout, peut-être, à lutter contre les hérésies qui cherchèrent à l'altérer ou à le détruire, en s'appuyant sur des théories plus ou moins attrayantes et spécieuses. De ce nombre furent le gnosticisme et le manichéisme.

1. Les Gnostiques

Par la méthode et par le fond des doctrines, le gnosticisme se rattache à l'école d'Alexandrie, et l'on pourrait faire remonter aussi son origine à Philon le Juif. Avant donc de devenir une hérésie, le gnosticisme fut une doctrine philosophique, et c'est ce qu'on oublie trop souvent quand on expose son histoire. Considéré dans son ensemble, il offre une combinaison de doctrines persanes, chaldéennes, égyptiennes, jointes à des conceptions dont la source antique est dans l'Inde. L'expression de *gnose*, d'où l'on a fait *gnosticisme* et *gnostiques*, avait été précédemment employée dans plusieurs écoles, pour signifier une science supérieure aux croyances vulgaires. Dans la bouche des gnostiques, ce mot exprimait la triple supériorité de leur doctrine sur le paganisme, sur le judaïsme et même sur le christianisme.

Dès le milieu du premier siècle de notre ère, nous voyons apparaître Simon le Magicien, d'abord philosophe, puis essayant de devenir disciple de Jésus-Christ, afin d'obtenir le pouvoir de faire des miracles. On sait comment saint Pierre, dans un mouvement de légitime indignation, refusa l'argent du philosophe, qui devint à cause de cela l'ennemi acharné de l'Eglise naissante. Simon se jeta dans la magie et sut conquérir de nombreux partisans. Sa doctrine philosophique consistait à admettre deux principes, Dieu et la matière. Son Dieu se renfermait dans une inaction absolue; mais de son sein, par voie d'émanation, sortait une multitude de génies que Simon appelait des *Æons*, αἰῶνες. Ces Æons avaient formé le monde, et le plus divin d'entre eux avait choisi pour séjour la personne même de Simon le Magicien. Cette doctrine des *Æons*, diversement modifiée, constitue le fond de la philosophie des gnostiques. Quant à la matière, on devait la considérer comme éternelle.

En même temps que Simon vivait Cérinthe, que les apôtres chassèrent du sein de l'Eglise comme corrupteur de la doctrine chrétienne. Il admettait les miracles du Sauveur ; mais en comparant son titre de Fils de Dieu avec la vie dure et humiliée à laquelle le Christ s'était volontairement soumis, il ne pouvait croire qu'il n'y eût en lui qu'un seul être, et il soutenait que le Christ, Fils de Dieu, n'était pas le même que Jésus, fils de Marie : d'après lui, ce dernier seul avait pu souffrir, mourir et ressusciter. Cérinthe mettait le comble à ses erreurs en enseignant que le monde n'est pas l'ouvrage de Dieu. L'apôtre saint Jean l'avait en vue lorsqu'il écrivit son Evangile.

Au commencement du deuxième siècle, Basilide, né

en Syrie, se rendit en Egypte et enseigna sa doctrine à Alexandrie. Ses idées sur l'éternité des deux principes lui sont communes avec la plupart des gnostiques. Où il se distingue, c'est en cherchant à expliquer l'origine du mal dans le monde. Il se forme sur ce point un système composé des principes de Pythagore, des théories de Simon le Magicien, des dogmes des Chrétiens et de la croyance des Juifs. La lutte des passions contre la raison lui fait supposer en nous l'existence de deux âmes. Son fils Isidore continua ses erreurs.

Saturnin, né en Syrie, fut disciple de Simon et de Basilide. Il vivait sous l'empire d'Adrien. D'après ce qui nous reste de ses enseignements, on peut croire qu'il considéra le principe du mal comme éternel, tandis que plusieurs autres gnostiques le regardaient comme une émanation de Dieu originairement pure, et corrompue postérieurement.

Le plus célèbre des gnostiques par l'étendue de ses conceptions fut Valentin, né à Phrébon ou Pharbé, en Egypte, mort l'an 161. On dit qu'il brigua l'épiscopat, et que son ambition déçue le poussa dans l'hérésie. Imitant le syncrétisme de Basilide, il amalgama la théorie des idées de Platon et celle des nombres de Pythagore avec la théogonie d'Hésiode et l'Evangile de saint Jean. Valentin a revêtu d'une forme mythique l'exposé de sa doctrine, qui n'est autre que le panthéisme : « La sagesse créée, dit-il, symbole universel des âmes, ressent de la joie et de la douleur. Sa joie ou son sourire produit la matière lumineuse ; sa douleur produit la matière aqueuse et terrestre. Au fond, la matière n'est donc, dans ses principaux états, qu'une forme de l'âme, dilatée par la joie, ou condensée et obscurcie par la tristesse ». De même que Cérinthe, Valentin soutenait que le monde visible, avec ses imperfections, n'est pas l'œuvre de Dieu, mais d'un agent secondaire de Dieu, ou *Démiurge*.

Carpocrate ne se borna pas à poser des principes : il en tira des conclusions morales, ou plutôt immorales. Il subordonnait la foi catholique aux théories de Platon ; il regardait les actes corporels comme indifférents en eux-mêmes, et les plaisirs les plus honteux comme un tribut que l'âme doit payer aux anges créateurs du monde. Ses partisans poussèrent si loin la dépravation, que les Païens eux-mêmes en étaient indignés.

Cerdon, syrien d'origine, se permit de modifier les doctrines de Simon et de Saturnin. Le dualisme qu'il professe suppose deux principes essentiellement indépendants : l'un bon, qui a produit les génies bienfaisants, l'autre mauvais, qui a produit les génies malfaisants. Il soutient que le Sauveur ne s'est incarné et n'est mort qu'en apparence.

Son disciple Marcion, né à Sinope, se fit chasser deux fois de l'assemblée des fidèles pour inconduite notoire. D'après lui, l'homme procède de deux principes opposés et ennemis : l'âme est une émanation de l'être bienfaisant ; le corps est l'ouvrage d'un être malfaisant. Il essaie de concilier ce système avec la doctrine des Valentiniens sur la production des esprits ou des *Æons*. Ses disciples sont connus sous le nom de *Marcionites*.

Terminons la liste des gnostiques en mentionnant Bardesane, qui fut contemporain de l'empereur Marc-Aurèle. Bardesane mit d'abord son talent au service de la vérité religieuse, et Eusèbe nous a conservé un long fragment d'un ouvrage où il combat vigoureusement la doctrine du destin ou de la fatalité. Mais il finit par tomber dans l'hérésie des Valentiniens, adopta le ridicule système des *Æons*, et alla jusqu'à soutenir que Jésus-Christ n'avait pas pris réellement un corps humain.

En résumé, sous le rapport philosophique, les gnostiques sont tous tombés ou dans le panthéisme avec Valentin et Carpocrate, ou dans le dualisme avec Basilide, Saturnin et Cerdon. Sous le rapport religieux, ils sont tombés dans des hérésies plusieurs fois condamnées par l'Eglise, et victorieusement combattues par les écrivains catholiques. Au point de vue de la morale, plusieurs sans doute ont enseigné des maximes qui tendent, sous certains rapports, au perfectionnement de l'homme ; mais le plus grand nombre a tiré des doctrines gnostiques des conséquences subversives de toute vertu ; et ainsi s'explique l'immoralité profonde qui leur a été reprochée.

2. Les manichéens

La doctrine des manichéens découle de deux sources : le gnosticisme, dont elle est la continuation, et la magie persane, qui lui fournit quelques éléments secondaires.

Manès, son fondateur, s'appelait en réalité Cubricus ; mais, devançant en cela certains philosophes plus rapprochés de nous, il quitta ce nom peu distingué pour en choisir un plus harmonieux et plus significatif : *Manès* est un mot d'origine persane, qui signifie *consolateur*, comme le mot grec Παράκλητος. Né en Perse dans la première moitié du troisième siècle, il était esclave d'une riche veuve de Ctésiphon, qui le fit instruire et lui donna la liberté. Son premier maître fut un personnage appelé Térébinthe, qui prenait aussi le nom indien de Buddha. Manès fut ainsi élevé dans la religion et dans la science des mages, et devint bientôt un savant médecin. Appelé pour donner ses soins au fils du roi Sapor, il ne put réussir à sauver le jeune prince, et fut emprisonné. Ce fut alors qu'il songea à embrasser le christianisme, mais en mélangeant ses propres doctrines avec les dogmes de la foi catholique. Ayant pu s'échapper de prison, il passa dans l'empire romain, s'annonçant comme le Paraclet promis par

Jésus-Christ et recrutant une foule de disciples. A Charres, en Mésopotamie, il rencontra l'évêque Archélaüs, avec lequel il soutint une discussion publique dont il ne sortit pas victorieux. Cet échec le déconcerta ; il reprit le chemin de la Perse, où le roi Bahram le fit écorcher vif, l'an 274. Ses nombreux partisans se divisèrent bientôt, et Théodoret en comptait jusqu'à soixante-dix sectes différentes.

Les manichéens se répandirent d'abord en Asie, puis en Afrique et en Espagne, où ils prirent le nom de Priscillianites. Plus tard, sous le nom de Bulgares, ils envahirent le nord de l'Italie et le sud de la France. Ils prirent le nom d'Albigeois quand Albi devint leur principal siège, et l'on sait tout ce que ce nom rappelle de meurtres et d'horreurs.

Dans son ensemble, le manichéisme enseigne qu'il y a deux principes des choses : l'auteur du bien, qui est Dieu, et l'auteur du mal, qui est Satan. Les esprits et les âmes sont l'œuvre de Dieu, mais les corps sont l'œuvre de Satan. Reprenant une idée de Platon dans sa *République* idéale et l'appuyant sur les doctrines de plusieurs gnostiques, Manès, longtemps avant le Père Enfantin, condamnait le mariage, autorisait la communauté des femmes et préconisait le vice. L'essence divine souillée dans les âmes, qui en sont l'émanation, la volonté humaine rendue impuissante par l'action de Dieu et par celle de la matière : voilà les conséquences qui découlent nettement du manichéisme ; elles furent la source féconde d'une immoralité sans remords.

En ce qui concerne la destinée humaine, les manichéens admettent, comme les gnostiques, le retour à Dieu de toutes les émanations purifiées ; mais ils soutiennent que le principe matériel ne peut être anéanti, parce qu'il est éternel, et par là même indestructible. Cependant, comme il faut que Dieu remporte la victoire sur la matière, les manichéens supposent que celle-ci sera réduite pour toujours à l'état de cadavre. « Ses cendres seraient reléguées dans l'abîme d'où elle était sortie, et les âmes qui s'étaient laissé séduire par elle seraient condamnées à faire une garde triste et morne, immobile et muette, autour de ce sépulcre éternel. »

Nous ne dirons qu'un mot des hérésies postérieures au manichéisme, et reposant comme lui sur les doctrines des gnostiques. Au quatrième siècle, l'arianisme fut une prolongation partielle du panthéisme gnostique, qui avait mis en vogue la théorie des émanations divines décroissantes : dans cette hypothèse, adoptée par les Ariens, le Verbe divin devait être une émanation inférieure au Père. De son côté, le dualisme avait divisé l'unité substantielle du Créateur en deux principes : au cinquième siècle, Nestorius divisa l'unité personnelle du Rédempteur en deux personnes. Dans le même siècle, la doctrine d'Eutychès fut au contraire un retour vers le panthéisme, qui niait la réalité du fini et l'absorbait dans l'infini ; Eutychès niait dans le Christ la réalité de la nature humaine, et l'absorbait dans la nature divine.

Que faut-il conclure de ce que nous venons de dire ? Deux choses. La première, c'est que les hérésies, en général, cherchent toujours à s'appuyer, quelquefois même à l'insu de leurs partisans, sur des principes philosophiques : la raison révoltée contre la foi essaie de se justifier par des arguments plus ou moins spécieux. La seconde, c'est qu'une idée, une théorie vraie ou fausse, aussitôt qu'elle est admise par un grand nombre, ne reste pas longtemps une vaine spéculation ; elle passe vite dans le domaine des faits et peut exercer une grande influence sur les évènements.

III

L'EMPIRISME AUX DÉBUTS DE LA SCOLASTIQUE

Comme toutes les grandes choses destinées à vivre longtemps, la philosophie scolastique a mis plusieurs siècles à se former avant d'arriver à son apogée. Sa préparation remonte au sixième siècle, ou même à la fin du cinquième. Vers l'an 490, Martianus Capella écrivait une sorte d'encyclopédie qui fut longtemps le manuel des écoles. Boèce, né à Rome en 470, mort en 536, fut une des gloires les plus pures de l'Eglise et de la science. Au risque de paraître sortir de notre sujet, nous allons citer un fragment d'une lettre que lui écrivait le roi Théodoric, par la plume de Cassiodore, pour le féliciter de ses travaux multiples, dont quelques-uns devancent de douze siècles les plus importantes découvertes des temps modernes.

« Vous avez, lui dit Cassiodore, puisé l'érudition et surpris le secret des arts à leur source même. Loin des rives du Tibre, vous êtes allé vous asseoir aux écoles d'Athènes, et porter la toge parmi les rangs pressés des philosophes vêtus du pallium, dans le but de conquérir pour Rome les sciences de la Grèce. Vous avez sondé les profondeurs de la philosophie spéculative ; vous avez embrassé les diverses branches de la science pratique ; vous avez rapporté aux descendants de Romulus tout ce qui fut inventé de plus extraordinaire par les fils de Cécrops. Grâce à vos traductions, Pythagore le musicien, Ptolémée l'astronome, sont devenus italiens. Le mathématicien Nicomaque, le géomètre Euclide parlent une langue comprise par les enfants de l'Ausonie. Le théologien Platon, le logicien Aristote, discutent dans l'idiome des Quirites. Vous avez rendu aux Siciliens leur grand mécanicien Archimède, en le faisant parler latin. Les sciences, les arts que par mille génies la Grèce avait enfantés, Rome en jouit maintenant, et le doit à vous seul. A la lumière de votre génie, la science de tant d'auteurs s'est réduite en pratique : des merveilles que nous aurions jugées impossibles se réalisent sous nos yeux. Nous voyons l'eau s'élancer des entrailles du sol pour retomber en cascades bouillonnantes ; le feu courir par un système de pondération ; nous entendons l'orgue résonner sous le souffle qui gonfle ses tuyaux, et produire des voix qui lui sont étrangères. Des blocs humides sont jetés dans les profondeurs de la mer et y forment des constructions que l'humidité rend solides. Vous savez le secret de dissoudre les rochers sous-marins par votre art ingénieux. Les métaux mugissent, les grues d'airain de Diomède sonnent de la trompette dans les airs, le serpent d'airain siffle, des oiseaux artificiels voltigent, et de leur gosier métallique, qui n'a cependant pas de voix, sortent les plus mélodieuses cantilènes. Mais c'est peu pour vous que toutes ces menues merveilles. Vous en êtes arrivé à reproduire les mouvements du ciel. La sphère d'Archimède règle son cours d'après le soleil, décrit le mouvement du zodiaque et démontre les phases diverses de la lune. Une petite machine est ainsi chargée du poids du monde : c'est le ciel portatif, l'abrégé de l'univers, le miroir de la nature évoluant avec une incompréhensible mobilité dans les régions de l'éther. C'est ainsi que les astres, dont la science nous apprend le cours, semblent pourtant immobiles à nos yeux. Leur course nous paraît stable ; mais leur vélocité, démontrée par la raison, ne paraît point à nos regards. Vous avez réalisé toutes ces merveilles, dont une seule suffirait à la gloire du plus grand génie ».

Les hommes comme Boèce sont rares sans doute ; mais à son nom on peut ajouter ceux de Cassiodore lui-même, d'Epiphane le scolastique, de Théodoret, de Socrate, de Sozomène, de saint Grégoire de Tours, du pape saint Grégoire le Grand, de Jean Climaque et du poète Venance Fortunat, qui tous vivaient au sixième siècle. Au septième, nous trouvons saint Isidore de Séville ; au huitième, le Vénérable Bède et saint Jean Damascène. Il nous semble que cette liste peut suffire pour justifier du reproche d'ignorance et de barbarie les premiers siècles de l'ère chrétienne.

C'est alors qu'à proprement parler apparaît la philosophie scolastique, qui se heurte à son début contre deux ennemies acharnées : la Kabbale et la philosophie arabe.

1. LA KABBALE

La *Kabbale*, *Cabbale* ou *Cabale* est une doctrine juive, moitié théologique, moitié philosophique. Le vulgaire la regardait comme une science mystérieuse et redoutable qu'on ne pouvait aborder qu'avec les plus grandes précautions. Cette science, disait-on, s'était transmise chez les Juifs, depuis le premier homme, qui l'avait reçue du ciel, à l'aide d'une tradition secrète et perpétuée d'âge en âge. Elle était apparue dans l'histoire environ deux siècles avant l'ère chrétienne, et elle s'est conservée, non sans altérations, jusqu'au commencement du seizième siècle.

Les premiers chefs connus de la Kabbale furent Aristobule, qui florissait à Alexandrie environ 150 ans avant J.-C., et Philon le Juif dont nous avons déjà parlé. Sous le règne d'Adrien, nous voyons apparaître Rabbi-Akiba, qui mourut l'an 138, puis son disciple Simon Ben-Jochaï. On a attribué au premier l'ouvrage intitulé *Sepher iecirat*, et au second celui qui a pour titre *Zohar*. Il est plus probable que ces deux philosophes se sont bornés à mettre en ordre des compilations faites avant eux ; mais leur travail nous permet au moins de connaître et d'apprécier la science cabalistique.

Cette science comprend deux parties : la partie théorique et la partie pratique. En théorie, elle admet la doctrine du panthéisme et de l'émanation, et en cela elle se rattache à l'école d'Alexandrie et au gnosticisme. D'après elle, la substance primitive doit être considérée comme un océan de lumière. La création, ou plutôt l'émanation, est représentée comme un voile que la lumière infinie, l'*Ensoph*, place devant elle, et sur lequel elle écrit les formes des choses. Cela posé, une émanation primitive est sortie de la lumière, sous le nom d'*Adam Kadmon* ; elle est à la fois l'image de Dieu et le type de l'homme, et de son sein sortent des émanations décroissantes, appelées *Sephiroth*. Quant à la matière, elle n'est qu'un obscurcissement, une condensation, une carbonisation de la lumière. Cette doctrine joue un grand rôle dans le *Talmud*, recueil de traditions juives que les Israélites regardent comme le complément de la Bible. La partie pratique de la Kabbale était réservée aux seuls initiés ; elle s'enseignait dans l'ombre et le mystère, et c'est ce qui lui donnait aux yeux de la foule son caractère redoutable et dangereux. Son but était de mettre en communication, au moyen de conjurations et de signes *cabalistiques*, les puissances supérieures avec le monde inférieur, et de produire par là des effets surnaturels ou des prodiges ; au fond, c'est la magie.

Vers la fin du huitième siècle, les Juifs se partagèrent en deux sectes. Celle des *Karaïtes*, fondée par Anan Ben David, rejetait les traditions rabbiniques, c'est-à-dire le *Sépher*, le *Zohar* et le *Talmud*, n'acceptait que le texte de l'Ecriture et prétendait l'expliquer par la raison : ce sont les partisans du libre examen, les protestants du judaïsme. Pour répondre aux difficultés soulevées par les Karaïtes, les Talmudiques furent obligés d'étudier la philosophie ailleurs que dans leurs livres sacrés. Au dixième siècle, le rabbin Saadia écrivit son *Livre des croyances et des opinions* pour maintenir les droits de la révélation tout en respectant ceux de la raison.

Avant l'établissement des Arabes en Espagne, nous y trouvons le juif Ibn-Jébirol, qui vivait au onzième siècle et prit le nom d'Avicebron, afin de se faire passer pour musulman. Son principal ouvrage est intitulé *Fons vitæ, Source de la vie*. Albert le Grand et saint Thomas lui empruntent plusieurs citations, ce qui prouve l'estime qu'ils en faisaient. Avicebron adopte les théories d'Aristote sur la matière et la forme ; mais Dieu seul lui semble mériter d'être considéré comme une forme pure, et il soutient que l'âme humaine est composée de matière et de forme.

Après sa mort, une réaction s'opéra en faveur de la religion juive contre la philosophie. Bechaï ou Baya ben-Joseph écrivit les *Devoirs du cœur*, où il manifeste des tendances prononcées vers le mysticisme oriental. Juda Hallevi, partisan des doctrines de la Kabbale, professa une espèce de traditionalisme et s'efforça de démontrer dans le *Khozari*, ouvrage qu'il composa vers l'an 1140, l'insuffisance de la raison individuelle et la supériorité du judaïsme sur les autres religions. A ce moment même, Ibn-Bâdja venait de proclamer l'excellence de la philosophie et d'exalter jusqu'à l'exagération les droits et les prérogatives de la raison. On ne savait plus de quel côté se diriger pour éviter l'erreur.

Alors parut, comme un envoyé du ciel, Moïse ben-Maïmoun, connu sous le nom de Maimonide et surnommé le second Moïse. Il naquit à Cordoue l'an 1135, et mourut au vieux Caire en 1204. Pour réconcilier le Talmud avec la philosophie, il se sert d'une méthode qu'on pourrait appeler l'exégèse rationaliste ; mais ses affirmations ne sont pas nettes et ses hésitations sont nombreuses. Quelquefois il exalte la Providence ; puis la simplicité de l'essence divine lui semble en contradiction avec ce dogme. Il admet la création *ex nihilo*, mais il semble dire que de sa part c'est affaire de goût plutôt que de raison. Il dit que l'âme est immatérielle et libre, mais il doute de son immortalité. Le plus clair résultat de ses travaux fut d'augmenter le trouble et la confusion qui régnaient dans les intelligences. A partir de Maimonide, la décadence s'accentue et le rationalisme prend les rênes de la philosophie.

Pour en finir avec les Juifs et leur Kabbale, disons que leur plus grand mérite n'est pas d'avoir renouvelé, sous un nom nouveau, des doctrines déjà connues et qui plus tard encore seront exposées d'une manière plus claire. La seule chose dont nous devions les remercier, c'est de nous avoir conservé les monuments de la philosophie arabe, menacés d'une destruction complète par des tyrans fanatiques, comme seule est capable d'en produire la religion de Mahomet.

2. Philosophie arabe.

Ce fut l'an 622 que Mahomet publia le *Coran*, ou livre sacré dans lequel les Musulmans puisent la source de leur foi et la règle de leur conduite. En réalité, c'est un amalgame informe de toutes les doctrines antérieures. On y trouve des emprunts faits à la Bible et au Talmud, aux Chrétiens et aux hérétiques, et même aux fables de l'orient. Il reconnaît l'existence d'un Dieu unique et ordonne de le prier, mais il nie la liberté humaine et enseigne le fatalisme le plus absolu. La religion du sabre qu'il voulait imposer et la morale du plaisir qui constituait la seule partie attrayante de sa doctrine, n'étaient guère de nature à développer chez les Arabes l'esprit philosophique. Cependant, après la mort du prophète, qui arriva l'an 632, plusieurs sectes se formèrent par suite des différentes interprétations données au Coran, relativement à la liberté de l'homme. Les *Kadrites* l'affirment ; les *Djabarites* la soumettent fatalement à l'action divine ; les *Motazales*, s'efforcent de tenir un juste milieu. Les subtilités employées pour défendre ces divers systèmes préparèrent peu à peu les esprits à d'autres discussions. Aussi, quand les califes Abbassides, Al-Mansour, Haroun-al-Raschid et Al-Mamoun, autorisèrent et encouragèrent l'étude de la philosophie, ils trouvèrent un terrain assez bien disposé. Remarquons toutefois que ce furent des chrétiens qui présidèrent à la culture intellectuelle des Arabes, en leur faisant connaître les ouvrages d'Aristote, où la philosophie arabe puisa ses principes de dialectique.

Ainsi, vers la fin du huitième siècle, nous assistons à un double mouvement philosophique : l'un est provoqué en France par Charlemagne, et l'autre en Arabie par les Abbassides. C'est une chose digne d'attention que ce mouvement intellectuel se soit manifesté à la même époque chez les deux races qui possédaient sans conteste la prépondérance militaire, la race franque et la race arabe. Mais pendant qu'en France la philosophie scolastique dominait et dirigeait l'enseignement, la doctrine des Arabes était un mélange d'aristotélisme et de néoplatonisme.

Deux écoles furent surtout célèbres chez ces derniers : l'école de Bagdad, du neuvième au onzième siècle, et celle de Cordoue en Espagne, pendant le douzième et le treizième.

Les principaux représentants de l'école de Bagdad furent au nombre de quatre : Kendi, Al-Farabi, Ibn-Sina et Gazali.

Kendi ou Al-Kendi, appelé le *philosophe par excellence*, florissait de 813 à 842. Il fut chargé par le calife Al-Mamoun de traduire les œuvres d'Aristote.

Al-Farabi, médecin, mathématicien et philosophe, avait suivi les leçons d'un Chrétien nommé Jean. Il mourut à Damas l'an 950, après avoir mérité aux yeux des Arabes le titre de *second instituteur de l'intelligence*. Al-Farabi laissa sur la philosophie d'Aristote un grand nombre de commentaires fort estimés de ses contemporains. En étudiant ceux qui sont arrivés jusqu'à nous, on croit apercevoir chez lui une tendance vers la doctrine développée plus tard par Averroès sur l'intellect actif.

Ibn-Sina, ou, comme on prononçait alors, Aben-Seina, d'où le moyen-âge a fait Avicenne, fut le plus illustre docteur de l'école de Bagdad. Né l'an 980, il étudia sous la direction d'un Chrétien nommé Isa-ben-Yahya. A l'âge de dix-sept ans, il était déjà renommé comme philosophe et comme médecin. Il mourut l'an 1037, épuisé par la bonne chère et la débauche plus encore que par ses nombreux travaux. Sa doctrine est généralement conforme à celle d'Aristote. Averroès lui reproche cependant d'admettre le panthéisme.

Gazali, plus connu sous le nom d'Al-Gazel, naquit l'an 1038 et mourut l'an 1111. Ayant constaté que l'étude de la philosophie était pernicieuse pour la foi musulmane, il entreprit de rétablir l'ordre en renversant toutes les doctrines péripatéticiennes. Pour cela, il lui fallait attaquer sur certains points la raison elle-même. Il commença par mettre en doute les données des sens et de la conscience, et voyant qu'il tombait ainsi dans le scepticisme, il essaya de se sauver en se raccrochant au mysticisme néoplatonicien. Relativement au principe de causalité, il soutient une théorie qui ressemble à celle des causes occasionnelles de Malebranche. Al-Gazel était-il de bonne foi dans l'exposé de son système ? Averroès et Tofaïl ne le croient pas. Ce qu'il y a de certain, c'est que son scepticisme apparent porta un coup mortel à la philosophie, et l'école de Bagdad disparut.

Elle fut remplacée en Espagne par l'école de Cordoue, que trois noms rendirent illustre : ceux d'Ibn-Bâdja, de Tofaïl et d'Averroès.

Ibn-Bâdja, plus connu sous le nom d'Aven-Pace, naquit vers la fin du onzième siècle et mourut en 1138, dans un âge peu avancé. On lui doit plusieurs traités philosophiques et des commentaires sur Aristote. Ces travaux sont spécialement dirigés contre le mysticisme de Gazali. D'après lui, la science s'acquiert naturellement par l'union de l'intellect *passif* à l'intellect *agent* ou *actif*.

Tofaïl ou Ibn-Tofaïn, son disciple, naquit vers l'an 1105 et mourut l'an 1185. Il fut l'ami du roi de Maroc, Yousouf, qui commandait alors à Cordoue. Afin d'expliquer le mode suivant lequel s'effectue l'union de l'âme avec l'intellect actif, il développa une supposition de son maître et composa une sorte de roman philosophique où il met en scène, en dehors de toute influence sociale, un *solitaire*, c'est-à-dire un homme qui, né sans père ni mère, s'élève par lui-même à tous les degrés de la connaissance intellectuelle.

Mais le plus illustre des disciples d'Aven-Pace et de tous les philosophes arabes fut Ibn-Roschd, dont le nom latinisé s'est changé en celui d'Averroès. Il naquit à Cordoue vers l'an 1120, et mourut à Maroc l'an 1198. Comme les autres arabes, il cherche à concilier la matière avec Dieu, en donnant aux astres des âmes intelligentes qui leur permettent de servir d'intermédiaires entre Dieu et le monde. Il rejette le mysticisme, et semble ne faire aucun cas de la morale. Dans ses nombreux commentaires sur Aristote, il s'attache surtout à éclaircir la doctrine de l'intellect actif et de l'intellect passif. Il admet une double influence du premier sur le second. « D'abord, dit-il, dans l'exercice des sens, l'intellect actif forme les espèces intellectuelles et les imprime à l'intellect passif, qui devient ainsi l'intellect acquis ; et, dans un degré supérieur de connaissance, l'intellect acquis, faisant abstraction de toutes les formes qu'il a reçues, s'élève jusqu'à la contemplation directe de l'intellect actif universel, et celui-ci l'informe de telle manière que l'intellect passif disparaît. » Cette théorie de l'absorption intellectuelle amène Averroès à conclure que l'immortalité est le privilège de l'âme universelle, et que l'âme personnelle, n'étant que l'intellect passif, périt avec le corps. En voulant éviter l'idéalisme, Averroès était tombé, par la doctrine des émanations, dans le panthéisme des Alexandrins.

Avec lui s'éteint la gloire de la philosophie arabe. Nous trouvons bien encore, en Syrie et en Egypte, certaines sociétés secrètes qui veulent organiser un enseignement universel ; mais toute leur science se réduit à trois points : Il n'y a pas d'autre Dieu que la nature matérielle ; pas d'autre culte que le culte du plaisir ; pas d'autre droit que le droit de la force. A part la première proposition, le reste de cette doctrine est une interprétation assez exacte du Coran. Combien de philosophes modernes ont posé des principes d'où découlent les mêmes conséquences !

CHAPITRE II

De l'Empirisme dans l'Ecole.

De même que la théologie catholique dont elle se proclame l'humble servante, la philosophie scolastique a toujours eu le privilège d'être combattue par les préjugés de l'ignorance et par les sophismes de la passion. Afin d'amoindrir son importance réelle, quelques philosophes, et M. Cousin est du nombre, vont jusqu'à dire que toute son histoire se résume dans la question des *Universaux*. Sans doute cette question est d'une importance capitale, puisque déjà Platon, Aristote, Porphyre et Boèce l'avaient jugée digne d'un sérieux examen, et puisque plus tard Descartes et Kant l'ont étudiée sous un autre nom. Mais la querelle des Universaux n'est en réalité qu'un épisode dans l'histoire de la scolastique. Avant comme après cette fameuse discussion, apparaissent des noms qui suffisent, non seulement pour la sauver du ridicule qu'on voudrait déverser sur elle, mais encore pour la rendre illustre et glorieuse parmi toutes les doctrines philosophiques. Nous essaierons de le prouver en parlant de l'empirisme avant, pendant et après la querelle des Universaux.

I

L'EMPIRISME AVANT LA QUERELLE DES UNIVERSAUX

Vers la fin du huitième siècle, Charlemagne avait fondé dans son palais une école dont il confia la direction au savant Alcuin, né dans le Yorkshire en 734, mort en 804. Après avoir organisé l'école du Palais, Alcuin fonda celle de Tours. Son entreprise était d'autant plus hardie et difficile, que les matériaux scientifiques qu'il avait à sa disposition étaient peu considérables. Malgré cela, on peut dire qu'il fut le professeur de son siècle.

A côté de lui vivait son compatriote et ami Frédégise, appelé Nathanaël dans l'école du Palais. Il remplit les fonctions de chancelier et devint abbé de Saint-Martin de Tours. Alcuin n'avait pas résolu, dans son enseignement, la question de l'origine de l'âme ; Frédégise voulut combler cette lacune, et prétendit qu'elle préexiste au corps.

Cette doctrine fut combattue par son contemporain Agobard, d'origine gauloise, nommé archevêque de Lyon en 813 : « D'après les docteurs de l'Eglise, dit-il, l'âme n'est pas une partie de la substance ou de la nature divine, et elle n'existe pas avant de s'unir au corps ; mais elle est créée en même temps que le corps auquel elle est destinée ». C'est la thèse catholique.

L'école de Tours compta parmi ses élèves un germain nommé Candide, dont la vie est peu connue. Il composa un opuscule où il employa la forme du syllogisme, qui est un des traits distinctifs de la scolastique ; il y donne aussi des indications précieuses sur la marche que l'esprit doit suivre pour arriver à la connaissance de Dieu.

Au nombre des disciples d'Alcuin, il faut compter Raban-Maur, qui devint archevêque de Mayence et mourut l'an 856, âgé de quatre-vingts ans. Il répandit en Allemagne le goût de la philosophie et favorisa l'étude des lettres latines. Parmi les ouvrages qu'il nous a laissés, mentionnons le traité *De Universo,* où se trouvent de précieux renseignements sur l'état des connaissances à cette époque.

Raban-Maur était archevêque de Mayence, lorsque le moine Gottescalc troubla la paix religieuse en voulant expliquer le dogme de la prédestination. Son enseignement n'allait à rien moins qu'à nier la liberté humaine et la justice de Dieu. Il fut condamné successivement à Mayence et à Reims.

Nous ne sommes pas encore sortis du neuvième siècle, et nous avons déjà constaté deux erreurs grosses de conséquences : celle de Frédégise et celle de Gottescalc. En admettant la préexistence des âmes, le premier était logiquement conduit à nier l'union substantielle de l'âme et du corps. Le second tombait d'abord dans le fatalisme, et en refusant à Dieu un de ses attributs essentiels, il détruisait sa notion et niait son existence.

L'impulsion imprimée aux études par Charlemagne était trop puissante pour s'arrêter à sa mort. Sous le règne de Louis le Débonnaire, de nombreuses écoles furent fondées, et Charles le Chauve confia la direction de l'école palatine à Jean Scot Erigène, ainsi nommé parce que l'Ecosse et l'Irlande se disputent l'honneur de l'avoir vu naître.

On connaît peu de chose sur la vie de Scot Erigène. Quelques historiens disent qu'après avoir séjourné en France pendant de longues années, il retourna en Angleterre sur l'invitation d'Alfred le Grand, et qu'il y mourut en 886. Ses écrits dénotent un esprit philosophique d'une puissante originalité, auquel il n'a manqué que la discipline. « A chaque page de l'ouvrage *De divisione naturæ*, dit M. Brin (1), on sent la lutte d'un penseur audacieux qui aime à côtoyer les précipices, et d'un chrétien qui ne voudrait pas s'égarer dans les ténèbres de l'hérésie ; en lisant telle phrase isolée, on se croit en présence d'un disciple d'Ænésidème ou de Proclus, on se figure entendre un précurseur de Spinosa et de Kant ; deux lignes plus bas, on est tout surpris de trouver le correctif ; Erigène n'est plus sceptique, encore moins panthéiste ; pour lui, douter, c'est insulter Dieu ; confondre tous les êtres dans une seule substance, c'est un attentat contre la raison. Entreprend-il de distinguer, il sépare ; s'il veut unir, il confond ; il suit un moment Aristote, puis il s'en éloigne brusquement ; il croit s'attacher à Platon, et il se perd dans les subtilités des Alexandrins ; il marche au hasard et se heurte en

(1) *Histoire générale de la Philosophie*, t. I, p. 267.

aveugle à tous les obstacles. Finalement il se trouve à son point de départ ; sa tentative a échoué. Un pareil guide est dangereux pour une jeunesse ardente et inexpérimentée. »

Chargé de combattre Gottescalc, Scot Érigène écrivit sur la *Prédestination* un livre où il tombait dans l'erreur opposée. Il soutint l'hérésie qui consiste à regarder l'Eucharistie comme un simple souvenir de Jésus-Christ et de son sacrifice. Dans la longue exposition de ses théories, il refuse toute durée à l'innocence d'Adam et d'Ève ; il nie l'éternité des peines de l'enfer et entend dans un sens figuré bien des affirmations de l'Écriture. Enfin, s'il n'enseigne pas formellement le panthéisme, il emploie quand il en parle des expressions équivoques dont plus tard Amaury de Chartres et David de Dinant sauront tirer parti.

Le dixième siècle a produit des historiens, des poètes et des troubadours ; mais, en dehors de l'Arabie, il ne compte qu'un seul philosophe vraiment digne de ce nom ; hâtons-nous d'ajouter que ce philosophe suffit à l'illustration de son siècle : c'est Gerbert, né à Aurillac en Auvergne, d'abord précepteur du fils de l'empereur Othon, puis directeur de l'école de Reims, puis archevêque de Ravenne, et enfin élu pape, en 999, sous le nom de Sylvestre II. Gerbert possédait toutes les connaissances de son temps. Il mourut l'an 1003.

Le siècle suivant est plus fécond en célébrités philosophiques. Pendant qu'Avicenne et Gazali brillaient en Orient, Bérenger ouvrait en France le chemin au rationalisme. Né à Tours, il avait suivi les leçons de Fulbert de Chartres, l'un des meilleurs disciples de Gerbert ; mais l'indépendance de son esprit le jeta bientôt hors de l'orthodoxie catholique. Il renouvela l'hérésie de Scot Érigène sur l'Eucharistie, et fut condamné par plusieurs conciles. En philosophie, il exagéra les droits de la raison : « Sans doute, dit-il, il faut se servir des autorités sacrées quand il y a lieu ; mais pourtant on ne peut, sans absurdité, nier ce fait évident, qu'il vaut mieux se servir de la raison pour découvrir la vérité. » Quand on parle ainsi, on est digne peut-être de l'admiration des rationalistes modernes, mais on n'est plus chrétien.

Heureusement le dogme catholique trouva un vigoureux défenseur dans la personne du bienheureux Lanfranc, de Pavie, né en 1005, et mort en 1087. Il fut le plus intrépide adversaire de Bérenger dans la controverse sur l'Eucharistie, et rendit d'immenses services à la philosophie et aux études littéraires en fondant au monastère du Bec, dont il fut le prieur, une école longtemps fameuse.

Si nous ajoutons à ces noms celui de saint Pierre Damien, né à Ravenne vers 1005 et mort en 1072, nous arriverons ainsi à l'époque où commença la discussion sur les *Universaux*, que nous allons maintenant raconter.

II

QUERELLE DES UNIVERSAUX

Vers la fin du troisième siècle, un philosophe de l'école d'Alexandrie, Porphyre, dans une introduction aux Catégories d'Aristote, s'était demandé, sans résoudre la question, si les genres et les espèces répondent par une existence réelle aux idées générales ; en un mot, si les genres et les espèces sont des êtres. Plus tard, Boèce avait tranché la difficulté dans un sens que saint Thomas adopta lui-même.

L'an 1080, un ecclésiastique de Paris, chanoine de

Compiègne, Roscelin, sur la vie duquel nous n'avons aucun renseignement, reprit la question et commença la dispute sur les *Universaux*. Il s'agissait de savoir, par exemple, si l'humanité existe indépendamment des individus qui la composent, si l'idée générale *humanité* est un être, une *entité*, ou bien si elle n'est qu'une appellation collective donnée à un ensemble d'individus. Roscelin soutint la négative ; il prétendit même que les idées générales ne sont que des mots, *flatus vocis ;* que les idées générales, bien loin d'être des réalités préétablies, *universalia ante rem*, comme on disait, ne sont que des abstractions provenant des individus, *universalia post rem*. Roscelin posait ainsi les fondements du *nominalisme*. Comme on le voit, cette doctrine consiste à dire que les genres et les espèces ne sont que des *noms*, et qu'il n'existe nulle part une substance qui soit, par exemple, la pierre, la plante ou l'humanité en général.

Si le chanoine de Compiègne s'en fût tenu là, on aurait passé par-dessus l'exagération de ses termes, et on l'aurait sans doute laissé dire ; mais il voulut appliquer ses principes au mystère de la Sainte Trinité, soutenant que les trois personnes divines ne sont que des manières d'être d'une même substance, et que le Père et le Saint-Esprit se sont incarnés aussi bien que le Fils. Saint Anselme fut le premier à le combattre, et l'on obligea Roscelin à rétracter ses erreurs.

Au point de vue philosophique, le nominalisme eut pour principal adversaire Guillaume de Champeaux, qui fut le chef du *réalisme*. Il commença à enseigner vers l'an 1100, à Paris, et mourut évêque de Châlons en 1121. Les *réalistes*, ou *réaux*, commencèrent sans doute par admettre l'existence réelle et substantielle des espèces et des genres, et finirent par affirmer que seuls les genres et les espèces existent véritablement, la source de l'individualité n'étant qu'un accident qui s'ajoute à l'essence de l'être. En d'autres termes, les idées générales sont des entités réelles, distinctes de l'esprit qui les conçoit et des individus dont elles sont les types. Bien plus, les individus n'ont d'existence que par leur rapport avec elles : ainsi, c'est l'*humanité* qui existe réellement, et les individus n'en sont que des parties sans existence propre. Les idées générales répondent donc à une nature universelle et réelle : de là vient qu'on a donné à toute cette polémique le nom de *querelle des Universaux*.

Ces discussions peuvent maintenant nous paraître futiles et nous faire sourire ; mais si l'on veut bien réfléchir un instant, il sera facile de se convaincre que toute la philosophie s'y trouve renfermée. Si le nominalisme est vrai, s'il n'existe que des individus, la réalité objective est une chimère, et nous prenons le chemin de l'empirisme. Si au contraire le réalisme doit être admis, les individus n'ont plus d'existence propre, et nous allons vers l'idéalisme, puisque la réalité subjective disparaît. Sous d'autres termes, la querelle des Universaux est la dispute qui s'est élevée récemment entre l'objectivisme et le subjectivisme : tant il est vrai de dire qu'il n'y a rien de nouveau sous le soleil, et que l'esprit humain tourne et retourne sans cesse dans le même cercle !

Vers le commencement du douzième siècle, il se présenta un homme qui voulut réconcilier le nominalisme et le réalisme, en exposant un système dans lequel il semblait donner raison aux deux adversaires. Cet homme fut Pierre Abailard, plus fameux encore par les vicissitudes de sa vie que remarquable par son talent. Né en 1079 à Palais, près de Nantes, et mort en 1142, Abailard était doué d'un esprit souple et profond, mais ennemi de toute discipline. Après avoir suivi les leçons de Roscelin, de Guillaume de Champeaux et d'Anselme de Laon, il se mit à enseigner lui-même. Sa doctrine philosophique fut appelée le *conceptualisme*. Il croyait avoir ainsi trouvé un terrain neutre sur lequel les nominalistes et les réalistes pourraient s'entendre sans sacrifier leurs idées personnelles. Dans la pensée de son auteur, le conceptualisme était donc une espèce de compromis entre les deux doctrines opposées. Abailard enseignait que les universaux, ou idées générales, ne sont ni des choses réellement existantes, ni de simples mots sans objets, mais des produits, des conceptions de l'intelligence. L'esprit forme ces conceptions en réunissant ce qu'il y a de commun entre plusieurs êtres du même genre ou de la même espèce : de là le nom de *conceptualisme*. Il est naturel de penser que Roscelin n'avait pas voulu dire autre chose, bien qu'il s'exprimât autrement. C'était donc, en réalité, le nominalisme qui triomphait avec Abailard.

« En définitive, dit M. Brisbarre (1), Abélard se rapproche du nominalisme, en déclarant qu'il n'existe que des individus, et, dans les individus, rien que d'individuel, l'essence ou la forme, aussi bien que la substance ou la matière. Ex. : la *socratité* n'est nulle part hors de Socrate ; et le sujet, la matière de la *socratité* n'est pas non plus l'humanité en général, mais quelque chose de la nature humaine, la nature propre de Socrate. Ainsi, la matière, dans l'individu, est tout aussi individuelle que la forme, et c'est la similitude entre la matière des différents individus, similitude perçue par l'esprit, qui constitue l'universel. En vain Abélard s'efforçait de frapper également sur le réalisme et sur le nominalisme ; c'est surtout le réalisme qui se trouvait atteint par sa polémique. Et quand il prétendait que les universaux sont des conceptions de l'esprit et non

---

(1) Bachelet et Dezobry, *Dict. gén. des sciences morales et politiques*, art. *Conceptualisme*.

des mots, parce que s'ils n'étaient que des mots, ils ne seraient rien, les nominalistes pouvaient répondre qu'apparemment quand la bouche prononce un mot, l'esprit y attache un sens, lequel est une conception de l'esprit. Conservez-lui son nom de *conception* ou donnez-lui le nom du signe qui la représente dans le langage ; au fond, c'est la même chose, et la doctrine est la même. Sur la pente qui le ramenait au nominalisme, le conceptualisme fut entraîné, comme lui, hors des voies de l'orthodoxie, et Abélard vit ses écrits condamnés par l'Église ».

Quand on veut combattre une erreur, il y a toujours à craindre de tomber dans l'excès opposé. C'est ce qui arriva à Gilbert de la Porée, qui entreprit de renverser le système d'Abailard. Gilbert naquit vers l'an 1070 et mourut en 1154. Il soutint le réalisme et le poussa plus loin que Guillaume de Champeaux. D'abord chancelier de l'église de Chartres, il assista, en 1140, à la condamnation d'Abailard ; mais, devenu évêque de Poitiers en 1142, il enseigna lui-même plusieurs erreurs qui procédaient de son réalisme, et fut condamné à son tour par un concile tenu à Reims, en 1148.

Contre le nominalisme et le réalisme, la foi catholique ne manqua pas de défenseurs. Il suffit de citer les noms connus et vénérés de saint Anselme, Alain de Rissel, Bernard de Chartres, saint Bernard et Pierre Lombard, surnommé le *Maître des sentences*. Du reste, en approchant du treizième siècle, la philosophie scolastique arrivait à son apogée.

III

L'EMPIRISME APRÈS LA QUERELLE DES UNIVERSAUX

L'époque dont nous abordons l'histoire est considérée par quelques auteurs comme une seconde époque dans la querelle des universaux. C'est en effet, si l'on veut, la période des conséquences et des résultats. Mais le caractère particulier qui la distingue nous autorise, croyons-nous, à lui donner une place à part, après avoir constaté qu'elle fut préparée par la période précédente. Si pour nous le treizième siècle est le grand siècle du moyen-âge, le siècle de saint Thomas, pour les philosophes empiriques, c'est le siècle de Roger Bacon.

Tout d'abord nous trouvons le panthéisme essayant de s'implanter dans l'école, où il fut enseigné par Amaury de Chartres et par David de Dinant. Le premier naquit à Bène, dans le pays chartrain, vers la fin du douzième siècle, et mourut en 1205. Le second, dont on sait peu de chose, fut probablement le disciple d'Amaury et mourut vers la même époque.

Gerson a résumé de la manière suivante les idées d'Amaury de Chartres : « Tout est Dieu, et Dieu est tout. Le Créateur et la créature sont un même être. Les idées sont à la fois créatrices et créées. Dieu est la fin des choses, en ce sens que toutes choses doivent rentrer en lui, pour constituer avec lui une immuable individualité. De même qu'Abraham et Isaac ne sont que des individualisations de la nature humaine, ainsi tous les êtres ne sont que des formes individuelles d'une seule essence ». C'est la formule du panthéisme idéaliste : les idées sont la seule réalité, tout le reste n'en est qu'une manifestation.

La doctrine de David de Dinant se rapproche au contraire du panthéisme matérialiste, ou plutôt elle l'enseigne nettement. « Dieu est la matière universelle ; les formes, c'est à dire tout ce qui n'est pas matériel, sont des accidents imaginaires ». Cette matière universelle, dépourvue de toute qualité, et conçue néanmoins comme quelque chose de positif, constitue le fonds commun de ce qu'on désigne soit sous le nom d'esprits, soit sous celui de corps. Et comme cette matière, par cela même qu'elle ne possède aucune propriété spéciale, doit être partout identique, David en conclut l'identité absolue de toutes choses.

Amaury avait probablement puisé son panthéisme dans la philosophie de Scot Erigène, à laquelle il fut conduit par la doctrine de Guillaume de Champeaux, qui détruisait la notion de l'individualité. David aboutit au matérialisme en combinant ce système avec les idées d'Aristote sur la matière première.

Les deux panthéistes venaient de mourir, lorsque naquit un homme dont le nom reparaîtra trois siècles plus tard, Roger Bacon, digne précurseur de François Bacon. Ces deux philosophes se ressemblent tellement qu'on serait tenté de les confondre, s'ils n'étaient séparés par trois cents ans d'intervalle.

Roger Bacon naquit en 1214, près d'Ilchester, dans le comté de Sommerset, en Angleterre, et mourut en 1294. Il eut tort de se faire religieux, car l'indépendance de son esprit ne lui permettait de s'assujettir à aucune règle. Pour lui, la science vraie est celle qui a une utilité pratique, par exemple, celle qui s'applique à la construction des maisons, à la fabrication des machines destinées à augmenter la puissance de l'homme. Il vante et exalte l'observation comme la source unique de la science. Il a entrevu de loin les découvertes dont s'honore notre temps. En un mot, il se montre le précurseur, ou plutôt le premier chef de l'école expérimentale. Sur la question des universaux, il repousse tout à la fois le nominalisme et le réalisme, en soutenant que l'individu seul est réel, que le monde est fait pour des individus, et non pour l'homme en général. Mais si l'être est essentiellement individuel, le nominalisme est vainqueur, et avec lui l'empirisme : voilà la conséquence logique de la doctrine soutenue par Roger Bacon.

Cette conséquence ne tarda pas à être formulée. Guillaume d'Ockam, né dans le comté de Surrey, en Angleterre, et mort en 1347, ressuscita le nominalisme dans un sens analogue à celui de Roger Bacon. Comme celui-ci, il était franciscain, et comme lui il trouva des protecteurs puissants qui lui permirent de s'attaquer à de puissants adversaires. Philippe le Bel et l'empereur Louis de Bavière le protégèrent contre les papes Boniface VIII et Jean XXII. Il fut un des précurseurs de Léibnitz.

La philosophie scolastique était alors partagée en deux grandes écoles dont l'une s'appuyait sur saint Thomas d'Aquin, tandis que l'autre suivait les doctrines de Duns Scot. Thomistes et Scotistes s'unirent contre l'ennemi commun, et combattirent un système qui annonçait une tendance assez prononcée au sensualisme et au scepticisme. Comme partisans du réalisme absolu, nous trouvons François de Mayron, qu'on surnomma le *maître des abstractions,* et d'autres disciples rigides de Duns Scot, qui appartiennent au quatorzième et au quinzième siècles. Dans le sens à la fois réaliste et nominal, c'est-à-dire suivant le point de vue de la philosophie de saint Thomas, la discussion fut continuée par Egide Colonne, mort au commencement du quatorzième siècle, et par la plupart des docteurs de l'école thomiste. Les nominalistes que les uns et les autres eurent à combattre furent, avec Guillaume d'Ockam, Pierre d'Ailly, Grégoire de Rimini, Durand de Saint-Pourçain, Walter Burleigh, Thomas de Bradwardin, Jean Wiclef et Jean Buridan, qui vivaient au quatorzième siècle ; Wessel Gransfort, Gabriel Biel et Jacques Almain, qui vivaient au quinzième. Nous dirons seulement un mot de Buridan, qui, comme Balaam, doit à son âne toute sa célébrité.

A l'imitation du logicien Raymond Lulle, Jean Buridan voulut formuler des règles pour trouver les moyens termes dans les syllogismes, et on nomma sa doctrine à ce sujet le *pont-aux-ânes*. En psychologie, il attaque la théorie de la liberté d'indifférence, mais il en arrive à professer le fatalisme, ou au moins un déterminisme très prononcé. Quant au fameux argument qui a fait sa renommée, s'il en est réellement l'auteur, c'est de vive voix qu'il a dû l'exposer dans ses cours, car nulle part on ne le trouve dans ses ouvrages. Le voici : « Un âne, ayant également faim et soif, se trouve placé entre un boisseau d'avoine et un seau d'eau. Que fera-t-il ? Les deux attractions sont les mêmes. S'il se décide pour manger d'abord, ou pour boire, c'est qu'il a le libre arbitre. Sinon, il mourra de faim et de soif entre un boisseau d'avoine et un seau d'eau. »

On nous reprochera peut-être de nous être étendu trop longuement sur l'histoire de la philosophie scolastique, alors que dans l'espace de plusieurs siècles nous n'avions à glaner que quelques noms appartenant à l'empirisme. N'était-ce pas le meilleur moyen de démontrer que, même aux époques où la vérité brille avec le plus d'éclat, il y a des yeux qui se ferment obstinément à la lumière ? Certes, s'il fut pendant le moyen-âge un siècle remarquable par ses grands hommes et par ses grandes choses, ce fut le siècle où la philosophie scolastique atteignit son apogée. C'est le siècle qui vit se fonder les ordres de Saint-François et de Saint-Dominique ; c'est le siècle de saint Louis, d'Albert le Grand, de saint Thomas, de Pierre de Blois, de Guillaume d'Auxerre, d'Alexandre de Halès, de Vincent de Beauvais, de Guillaume d'Auvergne, de saint Bonaventure, du voyageur Marco Polo ; c'est le plus beau temps de l'architecture ogivale et de l'art purement chrétien. Et maintenant on fait fi de toutes ces gloires dont beaucoup nous appartiennent, à nous Français ; et les prétendus savants de nos jours, en parlant du treizième siècle ne l'appelleront pas le siècle de saint Louis ou de saint Thomas, mais, ainsi que nous l'avons déjà dit, le siècle de Roger Bacon. Pour eux, le moyen-âge est une époque d'ignorance et de barbarie, et la philosophie scolastique n'est bonne qu'à fausser l'intelligence et à propager la superstition. N'est-il pas temps de réagir contre cette hostilité systématique qui provient des préjugés et de l'ignorance ? C'est ce que nous avons essayé de faire, et c'est ce que nous allons faire encore, en montrant que la décadence de cette philosophie, à partir du quinzième siècle, coïncide avec l'apparition de l'empirisme proprement dit.

CHAPITRE III

L'Empirisme de la Renaissance.

Après le concile de Florence, tenu en 1438, dans le but de réunir l'église grecque à l'église latine, plusieurs savants orientaux s'étaient fixés en Italie. La prise de Constantinople, en 1453, détermina bon nombre de philosophes à venir en occident, où ils apportèrent et répandirent les ouvrages des anciens. L'engouement fut général, et s'étendit à la philosophie aussi bien qu'à la littérature. Mais pendant toute l'époque qu'on est convenu d'appeler l'époque de la *Renaissance*, on ne vit paraître que des essais personnels, des doctrines individuelles ou des tentatives isolées qui devaient préparer le grand mouvement philosophique des temps modernes. Laissant de côté les hommes sérieux qui voulurent, malgré tout, continuer les traditions de la philosophie scolastique, et les *Lettrés* qui, comme

Erasme, Sadolet et Nizolius, se bornèrent à la poursuivre de leurs sarcasmes, nous prendrons pour guide M. Brin, et nous partagerons en trois catégories les philosophes de la Renaissance dont nous devons nous occuper. Les uns retournent aux doctrines du paganisme ; les autres, confiants dans leurs propres forces, dirigent leurs attaques contre l'autorité et la raison ; d'autres enfin cherchent à reconstituer sur de nouvelles bases toute la science philosophique.

I

RETOUR A LA PHILOSOPHIE PAIENNE

C'est le retour aux anciennes doctrines de la Grèce qui caractérise, à proprement parler, l'époque de la Renaissance, et c'est de là qu'elle a tiré son nom. Les travaux philosophiques entrepris en dehors de cette influence païenne sont plutôt l'indice d'une révolution : ils préparent en effet la grande révolution intellectuelle dont Bacon, Descartes, Léibnitz, Spinosa et Rousseau sont les principaux représentants. Quant aux partisans des anciens, ils se partagèrent entre les trois grandes écoles du Lycée, de l'Académie et du Portique.

Parmi ceux qui s'attachèrent de préférence aux doctrines d'Aristote, nous citerons Pomponace, Zabarella, César Crémonini et Vanini.

Pomponace, philosophe et médecin, naquit à Mantoue en 1462 et mourut à Bologne en 1524. Il enseigna successivement à Padoue, à Ferrare et à Bologne. Son ouvrage capital est le traité *De l'immortalité de l'âme*, qu'il aurait mieux fait d'intituler le traité *De la mortalité de l'âme*. Il soutient en effet que l'âme doit périr avec le corps, et que la raison est incapable de discerner le miracle, d'établir la Providence de Dieu et de prouver la liberté humaine. Mettant en opposition la raison et la foi, il prétend qu'une proposition peut être fausse en philosophie et vraie en théologie, ce qui détruit la notion même de la vérité.

Les successeurs de Pomponace à l'université de Padoue, sans être aussi téméraires que lui, professent cependant des doctrines pernicieuses dans leurs conséquences. Jacques Zabarella, qui vécut de 1533 à 1589, défendit ardemment contre les partisans d'Averroès les vieilles traditions péripatéticiennes; mais il enseigna que l'intellect est périssable considéré en lui-même, et qu'il devient seulement immortel par la vertu de l'illumination divine qui le perfectionne : ce qui revient à dire que l'âme est mortelle de sa nature.

César Crémonini, né en 1550, mort en 1631, appartient aussi à la même école, et ses ouvrages résument assez bien l'enseignement de l'université padouane ; mais, dans son livre intitulé *De Cœlo*, on relève trois erreurs capitales. D'abord il nie la création, en soutenant que le ciel est éternel et nécessaire. De plus, il nie la spiritualité et l'immortalité de l'âme, en prétendant qu'elle est indissolublement unie au corps dont elle est l'acte. Enfin, ne voulant voir en Dieu que la cause finale et l'agent mécanique du mouvement universel, il nie la personnalité divine et la Providence.

Mais le plus célèbre de tous les péripatéticiens de la Renaissance fut sans contredit Ucilio Pompeio, plus connu sous le nom de Vanini. Il naquit dans les environs de Naples vers 1586, parcourut l'Europe en vendant ses leçons pour vivre, et partout se distingua par son incrédulité. Il peut être à bon droit regardé comme le précurseur du matérialisme et de l'athéisme modernes. « La nature, dit-il, est la reine et la déesse des mortels. Le monde est éternel ; il a en lui-même le principe de sa vie ; il est dieu. Les vertus et les vices dépendent soit de nos humeurs, soit de l'influence des climats et des astres ; chacun doit suivre ses penchants et chercher avant tout le plaisir ». C'est la morale d'Epicure greffée sur le panthéisme. Pendant qu'il professait à Toulouse, Vanini fut accusé de corrompre la jeunesse par ses pernicieux enseignements, et le Parlement le condamna à être brûlé vif après avoir eu la langue coupée. Son exécution eut lieu en 1619. On rapporte qu'à l'exemple d'Averroès il mourut en disant : *Moriatur anima mea morte philosophicâ.*

L'université de Padoue trouva une rivale dans l'académie de Florence, qui professa les doctrines de Platon, ainsi que le firent plusieurs autres philosophes indépendants. Au nombre des Platoniciens de la Renaissance, citons Bessarion, Nicolas de Cuss, Marsile Ficin, Jean Pic de la Mirandole et Mazzoni. L'empirisme ne se manifeste pas aussi clairement chez eux que chez les péripatéticiens dont nous venons de nous occuper, mais quelques-uns pourraient le déduire de leurs doctrines.

Le cardinal Bessarion, de Trébizonde, vécut de 1389 à 1472. Éclectique par tempérament, il essaya, mais en vain, de concilier Aristote et Platon. Cette entreprise fut renouvelée sans plus de succès par Mazzoni, né en 1548, mort en 1603, l'un des chefs de l'académie *della Crusca.*

Le cardinal Nicolas de Cuss, ou de Cusa, né à Cusa, près de Trèves, en 1401, et mort à Todi, dans l'Ombrie, en 1464, était un savant modeste dont toute l'ambition fut de consacrer l'alliance de la métaphysique avec les mathématiques. Il s'adonna aussi à des spéculations physiques et préluda au système de Copernic en renouvelant l'hypothèse de Pythagore sur le mouvement de la terre. Sa philosophie est platonicienne, mais il y mêle des idées qu'il emprunte à Aristote et à Pythagore. D'après lui, la connaissance des objets sensibles ne nous vient que par une double image et ne donne que des opinions ; mais la connaissance de l'infini ramène tout à l'unité.

Marsile Ficin naquit à Florence en 1433 et mourut en 1499. Il était prêtre, mais on peut dire que dans ses ouvrages, et même dans ses prédications, le chrétien disparaît pour faire place au platonicien. Sa philosophie est une espèce d'éclectisme où les fables d'Orphée et d'Hermès, le mysticisme de Pythagore, les rêveries des Alexandrins, et surtout les dogmes de Platon, sont confondus avec les vérités du christianisme. Il avait renoncé aux formules de salutation ordinaire, et il n'appelait ses auditeurs que *Mes frères en Platon*. Son enthousiasme confinait à la folie.

Le plus illustre de ses disciples fut Jean Pic de la Mirandole, né en 1463, près de Modène, mort à Florence en 1494. Il n'est remarquable que par sa brillante mémoire et sa précoce érudition. A dix-huit ans, il savait vingt-deux langues. A vingt-trois ans, il se fit fort de soutenir contre tous les savants réunis à Rome neuf cents thèses *de omni re scibili*. Il essaya comme beaucoup d'autres de concilier Platon et Aristote, mais il manquait tout à la fois de matériaux et de génie. Son système, comme celui de Marsile Ficin, est un mélange informe de toutes les doctrines : on y trouve réunis le scepticisme et le dogmatisme, le paganisme et le christianisme, Moïse, Orphée et Zoroastre, Pythagore, Platon et Aristote, l'Evangile et la Kabbale.

Au milieu de cette confusion d'idées qui n'avait rien de philosophique, le stoïcisme de Zénon trouva bien quelques partisans, mais il ne peut guère citer qu'un nom vraiment illustre, et encore n'est-ce pas le nom d'un philosophe, mais plutôt celui d'un littérateur. Juste-Lipse, né à Isch, près de Bruxelles, en 1547, et mort en 1606, travailla, de concert avec Casaubon et

Scaliger, à la renaissance des lettres anciennes. Comme philosophe, il fut le premier défenseur de la morale du Portique, à l'époque de la Renaissance. Mais il était d'une nature inconstante. Sa politique est douteuse. Tour à tour catholique, luthérien et calviniste, il changea trois fois de religion et finit par n'en avoir aucune.

II

LES NOVATEURS ET LES SCEPTIQUES

Nous quittons la Renaissance pour entrer dans la Révolution, car c'est une véritable révolution qui s'accomplit dans le monde religieux avec Martin Luther, et qui se prépare dans le monde philosophique avec Michel Montaigne et Pierre Charron.

Martin Luther naquit à Eisleben, en Saxe, l'an 1483, et mourut en 1546. Il est surtout connu comme moine apostat et chef du protestantisme, mais il peut être aussi considéré comme philosophe. Disciple de Guillaume d'Ockam et partisan du nominalisme, il combattit tout d'abord Aristote avec autant d'acharnement qu'il attaqua l'Eglise ; mais son disciple et ami Mélanchton réussit à modifier ses idées, et bientôt Aristote devint pour Luther une pierre précieuse, *insignis gemma*. Le novateur s'acharne contre le principe d'autorité ; il enseigne que le libre arbitre n'existe pas dans l'homme, et que Dieu punit les méchants du mal qu'il leur a fait commettre. Il érige en principe que l'examen privé ou la conscience individuelle est l'arbitre suprême du vrai et du faux, du bien et du mal. Il doute de la raison elle-même, et après l'avoir comparée à une divinité qui habite en nous, il dit qu'elle est sans lumière, sans force, sans félicité, tant que la foi ne l'a pas éclairée de ses célestes splendeurs. Voilà sur quelle base philosophique repose le système religieux de Luther. Au lieu de lui donner le nom prétentieux de *Réforme*, il eût mieux fait de l'appeler *déformation*.

Le scepticisme de Luther se masque plus ou moins sous le fanatisme religieux. Il n'en est pas de même de celui de Michel Montaigne, né dans le Périgord en 1533, mort en 1592. L'ouvrage où il expose sa doctrine est intitulé *Essais*. Montaigne s'y peint lui-même sous des couleurs peu flatteuses. « Je suis, dit-il, tantôt sage, tantôt libertin ; tantôt vrai, tantôt menteur ; chaste, impudique ; puis libéral, prodigue, avare ; et tout cela selon que je me vire ». Tant d'inconséquence dans sa conduite devait nécessairement engendrer de l'inconséquence dans ses écrits. Il avoue lui-même que ses jugements du jour ne sont jamais ceux du lendemain. Aussi les *Essais* de Michel Montaigne ne sont qu'un tissu de contradictions cachées sous l'enveloppe d'un style simple, hardi et naïf. Malebranche, Nicole, Pascal, et d'autres auteurs graves, ont attribué à la corruption du cœur humain l'engouement que produisit cet ouvrage à l'époque de son apparition. Huet, évêque d'Avranches, l'a bien défini en l'appelant le « bréviaire des honnêtes paresseux et des ignorants studieux qui veulent s'enfariner de quelque connaissance du monde et de quelque teinture des lettres. »

On conçoit combien l'incohérence qui règne dans ce livre en rend difficile l'analyse. Ce qui domine pourtant, c'est la tendance de l'auteur à donner sans cesse comme conclusion de ses recherches l'incertitude de toute connaissance humaine. Il ne voit partout que mal et contradiction, et par une sorte d'indifférence égoïste, il n'essaie même pas de chercher la vérité ni le bien, et il se dit : *Que sais-je ?* Cette disposition d'esprit le conduit à professer en morale la même doctrine qu'Horace, et à se laisser bercer doucement sur le fleuve de la vie. En principe il est sceptique, mais dans la pratique il est épicurien.

Montaigne eut pour disciple Pierre Charron, né à Paris en 1541, mort en 1603. Après avoir exercé le métier d'avocat, il entra dans l'état ecclésiastique et devint le prédicateur de la reine Marguerite. C'est dans le livre *De la Sagesse* qu'il expose son système. Charron n'a pas même, comme Montaigne, l'excuse d'avoir quelquefois rencontré la vérité au prix d'une inconséquence : son ouvrage porte l'empreinte du scepticisme le plus absolu. Les vérités religieuses, que Montaigne respectait encore par boutades, qui lui inspiraient même des accents émus et des mouvements d'éloquence, sont reléguées par Charron dans l'esprit des ignorants. Tout est soumis à son impitoyable *Que sais-je ?* Il va même jusqu'à dire que toute religion, loin d'être fondée sur un besoin de la nature humaine, est contraire au sens commun. Ajoutons avec M. Franck que le scepticisme de Charron aboutit au sensualisme. Selon lui, en effet, toute connaissance « s'achemine en nous par les sens » ; elle « commence par eux et se résout en eux ». Il soutient que l'homme est inférieur à certains animaux, et que l'immortalité de l'âme est « la chose la plus faiblement prouvée et établie par raison et moyens humains ».

III

ORGANISATEURS DE LA PHILOSOPHIE

Les doctrines précédemment exposées ne pouvaient satisfaire des intelligences avides de connaître. En théorie ou en pratique, presque toutes ces doctrines aboutissaient à l'empirisme, et Luther lui-même avait trouvé un auxiliaire puissant pour son entreprise dans la liberté qu'il accordait à ses partisans de satisfaire à leur gré leurs passions sensuelles. Des esprits indépendants voulurent tirer la philosophie de l'ornière où elle était embourbée, et tentèrent une restauration qu'ils ne devaient pas voir aboutir. Nous citerons parmi eux Machiavel, Vivès, Télésio, Ramus, Jordano Bruno, Sanchez et Campanella.

Machiavel naquit à Florence en 1469, et mourut en 1527. Il n'a traité qu'une seule question, mais une question éminemment philosophique, la politique. C'est dans son livre *Du Prince* qu'il expose sa théorie, indépendante de toute religion. L'Etat y est regardé comme le principe et la fin de toute politique ; tous les moyens sont bons pour le défendre et le sauver, car la fin justifie les moyens. Ce livre *du Prince* est un arsenal où sont allés puiser tous les rationalistes et les socialistes modernes. La justice cède la place à la ruse ; la force prime le droit ; la propriété individuelle est remplacée par le communisme ; la famille disparaît, absorbée par la nation, et la notion de Dieu, sauvegarde de la morale, est détruite dans tous les cœurs. C'est la sanction du fait accompli et la justification de tous les crimes. Pour tout dire en un mot, c'est l'empirisme appliqué à la politique.

Louis Vivès, né à Valence en Espagne, l'an 1492, et mort en Belgique, l'an 1540, écrivit, entre autres ouvrages, *De Primâ Philosophiâ* et *De Animâ*. Il est aussi l'auteur d'un *Traité sur la Dialectique*, dans lequel il propose de rejeter l'autorité des anciens et d'adopter une méthode qui reposerait sur le libre examen. Il rejette la distinction de l'intellect en actif et en passif, confond la mémoire sensitive avec la mémoire intellectuelle, et, comme Platon, fait du corps l'instrument de l'âme, soutenant ainsi qu'il ne forme pas avec l'âme un composé substantiel. Sa doctrine penche par là même vers le sensualisme.

Télésio, né à Cosenza, en Calabre, l'an 1508, mort en 1588, fonda dans la ville de Naples une Académie qui fut célèbre. Il regardait l'observation comme le seul moyen d'acquérir la science, et n'admettait ainsi qu'un seul critérium, celui de l'*expérience sensible*. Un tel système conduit infailliblement au matérialisme : aussi l'Église a-t-elle censuré plusieurs ouvrages de Télésio.

Pierre Ramus, ou Pierre de la Ramée, né à Cuth, dans le Vermandois, en 1515, est un des hommes les plus saillants de cette époque. D'abord catholique, il se fit protestant en 1561, et périt dans le massacre de la Saint-Barthélemy, en 1572, victime d'un ennemi personnel, Jacques Charpentier. La thèse qu'il soutint pour le doctorat est intitulée : « Tout ce qu'a dit Aristote n'est que fausseté ». Cette thèse indiquait la nature du travail auquel il consacra sa vie. Il entreprit une réforme de la logique. D'après son opinion, la méthode aristotélicienne, usitée dans les écoles, ne pouvait s'appliquer ni aux sciences, ni aux arts, ni aux usages de la vie. Sous ce rapport, il en fit une critique très sévère. Mais, pour faciliter l'emploi de la logique, il tomba dans un excès opposé à celui qu'il blâmait, car il réduisait la théorie du raisonnement à l'art de bien disserter. Il revient pour cela à la dialectique de Platon, dont le principe est inné dans la raison, et qui se perfectionne par l'art et la pratique. Cette pratique consiste dans l'étude des raisonnements tels qu'ils ont été faits par les philosophes et les orateurs. Ainsi qu'on le voit, c'est la méthode expérimentale appliquée assez mal à propos à la logique.

Nous arrivons à un nom autour duquel on a fait tout récemment beaucoup de bruit, ce qui nous oblige à nous étendre davantage sur son histoire et sur sa doctrine. Jordano Bruno naquit à Nôle, en 1548. Jeune encore, il entra chez les Dominicains, mais il ne tarda pas à quitter sa cellule et s'enfuit à Genève, où il embrassa le calvinisme. Alors commence pour lui une vie vagabonde : il passe d'Italie en France, de France en Angleterre, d'Angleterre en Allemagne, changeant de religion en même temps que de pays. Il séjourne à Genève, à Milan, à Nice, à Lyon, à Toulouse, à Paris et à Londres, ici accueilli comme un grand homme, là honteusement chassé comme un malfaiteur public. Il rentrait en Italie lorsqu'il fut arrêté à Venise et conduit à Rome. N'ayant pas voulu rétracter ses erreurs, il fut jugé et condamné comme hérétique par le Saint-Office, qui le livra au bras séculier. Il fut brûlé vif, l'an 1598. Voilà la vie du moine apostat auquel les rationalistes contemporains viennent d'élever une statue qui est une insulte au bon sens et à la morale publique.

Veut-on maintenant connaître sa doctrine ? Elle n'est guère plus intéressante que sa personne : c'est le panthéisme des Alexandrins et la métempsycose des philosophes de l'Inde. Il part du doute de Descartes et des fausses notions de cause et de substance pour aboutir aux conclusions de Spinoza, de Schelling et d'Hégel. Il confond Dieu avec l'universalité des créatures. « Rien, dit-il, n'existe que ce qui est un ; car tout ce qui n'est pas un n'est, en tant que multiple, qu'un composé, et toute composition n'est qu'un ensemble de rapports, et non une réalité. L'unité est donc l'être, et l'être est l'unité. A moins d'admettre que tout est relatif, opinion repoussée par la raison humaine qui tend à l'absolu, il faut reconnaître une unité absolue, sans parties, sans limites. Dans cette unité, l'infini et le fini, l'esprit et la matière, le pair et l'impair sont confondus. De là résulte l'identité absolue de toutes choses ; car les principes les plus généraux de la différence des choses sont l'infini et le fini, l'esprit et la matière ; et cette distinction, qui ne peut constituer une différence réelle dans le sein de l'unité absolue, n'indique qu'une diversité de modifications dans le même être un et universel ».

Bruno fut conduit par son système à soutenir que le bien et le mal, le beau et le laid, le bonheur et le malheur ne diffèrent pas d'une manière absolue, mais seulement d'une manière relative. Malgré les idées de métempsycose qui se manifestent dans plusieurs passages de ses écrits, Bayle soutient que Jordano Bruno a présenté sa théorie comme devant affranchir l'homme de la crainte de tout châtiment dans une vie future.

Sanchez, d'origine juive, né en Portugal vers 1555, fut reçu médecin à Montpellier en 1573, et mourut à Toulouse en 1632. Il fut le précurseur de Descartes par son doute méthodique, et celui de Bacon par sa méthode expérimentale. Voici ce qu'il écrit à propos de son doute : « Mon dessein est de fonder, autant que cela dépend de moi, une science solide et facile, purgée de ces chimères et de ces fictions sans fondement qu'on rassemble pour montrer l'esprit de l'auteur, et non dans le but de nous instruire. Décidé à porter mon examen sur le fond des choses, je me propose, dans la mesure où le permet la faiblesse humaine, de rechercher si l'on sait quelque chose, et comment on le sait, quelle est la *méthode* de la science ». D'abord il attaque la méthode scolastique, et c'est en ce sens qu'il intitule son livre : « *De la très noble science qui consiste à savoir qu'on ne sait rien* ». Il professe l'inutilité du syllogisme et la nécessité de recourir à l'observation. Mais il exagère beaucoup les faiblesses de l'intelligence humaine, ce qui l'a fait regarder comme sceptique.

Il nous reste à parler de Campanella, né en Calabre l'an 1568, mort à Paris en 1639. Il entra chez les Dominicains, et garda sous l'habit religieux la fougue de son esprit. Ses déclamations contre l'Espagne, dont il détestait la domination, faillirent lui coûter cher, et il fut heureux de trouver dans cette circonstance l'appui du pape Urbain VIII et du cardinal de Richelieu. De même que François Bacon, son contemporain, Campanella entreprit une classification des sciences fondée, non sur les facultés de l'âme humaine, comme celle de Bacon, mais sur l'objet propre des sciences elles-mêmes, ce qui est plus logique. Malheureusement, il manquait au philosophe dominicain trois choses indispensables pour mener à bien son entreprise : la sagesse, la mesure et la constance. Voici les points essentiels de sa doctrine, extraits de ses différents ouvrages.

Si l'on veut étudier le monde physique, il faut joindre le raisonnement à l'observation ; mais l'expérience doit commencer, tandis que dans les sciences métaphysiques et morales, c'est la raison qui joue le principal rôle, sans exclure l'observation interne. L'intelligence humaine se réduit à la faculté de sentir, c'est-à-dire de percevoir les modifications de notre être ; la pensée n'est que la généralisation des perceptions diverses, et le sentiment de leur ensemble. Le monde n'est pas seulement la réunion des objets extérieurs qui frappent nos yeux, c'est encore une âme vivante. Les astres qui roulent sur nos têtes possèdent la vie et se parlent entre eux dans un langage spécial. La sensibilité n'appartient pas seulement aux animaux : la lumière voit, l'air entend le son, et les métaux eux-mêmes sentent les coups qu'ils reçoivent, comme le bois sent le supplice du feu qui le consume. L'univers est la statue vivante de Dieu. Il serait difficile de classer une doctrine qui renferme des éléments si variés ; à notre avis, le nom qui lui convient le mieux est celui de sensualisme mystique.

Telle est, en résumé, l'histoire de l'empirisme philosophique depuis son origine jusqu'à la période des temps modernes. Nous l'avons vu d'abord exister à l'état de matérialisme bien formulé : cinq écoles l'enseignent dans l'Inde ; cinq le propagent dans la Grèce. Grâce à la dépravation des mœurs, il passe ensuite en Italie : Lucrèce et Horace chantent sa gloire et ses douceurs ; Pline l'Ancien lui consacre sa science ; Sénèque, Épictète et Marc-Aurèle, tout en répudiant une partie de sa morale, admettent ses principes ; Celse et Lucien s'en inspirent pour nourrir et pour épancher leur haine contre le christianisme. Cependant il se produit alors comme un arrêt dans sa marche envahissante. Mais bientôt, changeant de tactique, il se cache ou se masque afin de pénétrer plus sûrement au sein de la nouvelle société. Il s'insinue dans la philosophie avec le nouveau scepticisme et l'école d'Alexandrie ; il jette le trouble dans la religion avec le gnosticisme et le manichéisme ; prévoyant que la scolastique sera pour lui une ennemie redoutable, il essaie de contrarier ses débuts en lui opposant la Kaballe des Juifs et les écoles arabes ; et pendant qu'il lui prépare une épreuve plus redoutable, Frédégise attaque l'union substantielle de l'âme et du corps, Gottescalc nie la liberté humaine, Scot Érigène s'égare dans toutes les erreurs et aboutit au panthéisme, et Bérenger prépare le rationalisme moderne. C'est alors qu'éclate la querelle des Universaux, où l'empirisme essaie de se faire une place d'honneur au foyer de l'école, en empruntant à Roscelin le faux titre de nominalisme, à Abailard celui de conceptualisme. Si cette tentative échoue, l'empirisme ne s'avoue pas encore vaincu : bientôt il relève la tête avec le panthéisme d'Amaury de Chartres et de David de Dinant ; il trouve un allié dans Roger Bacon, et rentre en scène, secondé par Guillaume d'Ockam et son école, qui voudrait faire renaître le nominalisme.

Arrive la Renaissance, époque où se heurtent les doctrines anciennes, où se préparent les doctrines futures. Pendant que les admirateurs de la philosophie païenne se partagent entre Aristote, Platon et Zénon, des novateurs et des sceptiques, inconséquents avec eux-mêmes, adoptent pour leur usage personnel la morale d'Epicure. Pomponace, Zabarella, Crémonini et Vanini, tous partisans d'Aristote, avaient posé les principes ; Luther, Montaigne et Charron tirent les conséquences, que Machiavel applique à la politique. Les efforts isolés de Louis Vivès et de Télésio n'aboutissent qu'au sensualisme ou même au matérialisme. Pierre Ramus abuse de la méthode expérimentale. Jordano Bruno admet dans son panthéisme les doctrines indiennes, et détruit toute notion morale. Sanchez doute avant Descartes et observe avant Bacon. Enfin Campanella vient clore l'époque de la Renaissance et inaugurer l'époque des temps modernes, en exposant un système qui aboutit au sensualisme mystique. On peut donc dire que le moyen-âge fut pour l'empirisme une période de combats incessants. Nous allons maintenant assister à son triomphe ; nous allons le voir grandir, étendre au loin ses différents rameaux, et ronger le cœur de la société moderne.

TROISIÈME ÉPOQUE

EMPIRISME MODERNE

Au commencement du dix-septième siècle, nous voyons se manifester dans la philosophie un mouvement très prononcé de retour vers les antiques théories de la Grèce. Toutefois, l'empirisme se montre d'abord sous une forme moins repoussante que le matérialisme ; il se cache en renaissant sous le séduisant appareil des sciences physiques. Quelques philosophes, en petit nombre, frappés de la part que prennent les sens externes dans l'origine de nos connaissances, assignèrent la sensation pour principe unique à toutes nos idées ; mais ils n'allèrent pas jusqu'à confondre l'âme avec le corps, et, tout en réduisant celle-là à des facultés purement sensitives, ils surent reconnaître sa supériorité sur celui-ci. D'autres, en plus grand nombre, se montrèrent moins timides. Non seulement ils placèrent uniquement dans la sensation l'origine de nos connaissances et de nos actes, mais ils ne virent dans l'homme qu'un amas fortuit de particules matérielles, un organisme perfectionné qui tend à se perfectionner encore de jour en jour. Les premiers ont reçu le nom de *sensualistes* ; les autres sont les *matérialistes*.

L'empirisme moderne se divise ainsi en deux branches distinctes, qui se développent et se poursuivent parallèlement. Il semblerait donc, à première vue, que nous dussions raconter séparément l'histoire de ces deux systèmes. Mais, comme le sensualisme proprement dit est, de sa nature, un système incomplet et inconséquent, comme il aboutit logiquement au matérialisme pur, nous avons cru plus simple de suivre l'ordre des temps, afin de mieux montrer, par cette méthode, l'enchaînement qui relie l'une à l'autre ces deux branches de l'empirisme.

CHAPITRE Ier

De l'Empirisme au dix-septième siècle.

Les historiens regardent généralement François Bacon comme le père de l'empirisme moderne. Cependant, trois siècles avant lui, son homonyme Roger avait mis en honneur la méthode expérimentale. Télésio, Ramus, Sanchez, avaient soutenu la même doctrine, et de son temps même, Campanella, dont nous venons de nous occuper, avait montré plus de logique, mais moins d'opiniâtreté, dans la restauration des sciences philosophiques.

François Bacon naquit à Londres en 1560, et mourut en 1626. Sa vie privée fut ternie par des taches que sa gloire d'écrivain ne lavera jamais entièrement. Son grand ouvrage est celui qui a pour titre : *Instauratio magna scientiarum*. Cet ouvrage célèbre est divisé en deux parties : l'une est intitulée *De dignitate et augmentis scientiarum* ; l'autre est le *Novum Organum*. Bacon peut être considéré sous deux points de vue, car ses partisans disent qu'il fut un grand physicien en même temps qu'un grand philosophe.

Son influence sur le développement des sciences physiques, généralement incontestée, paraît néanmoins contestable. A l'époque où il parut, une foule de grands hommes avaient déjà immortalisé leurs noms par d'admirables découvertes, et l'on s'étonne d'entendre Bacon parler avec tant de mépris de l'état des sciences à son époque, lorsque parmi ses contemporains et même ses devanciers, on peut citer Roger Bacon, Gassendi, Otto de Guérick, les deux Bartholius, Ticho-Brahé, Copernic, Képler, Descartes, Galilée, et une foule d'autres (1). Ses partisans ne cessent de répéter qu'il posa, comme condition indispensable du progrès des sciences, l'observation sage et patiente des faits particuliers ; mais, sans parler de ceux que nous avons déjà nommés, longtemps avant lui, Aristote avait proclamé cette vérité. « Bacon, dit le comte de Maistre, fut un baromètre qui annonça le beau temps, et parce qu'il l'annonçait, on crut qu'il l'avait fait. Walpole, son contemporain, l'a nommé le prophète de la science : c'est tout ce qu'on peut lui accorder. J'ai vu le dessin d'une médaille frappée en son honneur, dont le corps est un soleil levant, avec la légende : *Exortus ut æthereus sol ;* rien n'est plus évidemment faux. Je passerais plutôt une aurore avec l'inscription : *Nuntia solis ;* et même encore on pourrait y trouver de l'exagération, car, lorsque Bacon se leva, il était au moins dix heures du matin (2) ».

On a beaucoup reproché au comte de Maistre toutes ses sévérités pour Bacon, dit M. de Mirville, et deux livres viennent encore de paraître, destinés à consoler l'ombre de ce dernier (3) ; mais en vérité, lorsque dans le premier de ces deux livres nous entendons M. Cousin reprocher à Bacon d'être « le père de l'école sensualiste moderne » ; lorsque nous entendons toute cette

(1) Voir l'*Examen de la philosophie de Bacon*, par le comte J. de Maistre, t. I*er*, ch. I*er*.
(2) DE MAISTRE, *Soirées de Saint-Pétersbourg ;* V*e* Entretien.
(3) *Bacon*, par Ch. de Rémusat. — *Bacon*, par Kuno Fischer.

dernière école, depuis Diderot et La Mettrie jusqu'à MM. Comte et Littré, reconnaître cette paternité ; lorsque M. de Rémusat lui-même croit le blanchir beaucoup en disant « qu'il n'est coupable que d'avoir accrédité cette école et lui avoir montré la route » ; enfin lorsque, même au point de vue scientifique, un savant du premier ordre, M. Biot, nous affirme que « les sciences ne lui ont jamais dû la moindre découverte », nous nous demandons si les coups assénés par le vigoureux ultramontain n'avaient pas leur raison d'être, et s'il était bien coupable en accusant de toutes nos doctrines sensualistes celui « qui n'a fait que les accréditer et les guider (1) ».

Au surplus, quoi qu'il en soit du mérite scientifique de Bacon, il est certain qu'on ne peut raisonnablement lui donner aucun éloge, lorsqu'on vient à le considérer comme philosophe. Sans doute il n'a pas enseigné formellement le sensualisme avec toutes ses conséquences : on peut même dire à sa gloire qu'il reconnait comme nécessaire la soumission de la raison à la foi dans le domaine religieux (2). Mais ses investigations ont exclusivement porté sur les données des sens, et il a eu le tort immense d'appliquer rigoureusement à la philosophie le principe qui sert de base au progrès des sciences physiques. Il s'est déclaré lui-même, de son autorité privée, le pontife religieux des sens et l'interprète savant de leurs oracles, auxquels il faut tout demander dans l'ordre de la nature, à moins que par hasard on ne veuille décidément extravaguer : *Quare existimamus nos sensûs (a quo omnia in naturalibus petenda sunt, nisi forte libeat insanire) antistites religiosos et oraculorum ejus non imperitos interpretes nos*

---

(1) De Mirville, *Des Esprits*, IIe mémoire, p 68.
(2) Cf. *De augmentis scientiarum*, Lib. IX, C. I. — *De Sapientiâ veterum*, § 10.

præstitisse. En plaçant ainsi dans l'expérience externe l'origine de toutes nos connaissances, Bacon a posé le point de départ du sensualisme, et nous allons voir la multitude de ses disciples, partant de ce point commun, s'avancer plus ou moins loin, suivant la logique et la force intellectuelle de chaque philosophe, dans le chemin de l'empirisme.

Ce fut en France que Bacon recruta ses premiers disciples, et ce fut Gassendi qui le fit connaître d'abord. Né à Chantersier, auprès de Digne, en 1592, mort en 1655, Gassendi puisa dans les ouvrages du philosophe anglais la doctrine dont il se rendit, au dix-septième siècle, l'un des plus illustres défenseurs. Après avoir embrassé l'état ecclésiastique, il fut nommé, en 1645, professeur de mathématiques au Collège-Royal de France, et il se distingua par une aptitude remarquable dans l'exercice de cette charge.

Descartes changeait alors la face de la philosophie, et son doute méthodique ouvrait une nouvelle carrière à l'intelligence humaine. Gassendi, ennemi systématique de tout ce qui portait l'empreinte de la nouveauté, se déclara contre l'innovateur, et voulut rendre aux sens et au monde matériel le prestige que Descartes menaçait de leur enlever. Chimères pour chimères, disait-il, j'aime mieux celles qui ont deux mille ans. Plein d'admiration pour l'antique philosophie de la Grèce, il habilla à la mode française les théories de Démocrite et d'Epicure sur les atomes : il prit dans ces philosophes tout ce qui ne lui parut pas en contradiction flagrante avec les dogmes du christianisme, se l'assimila dans la proportion de ses goûts, et, en face des *Méditations* de Descartes, il fit paraître l'exposé de son système, qui n'est autre chose que l'*atomisme* d'Epicure adapté autant que possible au christianisme. Les deux émules n'avaient ni le même génie, ni la même tournure d'esprit : chacun trouva de nombreux partisans. Gassendi put jouir de sa gloire, en voyant les philosophes français de son époque se partager entre l'école de Descartes et la sienne. Son principal ouvrage, écrit en latin, a pour titre : *Epicuri philosophia*.

Gassendi suivit pour sa philosophie la division communément adoptée dans l'antiquité. Dans sa *Logique*, il expose la théorie sensualiste de la connaissance humaine. Il avoue sans doute que nos idées, dont il faut demander l'origine à la sensation, n'ont pas existé dans les sens avec toute la perfection qu'elles ont dans l'intelligence ; mais, d'après lui, elles peuvent se décomposer en un certain nombre d'éléments sensibles, élaborés et transformés par la réflexion. Il ne nie pas la spiritualité de l'âme, mais il réduit le rôle de l'intelligence à percevoir et à comparer les faits fournis par la sensation. En *Physique,* il adopte les atômes d'Epicure, tout en reconnaissant l'existence d'un Dieu créateur. Sa *Morale* facile, graduellement défigurée par ses disciples, se changea bientôt en une morale complètement épicurienne ; elle devint à la mode dans les salons, et on l'accuse d'avoir contribué pour une bonne part à préparer les épouvantables orgies de la Régence.

« A Gassendi se peuvent rattacher plusieurs philosophes qui, comme lui, exploitèrent l'antiquité au profit du sensualisme. Je vous citerai deux français : l'un, Claude de Bérigard ou Beauregard, né à Moulins en 1578, longtemps professeur à Pise et à Padoue, qui renouvela la physique des Ioniens ; l'autre, Jean Chrysostome Magnen, né à Luxeuil, professeur à Pavie, grand partisan de la doctrine de Démocrite. Mais en France même, par ses ouvrages et ses leçons, Gassendi forma un certain nombre de disciples, et c'est de lui que relève cette minorité de libres penseurs qui, en opposition à l'élite de la société et de la littérature française qu'entraînait Descartes, demeura fidèle à la philosophie d'Epicure, en y mêlant une forte dose de scepticisme, et en conduisit la tradition jusqu'aux premières années du dix-huitième siècle. Parmi les partisans de Gassendi, on compte Sorbière, son biographe, le voyageur Bernier, le spirituel et aimable Chapelle, le sage La Mothe le Vayer, le fougueux Cyrano de Bergerac, et, pendant sa jeunesse au moins, notre grand Molière. Saint-Evremond vient en partie de là, et Voltaire se lie à Saint-Evremond (1) ». Malgré les épithètes élogieuses que prodigue assez facilement M. Cousin, nous ne féliciterons que modérément Gassendi de cette nombreuse filiation.

Mais Gassendi ne se rattache qu'indirectement à Bacon, et l'on peut affirmer avec le comte de Maistre que c'était uniquement une complicité d'erreurs, plutôt qu'un sentiment d'estime, qui rendait le philosophe anglais cher au vertueux prêtre de Digne. Bacon eut en Angleterre deux disciples plus directs : Hobbes et Locke. Avec Hobbes, l'empirisme revêt la forme d'un matérialisme théorique qui s'étend à toutes les parties de la science : avec Locke, c'est un sensualisme qu'on pourrait appeler psychologique.

Hobbes naquit en 1588, à Malmesbury, d'un ministre protestant, et mourut en 1679. Disciple et ami de Bacon, il partagea les idées de son maître sur le principe de nos connaissances, et les poursuivit même avec une logique plus rigoureuse. Du principe posé par Bacon : toute connaissance vient des sens, Hobbes tira comme conséquence que tout ce qui ne tombe pas immédiatement sous les sens externes ne peut être l'objet de notre connaissance. Or, il est de fait que les sens externes ne s'exercent que sur le monde physique : par conséquent il nous est impossible de connaître autre chose que

(1) Cousin, *Histoire générale de la philosophie*, VIIe leçon.

les corps. Appuyé sur ce raisonnement, Hobbes définit la philosophie : « la connaissance obtenue par un raisonnement exact des effets ou phénomènes d'après leurs causes présentes, ou des causes possibles d'après leurs effets présents. L'objet de la philosophie est tout corps conçu comme susceptible d'engendrer un effet et d'offrir une composition et une décomposition (1) ».

La philosophie, d'après Hobbes, est donc la science des corps. Mais le philosophe distingue deux espèces de corps : les corps naturels et les corps politiques. Les premiers se subdivisent eux-mêmes en deux classes : les corps matériels, objet de la physique, et les corps spirituels, objet de la métaphysique. Les corps politiques sont les sociétés, objet de la science politique.

Poursuivant toujours son premier raisonnement, et n'envisageant la connaissance humaine que dans ses rapports avec les organes corporels, le disciple de Bacon en vint à soutenir le matérialisme pur. « Par le mot esprit, dit-il, nous entendons seulement un corps naturel d'une telle subtilité qu'il n'agit point sur les sens, mais qui remplit une place, comme pourrait la remplir l'image d'un corps visible. Ainsi, la conception que nous avons d'un esprit est celle d'une figure sans couleur. Dans la figure nous concevons la dimension ; par conséquent, concevoir un esprit, c'est concevoir quelque chose qui a des dimensions... Nous qui sommes des chrétiens, nous disons que l'âme humaine est un esprit ; mais il est impossible de le savoir, c'est-à-dire d'en avoir une évidence naturelle, car toute science est conception, et toute conception est imagination, et vient des sens (2) ».

De là au fatalisme, il n'y a qu'un pas : Hobbes le franchit. Ce qui se passe dans l'homme, quand il veut,

---

(1) Tennemann, *Histoire de la philosophie*.
(2) Hobbes, *De la Nature humaine*, Ch. XI.

ne diffère point de ce qui se passe chez les autres animaux lorsqu'ils désirent, sauf la délibération... La liberté de vouloir ou de ne pas vouloir n'est pas plus grande dans l'homme que dans les autres animaux. En effet, dans celui qui désire, la cause du désir le précède, en telle sorte que le désir ne peut pas ne pas suivre, c'est-à-dire qu'il suit nécessairement. Une liberté, quelle qu'elle soit, libre de nécessité, ne convient donc pas plus à la volonté des hommes qu'à celle des brutes (1).

La morale qui découle logiquement de cette doctrine peut se résumer en deux syllogismes dont le philosophe anglais a développé chaque proposition avec une force de raisonnement digne de soutenir une plus juste cause.

La sensation, principe unique de toutes nos connaissances, est aussi le motif unique de toutes nos déterminations. Or, la sensation ne peut agir sur la volonté que par sa douceur ou son amertume. Donc la fin unique de l'homme est de rechercher les sensations agréables, ou le plaisir, et de fuir les sensations pénibles, ou la douleur. Voilà pour la morale individuelle ; voici maintenant pour la morale sociale.

Le droit que possède chaque homme de rechercher son bien-être donne lieu à des collisions fréquentes qui amènent inévitablement la guerre. Or, la guerre, essentiellement opposée au bonheur de l'homme, ne peut disparaître qu'en présence d'une force puissante, capable de la maîtriser. Donc le seul moyen de sauvegarder les intérêts de la société est d'acquérir la force matérielle la plus considérable. « Dans l'état naturel, une puissance assurée et qui ne souffre point de résistance confère le droit de régner et de commander à ceux qui ne peuvent pas résister, de sorte que la toute puissance possède immédiatement et essentiellement le

---

(1) Hobbes, *Eléments de philosophie,* IVe partie, Ch. XXV.

droit de faire tout ce que bon lui semble (1) ». En politique, Hobbes professe la même doctrine que Machiavel.

C'est ainsi que le disciple de Bacon poussa jusqu'à ses dernières conséquences le principe de son maître. Sous l'impulsion de sa vigoureuse logique, l'empirisme atteignit du premier coup ses extrêmes limites, et se résuma dans trois mots : matérialisme en métaphysique, égoïsme en morale, force brutale en politique. La philosophie retournait visiblement au temps de Démocrite et d'Epicure.

Hobbes était déjà parvenu à la maturité de son génie lorsque naquit à Amsterdam le juif Bénédict Spinosa, qui vécut de 1632 à 1677. Elevé dans le judaïsme, il renonça bientôt à la religion de ses pères, et ressuscita le panthéisme matérialiste. Partant d'une fausse notion de la substance, il prétendit que toutes les réalités diverses ne peuvent être considérées que comme des attributs d'une substance unique. En effet, Descartes avait défini la substance « ce qui n'a pas besoin d'une autre chose pour exister ». Or, disait Spinosa, tous les êtres finis ont besoin de Dieu pour exister. D'où il concluait que les êtres finis ne peuvent être conçus que comme de simples attributs d'une substance unique, ou de l'Etre divin, qui seul existe indépendamment de toute autre chose. Mais quelle est la nature de cette substance unique ? Doit-on la dire matérielle ou spirituelle ? Voici comment le philosophe juif essaie de résoudre la question. On doit juger, dit-il, de la nature de la substance par ses attributs. Or, d'après la philosophie de Descartes, il n'existe que deux attributs fondamentaux : l'étendue et la pensée ; et, de l'aveu des cartésiens, l'étendue suppose une substance matérielle. Donc la substance unique est de sa nature matérielle, et existe simultanément sous les deux attributs d'étendue et de pensée.

(1) Hobbes, *Du Citoyen*, 1re partie, § 15.

De cette doctrine, Spinosa déduisit une foule de conséquences. En psychologie, il considéra l'intelligence et la volonté comme de simples modifications de l'organisme. En morale, il détruisit radicalement la notion de vertu et de vice, incompatible avec son système où tout est identique, où tout ce qui arrive est un résultat nécessaire de l'énergie de la substance. En politique, il soutint que tout ce qu'on désigne sous le nom de droits se réduit à la notion de forces. Ainsi le philosophe hollandais arrivait, par une route opposée, aux mêmes maximes que le philosophe anglais Hobbes. Celui-ci était parti de la diversité des individualités humaines, comme naturellement ennemies les unes des autres ; Spinosa partit de leur identité absolue. L'un avait exclu de la théorie sociale la notion de l'élément infini, principe des obligations morales ; l'autre avait exclu la notion des êtres finis, sujets de ces obligations ; et l'un et l'autre aboutissaient à la politique de la force.

La même année que Spinosa, en 1632, naquit à Wrington, dans le comté de Bristol, un autre disciple de Bacon : ce fut John Locke, qui mourut en 1704. D'abord médecin, il se vit obligé d'entreprendre de nombreux voyages pour conserver sa santé chancelante. De retour en Angleterre, il se consacra tout entier à l'étude de la philosophie. Comme logicien, Locke est de beaucoup inférieur à Hobbes, et c'est précisément cette faiblesse de logique qui l'a empêché de descendre aussi profondément que son compatriote dans le gouffre du matérialisme. Sa doctrine est exposée dans l'*Essai sur l'entendement humain*, ouvrage célèbre, divisé en quatre livres : dans le premier, Locke réfute à sa manière le système des idées innées ; le second est consacré tout entier à l'exposition de son propre système sur l'origine des idées ; dans le troisième, il parle des mots au moyen desquels nous exprimons nos idées ; enfin le quatrième traite de la connaissance intellectuelle, c'est-à-dire du rapport de l'idée avec son objet. Nous n'avons à considérer ici que les théories de Locke relatives à l'origine des idées et à la connaissance intellectuelle.

D'abord le philosophe rejette absolument le système des idées innées. « Il y a des gens, dit-il, qui supposent comme une vérité incontestable qu'il y a certains principes, certaines notions primitives, autrement appelées notions communes, empreintes et gravées pour ainsi dire dans notre âme, qui les reçoit dès le premier moment de son existence et les apporte au monde avec elle. Si j'avais affaire à des lecteurs dégagés de tout préjugé, je n'aurais, pour les convaincre de la fausseté de cette proposition, qu'à leur montrer que les hommes peuvent acquérir toutes les connaissances qu'ils ont par le simple usage de leurs facultés naturelles, sans le secours d'aucune impression innée, et qu'ils peuvent arriver à une entière certitude de certaines choses sans avoir besoin d'aucune de ces notions naturelles ou de ces principes innés ; car tout le monde, à mon avis, doit convenir sans peine qu'il serait ridicule de supposer, par exemple, que les idées des couleurs ont été imprimées dans l'âme d'une créature à qui Dieu a donné la vue et la puissance de recevoir les idées par l'impression que les objets extérieurs feraient sur ses organes. Il ne serait pas moins absurde d'attribuer à des impressions naturelles et à des caractères innés la connaissance que nous avons de plusieurs vérités, si nous pouvons remarquer en nous-mêmes des facultés propres à nous faire connaître ces vérités avec autant de facilité et de certitude que si elles étaient originairement gravées dans notre âme (1) ».

L'âme humaine, aux premiers jours de son existence, est donc une table rase, et toutes les idées qui viennent

(1) Locke, *Essai sur l'entendement humain*, Liv. Ier, Ch. Ier

successivement l'enrichir sont le fruit de l'expérience. En effet, continue Locke, parmi les idées, les unes sont simples, les autres sont composées. Comme celles-ci résultent de la combinaison des premières, la question se trouve ramenée à savoir quelle est l'origine des idées simples. Or, toutes nos idées simples dérivent de deux sources : la sensation et la réflexion. La sensation nous communique l'idée des objets extérieurs qui agissent sur nous ; par la réflexion, nous acquérons la connaissance raisonnée des opérations de notre âme.

« Premièrement, nos sens étant frappés par certains objets extérieurs, font entrer dans notre âme beaucoup de perceptions, distinctes des choses, selon les diverses manières dont les objets agissent sur nos sens. C'est ainsi que nous acquérons les idées que nous avons du blanc, du jaune, du chaud, du froid, du dur, du mou, du doux, de l'amer, et de tout ce que nous appelons qualités sensibles. Nos sens, dis-je, font entrer toutes ces idées dans notre âme, par où j'entends qu'ils font passer les formes des objets extérieurs dans l'âme, ce qui y produit ces sortes de perceptions. Et comme cette grande source de la plupart de nos idées dépend entièrement de nos sens et se communique à l'entendement par leur moyen, je l'appelle sensation (1) ».

Telle est donc, d'après Locke, la principale origine de nos idées. Quant à la réflexion, elle ne vient qu'en seconde ligne, et tout son rôle se borne à nous faire percevoir nos actes eux-mêmes, et à méditer sur la connaissance antérieurement acquise, c'est-à-dire sur la sensation : « la réflexion ne rend que ce qu'elle a reçu de la sensation (2) ».

Après avoir étudié nos idées dans leur origine, Locke les étudie dans leurs rapports avec les objets qu'elles

---

(1) Locke, *Essai sur l'entendement humain*, Liv. II, Ch. Ier.
(2) *Ibid.*, Liv. II, Ch. II.

représentent. D'après lui, la connaissance intellectuelle résulte de la conformité de l'idée avec son objet. « L'esprit ne connaît pas les choses immédiatement, mais par les idées qu'il en a, et par conséquent notre connaissance n'est vraie qu'autant qu'il y a conformité entre nos idées et leurs objets (1) ». Mais comment s'expliquera cette conformité ? Locke ne trouve point de théorie meilleure que celle de Démocrite, et il renouvelle l'hypothèse des idées-images. Les corps, dit-il, possèdent deux espèces de qualités : les qualités primaires, qui sont leurs attributs fondamentaux, et les qualités secondaires, comme le son, la chaleur, qui n'appartiennent pas proprement à leur essence. Nous connaissons les premières à la suite d'un mouvement excité dans nos organes par les corps eux-mêmes, mouvement qui se communique au cerveau par l'entremise du système nerveux, et y laisse une image des qualités primaires. Nous connaissons les secondes au moyen de particules très légères qui émanent des corps et viennent frapper nos organes.

Le grand reproche que l'on fait à Locke, c'est d'avoir émis sur la spiritualité de l'âme humaine un doute sans aucun fondement. Comme nulle particule ne peut graver en nous l'image de cette substance spirituelle, il s'ensuit que nous ne pouvons connaître son existence que par la révélation. « Peut-être ne serons-nous jamais capables de connaître si un être purement matériel pense ou non, par la raison qu'il nous est impossible de découvrir par la contemplation de nos propres idées, sans révélation, si Dieu n'a point donné à quelques systèmes de parties matérielles, disposées convenablement, la faculté d'apercevoir et de penser, ou s'il a joint et uni à la matière ainsi disposée une substance immatérielle qui pense... Car comment peut-on être

---

(1) Locke, *Essai sur l'entendement humain*, Liv. IV, Ch. IV.

sûr que quelques perceptions, comme le plaisir et la douleur, ne sauraient se rencontrer dans certains corps mus d'une certaine manière, aussi bien que dans une substance immatérielle, par suite du mouvement du corps ? (1) »

Ce doute de Locke, qui est devenu, comme dit M. Cousin, le lieu commun de toute l'école sensualiste au dix-huitième siècle, n'est au fond qu'une absurdité. En effet, la révélation, nécessaire d'après le philosophe pour connaître la spiritualité de l'âme, suppose elle-même l'existence de Dieu. Or, comment pourrons-nous arriver à savoir que Dieu existe, puisque Dieu n'a pas plus que l'âme d'image matérielle ? Sans doute Locke se hâte de dire que Dieu nous est suffisamment connu par la création ; mais il ne peut poser cette affirmation qu'au détriment de sa théorie : pour se sauver du matérialisme et échapper à l'athéisme, il est obligé de recourir à une inconséquence. La philosophie de Locke est donc une philosophie hésitante. Voici, relativement à son ouvrage, l'appréciation peu flatteuse du comte de Maistre :

« L'ouvrage est le portrait entier de l'auteur, et rien n'y manque. On y reconnaît aisément un honnête homme et même un homme de sens, mais *pipé* par l'esprit de secte qui le mène sans qu'il s'en aperçoive ou sans qu'il veuille s'en apercevoir ; manquant d'ailleurs de l'érudition philosophique la plus indispensable, et de toute profondeur dans l'esprit. Il est véritablement comique lorsqu'il nous dit qu'il a pris la plume pour donner à l'homme des règles par lesquelles une créature raisonnable puisse diriger sagement ses actions ; ajoutant que pour arriver à ce but il s'était mis en tête que tout ce qu'il y aurait de plus utile serait de fixer avant tout les bornes de l'esprit humain. Jamais

---

(1) Locke, *Essai sur l'entendement humain*, Liv. IV, Ch. III.

on ne se mit en tête rien d'aussi fou ; car d'abord, pour ce qui est de la morale, je m'en fierais plus volontiers au sermon sur la Montagne qu'à toutes les billevesées dont Locke a rempli son livre, et qui sont bien ce qu'on peut imaginer de plus étranger à la morale. Quant aux bornes de l'entendement humain, tenez pour sûr que l'excès de la témérité est de vouloir les poser, et que l'expression même n'a point de sens précis. Locke ne prit la plume que pour arguer et contredire, et son livre, purement négatif, est une des productions nombreuses enfantées par ce même esprit qui a gâté tant de talents bien supérieurs à celui de Locke. Pour rendre son ouvrage de tous points irréprochable, il suffirait, à mon avis, d'y changer deux mots. Il est intitulé : *Essai sur l'entendement humain* ; écrivons seulement : *Essai sur l'entendement de Locke :* jamais livre n'aura mieux rempli son titre (1) ». Le comte de Maistre est sévère pour les philosophes anglais.

L'appréciation de M. Cousin mérite d'être aussi mentionnée. « L'*Essai sur l'entendement humain*, dit-il, est plein de vérités, et aussi d'erreurs et de semences d'erreurs. Par sa théorie de l'origine des idées, Locke, ne pouvant expliquer les principes universels et nécessaires, est condamné à les nier, c'est-à-dire à rejeter la partie la plus élevée de la connaissance. L'idée de l'infini écartée ne lui permet qu'une démonstration insuffisante de l'existence de Dieu. La théorie des idées représentatives met en péril la réalité du monde extérieur, de l'âme, de Dieu, de toutes choses. La confusion de la volonté et de la puissance compromet la liberté. Par le doute qu'il laisse échapper sur l'incapacité de la matière de produire la pensée, il incline et pousse au matérialisme. Enfin, en donnant le bien et le mal pour ce qui est commandé et défendu par la loi, pour ce qui

---

(1) *Soirées de Saint-Pétersbourg*, VIᵉ Entretien.

est récompensé et puni, il confond le bien et le mal avec le plaisir et la douleur (1) ».

C'est à dessein que nous avons appuyé sur le caractère général de la philosophie de Locke, car elle a exercé sur le dix-huitième siècle une influence énorme, qui se fait encore sentir de nos jours. Locke et Bacon : voilà les deux idoles de cette génération bâtarde de philosophes que nous allons voir pulluler en France, et préparer la grande catastrophe de 1793. Le dix-neuvième siècle, qui s'intitule avec tant d'emphase le siècle de la critique, ne doit pas laisser plus longtemps sur leur piédestal ruiné ces oracles menteurs d'une fausse philosophie.

Le défaut principal de Locke, qui est le manque de logique, n'empêcha pas une foule de philosophes d'adhérer à sa doctrine. Nous dirons un mot seulement sur ses deux principaux disciples.

Le premier fut Dodwel, anglais d'origine, qui vécut de 1641 à 1711. Le doute déraisonnable émis par Locke sur la possibilité de la matière pensante fut le point d'où il partit pour aboutir au plus grossier matérialisme.

Le second fut Collins, né en Angleterre l'an 1676, mort en 1729. Ami intime de Locke, il poussa plus loin que son maître les conséquences du sensualisme. Ses ouvrages ne sont que des libelles déclamatoires contre la liberté humaine et contre la religion.

C'est donc en Angleterre que le dix-septième siècle a produit le plus grand nombre de philosophes empiriques, puisqu'en France nous ne rencontrons que Gassendi, dont le sensualisme mitigé s'était nourri à l'école des anciens, et en Hollande le matérialiste Spinoza. A la suite de Bacon, Locke professe le sen-

(1) *Philosophie sensualiste au XVIIIe siècle*, IIe leçon.

sualisme, tandis que Hobbes, Dodwel et Collins, plus conséquents avec les principes du maître, aboutissent au matérialisme.

CHAPITRE II

De l'Empirisme au dix-huitième siècle.

C'est en France surtout que s'est manifesté l'empirisme pendant le dix-huitième siècle ; mais c'est en Angleterre qu'il faut chercher son point de départ. Jusqu'alors les Anglais venaient chercher en France le complément de leur instruction ; maintenant ce sont les Français qui vont s'instruire en Angleterre. La patrie de Bacon, de Hobbes et de Locke est devenue la terre classique de l'empirisme. Avant donc de parler de l'empirisme en France, il est naturel de l'étudier dans son origine anglaise.

I

L'EMPIRISME EN ANGLETERRE

Le premier empiriste anglais que nous rencontrons au dix-huitième siècle est Bernard de Mandeville, né en Hollande, de parents français, en 1670, mort en 1733. Il vint à Londres exercer la médecine, et se rendit bientôt familier avec la doctrine de Hobbes et celle de Locke. Ce que Collins avait fait pour la logique, Mandeville le fit pour la morale. Locke avait avancé cette fausse proposition, que l'utile est la seule base de la vertu. Mandeville raisonna sur cette donnée, et fut logiquement conduit à dire que, le vice étant quelquefois utile, la différence entre le bien et le mal n'est pas fondée sur l'essence des choses, et que la seule morale à suivre, c'est la morale de l'intérêt : principe funeste, subversif de tout ordre et de toute société.

Ce qui frappe avant tout dans les ouvrages de Mandeville, c'est le manque de sincérité. Il inaugure le système d'hypocrisie qui va bientôt s'accréditer en France. Sous une forme qu'il essaie de rendre spirituelle et comique, il s'attaque à tous les principes qui peuvent développer en nous l'amour du bien, et soutient que l'homme est naturellement vicieux. Bientôt son élève Helvétius lui empruntera ses idées, mais il les exposera avec une franchise plus brutale.

Deux ans après Mandeville, venait au monde Henri Saint-Jean, vicomte Bolingbrocke, qui fut un des hommes les plus célèbres et les plus influents du dix-huitième siècle. Il naquit en 1672, dans le voisinage de Londres, et mourut en 1751. Sa jeunesse fut peu édifiante, et sa carrière très agitée. Obligé deux fois de se réfugier en France à cause de ses opinions politiques, il finit par rentrer en Angleterre, où il ne s'occupa plus que de travaux intellectuels. Déjà régnait en France le parti philosophique, dont Bolingbrocke avait embrassé toutes les idées. Aussi Voltaire ne lui ménage-t-il pas les éloges.

Dans un de ses écrits posthumes, le philosophe anglais s'occupe de la nature, des limites et des procédés de l'intelligence humaine. Pour résoudre ces questions, il n'admet que la méthode expérimentale et le système de Locke relatif à la sensation. « Tous les systèmes qui se sont succédé depuis Platon jusqu'à Berkeley lui paraissent de pures chimères, des rêveries plus ou moins poétiques qu'on a décorées mal à propos du nom de philosophie, et qui pourraient être supprimées sans aucun préjudice pour la science. Il pense que le corps fait partie de l'homme, aussi bien et au même titre que l'esprit ; que ce dernier n'est pas l'objet d'une science distincte, mais qu'il est, comme le premier, du ressort de la physique ou de l'histoire naturelle. Pour les connaître l'un et l'autre, il n'est pas d'autre moyen que d'observer scrupuleusement tous les faits qui se passent en nous depuis l'instant de la naissance jusqu'à celui de la mort (1) ». En religion, Bolingbrocke est déiste, c'est-à-dire qu'il admet l'existence de Dieu, parce que sans cela il lui semblerait impossible d'expliquer sa propre existence. Mais il ne va pas au-delà, et ne s'occupe pas de rendre un culte à son Dieu : avec ses amis les philosophes, il rejette la révélation et n'accepte aucune autorité.

Guillaume Coward alla plus loin que Bolingbrocke. Né à Winchester en 1656, il fut reçu docteur en médecine de l'Université d'Oxford en 1687. Coward se déclare hautement partisan du matérialisme. Le titre d'un ouvrage qu'il fit paraître en 1702 dévoile suffisamment ses opinions ; cet ouvrage est intitulé : *Pensées sur l'âme humaine, démontrant que sa spiritualité et son immortalité sont une invention du paganisme, et contraires aux principes de la saine philosophie et de la vraie religion.* Dans son *Grand Essai*, publié à Londres en 1704, il s'efforce de prouver que l'existence de toute substance immatérielle est une erreur philosophique et inconcevable ; que toute matière a originairement en elle un principe de mouvement propre intérieur ; enfin que la matière et le mouvement doivent être la base ou l'organe de la pensée chez l'homme et chez les brutes. Coward est un disciple de Hobbes.

Nous revenons à Locke avec Guillaume-Jacob s'Gra-

---

(1) Franck, *Dictionnaire philosophique.*

vesande. Celui-ci naquit à Bois-le-Duc, en Hollande, l'an 1688, et mourut en 1742. Il est aussi connu comme mathématicien et physicien que comme philosophe. Un séjour qu'il fit en Angleterre, où il contracta d'illustres amitiés, eut beaucoup d'influence sur ses idées et ses opinions. Son principal ouvrage est une *Introduction à la philosophie*, où l'on trouve le résumé de sa doctrine. On peut dire qu'il appartient à l'école de Locke, mais qu'il modifie son système dans un sens contraire au sensualisme, chaque fois que la justesse de son esprit ou ses convictions religieuses lui en font apercevoir la nécessité.

François Hutcheson montre plus de docilité et moins d'indépendance d'esprit. Né dans le nord de l'Irlande, en 1694, il fit ses études à l'Université de Glascow, puis fonda une école à Dublin. En 1729, il fut rappelé à Glascow pour y occuper la chaire de philosophie morale, et mourut en 1747, dans l'exercice de ses fonctions. Sa théorie sur les facultés de l'âme est la même que celle de Locke ; il résout encore comme lui la question de l'origine des idées. En somme, la philosophie de Hutcheson n'offre aucun caractère personnel : il est disciple et fidèle imitateur. Tout ce qu'on peut lui concéder, c'est d'avoir été le précurseur de l'école écossaise, et d'avoir contribué à mettre en vogue la morale du sentiment, qu'il avait empruntée à Cumberland.

Sans être matérialiste, David Harley professe une doctrine qui conduit assez directement au matérialisme. Il naquit à Illingworth en 1704, exerça la médecine à Londres et à Bath, et mourut en 1757. Après avoir admis avec Locke que toutes nos idées, même celles que nous appelons intellectuelles, ont leur source unique dans la sensation, Hartley explique la sensation elle-même par la vibration des nerfs et du cerveau, sous l'action d'un fluide particulier qui ressemble à l'éther. Ainsi la sensation et la pensée ne seraient que des fonctions du cerveau. Dès lors, plus de liberté humaine. Hartley a beau demander qu'on ne tire de ses paroles aucune conclusion contraire à l'immatérialité de l'âme et à l'espérance d'une autre vie ; ses principes sont plus forts que ses recommandations, et ceux qui les admettent aboutissent logiquement au matérialisme.

Faut-il classer parmi les représentants de l'empirisme David Hume, le pyrrhonien par excellence, le défenseur du scepticisme absolu ? En réalité, Hume dérive de Locke, en ce qu'il n'admet aucune idée de raison et fait tout provenir de l'expérience sensible. Né à Edimbourg en 1711, il retourna y mourir en 1776, après avoir longtemps séjourné en France. Hume n'est pas plus matérialiste que la plupart des physiciens de son temps ; mais il donne aux matérialistes l'avantage sur ceux qui soutiennent que la pensée ne peut pas naître du mouvement de la matière. Il accorde aux bêtes aussi bien qu'aux hommes la pensée et la raison. Enfin, appliquant la philosophie sensualiste à l'histoire des croyances religieuses, il soutient que les hommes ont adoré primitivement les phénomènes de la nature, que peu à peu ils ont transformés en dieux. Son point de départ et sa conclusion finale appartiennent donc bien à l'école empirique.

Un autre disciple de Locke fut Adam Ferguson, qui naquit en 1724 près de Perth, en Ecosse, et mourut en 1816. Il professa successivement la philosophie naturelle et la philosophie morale à l'Université d'Edimbourg. Sa méthode générale est celle de Bacon, c'est-à-dire la méthode expérimentale. Sur la question de l'origine des idées, il se rapproche de Locke. Quant à la morale individuelle ou sociale, il admet trois principes sur lesquels il la fait reposer : l'intérêt, comme Hobbes et son école ; le sentiment, comme Cumberland et Hutcheson ; le perfectionnement de soi-même, qui constitue son apport personnel. Ainsi toute la morale se trouve formulée dans ces trois lois : la loi de conservation individuelle, la loi de société et la loi de progrès. Ferguson obéit à la tendance générale, qui consiste à donner une moins large place aux théories spéculatives, et à s'occuper davantage des questions pratiques.

La même tendance se manifeste chez Edmond Burke, né à Dublin en 1730, mort en 1797. Il a laissé un ouvrage intitulé : *Recherche philosophique sur l'origine des idées du sublime et du beau.* Au milieu de considérations justes et d'aperçus ingénieux, l'auteur attribue aux sens une trop grande part, quand il s'agit de fixer les éléments du goût et la source des idées. « La beauté, dit-il, est le plus souvent une qualité des corps qui agit physiquement sur l'esprit humain par l'intervention des sens ». Burke réduit ainsi l'étude du beau à la recherche des qualités sensibles, et il prétend trouver la raison du sublime et du beau dans les lois de l'organisme : c'est faire trop bon marché de l'intelligence et de la vertu.

Ici nous rencontrons un nom célèbre, qui a fait et fait encore beaucoup de bruit dans notre siècle. Nous voulons parler d'Erasme Darwin, né en 1731, à Elston, dans le comté de Nottingham, mort en 1802. L'aïeul de notre contemporain Charles Darwin fut peut-être un médecin habile, mais il fut certainement un poète médiocre. En prose, son seul ouvrage important est la *Zoonomie,* amas d'idées confuses et incohérentes que nous verrons plus tard reproduites, principalement par son petit-fils.

La nature, d'après lui, ne renferme que deux substances : l'esprit et la matière ; mais il laisse à d'autres le soin de s'occuper de l'esprit, et se confine dans la matière. Pour expliquer les mouvements vitaux, Darwin a recours au *sensorium*, c'est-à-dire à l'ensemble des nerfs et des muscles vivifiés par la matière cérébro-spinale. Ce sensorium est un principe d'irritabilité qui explique à lui seul la génération et la variété des êtres. C'est en effet par l'acquisition de nouvelles parties que l'animal grandit, se développe et se transforme. Les parties primitives, étant irritées, éprouvent des besoins et s'adjoignent de nouveaux éléments ; l'être ainsi agrandi éprouve une irritabilité nouvelle qui fait surgir de nouveaux besoins que viennent satisfaire de nouveaux organes, et ainsi de suite, depuis les plus humbles végétaux jusqu'à l'animal le plus parfait, jusqu'à l'homme. Cette doctrine absurde ne mériterait même pas d'être citée, si elle n'avait donné naissance à la théorie de la transformation des espèces, soutenue par Lamarck et Charles Darwin.

Joseph Priestley, né en 1733, aux environs de Leeds, mort en 1804, fut un partisan déclaré du matérialisme. Dans ses *Recherches sur la matière et l'esprit*, il s'efforce d'établir que tout, dans la nature de l'homme, dépend de son organisation matérielle, et spécialement du cerveau. « S'il y avait en nous, dit-il, une âme immatérielle, un principe de la pensée distinct du corps, plus le corps approcherait du terme de sa dissolution, plus la faculté de penser, débarrassée des entraves qui la gênent, devrait se manifester avec éclat ; or, c'est le contraire qui a lieu. Les fonctions par lesquelles se révèle la vie vont s'affaiblissant avec elle, et s'éteignent quand elle s'éteint, ou plutôt on conclut de la cessation des unes à la cessation de l'autre : ainsi devrait-on, dans toute hypothèse, conclure de l'alanguissement successif des facultés de l'âme et de leur disparition finale, à l'épuisement et à la mort de l'âme elle-même. La simplicité de l'âme, enfin, paraît entièrement incompatible avec la multiplicité des actes dont on veut qu'elle soit le sujet ou la cause ». Nous pouvons donc dire avec V. A. Bain que le matérialisme n'a peut-être pas trouvé dans ce siècle de plus puissant défenseur que le fameux chimiste et physicien Priestley.

Nous terminerons la liste des philosophes anglais par le nom de Jérémie Bentham, né à Londres en 1748, mort en 1832. Jurisconsulte et publiciste, il voulut remonter aux principes philosophiques de ses opinions, et ses recherches aboutirent à la morale de l'intérêt. Suivant lui, c'est le plaisir et la douleur qui déterminent tous nos désirs et tous nos actes, et par conséquent l'unique fin de l'homme est de rechercher le plaisir et de fuir la douleur. C'est la morale d'Epicure, ou plutôt de Hobbes. Il y a pourtant une différence : la morale d'Epicure, comme celle de Hobbes, est la conclusion de principes précédemment posés ; pour Bentham, au contraire, la recherche de l'intérêt est la base même de toute sa doctrine, et il présente cette base comme un axiome d'une évidence incontestable.

Tels sont les principaux philosophes anglais qui ont professé l'empirisme pendant le cours du dix-huitième siècle. Si l'on veut les classer d'après la division que nous avons adoptée, on peut ranger parmi les disciples de Locke, c'est-à-dire parmi les sensualistes, Bolingbrocke, 's Gravesande, Hutcheson, Hartley, Hume, Ferguson, Burke et Bentham. Les successeurs de Hobbes, c'est-à-dire les partisans du matérialisme seraient Mandeville, Coward, Erasme Darwin et Priestley.

II

L'EMPIRISME EN FRANCE

Tous les écrivains dont nous venons de parler furent les préparateurs ou les coopérateurs du grand mouvement philosophique qui se produisit au dix-huitième siècle, et se manifesta surtout en France, où l'on vit apparaître simultanément des sensualistes, des matérialistes et la tourbe encyclopédique.

1. LES SENSUALISTES

Les partisans du sensualisme français au dix-huitième siècle pourraient se diviser en trois catégories, suivant qu'ils professent cette doctrine en métaphysique, en politique ou en morale. Parmi les premiers on compterait Dumarsais, Deslandes, Condillac, Bonnet, Garat, Destutt de Tracy et Bichat. La seconde catégorie comprendrait les économistes comme Montesquieu, Mably, Jean-Jacques Rousseau, Turgot et Condorcet. Dans la troisième figureraient Voltaire, Duclos, d'Alembert, Grimm, Marmontel, et la plupart des encyclopédistes. Nous parlerons bientôt de leur gigantesque entreprise, et nous renvoyons à ce moment ce que nous avons à dire sur Voltaire, Duclos, Buffon, Mably, J.-J. Rousseau, d'Alembert, Grimm, Turgot, Morellet, Marmontel et Condorcet, tous sensualistes à des degrés divers. Il nous reste à étudier Dumarsais, Montesquieu, Deslandes, Condillac, Bonnet, de Beausobre, Garat, Destutt de Tracy et Bichat : ce que nous allons faire en suivant l'ordre de naissance.

On regarde généralement Condillac comme l'organisateur du sensualisme en France au dix-huitième siècle. Cependant plusieurs écrivains l'avaient précédé dans l'enseignement de ce système. Ainsi, le grammairien philosophe Dumarsais, né à Marseille en 1676, mort en 1756, fait reposer sur des idées empruntées à Locke tous les principes de grammaire générale ; pour lui comme pour son maître, nous possédons deux sources de connaissances : la sensation et la réflexion. Il est vrai que Dumarsais les nomme autrement, mais quand il veut les distinguer l'une de l'autre, c'est encore Locke qui est son guide. Il a rendu plus de services à la grammaire qu'à la philosophie.

Charles de Montesquieu naquit au château de la Brède, près de Bordeaux, en 1689, et mourut en 1755. C'est un économiste remarquable au point de vue de l'érudition. Son principal ouvrage est l'*Esprit des lois*, qui contient, au milieu de considérations profondes, des maximes hasardées et des théories dangereuses. « Ainsi, il n'établit pas une distinction suffisante entre les lois positives et celles qui dérivent nécessairement et immédiatement de la nature des choses, et, par là, il favorise les politiques modernes qui ne veulent subordonner leur pouvoir législatif à aucune autorité supérieure. De plus, si Montesquieu ne révoque point en doute les principales vérités religieuses, il suit dans ses études la direction que lui imprime la méthode empirique, et il fraie la voie à M. Taine en cherchant, soit dans l'influence des milieux, soit dans la constitution physique des individus, la raison de cette variété et de ces rapports qui existent dans les gouvernements humains (1) ». Bien qu'il eût rompu avec les encyclopédistes, Montesquieu continue, sans le savoir, de faire cause commune avec eux : il a puissamment contribué au renversement

(1) P. M. Brin, *Hist. gén. de la philos.* t. II, p. 438.

de l'ancien ordre social et préparé la législation moderne, d'où l'idée de Dieu est absolument bannie.

Après Montesquieu nous trouvons Deslandes, né à Pondichéry en 1690, venu de bonne heure en France, et mort en 1757. Son ouvrage capital est l'*Histoire critique de la philosophie,* où son prétendu respect pour la religion couvre son scepticisme en métaphysique et son sensualisme en morale. « La raison seule, dit-il, ne peut rien nous apprendre, ni de la nature de Dieu, ni de celle de l'âme, et tous les philosophes, depuis Socrate jusqu'à Descartes, qui ont essayé de nous en parler, n'ont avancé que des hypothèses ». Comparant la morale d'Aristippe avec celle d'Epicure, il s'exprime ainsi : « Pour moi, s'il m'était permis d'en juger, je trouverais plus de noblesse, plus de grandeur d'âme, à suivre les leçons d'Aristippe, et plus de prudence, plus de sûreté à suivre les conseils d'Epicure ».

Etienne Bonnot de Condillac naquit à Grenoble, en 1715, et mourut en 1780. On peut dire que toute sa philosophie se résume dans une question, celle de l'origine de nos connaissances. D'abord simple disciple de Locke, il admit en principe que l'âme est tout simplement, à la première heure, une table rase, sur laquelle le langage vient déposer des idées. Mais comment notre esprit peut-il s'assimiler ces idées ? C'est alors qu'apparaît le système de la *sensation transformée*. Nous avons déjà vu Zénon et Epicure émettre cette hypothèse, mais Condillac l'a rendue tellement populaire, que nous devons consacrer quelques développements à l'exposé de sa doctrine.

Le philosophe voulait ramener toutes nos facultés à un principe unique. « Pour remplir cet objet, dit-il, nous imaginâmes une statue organisée intérieurement comme nous, et animée d'un esprit privé de toute espèce d'idées. Nous supposâmes encore que l'extérieur tout de marbre ne lui permettait l'usage d'aucun de ses sens, et nous réservâmes la liberté de les ouvrir, à notre choix, aux différentes impressions dont ils sont susceptibles. Nous crûmes devoir commencer par l'odorat, parce que c'est, de tous les sens, celui qui paraît contribuer le moins aux connaissances de l'esprit humain. Les autres furent ensuite l'objet de nos recherches, et après les avoir considérés séparément et ensemble, nous vîmes la statue devenir un animal capable de veiller à sa conservation. Le principe qui détermine le développement de ses facultés est simple ; les sensations mêmes le renferment : car toutes étant nécessairement agréables ou désagréables, la statue est intéressée à jouir des unes et à se dérober aux autres. Or, on se convaincra que cet intérêt suffit pour donner lieu aux opérations de l'entendement et de la volonté. Le jugement, la réflexion, les désirs, les passions, etc., ne sont que la sensation même qui se transforme différemment. C'est pourquoi il nous a paru inutile de supposer que l'âme tient immédiatement de la nature toutes les facultés dont elle est douée. La nature nous donne des organes pour nous avertir par le plaisir de ce que nous avons à chercher, et par la douleur de ce que nous avons à fuir. Mais elle s'arrête là, et laisse à l'expérience le soin de nous faire contracter des habitudes, et d'achever l'ouvrage qu'elle a commencé (1) ».

Il est curieux de suivre Condillac dans son travail d'unification. Selon lui, la sensation n'est autre chose que l'impression qui résulte de l'action produite par un objet extérieur sur notre âme. Lorsqu'elle se trouve parvenue à un certain degré de vivacité, elle devient l'*attention* ; une fois passée, elle engendre la *mémoire*. L'attention se subdivise à son tour : « Dès qu'il y a

(1) Condillac, *Traité des sensations*, ch. Ier.

double attention, il y a *comparaison ;* car être attentif à deux idées et les comparer, c'est la même chose. Or, on ne peut les comparer entre elles sans y apercevoir quelque différence et quelque ressemblance ; apercevoir de pareils rapports, c'est *juger* ». Ainsi l'attention donne naissance à la comparaison, et, par suite, au jugement. Elle produit de plus la *réflexion*, qui est l'attention portée d'un objet sur un autre, et l'*abstraction*, qui est l'attention se portant exclusivement sur une qualité de l'objet. Le jugement produit à son tour le *raisonnement*, qui est un double jugement. La réflexion produit l'*imagination*, qui n'est que la réflexion combinant des images. « Que de métamorphoses, dit ici M. Cousin, subit la sensation sous le talisman du philosophe ! D'abord pure impression sensible, elle devient successivement attention, mémoire, comparaison, jugement, raisonnement, réflexion, abstraction, imagination, c'est-à-dire toute l'intelligence ! (1) »

Voici maintenant comment la sensation produit la volonté. « Il n'y a, dit Condillac, de sensations indifférentes que par comparaison ; chacune est en elle-même agréable ou désagréable : sentir et ne pas sentir bien ou mal sont des expressions contradictoires ». Il suit de là que sous l'influence d'un objet qui lui a fait éprouver une sensation agréable ou pénible, notre âme se porte vers cet objet ou s'en éloigne. De la sensation naît donc le désir. « Or, du désir naissent les passions, l'amour, la haine, l'espérance, la crainte, la volonté ». En effet, lorsque le désir atteint un certain degré d'intensité, l'âme « ne se borne plus à désirer, elle veut ; car la volonté est un désir absolu (2) ».

Ce qui a trompé Condillac dans l'élaboration de son système, c'est la puissance merveilleuse des signes.

---

(1) V. Cousin, *Philosophie sensualiste au XVIII° siècle*, 3° Leçon.
(2) Condillac, *Traité des sensations*, ch. IV.

« Aussitôt, dit-il, qu'un homme commence à attacher des idées à des signes qu'il a lui-même choisis, on voit se former en lui la mémoire. Celle-ci acquise, il commence à disposer par lui-même de son imagination et à lui donner un nouvel exercice ; car, par le secours des signes, qu'il peut rappeler à son gré, il réveille, ou du moins il peut réveiller souvent les idées qui y sont liées. Dans la suite il acquerra d'autant plus d'empire sur son imagination, qu'il inventera davantage de signes, parce qu'il se procurera un grand nombre de moyens de l'exercer. Voilà où l'on commence à apercevoir la supériorité de notre âme sur celle des bêtes, car, d'un côté, il est constant qu'il ne dépend point d'elles d'attacher leurs idées à des signes arbitraires ; et de l'autre, il paraît certain que cette impuissance ne vient pas uniquement de l'organisme (1) ».

Du reste, on ne peut ranger Condillac parmi les matérialistes : il a explicitement enseigné la spiritualité de l'âme humaine. « Je vois, dit-il, que Buffon distingue des sensations corporelles et des sensations spirituelles, qu'il accorde les unes et les autres à l'homme, et qu'il borne les bêtes aux premières. Mais en vain je réfléchis sur ce que j'éprouve moi-même, je ne puis faire avec lui cette différence. Je ne sens pas d'un côté mon corps, de l'autre mon âme ; je sens mon âme dans mon corps ; toutes mes sensations ne me paraissent que les modifications d'une même substance, et je ne comprends pas ce qu'on pourrait entendre par des sensations corporelles (2) ».

Le doute émis par Locke sur la possibilité de la matière pensante ne lui paraît pas raisonnable. « Je ne sais pas comment Locke a pu avancer qu'il nous sera

---

(1) Condillac, *Essai sur l'origine des connaissances humaines*, ch. IV.

(2) Condillac, *Traité des animaux*, ch. II.

peut-être éternellement impossible de connaître si Dieu n'a pas donné à quelque amas de matière, disposée d'une certaine façon, la faculté de penser. Il ne faut pas s'imaginer que, pour résoudre cette question, il faille connaître l'essence et la nature de la matière. Les raisonnements qu'on fonde sur cette ignorance sont tout à fait frivoles. Il suffit de remarquer que le sujet de la pensée est un. Or un amas de matière n'est pas un, il est multiple (1) ».

Nous arrivons à Charles Bonnet, né à Genève, en 1720, et mort dans la même ville, en 1793. Son *Essai analytique sur les facultés de l'âme* suffit pour le faire ranger parmi les sensualistes de l'école de Locke et de Condillac. Il ne sépare jamais l'âme du corps, n'admet pas la conscience, et croit que nous ne connaissons l'âme que par les modifications qu'elle imprime au corps. D'après lui, la source des idées se trouve dans les mouvements des fibres nerveuses, auxquelles il consacre une longue étude dont le résultat est d'admettre une fibre spéciale pour chaque variété de sensation. Pour expliquer la mémoire, il dit qu'une fibre déjà mue d'une certaine façon est plus disposée à reprendre le même mouvement, lorsqu'elle reçoit une seconde impression de l'objet.

Dans sa *Palingénésie philosophique*, Bonnet expose que l'âme n'est jamais dépourvue de corps. Au moment de la mort, elle trouve dans le cerveau des éléments corporels auxquels elle s'unit, et alors commence une nouvelle vie qui n'est que la continuation et le perfectionnement de la précédente, de manière qu'il y a toujours progrès, sans solution de continuité. Une évolution semblable a lieu chez les animaux. Dieu n'a créé

---

(1) Condillac, *Essai sur l'origine des connaissances humaines*, ch. Ier.

d'abord que des espèces imparfaites, qui renfermaient en germe les espèces plus parfaites, et d'où celles-ci sont sorties après plusieurs séries de perfectionnements. Cette théorie de l'évolution et de la transformation des êtres appartient à la doctrine matérialiste, et nous devrions compter Charles Bonnet parmi ses partisans, si, loin de partager les idées irréligieuses de son siècle, il ne se montrait plein d'amour pour Dieu, dont il voit partout l'action et reconnaît la Providence.

Louis de Beausobre, issu de parents français, naquit à Berlin en 1730, et mourut en 1783. Il faisait partie, en qualité de conseiller privé du roi de Prusse, de ce cénacle de savants français dont Frédéric avait voulu s'entourer. Louis de Beausobre a laissé divers ouvrages sans originalité, dans lesquels on retrouve, sous une forme assez vulgaire, les idées sceptiques et sensualistes de son siècle.

Dominique Garat est un disciple enthousiaste de Condillac. Né en 1749, il vint à Paris vers 1770, et lia connaissance avec Buffon, Rousseau, Diderot, d'Alembert et Condillac. Il mourut en 1833. Ses *Leçons sur l'analyse de l'entendement humain* contiennent toute sa doctrine philosophique. « Entendre et sentir, dit-il, c'est la même chose, et les facultés de l'entendement ne sont et ne peuvent être que des manières de diriger nos sens et de combiner nos sensations ». D'après lui, la morale est une science expérimentale qui s'acquiert par l'observation des rapports que les hommes ont entre eux ; elle n'a pas d'autre sanction que le remords et les conséquences du vice. En définitive, Garat est amené par son système à nier la spiritualité de l'âme et l'existence de Dieu, ce qui prouve une fois de plus que le sensualisme est un système inconséquent.

Destutt de Tracy nous fournit un nouvel exemple de cette vérité. Né en 1754, il mourut en 1836. Il appartient donc, pour la seconde partie de sa vie, au dix-neuvième siècle ; mais, par son éducation philosophique, il est bien du dix-huitième, et si nous le mentionnons ici, c'est qu'il est en France le dernier représentant de la philosophie de Condillac. Sa théorie est plutôt une conséquence du sensualisme qu'un matérialisme proprement dit. Il n'a jamais nié l'âme, mais il ne s'occupe que du corps. Il s'est rendu célèbre par ses *Eléments d'idéologie,* où il professe les principes de Condillac en psychologie, en métaphysique et en logique. Mais de ces principes il tire des conséquences qui lui sont personnelles.

D'après lui, l'homme pense de la même manière qu'il se meut, en vertu de son organisation corporelle. Cependant il n'ose s'assimiler complètement à la brute qui lui sert de jouet ; mais le sentiment de sa dignité est chez lui si faible, qu'il n'attribue à l'homme qu'une ombre de supériorité sur les bêtes. « Tout l'avantage de l'homme, dit-il, consiste à avoir une organisation plus favorable au perfectionnement de la parole, tandis que les animaux n'ont pu arriver encore à un langage assez développé pour passer entre eux des conventions expresses. » Il semble même regretter cette concession faite à la grandeur humaine, et il ajoute : « Moins les idées ont de force dans un pays, plus on y est heureux et libre ».

Evidemment il ne peut sortir de pareils principes qu'une morale épicurienne. Destutt de Tracy l'expose en ces termes : « Tout être animé a essentiellement le droit de satisfaire tous les désirs qui sont ses besoins, et son seul devoir consiste à faire tout ce qui dépend de lui pour atteindre ce but; parce qu'étant doué de passions, il ne peut être condamné à souffrir que le moins possible, et, étant doué du pouvoir d'agir, il doit s'en servir à cette fin ». On ne s'étonnera pas, après cela, de l'entendre lancer l'injure et la calomnie à la face des prêtres, qui sont les gardiens naturels de la morale et de la religion. « Tant que les prêtres, dit-il, ont quelque crédit dans un Etat, il ne faut y compter ni sur la liberté, ni sur une oppression paisible ».

Avec Destutt de Tracy disparaît le sensualisme de Condillac, ou des *idéologues*. Depuis longtemps, du reste, il était vigoureusement combattu par le sensualisme de Bichat, ou des *physiologistes*.

Marie-François Xavier Bichat, né en 1771, à Thoirette, dans le département de l'Ain, mort en 1802, tient un rang très distingué parmi les anatomistes et les physiologistes. Nous trouvons l'exposé de ses opinions philosophiques dans ses *Recherches physiologiques sur la vie et la mort*. En voici le résumé. Nous possédons, dit-il, deux sortes de vies : la vie animale et la vie organique. La vie animale, ou vie de relation, se met en rapport avec le monde extérieur au moyen des organes. La vie organique a pour but le développement, la nutrition et la conservation de l'individu. De là découlent deux espèces de sensibilités : la sensibilité animale, source des plaisirs et de la douleur, dont nous avons parfaitement conscience, et la sensibilité organique, qui se manifeste à notre insu. La vie organique est donc renfermée dans les limites de la matière organisée, qu'elle rend susceptible de recevoir les impressions.

Cela posé, Bichat rapporte à la vie animale toutes les opérations de l'intelligence, et à la vie organique toutes les passions. Mais il ajoute que ces deux vies sont tellement subordonnées l'une à l'autre, qu'elles ne forment, pour ainsi dire, que deux aspects différents d'un même système. C'est donc dans les organes eux-mêmes qu'il faut chercher le siège de la sensation, et c'est dans cette sensibilité organique qu'il faut chercher la source des fonctions intellectuelles. L'importance attribuée par Bichat aux organes corporels a fait donner à son système le nom d'*organicisme*. On voit qu'il favorise le matérialisme.

2. Les matérialistes

Pendant le dix-huitième siècle, les principaux représentants du matérialisme en France furent : Mirabaud, Maupertuis, le marquis d'Argens, La Mettrie, Raynal, Diderot, Helvétius, Saint-Lambert, Deschamps, Boulanger, d'Holbach, Robinet, Naigeon, Maréchal, Cabanis et Volney. Laissant de côté, pour le moment du moins, Raynal et Diderot, que nous retrouverons parmi les encyclopédistes, nous dirons un mot de chacun des autres.

Jean-Baptiste Mirabaud naquit à Paris en 1675, et y mourut en 1760. Il a laissé deux ouvrages de philosophie inspirés par l'esprit de son temps. Le premier est intitulé : *Sentiments des philosophes sur la nature de l'âme ;* le second a pour titre : *Le monde, son origine et son antiquité.* Dans le premier, Mirabaud passe en revue les philosophes anciens et s'efforce de prouver qu'ils n'ont eu aucune idée de la spiritualité de l'âme. Quant aux modernes qui admettent cette spiritualité, ainsi que l'immortalité qui en est la conséquence, Mirabaud discute la valeur de leurs preuves et les combat à l'aide des arguments ordinaires du matérialisme. Le second ouvrage de Mirabaud est une thèse historique plus ou moins exacte dont il se sert pour étayer son système philosophique. D'après lui, le monde est éternel, et l'hypothèse d'un Créateur est une invention moderne. Pour l'homme, s'il est immortel, c'est dans le sens de la métempsycose, ou plutôt dans ce sens qu'il participe à l'éternité du monde, étant formé comme le monde d'éléments matériels qui ne rentrent jamais dans le néant.

Pierre-Louis Moreau de Maupertuis, né à Saint-Malo en 1698, mort à Bâle en 1759, fut un des favoris de Frédéric de Prusse, qui le chargea de réorganiser à Berlin l'Académie fondée par Leibnitz. Ses deux principaux ouvrages de philosophie sont l'*Essai de cosmologie* et l'*Essai de philosophie morale*. Il a laissé aussi des *Lettres* où se reflètent ses opinions. Voici le résumé de sa doctrine. On peut, dit-il, imaginer trois systèmes pour expliquer l'origine et la formation des corps organisés. D'après le premier système, le hasard serait cause de tout : les éléments matériels, dépourvus d'intelligence et d'activité propre, auraient formé l'univers par leurs rencontres fortuites. Le second système suppose un Être souverain, infini, parfait, qui aurait d'abord créé les éléments, puis les aurait employés, ou par lui-même, ou par des êtres subordonnés, comme l'architecte emploie les pierres pour la construction d'un édifice. Ces deux hypothèses, ajoute Maupertuis, sont inadmissibles, car il est déraisonnable d'accorder au hasard, mot vide de sens, une intelligence que nous refusons à la matière, et d'un autre côté, l'univers peut s'expliquer sans l'intervention d'un Être supérieur. Reste donc le troisième système, qui concède aux éléments matériels assez d'intelligence pour s'unir entre eux, suivant leurs affinités, dans les conditions les plus favorables à leur développement.

Relativement à la distinction qu'on fait d'ordinaire entre la sensation et la pensée, Maupertuis s'exprime ainsi : « Tout sentiment, toute perception est une pensée ; elle est nécessairement accompagnée du *sentiment du soi*, de ce que les philosophes appellent *conscience ;* ou plutôt n'est que ce sentiment même, modifié différemment suivant les différents objets auxquels il est appliqué. Or, c'est ce sentiment du soi qui caractérise la simplicité et l'indivisibilité de la substance à laquelle il appartient : ainsi le sentiment le plus léger ou le plus confus qu'aurait une huître, suppose autant une substance simple et indivisible que les spéculations les plus sublimes et les plus compliquées de Newton (1) ».

Le marquis d'Argens, né en 1704, mort en 1771, fut, dit M. Franck, un des enfants perdus de la philosophie du dix-huitième siècle. Après une carrière aventureuse, il fut déshérité par son père, mais Frédéric de Prusse le recueillit et en fit son chambellan. Le seul titre du marquis français, et il était suffisant, était sa haine pour la religion catholique. Le peu de philosophie que l'on rencontre dans ses trop nombreux écrits se résume en un seul mot : c'est le plus grossier matérialisme. « Nous trouvons en lui, dit encore M. Franck, une application frappante de l'adage qui dit que lorsqu'on ne croit pas à Dieu, il faut croire au diable. Ce philosophe si acharné contre le christianisme était sujet à des superstitions misérables : ainsi, il croyait à l'influence malheureuse du vendredi ; il n'aurait pas consenti à dîner, lui treizième à table, et il tremblait si par hasard il voyait deux fourchettes en croix (2) ».

Nous venons de voir que Condillac avait élevé le sensualisme pur à la hauteur d'un système philosophique. Mais son contemporain La Mettrie n'avait pas attendu la publication de l'*Essai sur l'origine des connaissances humaines* pour faire paraître l'*Histoire naturelle de l'âme*, où il professe le matérialisme le plus complet. Locke avait dit dans un mauvais moment : « Peut-être la matière est capable de penser ». —

---

(1) *Lettres*, L. V, *Sur l'âme des bêtes*.
(2) Franck, *Dict. phil.*

« Donc elle pense, conclut La Mettrie, et notre âme est de la même pâte que celle des animaux ».

Né à Saint-Malo, en 1709, Julien Offroy de La Mettrie mourut à Berlin, en 1751. Il s'adonna d'abord à la médecine, et suivit le duc de Grammont au siège de Fribourg, où il tomba malade. En étudiant sur lui-même les progrès du mal, il crut s'apercevoir que son intelligence baissait à mesure que son corps s'affaiblissait davantage. Au lieu d'en tirer cette conclusion légitime que le corps et l'intelligence sont intimement unis, que l'un souffre de ce qui fait souffrir l'autre, La Mettrie en conclut que l'intelligence dépend essentiellement du corps, et cette fausse induction le fit devenir matérialiste. A peine guéri, il composa son *Histoire naturelle de l'âme*, répertoire de sophismes absurdes et de déclamations furibondes contre la religion. Cet ouvrage souleva tout le monde savant, et la Faculté indignée força l'auteur à se réfugier à Leyde, où il consomma sa réputation de matérialiste en publiant l'*Homme machine*.

Voici comment il s'exprime à propos des sens et des sensations : « Lorsque les organes des sens sont frappés par quelque objet, les nerfs qui entrent dans la structure de ces organes sont ébranlés, le mouvement des esprits (qui coulent dans la cavité des nerfs) modifié se transmet au cerveau jusqu'au *sensorium commune*, c'est-à-dire jusqu'à l'endroit même où l'âme sensitive reçoit la sensation à la faveur de ce reflux d'esprits qui par leur mouvement agissent sur elle ». Et il ajoute : « Il est impossible de concevoir aucun être sans étendue. Le siège de l'âme, le lieu où elle est répandue, est situé dans la moëlle du cerveau. Ce qui sent et pense en nous est par conséquent matériel ».

« Une supposition continuelle des principes en question, des comparaisons et des analogies imparfaites érigées en preuves, des observations particulières, d'où il tire des conclusions générales qui n'en naissent point, l'affirmation la plus absolue continuellement mise à la place du doute : voilà la philosophie de l'auteur. L'enthousiasme avec lequel il déclame, l'air de persuasion qu'il prend, étaient bien capables de séduire ces esprits faibles qui aspirent à l'esprit fort pour cacher leur faiblesse (1) ».

La Mettrie vivait à cette époque où tous les ennemis de la religion étaient sûrs de trouver à la cour du roi de Prusse un accueil empressé. Sa place y était naturellement marquée, à lui qui avait soutenu, pour contredire les enseignements de la religion, que « tous les hommes et tous les animaux étaient nés de la fange humide, desséchée ensuite par les rayons du soleil » ; que « les hommes avaient dans l'origine poussé comme des champignons », et que « la terre n'en produit plus, par la même raison qu'une vieille poule ne pond plus d'œufs » ; à lui qui avait publié que « la religion dit de se vaincre, mais que la philosophie dit de suivre les doux penchants de la nature ». La Mettrie eut donc l'insigne honneur d'être nommé lecteur du roi de Prusse et membre de l'Académie royale de Berlin, dont son compatriote Maupertuis était le restaurateur et le président perpétuel. Ce fut dans cette capitale qu'il mourut, des suites d'une indigestion. Hâtons-nous de dire toutefois, pour la réhabilitation de sa mémoire, que son dernier jour fut marqué par une rétractation solennelle de toutes ses erreurs. L'approche de la mort lui avait ouvert les yeux, et il avait senti renaître dans son cœur la foi de ses jeunes années.

La Mettrie n'avait encore que six ans, lorsque vint au monde Helvétius, né à Paris en 1715, mort en 1771. Helvétius fit ses études sous le Père Porée, au collège

---

(1) Feller, *Biographie universelle*.

Louis-Le-Grand, et se montra d'abord fervent catholique. Mais la philosophie sensualiste qui régnait alors dans le grand monde déteignit bientôt sur ses idées. Sa liaison avec Voltaire, le grand patriarche du philosophisme, corrompit son esprit et son cœur, et l'orgueil fit le reste. Sous cette triple influence, l'élève des jésuites devint bientôt un des plus fougueux défenseurs du matérialisme et de l'athéisme. Il développa sa doctrine dans le livre *De l'Esprit*. Voici, sur cet ouvrage célèbre, l'opinion peu suspecte de Turgot :

« Je conviens avec vous que ce livre est le portrait de l'auteur. Mais ôtez ce mérite et celui de quelques morceaux écrits avec une sorte d'éloquence poétique assez brillante, quoique ordinairement mal amenée et le plus souvent gâtée par quelques traits de mauvais goût, je ne lui en vois guère d'autres. Il me paraît écrit et fait avec la même incohérence qu'il était dans la tête d'Helvétius. Malgré un appareil affecté de définitions et de divisions, on n'y trouve pas une idée analysée avec justesse, pas un mot défini avec précision. Même dans les bons mots dont il a farci son ouvrage, il est rare que le trait ne soit manqué ou gâté par de fausses applications et des paraphrases qui en émoussent toujours la finesse ou l'énergie (1) ».

Helvétius, comme Condillac, ramène toutes nos facultés à un principe unique, la sensation. « Nous avons en nous deux facultés, ou, si j'ose le dire, deux puissances passives. L'une est la faculté de recevoir les impressions différentes que font sur nous les objets extérieurs ; on la nomme *sensibilité physique*. L'autre est la faculté de conserver l'impression que ces objets ont faite sur nous : on l'appelle *mémoire*, et la mémoire n'est autre chose qu'une sensation continuée, mais affaiblie. Ces facultés, que je regarde comme les causes

---

(1) Turgot, *Lettre à Condorcet.*

productrices de nos pensées, et qui nous sont communes avec les animaux, ne nous occasionneraient cependant qu'un très petit nombre d'idées, si elles n'étaient jointes en nous à une certaine organisation extérieure. Si la nature, au lieu de mains et de doigts flexibles, eût terminé nos poignets par un pied de cheval, qui doute que les hommes, sans art, sans habitation, sans défense contre les animaux, tout occupés du soin de pourvoir à leur nourriture et d'éviter les bêtes féroces, ne fussent encore errants dans les forêts comme des troupeaux fugitifs ? (1) »

Voilà donc l'homme qui ne diffère des animaux que par son organisation plus perfectionnée. Il s'ensuit que la spiritualité de l'âme ne peut être démontrée naturellement. Il s'ensuit que la matière peut être douée de la faculté de sentir. « On ne peut entendre par ce mot de *matière* que la collection des propriétés communes à tous les corps. La signification de ce mot ainsi déterminée, il ne s'agissait plus que de savoir si l'étendue, la solidité, l'impénétrabilité, étaient les seules propriétés communes à tous les êtres, et si la découverte d'une force telle, par exemple, que l'attraction, ne pouvait pas faire soupçonner que les corps eussent encore quelques propriétés inconnues, telles que la faculté de sentir, qui, ne se manifestant que dans les corps organisés des animaux, pouvait être cependant commune à tous les individus. La question réduite à ce point, on eût alors senti que, s'il est à la rigueur impossible de démontrer que tous les corps soient absolument insensibles, tout homme qui n'est pas sur ce sujet éclairé par la révélation ne peut décider la question qu'en calculant et comparant la probabilité de cette opinion avec la probabilité de l'opinion contraire (2) ».

---

(1) Helvétius, *De l'Esprit*, Disc. Ier, ch. Ier.
(2) *Ibid.*, ch. IV.

Ainsi, pour être certains que la matière ne sent pas, nous sommes obligés de recourir à la révélation ; et remarquez que le philosophe, dans tout le cours de son ouvrage, ne laisse échapper aucune occasion de se récrier contre la révélation. En outre, la spiritualité de l'âme humaine se trouve soumise au calcul des probabilités. Voilà certes des assertions bien dignes de ce matérialiste qui disait au commencement de son ouvrage : « Avant d'attaquer une erreur généralement reçue, nous avons la précaution d'envoyer, comme la colombe de l'arche, quelques vérités à la découverte, pour voir si le déluge des préjugés ne couvre plus la face du monde, si les erreurs commencent à s'écouler, si l'on aperçoit çà et là dans l'univers quelques îles où la vérité puisse prendre terre pour se communiquer aux hommes ».

Disons donc avec Voltaire que le livre *De l'Esprit* n'est qu'un fatras ; qu'il y a beaucoup de citations fausses, trop de contes puérils, un mélange de style poétique et boursouflé avec le langage de la philosophie ; peu d'ordre, beaucoup de confusion, une affectation révoltante de louer de mauvais ouvrages, un air de déraison plus révoltant encore, etc. Du reste, Helvétius, comme La Mettrie, fit, avant sa mort, une rétractation publique, formelle et précise de toutes les erreurs dont son livre est rempli.

A la suite d'Helvétius nous plaçons Saint-Lambert, né en 1717, près de Nancy, mort en 1803. Il devint membre de l'Académie française, et fit un long séjour à la cour que Stanislas, roi de Pologne, avait formée à Lunéville. Après la mort de son protecteur, il vint à Paris, où il mourut. Saint-Lambert est l'auteur du poème des *Saisons* et d'un *Catéchisme universel* où il prétend se montrer philosophe. Ce catéchisme est divisé en six parties : nous en exposerons rapidement la doctrine, sans en faire l'analyse.

Dans l'introduction, l'auteur se demande : Qu'est-ce que l'homme ? Et il répond : « L'homme, en entrant dans le monde, n'est qu'une masse organisée et sensible ; il reçoit de tout ce qui l'environne et de ses besoins cet esprit qui sera peut-être celui d'un Locke ou d'un Montesquieu, ce génie qui maîtrisera les éléments et mesurera les cieux... L'homme est sensible au plaisir et à la douleur ; ces sentiments sont la source de ses connaissances et de ses actions ; plaisir, douleur, voilà ses maîtres, et l'emploi de sa vie sera de chercher l'un et d'éviter l'autre (1) ».

Ami d'Helvétius, Saint-Lambert s'avance plus loin que lui. Helvétius avait soumis au calcul des probabilités la question de la spiritualité de l'âme ; Saint-Lambert la retranche complètement. « Sages citoyens de Ponthiamas, nous ne cherchons pas à connaître si notre âme est la vie même ou une portion de la vie, si elle est matière subtilisée ou esprit pur, si elle est simple ou composée, une faculté ou le résultat des facultés. Ces questions et beaucoup d'autres du même genre, agitées souvent chez des bonzes ou des lettrés qui avaient beaucoup de loisir, ne doivent pas occuper un peuple dont les moments sont remplis par les vrais plaisirs et les vrais devoirs (2) ».

En résumé, le *Catéchisme universel* ou *philosophique* est un énorme et ennuyeux recueil de dissertations matérialistes et athées, entremêlées de dialogues immoraux et d'anecdotes licencieuses.

Mentionnons en passant un bénédictin à qui l'orgueil fit perdre la foi, Léger-Marie Deschamps, né à Poitiers en 1716, mort en 1774. Il entretenait une correspondance assidue avec Voltaire, J.-J. Rousseau, Helvétius,

---

(1) Saint-Lambert, *Catéchisme universel*, Introduction.
(2) *Ibid.*, Ponthiamas.

d'Alembert et autres philosophes, ce qui indique suffisamment les tendances de son esprit inquiet. Sa doctrine est un panthéisme matérialiste, et sur plusieurs points il semble devancer Hégel, notamment quand il soutient que tout et rien sont la même chose. « La vérité, dit-il, ne peut avoir de réalité hors de nous, hors de nos idées, ou, pour parler plus généralement, il ne peut y avoir dans les choses que ce que nous y mettons ». Pour lui, l'intelligence est simplement le jeu des fibres du cerveau ; il n'y a pas de distinction essentielle entre l'âme et le corps, et l'homme n'a rien en lui que de physique et de sensible.

Nommons aussi, sans nous arrêter, Nicolas-Antoine Boullanger, né à Paris en 1722, mort en 1759. Il est l'auteur de plusieurs ouvrages dont les principaux sont : l'*Antiquité dévoilée par ses usages* et le *Christianisme dévoilé*, si toutefois il a réellement écrit ce dernier. En tout cas, l'auteur s'y montre ennemi acharné du christianisme et soutient en philosophie les opinions les plus contraires à l'enseignement catholique. Du reste, on soupçonne fortement le baron d'Holbach, dont nous allons maintenant nous occuper, d'avoir publié sous le nom de Boullanger des écrits qui étaient dus à sa propre plume.

Paul Thiry, baron d'Holbach, né dans le Palatinat, en 1723, mort en 1789, fut élevé en France, où trônait alors le matérialisme. Il est l'auteur du trop fameux *Système de la Nature*, et probablement d'un pamphlet contre la religion intitulé : *Le bon sens du curé Meslier*, qu'on attribue également à Voltaire.

« Athée dans le fond de l'âme, et inconséquent dans ses opinions, cet écrivain contredit l'expérience, qu'il invoque sans cesse ; il en appelle à la raison qu'il méconnaît, et présente comme des faits et des axiomes les suppositions et les assertions les plus fausses. Il confond tout, le vice et la vertu, la vérité et le mensonge. Dieu, qu'il dit avoir été inventé par les théologiens, n'est pour lui qu'un être idéal, et il met à sa place la *matière*, une aveugle *nécessité*, la *nature* enfin, qu'il appelle un assemblage de tous les êtres et de leurs différents mouvements ; ne s'apercevant pas que sans une cause première il n'y a d'assemblage ni d'êtres ni de mouvements. Tous ces principes, plus erronés les uns que les autres, sont offerts du ton le plus pédantesque, et dans un style inégal, lourd, déclamatoire (1) ».

Sa doctrine sur la nature de l'âme est le plus abject matérialisme. « Ceux qui ont distingué l'âme du corps, dit-il, semblent n'avoir fait que distinguer le cerveau de lui-même. C'est à l'aide du cerveau que se font toutes les opérations qu'on attribue à l'âme. Non seulement le cerveau aperçoit les modifications qu'il reçoit du dehors, mais encore il a le pouvoir que l'on nomme réflexion. La mémoire est cette autre faculté qu'a le cerveau de renouveler en lui-même les modifications qu'il a reçues. L'imagination n'est que la faculté qu'a le cerveau de se former des perceptions nouvelles sur le modèle de celles qu'il a reçues par l'action des objets extérieurs sur les sens. La volonté est une modification de notre cerveau, par laquelle il est disposé à mouvoir les organes du corps, de manière à se procurer ce qui le modifie d'une façon analogue à son être, ou à écarter ce qui lui nuit. La vue d'un fruit modifie mon cerveau d'une façon qui le dispose à faire mouvoir mon bras pour cueillir le fruit que j'ai vu et le porter à ma bouche (2) ».

Pour expliquer la connaissance intellectuelle, les

---

(1) Feller, *Biographie universelle*.
(2) D'Holbach, *Système de la Nature*, ch. VII.

sensations lui suffisent. Tout ce que nous savons, dit-il, nous ne le savons que par la sensation ; et comme la sensation ne s'exerce que sur le monde corporel, il s'ensuit que ce qu'on appelle esprit est une pure chimère : il n'y a ni Dieu ni âme. Mais cette doctrine, commode pour celui qui ne cherche qu'à satisfaire ses passions, est embarrassante quand il s'agit d'expliquer la formation du monde. Le baron d'Holbach se tire de ce mauvais pas en supposant la matière éternelle et douée d'un mouvement éternel dont les développements produisent les diverses organisations.

Voici maintenant un échantillon de sa morale, digne en tout point du reste de sa doctrine : « La honte ou l'indigence, la perfidie de ses amis, l'infidélité de sa femme, une passion impossible à satisfaire, le chagrin, la mélancolie, le désespoir, tout devient un motif légitime de renoncer à la vie ; un fer est le seul ami, le seul consolateur qui reste aux malheureux, lorsque rien ne soutient plus l'amour de son être. Vivre alors est le plus grand des maux, et mourir un devoir pour qui veut s'y soustraire (1) ».

Chose étrange ! cet homme qui ne croyait ni à Dieu, ni à l'âme, qui niait tout autre monde que le monde physique, cet incrédule renforcé fut sujet, vers la fin de sa vie, aux plus incroyables superstitions. Naigeon nous apprend qu'il avait pour le mesmérisme une crédulité qu'il portait aussi loin que possible, et souvent même jusqu'à l'extravagance et au délire. Pascal avait bien raison de s'écrier : « Incrédules, les plus crédules ! »

Buffon avait mis à la mode le mot de *nature*, qui chez lui, la plupart du temps, est synonyme de *Dieu* et de *Providence*. Faisant abstraction de Dieu et de la Providence, les philosophes employèrent ce mot *nature*

---

(1) D'Holbach, *Système de la Nature*, ch. XIX.

dans un sens purement matériel. Ainsi avait fait le baron d'Holbach, en publiant le *Système de la Nature*; ainsi fit à son tour Robinet.

Jean-Baptiste-René Robinet naquit à Rennes en 1735 et revint y mourir en 1820. Il fit paraître en Hollande son livre *De la Nature*, que l'autorité n'aurait pas permis de publier en France. Voici la doctrine qu'il y professe. Tous les êtres, dit-il, ont la même origine; ils naissent et se reproduisent de la même manière, par la génération. « Pourquoi ce qui est vrai des corps que contiennent les astres, ne le serait-il pas des astres eux-mêmes ? Oui, tout est vivant dans la création, et tout reçoit et communique la vie d'une manière au fond uniforme ». Il n'y a donc dans l'univers que des êtres organisés, des variétés du type animal, et le principe de leurs actions, c'est l'instinct, plus ou moins parfait suivant les espèces. Quant aux esprits, ils ont existé, dès le moment de la création, unis à des germes qui deviendront des organes. Robinet ne peut concevoir de corps sans âme, ni d'âme sans corps. D'après lui, toutes les opérations intellectuelles s'exécutent au moyen de certains organes intérieurs, de certaines fibres du cerveau : il y a les fibres des sensations, les fibres des idées, les fibres des déterminations. L'esprit et le corps se complètent ainsi réciproquement, car si le corps est animé par l'esprit, l'esprit ne peut penser que par le corps.

Si l'on en croit ses biographes, Robinet rétracta vers la fin de sa vie toutes ses erreurs, et signa une déclaration d'après laquelle il voulait vivre et mourir dans le sein de l'Église catholique, apostolique et romaine, en communion avec le Souverain Pontife et les évêques légitimement institués par lui.

Naigeon, né à Paris en 1738, mort en 1820, est le premier et le plus fougueux partisan de ce matérialisme étroit où l'observation est remplacée par le parti pris de ne pas voir, la bonne foi par le mensonge, la conviction par la passion haineuse. Disciple et ami de Diderot, il considère son maître comme l'idéal de la perfection humaine. Voltaire et Rousseau lui paraissent des modérés ; il leur préfère le curé Meslier, inventé par d'Holbach. Par ailleurs, il ne faut chercher dans les ouvrages de Naigeon ni une idée originale, ni surtout une doctrine sérieuse et digne d'être discutée : c'est une série de déclamations lourdes, d'assertions tranchantes, de décisions sans preuves, dont l'unique but est de bafouer la religion et de propager l'athéisme.

La liste de ses ouvrages suffit à faire connaître ses sentiments. En 1768, il publie à Londres *Le Militaire philosophe, Difficultés sur la religion proposées au P. Malebranche.* L'année suivante paraît *L'intolérance convaincue de crime et de folie.* En 1770, il met au jour le *Recueil philosophique* ou *Mélange de pièces sur la religion et la morale.* L'*Essai de Diderot sur la vie de Sénèque*, publié à Paris en 1778, est suivi, en 1790, des *Éléments de morale universelle*, et en 1798, d'une *Édition des Œuvres de Diderot.*

Pierre Sylvain Maréchal, né à Paris en 1750, mort en 1803, se propose le même but que Naigeon, mais il veut y arriver d'une autre manière, en donnant une forme poétique à son athéisme, ou plutôt à son panthéisme matérialiste. Son modèle fut Lucrèce, et son ambition fut d'être appelé le *Lucrèce français.* Sa théologie se résume dans ces deux vers :

> L'homme dit : Faisons Dieu ; qu'il soit à notre image.
> Dieu fut, et l'ouvrier adora son ouvrage.

Mais le Dieu qu'adore Maréchal, c'est l'univers, c'est la nature, c'est tout ce qui tombe sous les sens et rentre dans le domaine de la conscience ; c'est le dieu du philosophe hollandais Spinosa, pour lequel le Lucrèce français professe une admiration enthousiaste.

Après Maréchal vient, dans l'ordre chronologique, le médecin Cabanis. Né à Conac, en 1757, il passa sa jeunesse à Paris, se lia d'amitié avec la tourbe philosophique qui dominait alors en France, et mourut en 1808. Son principal ouvrage est intitulé : *Rapports du physique et du moral de l'homme.* Cet ouvrage est le développement des deux propositions suivantes : L'homme est un être moral, parce qu'il est un être sensible ; l'homme est un être sensible, parce qu'il a des nerfs. Pour étayer cette doctrine, Cabanis l'appuie sur trois considérations principales. La première, c'est que la faculté de penser est soumise aux mêmes vicissitudes que le système nerveux ; la seconde, c'est que la diversité des idées est proportionnelle à la diversité des tempéraments ; la troisième, c'est qu'après un travail sérieux, une méditation profonde, le système nerveux tout entier, et surtout le cerveau, ressent une fatigue en rapport avec l'intensité du travail et la profondeur de la méditation.

Rien n'est plus risible que la marche suivie par Cabanis, et les conséquences qu'il a lui-même tirées de son système. D'abord il admet avec Condillac que toutes les opérations de l'âme dérivent de la sensation comme de leur principe ; mais il se sépare aussitôt du maître, en lui reprochant de n'être pas logique. « Si Condillac, dit-il, n'avait pas manqué de connaissances physiologiques, n'aurait-il pas senti que l'âme, telle qu'il l'envisage, est une faculté, et non pas un être, et que si c'est un être, elle ne saurait avoir plusieurs des qualités qu'il lui attribue ? » Cabanis est plus conséquent avec lui-même. Toutes les opérations de l'âme, a-t-il dit, dérivent de la sensation ; or la sensation n'est qu'une impression faite sur les nerfs : donc toutes les facultés de l'âme résident dans le système nerveux.

Mais ici se présente une difficulté. Nos sensations étant multiples et variées, il faudrait expliquer comment elles se transforment en pensées. C'est alors qu'arrive la curieuse théorie de la sécrétion de la pensée. « Le cerveau, dit le philosophe, est l'organe particulier destiné à produire la pensée, comme l'estomac et les intestins à faire la digestion. Les aliments tombent dans l'estomac avec leurs qualités propres, et en sortent avec des qualités nouvelles. L'estomac digère. Ainsi les impressions arrivent au cerveau par l'entremise des nerfs ; ce viscère entre en action, il agit sur elles, et bientôt les renvoie métamorphosées en idées : d'où nous pouvons conclure, avec la même certitude, que le cerveau digère en quelque sorte les impressions qu'il reçoit du dehors, et fait organiquement la sécrétion de la pensée (1) ».

Enregistrons donc, sous la dictée du grand logicien, que les opérations de l'intelligence et de la volonté se trouvent essentiellement confondues avec les autres mouvements vitaux ; que ce sont les nerfs qui sentent, et deviennent par là même le principe des facultés intellectuelles et des affections de l'âme ; que tout ce qui ne tombe pas sous les sens n'a pas d'existence réelle, ou du moins ne peut rien expliquer aux yeux de la saine raison ; que les travaux de l'esprit sont, comme ceux du corps, le produit de certaines opérations organiques parfaitement semblables aux fonctions des autres organes, sans même en excepter les mouvements musculaires les plus grossiers ; que ce sont les viscères abdominaux qui concourent particulièrement à la formation des idées. Et pour couronner dignement cette

---

(1) Cabanis, *Rapports du phys. et du moral de l'homme*, t. I, p. 152.

étincelante théorie, n'oublions pas d'inscrire cette définition plus étincelante encore : « L'homme est un tube actif et digestif ouvert à ses deux extrémités ». Ensuite nous dirons, toujours avec le médecin philosophe, qu'on peut adoucir les mœurs féroces du plus grand scélérat, en lui faisant manger beaucoup de sucre. Nous dirons de même que le café donne beaucoup d'esprit ; et si par malheur nous connaissions de grands sots qui en prennent matin et soir, nous expliquerions cette anomalie en nous rejetant sur la mauvaise conformation de leur tube digestif.

En vérité, si les défenseurs de la saine philosophie tenaient un pareil langage, les partisans du philosophisme n'y répondraient que par un éclat de rire. Nous ne nous arrêterons pas non plus à réfuter en détail chacune de ces insanités : l'examen général du matérialisme suffira pour en faire justice. Remarquons seulement que Cabanis, à l'exemple de tant d'autres, condamna ses erreurs. Nous insérons ici cette rétractation, telle qu'elle se trouve dans les *Etudes philosophiques* de M. Aug. Nicolas.

« L'âme, loin d'être le résultat des parties, est une substance, un être réel qui, par sa présence, inspire aux organes tous les mouvements dont se composent leurs fonctions, qui retient liés entre eux les divers éléments employés par la nature dans leur composition régulière, et les laisse livrés à la décomposition, du moment qu'il s'en est séparé définitivement et sans retour. L'esprit de l'homme n'est pas fait pour comprendre que les œuvres de la nature s'opèrent sans prévoyance et sans but, sans intelligence et sans volonté. Aucune analogie, aucune vraisemblance ne peut le conduire à un semblable résultat ; toutes, au contraire, le portent à regarder les ouvrages de la nature comme produits par des opérations comparables à celles de son propre esprit dans la production des ouvrages les plus savamment combinés, et qui n'en diffèrent que par un degré de perfection mille fois plus grand ; d'où résulte pour lui l'idée d'une sagesse qui les a conçus et d'une volonté qui les a mis à exécution, mais de la plus haute sagesse et de la volonté la plus attentive à tous les détails, exerçant le pouvoir le plus étendu avec la plus minutieuse précision. Je l'avoue, il me semble, ainsi qu'à plusieurs philosophes auxquels on ne pourrait pas reprocher d'ailleurs beaucoup de crédulité, que l'imagination se refuse à concevoir comment une cause ou des causes dépourvues d'intelligence peuvent en donner à leurs produits ; et je pense, avec le grand Bacon, qu'il faut être aussi crédule pour refuser l'intelligence à la cause première, d'une manière formelle, que pour croire à toutes les fables du Talmud (1) ».

Pour en finir avec les matérialistes du dix-huitième siècle, il nous reste à parler de Constantin-François Chassebœuf, comte de Volney, né à Craon, en 1757, et mort à Paris, en 1820. Très attaché à la philosophie de Condillac, dit M. Carbonel, il ne s'en sert que pour attaquer la religion. C'est ce qu'il fait principalement dans l'ouvrage intitulé *Les Ruines*, publié en 1791. Tous les empires ont péri, dit-il, parce que les hommes n'ont pas suivi les lois naturelles, déposées en eux par la puissance secrète qui anime l'univers. Ils ont abusé de ces lois en abusant de leur liberté les uns contre les autres. Mais depuis le XVᵉ siècle on commence à comprendre que la morale est une science physique, composée des éléments mêmes de l'organisation de l'homme. Chacun comprendra qu'il est de son intérêt d'être juste, sage et modéré. Le peuple législateur, le peuple Messie, assemblera les États-Généraux de l'humanité, et fera reconnaître au genre humain une seule loi, celle de la

---

(1) Cabanis, *Lettre à M. Fauriel.*

raison. Voilà la morale et l'idéal politique de Volney, et cette doctrine, il se la fait révéler par le génie des tombeaux sur les ruines de Palmyre. C'est après l'exposition enthousiaste de cette morale, qu'il passe en revue toutes les formes des diverses religions, et les attribuant toutes aux données des sens, les trouve toutes également propres aux divers besoins de l'homme, mais également méprisables. C'est donc le matérialisme qui est au fond des théories de Volney ; mais il ne prend pas le matérialisme pour base, et d'ailleurs on sent qu'il est poussé, et pour ainsi dire transporté par les idées révolutionnaires et par la recherche des intérêts matériels.

3. Les encyclopédistes

On appelle *Encyclopédie* cette immense publication française qui fut l'expression la plus complète de l'esprit philosophique et irréligieux du dix-huitième siècle. Sous la forme d'un dictionnaire universel et raisonné, cet ouvrage avait un double but : d'abord résumer toutes les connaissances humaines et les apprécier au point de vue de la philosophie sensualiste ; ensuite détruire les croyances, les mœurs et les institutions du passé, afin de les refaire et de les établir sur de nouvelles bases.

L'idée première de l'Encyclopédie appartient à Diderot, qui la communiqua à d'Alembert. Tous les deux firent appel aux savants qui pouvaient les aider dans leur entreprise, et l'on vit accourir aussitôt Voltaire, Lenglet-Dufresnoy, Dumarsais, Montesquieu, Quesnay, Danville, la Condamine, de Jaucourt, Duclos, de Tressan, Buffon, Mably, de Brosses, Raynal, J.-J. Rousseau, Condillac, Helvétius, Saint-Lambert, Daubenton, Boullanger, d'Holbach, Grimm, Turgot, Morellet, Marmontel, Necker, Condorcet, et beaucoup d'autres écrivains dont les noms sont moins connus. Parmi eux se trouvaient des historiens, des jurisconsultes, des philosophes, des moralistes, des économistes, des physiciens, des naturalistes, etc. ; bref, toutes les branches des connaissances humaines étaient brillamment représentées. Mais une si grande variété d'esprits et de talents ne nuirait-elle pas à l'unité de l'ouvrage ? Pour éviter cet inconvénient, qui semblait à craindre, Diderot et d'Alembert ne laissèrent publier aucun article sans l'avoir revu et lui avoir donné la teinte sensualiste qui lui manquait parfois. Les deux premiers volumes parurent en 1751.

Cependant des réclamations violentes se produisirent bientôt de divers côtés, et le gouvernement se vit obligé, par deux fois, de suspendre la publication d'un ouvrage qui menaçait de bouleverser la société. Aussi cette publication ne fut terminée qu'en 1772, et en comprenant les suppléments et les tables, en 1780. L'obstination de Diderot était venue à bout de toutes les difficultés, et le public pouvait se procurer les trente-cinq volumes in-folio de cette fameuse Encyclopédie que Voltaire lui-même appelait une « tour de Babel » et un « habit d'Arlequin ». Disons un mot de chacun de ses rédacteurs.

Tout d'abord il est bon de mettre à part les écrivains qui se sont fourvoyés de bonne foi et sont tombés dans ce guet-apens littéraire et philosophique, s'imaginant collaborer à une œuvre utile, sans se préoccuper du but que poursuivaient les fauteurs de cette colossale entreprise. Ce sont : Lenglet-Dufresnoy, Quesnay, Danville, la Condamine, de Jaucourt, de Tressan, de Brosses, Daubenton et Necker. A proprement parler, ces écrivains n'appartiennent à aucune école philosophique : avant tout, ils sont des savants.

Lenglet-Dufresnoy, né à Beauvais en 1674, mort en 1755, était un érudit remarquable. Il a fourni à l'Encyclopédie l'article *Histoire*.

François Quesnay, né à Mercy en 1694, mort à Paris en 1774, est le fondateur de l'école des économistes, à laquelle appartiennent Montesquieu, Mably, Necker, Turgot et Condorcet. Quesnay préconisait le travail agricole comme étant le seul productif. Nous le citons uniquement comme le collaborateur de Diderot.

Il en est de même de Danville, né à Paris en 1697, mort en 1782. C'est un géographe qui a consenti à faire profiter de ses connaissances les colonnes de l'Encyclopédie.

Nous pouvons en dire autant de la Condamine, savant voyageur, né à Paris en 1701, mort en 1774.

Le chevalier Louis de Jaucourt, né à Paris en 1704, mort en 1779, étudia à Genève, en Angleterre et en Hollande. Rentré en France en 1736, il travailla à l'Encyclopédie, pour laquelle il rédigea des articles de médecine, de physique, de philosophie et d'histoire naturelle. On y remarque un esprit à la fois libéral et modéré.

Louis-Elisabeth de la Vergne, comte de Tressan, né au Mans en 1705, mort en 1783, se distingua dans les lettres et dans les sciences, et écrivit même un cours de philosophie sous ce titre : *Réflexions sommaires sur l'esprit*. Sa liaison avec Voltaire, Fontenelle et Raynal l'amena à donner quelques articles à l'Encyclopédie.

Charles de Brosses, né à Dijon en 1709, mort en 1777, fut l'ami d'enfance de Buffon, et devint premier président au parlement de Bourgogne. C'est un érudit de premier ordre, qu'on regrette de trouver parmi les encyclopédistes.

Louis-Jean-Marie Daubenton, naturaliste et anatomiste célèbre, naquit en 1716, à Montbard, et mourut en 1799. Il fut pendant quelque temps le collaborateur de Buffon, et se chargea des descriptions anatomiques qui figurent dans l'*Histoire naturelle*. Mais les tracasseries jalouses du grand seigneur le découragèrent bientôt, et il n'alla pas plus loin que les mammifères. Au lieu d'écrire pour l'*Histoire naturelle* de Buffon, Daubenton se mit à écrire pour l'Encyclopédie.

Jacques Necker, ministre de Louis XVI, naquit à Genève en 1732, et mourut en 1804. On connaît sa vie agitée et ses vains efforts pour endiguer la Révolution. Il avait écrit pour l'Encyclopédie l'article intitulé *Frottement*.

Nous avons déjà mentionné, en parlant des sensualistes, Dumarsais, Montesquieu et Condillac ; en parlant des matérialistes, Helvétius, Saint-Lambert, Boullanger et d'Holbach.

Dumarsais fournit à l'œuvre commune plusieurs articles de grammaire.

Montesquieu, après avoir fait un seul article, se sépara des encyclopédistes.

Condillac leur prêta son concours pour la partie philosophique.

Helvétius et Saint-Lambert ne pouvaient manquer de s'associer à l'entreprise de Diderot et de d'Alembert.

Boullanger avait fourni les articles *Corvée* et *Déluge*.

L'appoint du baron d'Holbach fut beaucoup plus considérable : l'Encyclopédie lui doit de nombreux articles.

Il nous reste donc à passer en revue, d'abord les deux promoteurs de l'œuvre, Diderot et d'Alembert ; puis Voltaire, Duclos, Buffon, Mably, Raynal, J.-J. Rousseau, Grimm, Turgot, Morellet, Marmontel et Condorcet.

Diderot, né à Langres en 1712, mort en 1784, était un esprit fougueux, enthousiaste, indiscipliné. Ses connaissances étaient très étendues. Il commença avec d'Alembert la publication de l'Encyclopédie, dont il rédigea le prospectus. D'Alembert s'étant retiré, Diderot continua seul l'œuvre commune et put en voir l'achèvement complet. On lui doit une grande quantité d'articles sur le système des connaissances humaines, la grammaire, la philosophie, les religions, l'histoire, la politique, et surtout les arts et métiers, où il fait preuve d'un talent remarquable. Dans ses autres ouvrages, qui sont très nombreux, Diderot se montre nettement matérialiste et athée, et l'on dirait que ces doctrines, si froides par elles-mêmes, ont pourtant le don d'échauffer son esprit, tant il montre, en les défendant, de verve et d'enthousiasme.

D'Alembert naquit à Paris en 1717 et mourut en 1783. Mathématicien de premier ordre, émule d'Euler et supérieur à Lagrange, il a laissé des travaux nombreux et estimés sur la mécanique. Dans la rédaction de l'Encyclopédie, il se chargea de tout ce qui concernait les mathématiques et écrivit le *Discours préliminaire,* qui est une classification des sciences d'après Bacon. D'Alembert appartient à la philosophie sensualiste, mais il distingue essentiellement l'esprit de la matière.

François-Marie Arouet, qui prit plus tard le nom de Voltaire, naquit à Châtenay, près de Paris, en 1694, et mourut en 1778. Il encouragea vivement Diderot à poursuivre l'entreprise qu'il avait commencée, et y collabora lui-même avec l'activité qui distinguait son esprit. Cet insulteur de Jeanne d'Arc et ce valet du roi de Prusse n'appartient, à proprement parler, à aucune école philosophique. On ne peut l'accuser ni de matérialisme ni d'athéisme. Ce qui le caractérise, c'est une haine froide et calculée contre tout ce qui touche à la religion chrétienne. Ses ouvrages fourmillent d'erreurs grossières placées à côté de vérités lumineusement exposées. Après avoir lu une défense énergique de la liberté, une apologie de la raison, un traité de morale naturelle, et mille autres théories philosophiques excellentes, on est tout surpris de rencontrer des sarcasmes contre Dieu et sa providence, un sensualisme qui détruit toute liberté, toute raison, toute morale, un cynisme impudent qui glorifie le crime et vilipende la vertu.

Charles Pinot, sieur du Clos, moraliste et littérateur, naquit à Dinan en 1704 et mourut en 1772. Ses premiers ouvrages sont peu édifiants, et la morale qu'il y enseigne est loin d'être élevée. Devenu académicien, il prêta le concours de sa plume aux encyclopédistes, avec lesquels il était lié, mais sans partager toutes leurs idées. On lui attribue même ce mot : « Les grands raisonneurs et les sous-petits raisonneurs de notre siècle en feront et en diront tant, qu'ils finiront par m'envoyer à confesse ». Il a fourni à l'œuvre de Diderot un article sur la *Déclamation des anciens.*

Georges-Louis Leclerc, comte de Buffon, né à Montbard en 1707, mort en 1788, écrivit pour le même ouvrage l'article *Nature.* Bien que la noblesse un peu prétentieuse de son style semble lui assigner un rang supérieur aux philosophes de son temps, il a reçu le contre-coup de leurs doctrines, et se rapproche de l'empirisme par sa théorie des sensations, ainsi que par le système des générations spontanées.

Gabriel Bonnot de Mably, frère aîné de Condillac, et ecclésiastique comme lui, mais sans aller au delà du sous-diaconat, naquit à Grenoble en 1709, et mourut en 1785. D'un voyage en Grèce et en Italie il rapporta les mots devenus magiques de *patrie*, de *citoyen*, de *souveraineté du peuple*. Il appartient à l'école des économistes, et arrive à trouver la solution du problème social dans la pauvreté, l'ignorance et l'absence de sentiments. Il prêche l'abolition de la propriété personnelle et propose la communauté des biens. Ces idées révolutionnaires lui assuraient une place dans les bureaux de l'Encyclopédie.

L'abbé Guillaume-Thomas-François Raynal n'y était point non plus déplacé. Né en 1713 à Saint-Geniez, dans le Rouergue, mort en 1796, Raynal fréquenta les réunions philosophiques et antireligieuses qui se tenaient chez Helvétius et chez d'Holbach. C'est là qu'il puisa les idées bizarres et contradictoires qui remplissent son *Histoire philosophique et politique des deux Indes,* et qui l'ont fait classer parmi les matérialistes.

Malgré son caractère misanthropique, Jean-Jacques Rousseau ne pouvait manquer d'apporter, lui aussi, sa pierre à l'édifice en construction : c'est lui qui a rédigé l'article *Musique*. Né à Genève en 1712, Rousseau mourut la même année que Voltaire, en 1778. Tour à tour, dit M. Carbonel, il fut apprenti, valet de chambre, séminariste, interprète, employé au cadastre, professeur de musique, précepteur, secrétaire d'ambassade, compositeur, puis commis de caisse et enfin écrivain philosophe. Doué d'un esprit droit, mais guidé par le seul sentiment et livré de bonne heure aux passions sensuelles, il offre dans ses opinions le contraste qui existait dans son âme. Il faut faire deux parts de sa philosophie. Les théories spéculatives sont généralement belles et nobles : il attaque le matérialisme et l'athéisme ; il va même jusqu'à se prendre d'un véritable enthousiasme pour l'Evangile. Mais quand de la spéculation il passe à la pratique et qu'il traite les questions politiques et morales, il tombe dans les doctrines les plus avilissantes pour la nature humaine, et ne voit plus qu'un monde dans lequel Dieu n'est pour rien.

Frédéric Grimm naquit à Ratisbonne, en 1723, et mourut en 1807. Bien qu'il ne soit pas d'origine française, il écrit dans notre langue avec une rare élégance. C'est un critique à l'esprit fin, dont Voltaire lui-même était un peu jaloux. Aussi les encyclopédistes ne tardèrent pas à le circonvenir pour le gagner à leur cause.

Anne-Robert-Jacques Turgot, ministre de Louis XVI, naquit à Paris en 1727, et mourut en 1781. On le regarde comme l'un des fondateurs de la science de l'économie politique. Comme Quesnay, il était partisan du travail agricole, mais il accordait aussi à l'industrie une importance assez considérable. D'un mémoire qu'il avait composé, on a extrait pour l'Encyclopédie l'article *Coton*. On lui doit aussi l'article *Existence*, où il adopte les principes de Locke, et part de la conscience du *moi* pour constater la réalité des objets extérieurs.

André Morellet, né à Lyon en 1727, mort en 1819, fut un littérateur de talent, très attaché aux idées libérales et philosophiques de son siècle, ami intime de Turgot, dont il propagea les doctrines économiques ; de Diderot, auquel il donna sa collaboration ; de Malesherbes, de Marmontel et de d'Alembert. Ce qui lui a manqué, c'est l'initiative : aussi Marie-Joseph Chénier a pu l'appeler un

<blockquote>Enfant de soixante ans qui promet quelque chose.</blockquote>

Marmontel, né à Bord, dans le Limousin, en 1723, mort en 1799, fut aussi un littérateur plutôt qu'un philosophe. Les *Contes moraux, Bélisaire* et les *Incas* donnent une idée de la tournure de son esprit imbu des idées du jour. Il fut le protégé de Voltaire et de la Pompadour. Cette dernière lui obtint même, en 1753, la place de secrétaire des bâtiments, sorte de sinécure qui lui laissa le loisir de travailler à l'Encyclopédie.

On peut ranger parmi les encyclopédistes aussi bien que parmi les économistes, Marie-Jean-Antoine-Nicolas Caritat, marquis de Condorcet, né en 1743, à Ribemont, en Picardie, mort en 1794, dans le cachot où l'avait jeté la Convention. Avec Priestley et Turgot, Condorcet s'imagine que les hommes vivaient d'abord à l'état sauvage, et que peu à peu ils se sont réunis en société. Il admet le progrès indéfini et la perfectibilité sans limites. L'*Esquisse d'un tableau historique du progrès de l'esprit humain* n'est qu'une longue diatribe contre la superstition et la tyrannie,

Nous venons de résumer, aussi exactement que possible, l'histoire de l'empirisme au dix-huitième siècle, et nous avons constaté qu'en France surtout, ce système avait trouvé nombre de défenseurs ardents, sinon toujours convaincus. L'ironie mordante de Voltaire s'adaptait si bien au goût des esprits cultivés, mais superficiels ; les sophismes de Rousseau semblaient si naturels aux âmes sentimentales ; les violentes déclamations de Diderot, de Boullanger et de tant d'autres, pénétraient tellement les foules impressionnables, que du haut en bas de la société tous les Français semblaient aspirer à un nouvel ordre de choses. Le principe de la souveraineté du peuple, récemment proclamé, avait introduit au sein des masses un ferment nouveau, dont l'action ne pouvait tarder à se faire sentir. Les théories, en effet, peuvent suffire à satisfaire les esprits méditatifs, les heureux de la terre qui n'ont pas à se préoccuper des soucis de la vie matérielle ; mais les travailleurs, les affamés, ceux qui sont condamnés à lutter journellement contre les difficultés de l'existence, sans jamais être sûrs du lendemain, allez donc faire miroiter devant leurs yeux la brillante perspective d'un avenir doré, puis essayez de maîtriser le fougueux élan avec lequel ils se précipiteront vers cet avenir ! Un enfant réussirait plus tôt à arrêter l'impétuosité désordonnée d'un coursier furieux et débarrassé de ses entraves.

Il arriva ce qui devait arriver. De la théorie on passa à la pratique ; les idées enfantèrent des actes. Ébranlé dans ses fondements, l'ordre social croula tout entier, ensevelissant sous ses ruines beaucoup de ceux qui avaient sapé sa base. Qui a gagné à ce brusque changement ? Qui a bénéficié de cette sanglante catastrophe qu'on appelle la Révolution ? Les grands et les riches sont-ils plus rassurés ? Le peuple est-il plus heureux ? L'horizon n'a-t-il plus de nuages ? Peut-on se promettre de n'avoir plus jamais à subir pareille secousse ?

Hélas ! en étudiant l'histoire de l'empirisme au dix-neuvième siècle, il nous sera facile de voir que la nature humaine n'a point changé, que les penseurs rêvent chaque jour de nouvelles utopies ou ressuscitent les vieilles doctrines, et que s'il y a progrès dans un sens, c'est dans le sens du matérialisme.

CHAPITRE III

De l'Empirisme au dix-neuvième siècle.

Au dix-neuvième siècle, l'Empirisme nous apparaît sous trois formes principales. Certains philosophes s'attaquent directement aux vérités de l'ordre métaphysique, et refusent d'admettre l'existence d'un autre monde que le monde sensible : ce sont les *matérialistes* proprement dits. Les autres, bâtissant sur les principes de l'empirisme tout un système politique et social, rêvent un ordre de choses où disparaîtraient, pour se fondre dans une unité chimérique, toutes les personnalités et toutes les distinctions : ce sont les *socialistes*. D'autres enfin se confinent sur le terrain de la pure expérience et affectent de ne s'occuper ni de Dieu, ni de l'âme, ni d'aucune vérité de l'ordre suprasensible : ce sont les *positivistes*. La France a le triste privilège de posséder ces trois catégories de philosophes ; mais l'Angleterre et l'Allemagne comptent aussi bon nombre de matérialistes.

Ceux-ci, en effet, peuvent se diviser en trois classes. Les premiers voient dans les organes le principe de toute connaissance et la cause efficiente de tous les phénomènes vitaux ; on les appelle *organicistes*. Les seconds attribuent tous les faits vitaux à une force inhérente à la matière ; on les appelles *dynamistes*. Les troisièmes veulent expliquer l'origine de la vie par les générations spontanées, et son développement par des évolutions et transformations successives ; ils ont reçu le nom de *transformistes*. Or, ce qui domine en France, c'est l'organicisme ; en Angleterre, c'est le transformisme ; en Allemagne, c'est le dynamisme. Chaque nation se trouve ainsi avoir son caractère distinct, et voilà pourquoi il nous semble plus logique de traiter séparément de l'empirisme chez chacune d'elles.

I

L'EMPIRISME EN FRANCE

On sait que le mouvement vers le matérialisme avait été imprimé à la philosophie par les disciples de Bacon. On sait aussi qu'en face de l'école empirique se dressait l'école cartésienne, qui représentait le spiritualisme. Or, au dix-neuvième siècle, nous voyons apparaître un philosophe qui a voulu réconcilier Locke et Descartes, et dont la doctrine est un sensualisme mitigé. Ce philosophe est Laromiguière, né à Lévignac, dans le Rouergue, en 1756, et mort à Paris, en 1837. Ses *Leçons de philosophie* avaient principalement pour objet d'arrêter la course effrénée des esprits vers les doctrines du matérialisme. Les disputes violentes dont retentissaient les écoles l'effrayaient et l'attristaient tout à la fois. Mais écoutons-le lui-même.

« Lorsque, à la création de l'Université de France, je fus chargé d'un cours trop longtemps interrompu, le cours de philosophie, j'éprouvai et je dus éprouver un profond sentiment de la disproportion que je reconnaissais entre les moyens du professeur et la difficulté de la tâche. L'histoire de la philosophie m'avait appris combien peu l'on compte de ces vérités qu'on appelle philosophiques, combien peu ont été unanimement reçues et adoptées. Je savais que tout est plein de disputes et de controverses ; que les opinions sont opposées aux opinions, les doctrines aux doctrines, les écoles aux écoles. Je savais que les idées accueillies avec le plus de faveur ou de respect par les anciens sont dédaignées ou méprisées par les modernes, et que, de nos jours, ce qui est vrai au-delà du Rhin est absurde ou inintelligible en deçà. Je savais que les questions les plus simples ont été enveloppées de ténèbres, et qu'on semble avoir cherché à obscurcir jusqu'à cette lumière naturelle, partage de tous les hommes, sans laquelle ils ne pourraient ni se conduire ni veiller à leur conservation. Ce qu'une méthode pose en principe, l'autre le réserve pour sa dernière conséquence ; par où l'une commence, l'autre finit. Toutes se vantent de suivre le chemin le plus court, le plus facile et le plus sûr ; toutes s'accusent réciproquement d'égarer la raison. Tant de divergence, tant d'opiniâtreté, tant d'intolérance, puisqu'il faut le dire, ne peuvent que rendre suspecte toute philosophie (1) ».

Laromiguière crut que le meilleur moyen de tout concilier était de tout fondre ensemble. Mais sa tentative devait être vaine, car il n'y a qu'une vraie philosophie, comme il n'y a qu'une vraie religion, et la vérité ne peut s'allier avec le mensonge. Malgré son talent incontestable, Laromiguière ne put réussir dans sa périlleuse entreprise. Nous devons toutefois lui tenir compte de ses efforts, et nous allons analyser rapidement les deux théories principales qu'il expose dans ses *Leçons de philosophie :* l'une roule sur la classification des facultés de l'âme ; l'autre, sur l'origine des idées.

(1) *Leçons de philosophie*, XVe leçon.

L'auteur distingue dans l'âme humaine deux classes d'attributs fondamentaux : des *facultés*, ou puissances actives, et des *capacités*, ou puissances passives. Il ne s'occupe que des puissances actives, car c'est de l'activité que découlent toutes nos opérations. Ces facultés se subdivisent elles-mêmes en deux classes : la première comprend l'attention, la comparaison et le raisonnement, dont l'ensemble forme l'intelligence, qui a pour objet la connaissance du vrai ; la seconde classe comprend le désir, le choix et la liberté, dont l'ensemble constitue la volonté, qui a pour objet la pratique du bien. En effet, si l'on considère l'activité mise en œuvre et dirigée vers un objet pour nous en donner la connaissance, c'est l'attention. Dès que l'attention devient double, elle produit la comparaison, et une double comparaison produit le raisonnement. Or, l'attention, la comparaison et le raisonnement sont les trois principes constitutifs de l'intelligence : d'où il suit que l'intelligence dérive de l'activité. De même, si l'on considère l'activité dirigée vers un bien pour nous en procurer la jouissance, c'est le désir. Le désir engendre le choix, et le choix est la liberté. Or, le désir, le choix et la liberté sont les trois principes constitutifs de la volonté : donc la volonté dérive aussi de l'activité. Toutes les facultés de notre âme se trouvent ainsi ramenées à l'activité.

Quant à l'origine des idées, Laromiguière l'explique à peu près de la même manière que Condillac. L'idée, dit-il, prend sa source dans le sentiment ; car qu'est-ce que l'idée, sinon un sentiment devenu clair, d'obscur qu'il était d'abord ? Mais Laromiguière distingue quatre espèces de sentiments : le sentiment-sensation, qui n'est autre chose que la sensation proprement dite ; le sentiment de l'exercice de nos facultés, ou sens intime ; le sentiment-rapport et le sentiment moral. Chacune de ces espèces produit en nous des idées correspondantes, et ainsi nos idées nous arrivent par quatre sources à la fois. Il y a donc aussi quatre espèces d'idées. Les idées sensibles ont leur origine dans le sentiment-sensation, et leur cause dans l'attention qui s'exerce par le moyen des organes. Les idées des facultés de l'âme ont leur origine dans le sentiment de l'action qui s'exerce indépendamment des organes. Les idées de rapport ont leur origine dans le sentiment-rapport, et leur cause dans la comparaison et dans le raisonnement. Les idées morales ont leur origine dans le sentiment moral ; elles ont leur cause dans l'action de toutes les facultés de l'entendement. Nous verrons, dans l'examen du sensualisme, ce qu'il faut penser du système de Laromiguière.

Jouffroy, comme Laromiguière, appartient à l'école éclectique, mais nous pouvons tout aussi bien le compter au nombre des philosophes empiriques. Né en 1796, au hameau des Pontets, dans les montagnes du Jura, Théodore-Simon Jouffroy est un frappant exemple de l'insuffisance de la raison humaine, quand elle veut reconstituer par ses seules forces les connaissances perdues dans le naufrage de la foi. Le vide s'était fait dans cette belle intelligence, et elle marchait d'erreur en erreur, frappant à la porte de toutes les écoles, et demandant à toutes les fausses doctrines la nourriture qu'elle ne voulait plus puiser au sein du christianisme, jusqu'au moment où elle rendit ses comptes à Dieu, en 1842.

Si Jouffroy n'a pas enseigné formellement le matérialisme, le doute qu'il fait planer sur la spiritualité de l'âme suffit, croyons-nous, pour le faire ranger parmi les philosophes empiriques. Nous trouvons ce doute exprimé dans la *Préface* qu'il mit à la tête des *Esquisses de philosophie morale*, par Dugald Stewart : « L'opinion qui attribue les faits de conscience à un principe distinct de tout organe corporel, peut, jusqu'à présent, être considérée comme une hypothèse. La question de principe des phénomènes intérieurs est encore scientifiquement indécise tant que les connaissances sur la nature humaine demeureront où elles en sont. Dans l'état actuel de la psychologie, cette question est prématurée ; il faut laisser encore quelque temps dormir ce problème ».

Nous avons mis à part, en guise d'entrée en matière, Laromiguière et Jouffroy, parce que leurs doctrines ne rentrent pas dans le cadre que nous nous sommes tracé pour l'histoire de l'empirisme au dix-neuvième siècle. Nous allons maintenant reprendre la division que nous avons mentionnée en tête de ce chapitre, et distinguer, parmi les philosophes français, les matérialistes, les socialistes et les positivistes.

1. Les matérialistes

Au dix-neuvième siècle, les matérialistes français sont si nombreux, et leurs doctrines présentent des nuances si multiples et si diverses, qu'il est quelquefois assez difficile de les classer dans telle ou telle catégorie. Ils se divisent, comme nous l'avons dit, en organicistes, transformistes et dynamistes. Les organicistes se subdivisent eux-mêmes en phrénologistes et physiologistes. Or, quelques philosophes appartiennent à deux ou trois écoles en même temps. On comprendra qu'il nous est impossible de citer tous les noms et de nous étendre longuement sur chacun d'eux. Suivant donc notre méthode ordinaire, nous nous occuperons successivement des phrénologistes, des physiologistes, des transformistes, et enfin des dynamistes.

Les phrénologistes. — La *phrénologie* ou *cranioscopie* est cette science qui consiste à juger des facultés intellectuelles et morales de l'homme d'après la conformation du cerveau. Dès la plus haute antiquité, on a cherché à connaître les qualités de l'âme par les traits du visage et par la forme extérieure du corps, et on donnait à cette science le nom de *physiognomonie*. Au seizième siècle, le napolitain Jean-Baptiste Porta se fit remarquer par ses recherches à ce sujet, ainsi qu'un autre italien nommé Cornelius Ghirardhelli. On trouve aussi diverses réflexions sur cette matière dans les ouvrages de Montaigne, Bacon et Léibnitz. Sur la fin du dix-huitième siècle, un illuminé du nom de Lavater, né à Zurich en 1741, mort en 1801, avait essayé d'élever la physiognomonie à la hauteur d'une véritable science, en publiant l'*Art de connaître les hommes par la physionomie*. Camper voulut faire reposer cette même science sur la mesure de l'angle facial, et Blumenbach sur le développement plus ou moins considérable du crâne. C'est au commencement de ce siècle que le docteur Gall, agissant sur les données précédentes, constitua le système auquel on a donné le nom de phrénologie. Il eut pour disciple Spurzheim, et pour propagateurs de ses doctrines Dumoutier et Ysabeau.

Le docteur Gall, qui vécut de 1758 à 1828, appartient plus à la France qu'à l'Allemagne. Né à Tiesenbrunn, dans le Wurtemberg, il mourut à Montrouge, auprès de Paris. Son système est exposé dans ses *Recherches physiologiques et médicales sur la nature et l'art dans les états de santé et de maladie*, et dans son *Anatomie et physiologie du système nerveux*.

Médecin distingué, Gall concentra sur le cerveau ses observations scientifiques. Encore sur les bancs du collège, il s'était déjà distingué par son esprit d'analyse : il avait remarqué que tous ses condisciples dont la mémoire était plus heureuse que la sienne avaient des yeux gros et saillants. Ce fut comme le point de départ de ses travaux. Lorsque plus tard il put étudier à loisir et se livrer à ses penchants naturels, l'anatomie lui montra que le cerveau, toujours le même quant à la composition élémentaire, variait quant à la forme chez les divers individus que fouilla son scalpel. Il crut remarquer en outre que ces formes accidentelles dépendaient des dispositions et des qualités des individus. Partant de cette observation et généralisant sur ces données, le docteur Gall construisit son système.

D'après lui, il existe dans l'homme vingt-sept facultés fondamentales, qu'il nomme instincts, ou dispositions intellectuelles et morales. De même, le cerveau est partagé en vingt-sept parties, dont chacune correspond à l'une de nos facultés ; et chaque faculté s'exerce dans la partie du cerveau qui lui correspond. Or, ces diverses parties sont plus ou moins développées, suivant que les facultés elles-mêmes sont plus ou moins prédominantes dans l'individu. Cela posé, lorsqu'un instinct est parvenu à un certain degré de puissance, la partie du cerveau qui lui correspond se développe dans la même proportion, et il en résulte sur la boîte osseuse une protubérance également proportionnelle. Suivant la place qu'elle occupe sur le crâne, cette protubérance indique chez l'individu tel ou tel goût dominant, telle ou telle disposition intellectuelle ou morale. Prenons un exemple au hasard.

Parmi les organes dont le docteur Gall place le siège dans l'encéphale, il en est un qu'il fait correspondre à l'instinct carnassier. « Chez l'homme et chez beaucoup d'animaux, dit-il, il se manifeste par des circonvolutions cérébrales, placées immédiatement au-dessous du méat auditif. Ces circonvolutions manquent dans les herbivores et les frugivores. Lorsque le développement des parties cérébrales en question est excessif, toute la partie du crâne, depuis les bords inférieurs des pariétaux jusqu'à l'oreille, est bombée ; avec un moindre développement, la proéminence se borne aux temporaux. Ces parties cérébrales se trouvent précisément placées derrière la partie des temporaux qui est mince au point d'être transparente ».

Le tort du docteur ne consiste pas à avoir indiqué ces rapports du physique et du moral de l'homme. A part tout esprit de système, nous ne voyons pas pourquoi l'on refuserait d'admettre cette doctrine, en y apportant toutefois les modifications exigées par l'expérience et par la raison. Il est certain que l'union substantielle qui existe entre notre âme et notre corps doit engendrer entre ces deux parties du même tout des rapports frappants de similitude. Mais quand même le docteur Gall serait sûr de les avoir trouvés, faudrait-il en conclure que l'organe et la faculté soient la même chose ? Nullement. Cependant Gall paraît les avoir confondus l'un avec l'autre, et voilà pourquoi nous le rangeons parmi les philosophes empiriques. Nous y sommes d'ailleurs autorisé par l'un de ses panégyristes, qui n'a pas craint d'avancer que le célèbre docteur a « matérialisé l'âme ».

Il est difficile, en effet, de ne pas voir percer les germes du matérialisme dans les affirmations suivantes : « Le cerveau est la source de toute perception, le siège de tout instinct, de tout penchant, de toute force morale et intellectuelle : il est la source de toutes les idées et de tous les sentiments. L'homme, qui n'est que la continuation de la chaîne animale, serait-il, en tant qu'animal, un être isolé de la nature vivante ? Serait-il gouverné par des lois organiques opposées à celles qui président aux facultés du chien, du cheval et du singe ? Les animaux ont des facultés comme l'homme ; ils font des abstractions ; très souvent leurs actions dénotent un sentiment de morale, du juste et de l'injuste. Les qualités et les talents propres à l'homme sont dus à la même origine. C'est toujours un développement très favorable d'un organe, une énergie inaccoutumée de ses fonctions qui produit le penchant à la bienveillance, les idées et les sentiments religieux ».

Si maintenant nous voulons recueillir la rétractation, ou plutôt la profession de foi du docteur Gall, écoutons Mme Sophie Dain, l'une de ses élèves les plus intelligentes : « J'ai vu Gall dans la dernière année de sa vie, près de la tombe, et il croyait à l'âme immortelle. Des gens m'ont dit, répétait-il souvent : Vous qui avez une croyance religieuse profonde, comment pouvez-vous admettre que les organes matériels de votre cerveau vous donnent vos qualités ou vos vices ? Je m'empresse, ajoutait Gall, de rectifier cette erreur dangereuse. Ce ne sont pas les organes du cerveau qui font l'âme, c'est au contraire l'âme immortelle que Dieu nous a donnée qui développe les organes matériels du cerveau ; ces organes ne sont donc que les signes visibles de l'âme, qu'il est admirable de pouvoir connaître afin de diriger l'âme de plus en plus vers le bien ».

La nouveauté du système phrénologique attira sur lui l'attention publique, et le docteur Gall vit bientôt se grouper autour de lui une foule de disciples. Le plus fameux fut Spurzheim, né à Longueil, près de Trèves, en 1776, mort à Boston en 1832. Il avait suivi Gall en France, et s'était donné pour mission de répandre son système dans toutes les parties du monde. Pour mettre plus de clarté dans la doctrine de son maître, il divisa en quatre classes les organes cérébraux. Il distingua d'abord les organes des penchants, qui occupent le cervelet et les parties environnantes ; il rangea dans la seconde classe les organes des sentiments, qui remplissent l'espace limité par l'occipital et le frontal ; la troisième classe comprenait les organes des facultés intellectuelles perceptives, situés à la partie inférieure du front ; enfin il plaça dans la quatrième classe, vers la partie supérieure du front, les organes des facultés intellectuelles réflectives. C'est lui qui a donné le nom de phrénologie au système de Gall, précédemment appelé par les savants physiognomonie, crâniologie ou crânioscopie.

Spurzheim était le plus sincèrement religieux et le plus spiritualiste de tous les docteurs qui ont écrit sur la phrénologie : aussi ses confrères ne l'épargnent point. Mais il n'a pas prévu toutes les conséquences de ses assertions, et il tombe dans le faux, lorsqu'il dit : « L'éducation ne crée rien ; toute son influence se borne à cultiver les facultés et à diriger leurs actions ». Les matérialistes concluent de là que, si l'organe du sens moral n'est pas développé, ou s'il reste inactif, l'éducation morale est inutile ; c'est-à-dire, si un homme devient vicieux ou criminel, c'est l'organisme seul qui est cause de ses crimes, l'homme n'en est pas responsable.

De telles conclusions étaient sans doute bien loin de la pensée de Spurzheim, car il se pose comme un des plus chaleureux partisans de l'école animiste dans son *Essai sur la nature morale et intellectuelle de l'homme*. Voici la profession de foi qu'il a insérée dans son traité sur *la Folie* : « J'admets l'âme comme un être immatériel enfermé dans le corps. Ses facultés ont besoin d'instruments corporels pour se manifester, et ces manifestations, qui ne peuvent avoir lieu sans les instruments corporels, sont modifiées, diminuées, augmentées ou dérangées, selon la disposition de ces instruments ».

Gall avait trouvé dans le cerveau vingt-sept organes correspondant à vingt-sept facultés fondamentales. Spurzheim porte à trente-cinq le nombre de ces organes et de ces facultés. Un autre phrénologiste, M. Vimont, médecin, né à Caen en 1795, mort à Paris en 1857, compte jusqu'à cinquante-deux protubérances sur le crâne d'une oie. Où s'arrêtera-t-on ?

Sur cet étrange système, voici l'opinion d'un ingénieux écrivain : « Le fameux docteur Gall, en étendant la main, comme Moïse faisait de la baguette miraculeuse, et en la faisant voltiger sur nos crânes, connaissait nos dispositions à tous les arts et à toutes les sciences ; il connaissait nos vertus et nos vices. La coquetterie des femmes, surtout, ne lui échappait pas : il connaissait si elles aimaient mieux leurs enfants ou leur petit chien que leur mari. Et il appelait cette belle et merveilleuse science l'*encéphalocrânioscopie*. Ce fameux docteur ou jongleur allemand a proclamé la puissance des protubérances pour déterminer les actions bonnes ou mauvaises des individus, pour produire les vertus et les crimes. Mais qu'a-t-il donc prétendu, ce singulier docteur, avec ses bosses ? Sont-elles effets ou causes ? Naissent-elles de nos penchants, ou bien nos penchants en sont-ils les résultats infaillibles ? Le voilà placé entre une absurdité et une impiété ». Telles sont, en effet, les conséquences logiques du système de Gall.

La phrénologie ne tarda pas à être discréditée parmi les savants. L'expérience et la raison s'unirent pour démontrer le peu de solidité de ses fondements. Elle ne laissa pas de compter beaucoup de partisans, surtout pendant la première moitié du siècle. Ainsi, tandis que Spurzheim parcourait la France, l'Allemagne, l'Angleterre et même l'Amérique, afin de rallier des suffrages à sa cause et d'augmenter le nombre de ses adeptes, Dumoutier le secondait dans son œuvre de propagande, et, assez récemment, M. Ysabeau, ancien professeur d'histoire naturelle, occupait ses loisirs à composer un livre dont le but était de rendre intelligible à tout le monde le système de Lavater et de Gall. On pourrait même ajouter à ces noms celui de Broussais, qui fit paraître, en 1836, un *Cours de phrénologie*. Mais Broussais dépassa les hardiesses de Gall et de Spurzheim, et, du reste, il appartient plutôt aux physiologistes.

Les physiologistes. — On appelle *physiologie*, en général, la science qui traite de la vie et des fonctions ou actions organiques par lesquelles la vie se manifeste. Ici, nous entendons par physiologistes les philosophes qui prétendent expliquer tous les phénomènes vitaux par le simple jeu des organes corporels. Déjà l'anatomiste Haller, né à Berne en 1708, mort en 1777, avait prétendu que le corps humain possède deux facultés ou puissances : la sensibilité, qui réside dans les nerfs, et l'irritabilité, qui réside dans les muscles ; il ajoutait que ce n'est pas la sensibilité, mais l'irritabilité, qui constitue la vie. Vers la même époque, le béarnais Bordeu, professeur à la Faculté de médecine de Montpellier, né en 1722, mort en 1776, avait soutenu, dans une dissertation publiée en 1762, que chaque organe possède un principe particulier de ses opérations, faisant ainsi disparaître l'unité du principe vital dans l'homme. Plus près de l'époque qui nous occupe, nous avons vu Bichat et Cabanis attribuer également aux organes une influence prépondérante dans la production des phénomènes de la vie. Le terrain était donc préparé, lorsque parurent Georget, Broussais, Magéndie, etc. ; et les physiologistes de nos jours, dont les travaux ont rendu d'incontestables services à la médecine et surtout à la chirurgie, n'ont rien innové au point de vue philosophique.

Si nous mentionnons ici Georget, c'est que sa vie d'études offre exactement les deux phases que nous avons remarquées dans celle de Cabanis, dont il fut le plus remarquable disciple. Après s'être élevé avec rage contre la supposition d'une substance spirituelle, il fut amené par la force de la vérité à reconnaître qu'il avait fait fausse route. Deux ans avant sa mort, qui arriva en 1828, il déposa dans son testament la rétractation de ses opinions, à laquelle il voulut que l'on donnât toute la publicité possible. La voici, telle qu'elle a été insérée dans les *Archives générales de médecine*, journal dont Georget était le rédacteur principal.

« Je ne terminerai pas cette pièce sans y joindre une déclaration importante. En 1821, dans mon ouvrage sur la *Physiologie du système nerveux*, j'ai hautement professé le matérialisme. L'année précédente j'avais publié un *Traité sur la folie*, dans lequel sont émis des principes contraires, ou du moins sont exposées des idées en rapport avec les croyances généralement reçues. Et à peine avais-je mis au jour la *Physiologie du système nerveux*, que de nouvelles méditations sur un phénomène bien extraordinaire, le somnambulisme, ne me permirent plus de douter de l'existence, en nous et hors de nous, d'un principe intelligent tout à fait différent des existences matérielles. Ce sera, si l'on veut, l'âme et Dieu. Il y a chez moi, à cet égard, une conviction profonde, basée sur des faits que je crois incontestables. Peut-être un jour aurai-je le loisir de faire un travail sur ce sujet.

« Etais-je bien convaincu de ce que j'écrivais en 1821 ? Je croyais l'être, du moins. Cependant je me rappelle avoir été plus d'une fois agité d'une grande incertitude, et m'être dit souvent qu'on ne pouvait former que des conjectures, si l'on s'en rapportait aux faits, au jugement des sens. Mais bientôt je revenais à cette idée favorite qu'il n'y a pas d'effet sans cause, et que ce qui n'est pas matière n'est rien. Comme si l'homme n'avait pas tenté vingt fois, en vain, de poser des limites au possible ! N'étais-je pas dominé par l'envie de faire du bruit et de me grandir, en quelque sorte, en attaquant si brutalement des croyances généralement reçues, et d'une grande importance aux yeux de presque tous les hommes ? Ne voulais-je pas donner une preuve éclatante de courage, en bravant ainsi l'opinion publique ? Pour toute réponse à cette question, je citerai le passage suivant d'un ouvrage de M. de Châteaubriand : Etait-ce bien l'opinion de leur conscience (l'athéisme) que les encyclopédistes publiaient ? Les hommes sont si vains, si faibles, que souvent l'envie de faire du bruit les fait affirmer des choses dont ils n'ont pas la conviction (1).

« Cette déclaration ne verra le jour que lorsqu'on ne pourra douter de sa sincérité et suspecter mes intentions. Si je ne puis la publier moi-même, je prie instamment les personnes qui en prendraient connaissance à l'ouverture de mon testament, c'est-à-dire après ma mort, de lui donner toute la publicité possible. — 1er mars 1826 (2) ».

Une rétractation si formelle n'a pas besoin de commentaires. Remarquons seulement que la plupart des matérialistes qui semblent les plus convaincus, une fois parvenus à la maturité de l'âge et désabusés de la gloire humaine, sentent parfaitement l'inanité de tous leurs systèmes, et cherchent un appui plus haut que la matière. Le docteur Broussais va nous en fournir un nouvel exemple.

Les efforts de l'école éclectique n'avaient pu, en effet, arrêter l'élan du matérialisme, qui avait envahi une partie des régions officielles de l'enseignement, et surtout l'école de médecine. Cette invasion s'explique d'ailleurs assez facilement, à notre époque où l'on s'occupe tant du progrès matériel. Le médecin qui n'a pas la foi ne porte pas ses regards plus loin que le corps. Pour lui, comme pour Saint-Lambert, l'homme n'est qu'une masse organisée, sujette, comme toutes les masses organisées, au développement et à la décomposition. Le corps souffre-t-il ? des remèdes matériels le guérissent. Vient-il à succomber ? l'âme s'envole, et

---

(1) Châteaubriand, *Essai sur les Révolutions*, t. II, p. 251.
(2) *Archives générales de médecine*, t. XVII, p. 155.

le scalpel la cherche en vain dans les replis du cerveau. Sans cesse en contact avec la partie matérielle de l'homme, le médecin oublie facilement qu'il existe dans l'homme autre chose que de la matière ; il se trouve exposé à n'admettre que ce qu'il voit. Le lien qui attache l'âme au corps est si intime, si étroit, que sa nature échappe aux investigations de la philosophie la plus profonde : il est plus facile et plus commode de ne pas s'en occuper, ou même de le nier tout à fait, pour ne voir dans l'homme qu'un corps sans âme spirituelle. Ce sont ces causes, sans doute, qui ont entraîné dans l'abîme du matérialisme des esprits naturellement droits et sérieux. Telles sont du moins les causes du matérialisme forcené de Broussais.

François-Joseph-Victor Broussais naquit à Saint-Malo, en 1772, et mourut en 1838. Élève de Bichat et de Pinel, il va beaucoup plus loin que ses maîtres, et se rapproche de Cabanis dans son *Traité de l'irritation et de la folie*. Deux difficultés qu'il ne put résoudre le conduisirent au plus grossier matérialisme. Comment une puissance incorporelle pourrait-elle agir sur un corps ? A cette question Broussais ne trouva point de réponse. D'un autre côté, considérant les merveilleux rapports qui existent entre les phénomènes de nos facultés et les différents états du cerveau, il en conclut que ces phénomènes dépendent du cerveau comme l'effet dépend de sa cause : ce qui l'amena à s'occuper aussi de phrénologie. Restait à expliquer cette lutte perpétuelle entre le bien et le mal, qui se disputent sans cesse le cœur de l'homme. Broussais attribua au cerveau toutes les nobles inspirations, et rendit l'appareil digestif responsable de tous les instincts dépravés. Les phénomènes de la vie sensitive, intellectuelle et morale, il les explique par *l'irritation* des tissus. La perception n'est qu'une excitation de la pulpe cérébrale. Les sentiments ou émotions « viennent toujours d'une stimulation de l'appareil nerveux du percevant », et l'âme « n'est qu'un cerveau agissant, et rien de plus ».

Professeur à la Faculté de médecine de Paris et membre de l'Académie des sciences morales, Broussais soutenait donc qu'il n'y a dans l'homme aucune substance spirituelle ; que l'âme est un vain mot ; que la perception, les idées, le jugement, la mémoire, la volonté, les affections morales, sont le résultat immédiat de l'action du cerveau ; que les vertus et les vices ne sont autre chose que l'effet de la lutte qui s'établit entre l'organe cérébral et les principaux viscères dont les diverses modifications, perçues par l'encéphale, forment toutes nos passions.

« De deux choses l'une, dit-il ; ou nous cédons à un besoin instinctif, c'est-à-dire viscéral, ou nous obéissons à un besoin intellectuel, c'est-à-dire cérébral. Et toutes les fois que ce dernier est assez puissant pour nous empêcher de céder à l'autre, il doit cet avantage à ce qu'il produit dans les mêmes viscères qu'agite le besoin instinctif, une excitation d'un autre mode que la sienne. L'ivrogne et le gourmand sont ceux dont le cerveau obéit aux irradiations des appareils digestifs ; les hommes sobres doivent leur vertu à un encéphale dont les stimulations propres sont supérieures à celles de ces appareils. Pourtant la vertu n'est pas un vain mot ; elle est empreinte dans votre cerveau avec la justice et la raison. Ecoutez les inspirations de ces facultés : elles vous commandent le bien, le juste. Si vous éludez leurs lois sacrées, tout le monde portera ses regards sur votre tête, et, si l'on y trouve l'accord d'une conduite perverse avec une organisation malheureuse, vous serez à jamais perdu : chacun vous reprochera de n'avoir rien fait pour procurer aux germes de vertu tout l'avantage qu'ils doivent acquérir sur ceux des vices ; vous serez condamné par la voix publique à l'expiation ».

Voulons-nous savoir maintenant quel respect portait aux prêtres et à la religion cet académicien des sciences morales ? Ecoutons : « Le prêtre dit : Vous ne croyez pas à l'enfer ! Oh ! je ne me fierai pas à vous ; vous allez me voler et m'assassiner, si vous pouvez le faire sans craindre la justice des hommes. Voilà certes une impertinence des plus complètes ! une injure atroce ! C'est ma conscience qui m'empêche de te spolier, de te meurtrir, malgré la grossièreté de ton insulte ; et ma conscience est à moi, et non pas dans ce monde fantasmagorique dont on veut me vendre l'entrée. Or, c'est se rendre l'écho de ces choquantes absurdités que de répéter, comme le font encore quelques freluquets de salon : Si vous ne croyez pas à une autre vie, vous êtes capable de tous les forfaits ».

Voilà donc le matérialisme mis en honneur à l'école de médecine par La Mettrie, Cabanis, Gall, Georget et Broussais. Nous ne pouvons toutefois quitter ce dernier sans avoir encore recueilli la rétractation de ses erreurs. Elle n'est pas aussi complète, dit M. Nicolas, mais elle est peut-être plus significative que celle de Cabanis, parce qu'on y voit la torture morale de l'esprit de système aux prises avec la vérité, et l'hommage rendu à celle-ci est d'autant plus fort qu'il est plus combattu. Quoi qu'il en soit, voici cette déclaration, diversement appréciée :

« Je sens comme beaucoup d'autres, dit Broussais, qu'une intelligence a tout coordonné ; je cherche si je puis en conclure qu'elle a créé ; mais je ne le puis pas, parce que l'expérience ne me fournit point la représentation d'une création absolue ; je n'en conçois que de relatives, et ce ne sont que des modifications de ce qui existe, dont la seule cause appréciable pour moi est dans les molécules ou atomes et dans les fluides impondérables qui font varier leurs activités ; mais je ne sais ce que c'est que les impondérables, ni en quoi les atomes en diffèrent, parce que le dernier mot sur ces choses n'a été dit ni par les physiciens, ni par les chimistes, ni par personne au monde, et que je crains de me représenter des chimères.

« Ainsi, sur tous ces points j'avoue n'avoir que des connaissances incomplètes dans mes facultés intellectuelles ou mon intellect, et je reste avec le sentiment d'une intelligence coordonnatrice, que je n'ose appeler créatrice, quoiqu'elle doive l'être ; mais je ne sens pas le besoin de lui adresser un culte extérieur autre que celui d'exercer, par l'observation et le raisonnement, l'intelligence pour l'enrichir de nouveaux faits, et les sentiments supérieurs, parce qu'ils aboutissent au grand bien de l'homme forcé de vivre avec ses semblables, c'est-à-dire social. Au surplus, je ne crains rien et n'espère rien pour une autre vie, parce que je ne saurais me la représenter.

« Je ne crains pas d'exprimer mon opinion ni d'exposer ma profession de foi, parce que je suis convaincu qu'elle ne détruira le bonheur de personne. Ceux-là seuls adopteront mes opinions, qui étaient organisés pour les avoir. Les gens qui sont athées par constitution se moqueront de moi ; mais cela m'est indifférent, parce que je ne suis pas haineux (1) ».

Les disciples de Broussais sont très nombreux ; nous nous contenterons de citer MM. Boisseau, Bégin, Roche, Treille, Clerc, Goupil, Sarlandière, Lallemand, Bouillaud, Scoutetten; V. Duval, Ducamp, Richond des Brus, Montègre, Quémond de Dieppe, les deux Gaubert, Sanson, Jourdan, etc.

Un autre physiologiste, Magendie, né à Bordeaux en 1782, mort à Paris en 1855, mérite aussi d'être men-

---

(1) Broussais, *Développement de mon opinion et expression de ma foi.*

tionné. Professeur de médecine au Collège de France, il a conquis une place d'honneur parmi les physiologistes les plus distingués de l'Europe contemporaine, bien que sa philosophie laisse beaucoup à désirer. Le recueil de ses leçons sur les *Phénomènes physiques de la vie* parut en 1842. Il se déclare l'adversaire du grossier matérialisme professé par Broussais, mais il s'élève surtout contre le système du docteur Gall, qu'il tue par le ridicule. Voici comment il s'en exprime à propos de la mémoire :

« La phrénologie, pseudo-science de nos jours, comme étaient naguère l'astrologie, la nécromancie, l'alchimie, prétend localiser dans le cerveau les diverses sortes de mémoires ; mais ses efforts se réduisent à des assertions qui ne soutiennent pas un seul instant l'examen. Les crânologues, à la tête desquels est le docteur Gall, vont beaucoup plus loin ; ils n'aspirent à rien moins qu'à déterminer les capacités intellectuelles par la conformation des crânes, et surtout par les saillies locales qui s'y remarquent. Un grand mathématicien offre une certaine élévation non loin de l'orbite : c'est là, n'en doutez point, qu'est l'organe du calcul. Un artiste célèbre a telle bosse au front : c'est là qu'est le siège de son talent. — Mais, répondra-t-on, avez-vous examiné beaucoup de têtes d'hommes qui n'ont pas ces capacités ? Êtes-vous sûr que vous n'en rencontreriez pas avec les mêmes saillies, les mêmes bosses ? — N'importe, dit le crânologue ; si la bosse s'y trouve, le talent existe, seulement il n'est pas développé. — Mais voilà un grand géomètre, un grand musicien, qui n'ont pas votre bosse. — N'importe, répond le sectaire, croyez ! — Mais quand il y aurait toujours, reprend le sceptique, telle conformation réunie avec telle aptitude, il faudrait encore prouver que ce n'est pas une simple coïncidence, et que le talent d'un homme tient à la forme de son crâne. — Croyez, vous dis-je, répond le crânologue. Et les esprits qui accueillent avec empressement le vague et le merveilleux croient ! Ils ont raison, car ils s'amusent, et la vérité ne leur inspirerait que de l'ennui ».

Ce témoignage a d'autant plus de valeur, que la force de l'évidence a seule pu l'arracher à Magendie : car l'ouvrage auquel nous avons emprunté cette citation est loin d'être pur d'idées matérialistes ; et peut-être aurait-on raison de faire à la physiologie de l'illustre professeur le reproche qu'il fait lui-même à la crâniologie du docteur Gall. Après avoir disséqué une quantité prodigieuse de cerveaux d'hommes, de femmes, d'enfants, de renards, de chats, de moutons, etc., l'auteur des *Phénomènes physiques de la vie* a prétendu démontrer que le fluide qu'il nomme *céphalo-spinal* est décidément le principe de la vie, dont l'intelligence n'est que la diminution. De la sorte, moins on possède de fluide, c'est-à-dire de vie, plus on a d'intelligence. Or, Magendie remarque, ce qui n'est pas très galant, que les femmes ont plus de fluide que les hommes, les idiots plus que les femmes, et les chiens plus que les idiots. D'où l'on tire cette belle conclusion : l'intelligence est en raison inverse de la vie.

Les physiologistes de nos jours ont apporté quelques modifications aux théories précédemment exposées. Dans la crainte de nous étendre trop longuement, nous citerons seulement parmi eux Claude Bernard, Mortillet, Robin, Broca, Vulpian, Paul Bert et L. Luys.

Claude Bernard n'est pas matérialiste ; loin de là. Mais ses expériences ont servi de base à la nouvelle doctrine. Né en 1813, à Saint-Julien, près de Villefranche, Claude Bernard est mort en 1878. Elève de Magendie, il devint son préparateur et lui succéda comme professeur de physique expérimentale au Collège de France. En 1868, il fut nommé professeur de physiologie générale au Museum d'histoire naturelle. Il a publié, en 1855 et 1856, ses *Leçons de physiologie expérimentale*, et, en 1865, une *Introduction à la médecine expérimentale*.

Louis-Laurent-Gabriel de Mortillet, archéologue et naturaliste, né à Meylan (Isère) en 1821, professeur d'anthropologie préhistorique à l'école fondée par Broca, à Paris, a fondé lui-même, en 1864, le recueil des *Matériaux pour l'histoire positive de l'homme*.

Charles-Philippe Robin, médecin, membre de l'Institut de France et professeur d'histologie à la Faculté de médecine de Paris, est né à Jasseron (Ain) en 1821. Il a fait paraître, en 1870, son *Programme du cours d'histologie*; en 1873, l'*Anatomie et physiologie cellulaire, animale et végétale*; en 1877, l'*Instruction et l'Education*. C'est dans le second de ces ouvrages qu'il faut surtout chercher la formule de sa doctrine. Il s'exprime ainsi : « Indépendamment des propriétés d'ordre mécanique, physique, chimique, la matière organisée amorphe ou figurée (quand elle est vivante) est le siège d'un certain nombre de manifestations qui ne peuvent être ramenées par l'analyse à aucune des propriétés des corps bruts, bien que celles-ci soient la condition d'existence de ces manifestations. L'ensemble de ces actes constitue ce qu'on entend par propriétés d'ordre organique, biologique ou vital. Ces propriétés de la substance organisée sont au nombre de cinq, et ont reçu les noms de *nutrilité, évolutilité, natalité, contractilité* et *névrilité* (1) ». Une fois cette distinction faite entre les corps bruts et les corps organisés, M. Robin ne voit dans les êtres vivants, y compris l'homme, que matière et organisation. A son sens, « la pensée est simplement ce mode de névrilité qui est propre aux éléments anatomiques de l'encéphale, et

---

(1) *Anatomie et physiologie cellulaire*, p. 152.

qui a pour résultat la production des idées instinctives et intellectuelles pouvant être exprimées ou non ».

Paul Broca, chirurgien, est né à Sainte-Foi-la-Grande (Gironde), en 1824. Reçu agrégé en 1853, il fut successivement nommé chirurgien de plusieurs hôpitaux, puis professeur de pathologie chirurgicale, et enfin de clinique externe à la Faculté de médecine de Paris. Membre de l'Académie de médecine en 1866, il fonde, vers la fin de 1875, l'Ecole d'anthropologie, représentant la science indépendante, et il y professe lui-même le cours d'anthropologie anatomique. On lui doit une quantité d'ouvrages parmi lesquels nous citerons les *Recherches sur l'hybridité animale en général et sur l'hybridité humaine en particulier* ; *Instructions générales pour les recherches anthropologiques* ; *Mémoires d'anthropologie* ; *Instructions crâniologiques et crâniométriques*.

Edme-Félix-Alfred Vulpian, médecin, né en 1826, d'abord suppléant de Flourens au Museum d'histoire naturelle, devint professeur d'anatomie pathologique à la Faculté de médecine de Paris. Il est membre de l'Académie de médecine et de l'Académie des sciences. Ses *Leçons sur la physiologie générale et comparée du système nerveux* ont été publiées en 1866.

Paul Bert, physiologiste et homme politique, né à Auxerre en 1833, est mort en 1886, après quelques mois de séjour au Tonkin, où il avait été envoyé comme résident général. En 1878, il fut nommé président de la Société de biologie, en remplacement de Claude Bernard. Ses *Leçons sur la physiologie comparée de la respiration* ont été publiées en 1869, et ses *Leçons de Zoologie* en 1881. Célèbre comme vivisecteur, Paul Bert l'est davantage encore comme ennemi acharné de la religion catholique. Il a été l'un des plus ardents promoteurs de la persécution que subissent en ce moment les congrégations religieuses. *Guerre à Dieu au nom de la science !* Voilà tout son programme.

L. Luys, membre de l'Académie de médecine, a publié un ouvrage auquel il a donné pour titre : *Le cerveau et ses fonctions*. Il a puissamment contribué, ainsi que Paul Bert, à la diffusion de la nouvelle doctrine physiologique.

Cette doctrine, qui a certains liens de parenté avec le transformisme et le dynamisme, substitue le système cellulaire à l'organicisme proprement dit. Suivant l'opinion de M. Vulpian, dit M. Brin, auquel nous empruntons cet exposé (1), la nature est un immense réservoir d'éléments qui sont autant d'organes rudimentaires, de cellules infiniment petites où la vie se cache à l'état de germe. Ces éléments s'unissent, obéissant aux lois d'un *déterminisme* extérieur et intérieur, et de leur union résulte la vie avec l'ensemble de ses propriétés et de ses fonctions. Les plantes et les animaux peuvent donc se définir : une société de cellules dont les groupements et les tendances « se manifestent fatalement, nécessairement, aveuglément ». M. Vulpian ajoute même : « La fatalité existe dans le monde organique comme dans le monde inorganique (2) ». Telle est la thèse que développent Paul Bert et L. Luys. Elle peut se résumer ainsi : Les phénomènes de la vie, en apparence très variés, sont les simples mouvements des forces vives ou des activités cérébrales, cérébelleuses et spinales, inhérentes aux éléments qui composent les réseaux du *sensorium*. Ces mouvements s'épurent, se perfectionnent, se spiritualisent à mesure qu'ils approchent des régions centrales ; ils s'amplifient et se matérialisent en descendant vers les régions extérieures. De cette double marche résultent le *processus* de la sensibilité et le *processus* des activités volontaires. L'un et l'autre s'effectuent d'après les lois d'un déterminisme rigou-

---

(1) P.-M. Brin, *Hist. de la philos. contempor.* p. 194-195.
(2) *Leçons sur la physiologie du cerveau.*

reux qui ne laisse point de place au libre arbitre. « Les divers *processus* de l'activité cérébrale, dit M. Luys, se résument, en dernière analyse en un mouvement circulaire d'absorption et de restitution de forces. C'est le monde extérieur, avec toutes ses sollicitations, qui entre en nous par la voie des sens, sous forme d'incitations sensorielles ; et c'est le même monde extérieur qui, modifié, réfracté par son conflit intime avec les tissus vivants qu'il a traversés, sort de l'organisme et se réfléchit au dehors en manifestations variées de motricité volontaire (1) ».

Voilà le dernier mot, ou plutôt la forme la plus récente du matérialisme, tel qu'on l'enseigne aujourd'hui dans les chaires officielles. Ajoutons que ces théories, empruntées pour la plupart aux systèmes antérieurs, se concilient facilement avec les doctrines du transformisme.

LES TRANSFORMISTES. — Le *transformisme* est un système qui prétend expliquer l'origine et la variété des êtres sans avoir besoin de recourir à l'intermédiaire d'une puissance créatrice. D'après les partisans de ce système, les premiers êtres, d'où descendent tous ceux que nous voyons, se sont créés eux-mêmes par l'effet d'une opération mystérieuse qu'on appelle *génération spontanée*. Mais comme ces libres-penseurs, malgré tout leur courage, craignent un peu le ridicule, ils n'osent pas soutenir qu'un animal aussi perfectionné que l'homme ait pu naître spontanément du limon de la terre, et alors ils prennent un détour. Ils admettent que la génération spontanée ne s'est produite que chez les êtres les plus inférieurs, mais que, chez les descendants de ces êtres, il y a eu des transformations successives d'un animal en un autre de plus en plus

---

(1) L. Luys, *Le Cerveau*, édit. 1882, p. 258.

perfectionné, jusqu'à l'homme lui-même, qui dériverait du singe : c'est la théorie de l'*évolutionnisme* ou *transformisme*, à laquelle on donne aussi le nom de darwinisme.

Cette théorie n'a pas même le mérite de la nouveauté. Nous l'avons rencontrée en étudiant l'histoire de la philosophie indienne. Nous la trouvons également en Grèce et en Italie. Au sixième siècle avant Jésus-Christ vivait, à Milet, un philosophe nommé Anaximandre, dont nous avons parlé en son lieu. Ce philosophe soutenait que, d'un mélange d'eau et d'un peu de terre ou de boue détrempée et échauffée au soleil, il était sorti des animaux aquatiques plus ou moins semblables à des poissons, lesquels, après avoir passé par l'état de phoques, de veaux marins, de prétendues sirènes, avaient peu à peu, par le progrès des temps et par des perfectionnements successifs, donné naissance à des hommes et à des femmes. Pline l'Ancien admettait que les rats et les grenouilles peuvent sortir de terre comme des champignons. Virgile prétendait, et il l'a dit en fort beaux vers, que les abeilles naissaient du cadavre d'un bœuf. Au dernier siècle, Erasme Darwin en Angleterre et Maillet en France ont repris la même idée. Mais dès le début de ces théories, il y a plus de deux mille ans, on a fait aux transformistes cette objection bien simple : « Pourquoi ce qui s'est passé jadis ne se passe-t-il pas encore aujourd'hui ? Pourquoi ne voyons-nous plus d'exemples de la génération spontanée et de la transformation des êtres ? » A cela le poète latin Lucrèce répondait : « C'est parce que la terre est devenue trop vieille pour pouvoir opérer ces sortes d'enfantements ». Un peu de modestie siérait donc bien aux transformistes modernes.

Pour être transformiste, en effet, il suffit d'avoir, avec une imagination féconde, le goût des hypothèses.

Or, plus d'un siècle avant Darwin, Benoît de Maillet avait rempli ces deux conditions. Né à Saint-Mihiel en 1656, et mort à Marseille en 1738, Maillet fut consul général de France en Egypte, puis consul à Livourne et inspecteur des établissements français dans le Levant et sur les côtes de la Barbarie. Dix ans après sa mort parut à Amsterdam son principal ouvrage, intitulé : *Telliamed, ou Entretiens d'un philosophe indien avec un missionnaire français.* C'est là que Maillet a consigné les résultats de ses observations, ou plutôt les rêves de son imagination. Entre autres extravagances, il soutient que notre globe s'étant rapproché du soleil, ses eaux s'évaporent graduellement, et qu'il viendra un moment où il sera soumis à un embrasement universel ; il prétend aussi que tous les animaux, sans en excepter l'homme, sont sortis du sein des mers, et que leur état présent est dû à des transformations successives.

Quelques années après la mort de Maillet, en 1744, naquit à Bazantin, dans la Picardie, Jean-Baptiste-Pierre Antoine de Monet de Lamarck, mort à Paris en 1829. Travailleur ingénieux et infatigable, Lamarck a contribué, par des œuvres solides et vraiment utiles, aux progrès de la botanique et de la zoologie. Mais comme le dit M. de Valroger (1), dans des jours d'aberration, il a été le précurseur de M. Darwin, par ses conjectures bizarres sur l'origine des espèces et leur histoire préhistorique. On trouve l'exposé de sa doctrine dans la *Philosophie zoologique,* qu'il fit paraître en 1809.

Pour nous apprendre l'origine des canards et des oies, Lamarck nous conte l'histoire suivante : « L'oiseau que le besoin attire sur l'eau pour y trouver la proie qui le fait vivre, écarte les doigts de ses pieds lorsqu'il

(1) *La Genèse des espèces,* p. 332.

veut frapper l'eau et se mouvoir à sa surface ; la peau qui unit ces doigts à leur base contracte, par les écartements des doigts sans cesse répétés, l'habitude de s'étendre : ainsi, avec le temps, les larges membranes qui unissent les doigts des canards, des oies, etc., se sont formées telles que nous les voyons (1) ».

Suivons l'illustre naturaliste dans la revue qu'il passe des différentes espèces d'animaux. « Les serpents, dit-il, ayant pris l'habitude de ramper sur la terre et de se cacher dans les herbes, leur corps, par suite d'efforts toujours répétés pour s'allonger, afin de passer dans des espaces étroits, a acquis une longueur considérable et nullement proportionnée à sa grosseur. Les poissons ont, en général, les yeux placés sur les côtés de la tête, parce qu'ils ont besoin de voir latéralement ; mais chez ceux que leurs habitudes mettent dans la nécessité de s'approcher sans cesse des rivages et de nager sur leurs faces aplaties, les yeux ont été forcés de subir une espèce de déplacement qui fait qu'ils ne sont plus symétriques, comme dans les soles et les turbots, ou qu'ils sont symétriques en sens inverse, quand l'applatissement du corps a eu lieu tout à fait horizontalement, ainsi qu'on le voit dans les raies. La girafe, habitant un pays dont le sol est aride et sans herbage, se trouve obligée de brouter les feuilles des arbres ; de cette habitude soutenue depuis longtemps dans tous les individus de sa race, il est résulté que les jambes de devant ont acquis plus de longueur que celles de derrière, et que le cou s'est prodigieusement allongé. L'habitude de consommer chaque jour de gros volumes de matières alimentaires, a donné aux quadrupèdes qui broutent l'herbe un corps qui a pris beaucoup de masse et de lourdeur ; celle de rester debout sur les quatre pieds a fait naître une corne épaisse qui enve-

---

(1) *Philosophie zoologique*, t. I, p. 249.

loppe l'extrémité des doigts, lesquels étant demeurés sans mouvement, se sont raccourcis et même effacés. Qu'un animal, pour satisfaire à ses besoins, fasse des efforts répétés pour allonger la langue, elle acquerra une longueur considérable, comme dans le fourmilier et le pic-vert ; qu'il ait besoin de saisir quelque chose avec le même organe, alors sa langue se divisera et deviendra fourchue. Chez certains herbivores, dans leurs accès de colère, qui sont fréquents, leur sentiment intérieur, par ses efforts, dirige plus fortement les fluides vers le sommet de la tête, où il se fait ainsi une secrétion de matière cornée ou osseuse qui produit les bois et les cornes. Si quelques oiseaux qui nagent ont de longs cous, comme le cygne et l'oie, cela vient de leur coutume de plonger dans l'eau pour pêcher. C'est ainsi que la nature se montre attentive à tous les besoins de ses enfants ».

La nature est une bonne mère, et Lamarck est un fils reconnaissant. Je trouve seulement étrange que le canard, qui nage comme le cygne et l'oie, n'ait pas comme eux un long cou, et je me demande quel crime affreux il a pu commettre au berceau de sa race, pour que la nature l'ait ainsi déshérité. Au surplus, si l'on met de côté ces hypothèses ridicules et insensées, communes à tous les transformistes, il se trouve que, pour le fond du système, Lamarck a laissé peu de chose à faire à Darwin : ce que celui-ci appelle *sélection* et *lutte*, celui-là l'appelle *effort* et *opposition*. La vie, fruit spontané de l'organisation, se transforme sous l'influence persistante du fluide organisateur ; la résistance amène l'irritabilité, l'irritabilité engendre le sentiment, le sentiment fait naître le besoin, et le besoin produit l'organe. Toute la théorie du transformisme se trouve là. N'avions-nous pas raison de dire que l'imagination y joue un grand rôle ?

Nous devons dire cependant que Lamarck ne fut ni

matérialiste, ni athée. Du moins il s'en défend avec énergie. Après avoir entrepris d'expliquer comment un chimpanzé aurait pu se transformer en homme, il avait senti que son roman ne pouvait pas être présenté comme un chapitre d'histoire naturelle, et il avait écrit ces lignes trop peu remarquées : « Telles seraient les réflexions qu'on pourrait faire, si l'homme n'était distingué des animaux que par les caractères de son organisation, et si son origine n'était pas différente de la leur. » Malgré les habitudes matérialistes de son esprit, il admirait dans l'homme les facultés intellectuelles, morales et religieuses qui le distinguent des animaux anthropomorphes.

Malheureusement, les doctrines de Lamarck trouvèrent des partisans moins scrupuleux que lui-même, et qui ne reculèrent devant aucune des conséquences du système. De ce nombre fut Jean-Baptiste-Marie-Georges Bory de Saint-Vincent, naturaliste, géographe et militaire, né à Agen en 1780, mort en 1846. Il n'a fait faire aucun progrès à la science ; mais il fut l'un des plus hardis défenseurs des générations spontanées, et on peut le considérer comme le précurseur en France des darwinistes matérialistes.

Ces derniers veulent encore revendiquer comme l'un de leurs ancêtres Etienne Geoffroy Saint-Hilaire, né à Etampes en 1772, et mort en 1844. Membre de l'Institut en 1807, il fut choisi en 1809 pour occuper la chaire de zoologie à la Faculté des sciences de Paris ; il occupait déjà le même poste au Museum d'histoire naturelle, et il professa simultanément les deux cours jusqu'en 1840, époque à laquelle il devint aveugle. Avec Cuvier, c'est l'homme qui a le plus contribué au renouvellement des sciences naturelles.

Et. Geoffroy Saint-Hilaire était-il partisan des théories transformistes, ou bien tenait-il pour la fixité des espèces ? A ne prendre que les propositions qu'il a énoncées, on serait dans l'embarras pour répondre à cette question. Il a bien dit : « Ce n'est évidemment point par un changement insensible que les types inférieurs d'animaux ovipares ont donné le degré supérieur d'organisation. » Mais il a dit aussi : « Les animaux vivant aujourd'hui proviennent, par suite de générations et sans interruption, des animaux perdus du monde antédiluvien. » Cependant ce naturaliste célèbre a toujours passé pour avoir professé la mutabilité des formes organiques, et les transformistes aiment à s'appuyer de sa grande autorité. Quelle peut en être la raison ? Elle n'est pas autre que celle-ci : Geoffroy Saint-Hilaire s'attache surtout à voir ce par quoi les êtres organisés se ressemblent. On connaît son grand principe de l'*unité de composition;* on peut l'énoncer ainsi : Les animaux sont le produit d'un même système de composition, l'assemblage de parties organiques qui se répètent uniformément.

L'on devait un jour abuser des théories et du nom d'Etienne Geoffroy Saint-Hilaire pour donner quelque autorité à des systèmes hétérodoxes et impies. Les idées de Geoffroy, en effet, si on les transporte du domaine de la spéculation dans le champ de la réalité, favorisent trop les tendances matérialistes et athées pour que certains savants, qui voudraient se passer de Dieu et de l'âme, aient négligé de se les approprier. Mais Geoffroy n'était ni matérialiste ni athée. Le fils d'Etienne, Isidore Geoffroy Saint-Hilaire, né en 1805, membre de l'Académie des sciences en 1833, professeur à la Faculté des sciences de Paris en 1850, mort en 1861, a tenu à sauvegarder l'honneur de son père : il avait prévu que les doctrines zoologiques de sa famille seraient accaparées et travesties par l'incrédulité, et il a protesté d'avance contre cette humiliation et cette douleur. Les deux Geoffroy, le père et le fils, aussi illustres naturalistes l'un que l'autre, loin de considérer leurs formules scientifiques comme mettant une entrave à la liberté du Créateur, ou comme imposant une gêne à sa puissance, voyaient au contraire dans les principes nouveaux qu'ils croyaient avoir découverts au profit de la pensée humaine, un pas de plus vers la connaissance de Dieu (1).

Il n'en fut pas de même d'un disciple d'Etienne Geoffroy Saint-Hilaire, Antoine-Etienne-Renaud-Augustin Serres, médecin, membre de l'Institut et professeur au Museum d'histoire naturelle, né à Clairac (Lot-et-Garonne) en 1786, mort à Paris en 1868. Celui-ci ne regardait le règne animal, considéré dans ses représentants aujourd'hui vivants, que comme une longue chaîne d'embryons jalonnés d'espace en espace et échelonnés depuis la simple cellule jusqu'à l'homme qui trouve « ainsi son explication physique dans l'organogénie comparée ». Ailleurs, l'auteur du *Précis d'anatomie* transcendante s'exprime ainsi : « La longue série des changements de forme qu'offre le même organisme en anatomie comparée, n'est que la reproduction de la série nombreuse des transformations que cet organisme subit chez l'embryon dans le cours de ses développements ».

Un an avant l'apparition du fameux ouvrage de Darwin sur l'*Origine des espèces*, un mémoire avait été présenté à l'Académie des sciences par Félix-Archimède Pouchet, naturaliste, né à Rouen, en 1800, et mort dans la même ville, en 1872. Professeur d'histoire naturelle au Museum de sa ville natale et membre correspondant de l'Académie des sciences, M. Pouchet ressuscita, en 1858, les conjectures des anciens sur l'organisation spontanée de la matière morte. Il multiplia ses expériences, les

---

(1) *Etudes relig. philos. et littér.*, avril et octobre 1879.

varia, et crut pouvoir en tirer cette conclusion : la matière organisable, placée dans des conditions physiques et chimiques convenables, jouit de la propriété de s'organiser spontanément et de manifester tous les phénomènes caractéristiques de la vie ; des animaux et des végétaux d'une petitesse extrême peuvent naître de la sorte, sans être le produit d'aucun corps vivant. En 1859, M. Pouchet développa plus complètement ses opinions dans un volume intitulé *Hétérogénie, ou Traité de la génération spontanée basé sur de nouvelles expériences.*

Ce livre et le mémoire qui l'avait précédé émurent l'Académie des sciences, qui proposa l'examen de la question en litige comme sujet d'un de ses prix. M. Pouchet avait à ses côtés, pour défendre sa théorie, MM. Joly, Musset et Meunier ; mais il avait contre lui MM. Claude Bernard, Dumas, de Quatrefages, Payen, et surtout M. Pasteur, auquel l'Académie décerna, en 1862, le prix qu'elle avait proposé. Sa thèse était donc condamnée par l'Académie des sciences ; mais le système des générations spontanées devait survivre à cette condamnation.

Depuis Lamarck, le précurseur le plus distingué de M. Darwin en France a été Charles Victor Naudin, membre de l'Académie des sciences, né à Autun, en 1817. Cet ingénieux botaniste avait esquissé, en 1852, dans la *Revue horticole,* les conjectures que le naturaliste anglais a longuement développées, sept ans plus tard, dans son ouvrage sur l'*Origine des espèces.* Mais il a sagement laissé à M. Darwin et à son école la tâche ingrate de soutenir obstinément ces conjectures, qui seraient indémontrables quand même elles seraient vraies, qui pourraient être soutenables en botanique sans qu'on eût le droit de les appliquer au règne animal, qui pourraient s'appliquer dans les limites de chaque règne sans que le règne animal eût pu sortir du règne végétal. M. Naudin ne s'est pas condamné à des labeurs stériles, pour élever autour de ces hypothèses des amas de faits incohérents. Restant avec prudence sur son terrain botanique, il a su y contribuer aux progrès solides de la science vraie, par la méthode expérimentale.

Enfin Darwin paraît. On se demande naturellement, après s'être rendu compte des travaux antérieurs, comment le naturaliste anglais a pu mériter de donner son nom à la doctrine du transformisme. Cette doctrine, il ne l'a ni inventée, ni perfectionnée. Le filament primitif de son aïeul lui a fourni sa cellule primordiale ; l'effort et l'opposition de Lamarck sont devenus chez lui la sélection naturelle et la lutte pour la vie ; sa première monade vivante est sortie du laboratoire de Félix Pouchet. Par ailleurs, ses conjectures sont sans fondement, ses hypothèses déraisonnables, et quelquefois extravagantes ; son style est lourd et sa logique boiteuse. Mais il s'est posé comme le hardi champion du matérialisme, et, grâce à la réclame qu'on lui a faite, il a vulgarisé l'idée que l'homme est le descendant du singe. Voilà son seul titre à la gloire.

L'ouvrage de Darwin sur l'*Origine des espèces*, a été traduit en français par Mlle Clémence Royer, née à Nantes en 1830. Cette traduction est précédée d'une préface et accompagnée de notes critiques où Mlle Royer montre plus de hardiesse et de prétention que de véritable science. Selon M. Jourdy, le mépris avec lequel beaucoup de naturalistes ont traité les idées de M. Darwin tient peut-être à la préface et aux notes du traducteur français. Constatons en passant que M. Jourdy et Mlle Royer professent l'athéisme.

Il ne sera pas hors de propos, croyons-nous, d'entrer dans quelques détails particuliers sur Mlle Royer, afin de donner une idée exacte des pédantes de nos jours, auprès desquelles les femmes savantes de Molière étaient des miroirs de naïveté, et les libres-penseuses du dix-huitième siècle, des modèles de candeur. Nous empruntons à M. Léopold Giraud les pages suivantes :

Je veux, dit-il, consacrer quelques lignes à la mémoire de la positiviste, Mlle Clémence Royer, la traductrice de M. Darwin. Aussi bien la longue préface qu'elle a ajoutée à l'œuvre du naturaliste anglais, avec son consentement, me semble en valoir vraiment la peine. Connaissez-vous Mlle Royer, l'économiste qui a écrit la *Dîme sociale*, le professeur nomade qui, à Lausanne et à Gand, recevait de ses auditeurs (galants auditeurs !) des lettres anonymes ; le philosophe qui met au compte de Leibnitz, tandis qu'elle appartient à Malebranche, la doctrine du meilleur des mondes possibles ; la femme illustre enfin qui dit modestement : *Mon siècle !* — Non. — Eh bien ! permettez-moi de vous la présenter. Voici le *Credo* de cette femme libre, *rebellé,* c'est elle qui le dit, et malgré tout très pédante : « Je crois à la révélation, dit notre bachelier en jupons... courts ; mais à une révélation permanente de l'homme à lui-même et par lui-même, à une révélation rationnelle qui n'est que la résultante du progrès de la science et de la conscience contemporaines (1) ». Avec ce boniment votre bonheur est certain en ce monde, et votre salut assuré dans l'autre, car Mademoiselle croit à la progressivité infinie de l'homme par les révélateurs successifs dont voici les noms : Zoroastre, Manou, Moïse, Orphée, Hermès, Minos, Numa, Sanchoniaton, Salomon, Homère, Hésiode, Khoung-fu-Tseu, Tao-Tseu, Vyasa, Gaütama, Kanada, Kapila, Patandjali, Thalès, Pythagore, Socrate, Platon, Aristote, Epicure, Hérodote, Thucydide, Lucrèce, Pline, Tite-Tive, Tacite (2). Continuons : voici Jésus, le *rabbi de*

---

(1) Préface du traducteur au livre de l'*Origine des espèces,* p. v.
(2) P. vi et vii.

Nazareth, une sorte de Sakya-Mouny (1), qui ferme le cycle admirable. Bien entendu qu'il est en dehors de ce cercle. Mademoiselle, comme M. Renan en ses mauvais moments et quand il a ses nerfs, est tout à fait sévère pour Jésus, qu'elle appelle dédaigneusement le « seigneur de la majorité », et à qui elle ne veut pas, l'honnête personne, « ôter son chapeau », ce qui vraiment nous prive d'un assez agréable spectacle. La doctrine de Jésus, d'après elle, n'est qu'un voile obscur sur les intelligences, une proscription de l'idée libre et progressive, et d'ailleurs un pitoyable syncrétisme ; ce qui, disons-le en passant, ne fait guère honneur aux grands révélateurs qui ont précédé Jésus. Elle ajoute que « la doctrine du rabbi de Nazareth, subversive dans le sermon sur la montagne (2), est pire que la barbarie ; c'est un virus mortel, inoculé chez des races frappées à mort (3) ». Comment donc se fait-il, Mademoiselle, que cette doctrine ait dompté la barbarie et renouvelé les sources de la vie chez ces races frappées à mort ? Mais continuons d'exposer cette belle théorie.

Le moyen âge catholique avait accumulé malheurs sur malheurs, ténèbres sur ténèbres. Heureusement, car tout allait sombrer, de nouveaux révélateurs apparurent : Dante, Pétrarque, Arioste, Boccace, Rabelais, Érasme, Montaigne, Bayle, Vanini, Jordano Bruno, Campanella, Copernic, Colomb, Galilée, Képler, Newton, Bacon, Leibnitz, Descartes, Locke, l'Encyclopédie, *Malthus !* et M. Darwin. Vous serez évidemment très aise, comme moi, d'apprendre que le naturaliste anglais est un nominaliste. A ce propos, Mademoiselle veut bien nous rappeler que les nominaux ne sont point les universaux, nous dire qu'elle a des tendresses pour Abailard, et qu'elle déteste l'inquisition et le docteur

---

(1) Préface du traducteur au livre de l'*Origine des espèces,* p. VII.
(2) P. XX. — (3) P. VIII.

Angelicus. Voilà qui est bien. Donc M. Darwin, quoiqu'il s'en défende avec énergie, est un hérétique (1), ce qui enchante doublement notre aimable demoiselle. Sa doctrine, mise à l'index par les « sectes christolâtres (2) », ne sera pas mieux accueillie par les spéculateurs d'Outre-Rhin, les spinosistes, les hégéliens, qui n'ont nul souci de la réalité ; mais elle aura, ajoute finalement Mademoiselle, elle aura les faveurs des naturalistes *observateurs*, successeurs de Locke, de Condillac et des encyclopédistes, car M. Darwin écarte toutes les hypothèses et s'en tient aux faits. Il paraît, s'il faut en croire tous ces éloges dithyrambiques, que Dieu doit des remerciments à M. Darwin, qui a « réussi à l'excuser d'avoir fait le monde tel qu'il est (3). » En vérité, Dieu serait bien ingrat s'il n'était pas reconnaissant.

La théorie de M. Darwin expliquée, commentée par Mademoiselle, donne, paraît-il, raison de tout. Elle fait comprendre le passé, le présent, l'avenir. Je cite textuellement : « Jamais rien d'aussi vaste n'a été conçu en histoire naturelle ; on peut dire que c'est la synthèse des lois économiques universelles, la science sociale naturelle par excellence, le code des êtres vivants de toute race et de toute époque. Nous y trouverons la raison d'être de nos instincts, le pourquoi si longtemps cherché de nos mœurs, l'origine si mystérieuse de la notion du devoir et son importance capitale pour la conservation de l'espèce. Nous aurons désormais un critère absolu pour juger ce qui est bon et ce qui est mauvais au point de vue moral, car la règle morale pour toute espèce est celle qui tend à sa conservation et à sa multiplication, à son progrès, relativement aux lieux et aux temps. Enfin cette révélation de la science nous en apprend plus sur notre nature, notre origine

---

(1) Préface du traducteur au livre de l'*Origine des espèces*, p. XXI.
(2) *Ibid.* — (3) P. XXXI.

et notre but, que tous les *philosophèmes sacerdotaux* sur le péché originel, etc. (1) ».

La loi naturelle qui préside aux progrès de l'espèce, la loi d'élection, ne l'oubliez pas, sacrifie les faibles au profit des forts ; imitez-la, nous dit notre philosophe, aidez-la dans l'accomplissement de son œuvre : c'est votre règle morale. Je recommande la lecture attentive du passage suivant : « La loi d'élection naturelle, dit Mlle Royer, appliquée à l'humanité, fait voir avec surprise, avec douleur, combien jusqu'ici ont été fausses nos lois politiques et civiles, de même que notre morale religieuse. Il suffit d'en faire ressortir ici l'un des moindres vices : c'est l'exagération de cette pitié, de cette charité, de cette fraternité, où notre ère chrétienne a toujours cherché l'idéal de la vertu sociale ; c'est l'exagération du dévouement lui-même, quand il consiste à sacrifier toujours et en tout ce qui est fort à ce qui est faible, les bons aux mauvais, les êtres bien doués d'esprit et de corps, aux êtres vicieux et malingres. Que résulte-t-il de cette protection exclusive et inintelligente accordée aux faibles, aux infirmes, aux incurables, à tous les disgrâciés de la nature ? C'est que les maux dont ils sont atteints tendent à se perpétuer et à se multiplier indéfiniment ; c'est que le mal augmente au lieu de diminuer, et qu'il tend à s'accroître aux dépens du bien. Combien n'existe-t-il pas de ces êtres incapables de vivre par eux-mêmes, qui pèsent de tout leur poids sur des bras valides, et qui, dans la société où ils languissent, à charge à eux-mêmes et aux autres, prennent à eux seuls plus de place au soleil que trois individus bien constitués ! Car ceux-ci eussent non seulement vécu pleins de force pour subvenir à leurs propres besoins, mais encore ils eussent produit une somme de jouissance en excès, sur ce qu'ils eussent

---

(1) Préface du traducteur au livre de l'*Origine des espèces*, p. LXII.

consommé. A-t-on songé bien sérieusement à cela ? Mieux encore (1) » !...

Cela suffit, on ne peut tout citer. Chez les Spartiates, on sacrifiait les enfants faibles, infirmes, incurables. Mademoiselle aime ces grands spectacles : tous les disgraciés de la nature, quels qu'ils soient, doivent être sacrifiés ! Évidemment Mademoiselle se porte bien ! Vraiment, quelques bons vers des *Femmes savantes*, rudement appliqués, seraient une trop dure correction pour ces folies féminines dont Prosper Enfantin, le maître de Mademoiselle, est seul coupable. Je préfère les abandonner, elles et leur auteur, à la gaieté des gens d'esprit (2).

Un autre transformiste, M. le docteur Paul Topinard, qui a fait connaître en France le philosophe allemand Haeckel, a publié en 1876 une anthropologie où il essaye d'établir, en 570 pages, que l'homme dérive de la bête, et n'est qu'un produit imprévu de quelques modifications fortuites subies par la matière vivante en voie d'évolution. D'après l'illustre membre de la Société d'anthropologie de Paris, nos liens de famille avec les animaux sont très étendus. Organes rudimentaires, anomalies ou réversions, sous-entendent l'idée d'une parenté entre l'homme et les mammifères.

Examinons d'abord les organes rudimentaires. Nous avons à l'angle interne de l'œil un petit bout de membrane, le repli semi-lunaire ; ce repli semi-lunaire serait le reste de la troisième paupière des marsupiaux, du morse ; nous sommes par conséquent les cousins du morse et des marsupiaux, et nos ancêtres furent autrefois ce que sont aujourd'hui ces bêtes. Le gros

---

(1) Préface du traducteur au livre de l'*Origine des espèces*, p. LVI.
(2) Cf. *Revue du monde catholique*, année 1864, n° 76, art. *Études sur le matérialisme scientifique*.

intestin de l'homme se termine par un appendice fort grêle, l'appendice vermiculaire : ce n'est là que le représentant diminué du même organe, énorme chez le Kaola et chez tous les herbivores ; nous sommes donc unis par les liens du sang avec le Kaola et tous les herbivores. Certains hommes ont la faculté de faire mouvoir le pavillon de l'oreille, et tous nous avons au moins des vestiges de ces muscles si développés chez d'autres mammifères, comme lapins et éléphants, chiens et bœufs, lions et ânes, etc. Ces vestiges de muscles suffisent à M. Topinard pour établir la consanguinité de l'homme avec tous ces animaux. Chacun de ces degrés d'organisation, chacune de ces familles de bêtes a été comme une étape où s'est reposée la force progressive d'évolution, pour mieux s'irradier dans son sein et reprendre son élan vers des contrées inconnues, jusqu'à ce qu'enfin cette force progressive aveugle tombât par hasard à faire surgir la forme humanité (1).

Le savant docteur n'entend pas tirer moins bon parti des *anomalies*. Les anomalies sont des déviations accidentelles du type spécifique ; quand elles sont poussées trop loin ou sont trop difformes, elles prennent le nom de monstruosités. Nous avons les anomalies de taille (nains et géants), les anomalies de volume par atrophie ou hypertrophie (microcéphalie, louppes graisseuses, etc.), les anomalies de déformation (front fuyant, prognatisme), les anomalies de coloration, (albinisme, mélanisme partiel ou complet), les anomalies de structure (veau à écailles, homme porc-épic), les anomalies de disposition (pied bot, etc.), les anomalies de disjonction (bec-de-lièvre, gueule-de-loup, fissure spinale), les anomalies numériques, soit par diminution, soit par augmentation, etc., etc. Or, d'après le docteur Topinard, ces anomalies ne sont que des réversions, des retours

---

(1) *L'Anthropologie*, p. 135 et 555.

en arrière, des réminiscences d'un ancien état. Par l'effet d'un arrêt de développement prématuré, elles font réapparaître quelques-unes des formes organiques sous lesquelles l'embryon humain a fait autrefois un stage plus ou moins long. Par là même, ces anomalies nous indiquent d'où nous venons et nous apprennent que nous ne sommes que des quadrupèdes qui ont eu la bonne chance de faire fortune.

Les arrêts de développement que le docteur Topinard constate dans l'homme, M. Émile Ferrière les retrouve dans les animaux. Demandez-lui pourquoi la baleine n'a pas de dents, il vous répondra que régulièrement elle devrait en avoir, parce qu'elle eut pour ancêtres des bêtes dont la bouche était armée de belles et bonnes dents ; mais elle n'en a plus, parce qu'à certaine période elle a été fort éprouvée par disette et famine. De même, ajoute-t-il, la baleine devrait être un quadrupède terrestre : les moignons que l'on remarque sur le corps d'un jeune embryon seraient des traces de cette ancienne organisation. Mais « le membre antérieur de la baleine est déchu en nageoire, parce que la nécessité de trouver les aliments dans la mer a pour jamais éloigné les cétacés de la terre ferme (1) ». Voulez-vous maintenant savoir pourquoi le bœuf et le mouton n'ont pas d'incisives à leur mâchoire supérieure ? C'est le résultat d'une cause accidentelle. « Les dents du veau, nous apprend M. Ferrière, se sont résorbées pendant un certain nombre de générations successives, par suite du défaut d'usage, ou parce que, à la longue, la langue, les lèvres et le palais se sont adaptés par sélection à brouter plus facilement sans leur aide ». L'explication n'est pas très claire ; mais si elle est vraie, nous ne devons point désespérer de voir un jour les poulains nés dans les pays de pâturage

(1) *Le Darwinisme*, p. 62.

perdre leurs incisives supérieures par suite du défaut d'usage et pour brouter l'herbe plus facilement (1).

Parmi les savants qui ont procuré en France des admirateurs crédules aux conjectures les moins justifiées de Darwin, mentionnons Charles-Frédéric Martins, né à Paris en 1805, mort en 1889. Naturaliste et météorologiste, docteur en médecine, il fit partie de l'expédition scientifique du Nord, de 1838 à 1840. En 1846, il fut nommé professeur de botanique à la Faculté des sciences de Montpellier, et en 1863, il devint membre correspondant de l'Académie des sciences. Entre autres ouvrages, on lui doit une traduction française du livre de Haeckel intitulé : *Histoire de la création des êtres organisés*.

En 1878 parut à Paris un ouvrage qui a pour titre : *Les enchaînements du monde animal dans les temps géologiques : Mammifères tertiaires*. Cet ouvrage était dû à la plume de M. Albert Gaudry, né à Saint-Germain en Laye, en 1827, et depuis 1872 professeur de paléontologie au Muséum d'histoire naturelle de Paris. L'auteur se range résolument avec ceux qui supposent que toutes les espèces animales et végétales doivent leur origine à une sorte de transformation évolutive, dont le point de départ fut un être tout-à-fait différent de ce que sont aujourd'hui ses descendants. Les *enchaînements* dont il parle ne sont donc que les liens de parenté par lesquels les formes organiques, d'ailleurs si diverses et si discordantes, que nous rencontrons dans les couches terrestres, se rattachent les unes aux autres.

Ce qui frappe surtout dans cet ouvrage, c'est la timidité avec laquelle l'auteur hasarde ses hypothèses. Il recherche quels furent les ancêtres du mouton, et il remonte à l'hippopotame : « Personne sans doute, dit-il,

---

(1) *Etudes religieuses*, octobre 1879.

ne trouvera invraisemblable qu'une bête ayant des pattes de devant dans la forme de celles de l'hippopotame, soit devenue un animal qui avait des pattes de cochon ; que celui-ci soit devenu un animal qui avait des pattes de pécari ; que celui-ci soit devenu un animal qui avait des doigts d'*Hyæmoschus* ; que celui-ci soit devenu un animal qui avait des pattes de Steinboch ; que celui-ci soit devenu un animal qui avait des pattes de mouton ». A propos de la généalogie du bœuf : « Il me semble bien naturel, dit-il, de penser que les pattes si fines des ruminants ont pu provenir de la transformation des lourdes pattes des pachydermes (1) ».

M. Gaudry a du moins le bon sens de croire en Dieu et le courage de le dire. En 1868, inaugurant son cours de paléontologie à la Faculté des sciences de Paris, il ne craint pas de proclamer que « c'est sous la direction du divin Ouvrier que les espèces poursuivent leur évolution à travers l'immensité des âges (2) ». D'après lui, les études paléontologiques révèlent « la simplicité et la beauté du plan suivi par l'Auteur de la nature (3) ».

Ce langage est malheureusement trop rare de nos jours, où l'on considère la notion d'un Dieu créateur comme l'antipode de la science. « En effet, dit M. Giard, l'idée de science est intimement liée à celle de mécanisme et de déterminisme, et l'on sort du terrain scientifique, dès qu'on parle de volonté libre et de principes directeurs pour expliquer les phénomènes naturels (4) ». C'est un professeur de darwinisme à la Sorbonne qui s'exprime ainsi ; mais les professeurs de philosophie les plus en vue dans l'Université officielle ne disent pas autrement. Témoin ces lignes de M. Fouillée, qui jouit cependant d'une certaine réputation de métaphy-

---

(1) *Les enchaînements du monde animal*, p. 107, 121.
(2) *Cours de paléontologie*, leçon d'ouverture, p. 6.
(3) *Ibid.*, p. 20.
(4) *De l'Évolution des êtres organisés*, leçon d'ouverture, 1888.

sicien : « La doctrine de l'évolution, celle de Diderot, de Lamarck, de Spencer et de Darwin, fait chaque jour de nouveaux progrès chez les esprits scientifiques ; on comprend de plus en plus qu'en dehors de cette doctrine il n'y a guère pour le développement des êtres d'autre explication possible que le miracle, c'est-à-dire l'abdication de la science (1) ».

Darwin a trouvé en France un autre disciple dans la personne de Henri-Charles-Georges Pouchet, fils de Félix-Archimède, dont nous avons parlé plus haut. Né à Rouen en 1843, M. Georges Pouchet est docteur ès-sciences et en médecine ; de 1865 à 1869, il a été chef des travaux anatomiques au Museum, puis suppléant de Paul Bert à la Sorbonne, maître de conférence à l'école normale, et en 1879, titulaire de la chaire d'anatomie comparée au Museum. Il a écrit un *Précis d'histologie humaine et d'histogénie*. Darwin avait dit : « *l'élection naturelle* n'a pas seulement le pouvoir de changer les formes organiques ; elle change également les habitudes instinctives, qui contribuent, non moins que les organes matériels, à former les caractères distinctifs des différentes espèces ». Voici comment M. G. Pouchet expose sur ce sujet les idées de son maître :

« Telle habitude est utile, ou elle est nuisible, au point de vue de la conservation des individus, et par conséquent de l'espèce. Si elle est nuisible, elle tend à disparaître forcément, soit avec l'individu qui l'a prise, soit avec les descendants qui en hériteront. Si l'habitude est favorable, elle a chance de se transmettre sous la forme d'instinct. Celui-ci tend à se généraliser, puisqu'il est avantageux. Chaque individu y pourra spontanément ajouter quelque chose. Si l'addition est encore favo-

---

(1) *Critique des systèmes de morale contemporains*, 1883, p. 13. — Cf. *Et. relig.* avril 1889.

rable, elle tendra également à se généraliser ; l'instinct acquis se compliquera d'autant ; et, de même que des modifications organiques à peine sensibles, mais successivement accumulées, ont pu conduire à l'infinité des formes animales, de même l'instinct, par additions presque imperceptibles, mais continues, pourra finir par atteindre cet état de perfection où les philosophes avaient cru voir la preuve éclatante d'une harmonie préétablie. Qui sait si quelque jour nous ne trouverons pas, dans les terrains jurassiques, un nid de guêpes un peu moins régulier que ceux d'aujourd'hui ? Fût-il même aussi parfait, cela n'infirmerait pas encore l'hypothèse du développement progressif de l'instinct. N'aurions-nous pas, par delà l'époque jurassique, un immense passé près duquel l'âge actuel des dépôts d'Œningen et de Radoboj est peut-être comme un jour, ou comme une heure, dans l'histoire de l'homme ? (1) »

On le voit, malgré tout leur talent et toute leur bonne volonté, les défenseurs du transformisme ne peuvent faire reposer ce système que sur des hypothèses la plupart du temps impossibles à vérifier. Sous prétexte de faire de la science, ils bâtissent des romans plus ou moins ingénieux de psychologie zoologique. Pourquoi, se demandait Lamarck, certains animaux possèdent-ils des pieds, des yeux, des ailes ? Et il se répondait : C'est qu'ils ont senti le besoin de marcher, de voir, de voler. M. Renan ne trouve rien de plus simple, de plus naturel ; pour lui, comme pour Lamarck, « le besoin crée l'organe, et l'organe crée le besoin ».

L'apologiste de l'incrédulité, Louis Viardot, dit que l'origine simienne de l'homme est un fait acquis à l'histoire, et que non seulement la formation du monde matériel, mais la genèse de la vie parvenue à son plus haut degré de développement, ne nécessite l'interven-

---

(1) *Revue des Deux-Mondes*, février 1870, p. 693, 694, 703.

tion d'aucun agent suprasensible. En résumé, la plupart des écrivains hostiles à la religion appartiennent, au moins par leurs tendances, à l'école darwinienne, ce qui ne les empêche pas d'applaudir aux théories de l'école dynamique (1).

LES DYNAMISTES. — Il ne faut pas confondre les dynamistes modernes avec les dynamistes anciens. Ceux-ci, comme Empédocle, Anaxagore et les pythagoriciens, tout en s'imaginant que la matière est éternelle, reconnaissaient l'existence d'un principe intelligent qui débrouillait le chaos ; ce principe intelligent, Aristote lui donna le nom de cause efficiente, et Platon l'appela Dieu. Mais nos savants modernes ne veulent même plus que le nom de Dieu soit écrit ni prononcé : « Aussitôt, dit Buchner, qu'un livre de philosophie emploie le mot « Dieu », à moins qu'il ne s'agisse de critique ou d'une citation, on peut sans crainte le jeter de côté, car on n'y trouvera rien qui puisse faire avancer réellement la science (2) ». Donc la matière est la seule réalité existante, et l'axiome qui domine dans la nouvelle école est celui-ci : « Point de force sans matière ; point de matière sans force ». Inutile d'admettre l'action d'un Créateur et l'intervention d'une Providence, puisque tout s'explique par les propriétés de la matière : c'est là, et non ailleurs, qu'il faut chercher le principe et la cause de tous les phénomènes de la vie.

C'est en Allemagne qu'a été formulée la théorie du dynamisme contemporain, et c'est à Louis Buchner qu'on attribue généralement l'honneur de cette découverte. Cependant Buchner n'est pas plus le fondateur du dynamisme que Darwin n'est le fondateur du trans-

---

(1) Cf. Brin, *Hist. de la philos. contemp.* p. 203.
(2) Buchner, *L'homme selon la science*, p. 388.

formisme. Elève de Virchow, Buchner avait eu en Allemagne des précurseurs dont il avait subi l'influence. Avant lui, Carl Vogt avait prétendu, empruntant l'expression de Cabanis, que la pensée est une sécrétion du cerveau comme la bile est une sécrétion du foie, comme l'urine est une sécrétion des reins. Jacques Moleschott avait dit que la pensée est un mouvement de la matière, et que c'est le phosphore qui est l'agent de l'activité cérébrale. M. Lange a donc raison d'écrire : « Nous ne pouvons reconnaître la prétention de Buchner à l'originalité philosophique (1) ». Le mérite du philosophe allemand, si toutefois c'est un mérite, est d'avoir condensé et coordonné dans un volume les doctrines les plus accréditées parmi les matérialistes de notre temps. Et la cause de sa popularité malsaine, c'est la hardiesse avec laquelle il s'est attaqué à l'idée de Dieu : « Toute science, et surtout toute philosophie qui est en quête de la réalité et non de l'apparence, de la vérité et non de l'hypocrisie, doit être nécessairement athée (2) ».

Au reste, les physiologistes et les transformistes s'accommodent très bien des théories condensées par Buchner. En effet, d'après les dynamistes, la force inhérente à la matière possède trois propriétés essentielles : elle est créatrice, et donne ainsi l'explication des générations spontanées ; elle est répulsive, et engendre par là même la concurrence vitale ou la lutte pour l'existence ; elle est attractive, et produit la sélection naturelle. L'ouvrage de Buchner intitulé *Force et matière* ayant été publié en 1855, quatre ans avant l'ouvrage de Darwin sur l'*Origine des espèces*, il est facile de voir qu'il existe, sinon une filiation, du moins une parenté réelle entre les deux systèmes du dynamisme et du transformisme. D'un autre côté, les physiologistes

---

(1) Lange, *Hist. du matérialisme*, t. II, p. 107.
(2) Buchner, *L'homme selon la science*, p. 388.

qui ne veulent voir dans l'homme qu'un assemblage d'organes matériels, sont tout disposés à accorder à la matière la faculté de produire la vie. C'est ainsi que M. Luys, dans son livre *Le cerveau et ses fonctions*, consacre de longues pages à la phosphorescence organique des éléments nerveux. C'est ainsi encore que M. Leblais, auteur de *Matérialisme et spiritualisme*, adopte les idées de Moleschott sur la cause efficiente de la pensée, et que M. Jules Soury, l'un des plus en vue parmi les matérialistes contemporains, se montre plein d'admiration pour cette doctrine, qu'il appelle la « grande discipline de l'esprit humain ».

Dans un article publié par la *Revue des Deux-Mondes*, le 15 mars 1883, M. A. Fouillée, dont nous avons déjà parlé, avoue que, pour les matérialistes, tout se résume en trois mots : le phénoménisme, le relativisme et le déterminisme. Ces mots barbares, dignes des pensées qu'ils expriment, ont besoin d'explication. En dehors de nous, dit-on, il n'y a que des phénomènes ; la connaissance que nous en avons est relative, et les lois qui président au développement et à l'évolution des êtres sont aveugles et fatales. Mais au fond, on ne trouve que matière : c'est de là que tout part, c'est là que tout aboutit. La matière, en effet, est la base de l'univers ; la force est une propriété de la matière, et le phénomène n'est autre chose que la matière rendue sensible et apparente sous l'action de la force.

La matière ne périt pas, disent les disciples de Buchner ; elle subit sans cesse l'action de la force, mais elle ne change pas de nature. « Une particule de fer, écrit M. du Bois-Reymond, est et demeure la même chose, qu'elle parcoure l'univers dans l'aérolithe, qu'elle roule comme le tonnerre sur la voie ferrée d'une locomotive, ou qu'elle circule dans le globule sanguin par les tempes d'un poète ». Dans un ouvrage intitulé *De la matière, de la vie et de l'esprit,* publié par André Nuyter en 1874, nous lisons que « c'est la *materia* organisée qui vit ; nulle materia organisée sans vie, nulle vie sans materia organisée. Poursuivant l'analyse, une certaine partie de materia organisée, materia *nerveuse,* qui, aux propriétés du monde organisé, en joint une dernière ; nulle materia nerveuse sans cette propriété, nulle qualité nerveuse sans cette materia ». Renonçant à expliquer ces lignes, et même à les comprendre, nous les abandonnons à la sagacité du lecteur.

Il est plus facile de comprendre Louis Viardot. Né à Dijon en 1800, Viardot a donné au monde le triste spectacle d'un vieillard qui se glorifie d'être athée. Autant qu'il l'a pu, il a vulgarisé en France les doctrines de Buchner, et a rendu son ouvrage *Force et matière* plus accessible au public illettré, en faisant paraître l'*Apologie d'un incrédule.* Ce libelle, imprimé en 1870, a paru de nouveau, en 1874, sous le titre de *Libre examen.* Avant tout et par dessus tout, Louis Viardot est un blasphémateur, et, pour se donner une assez bonne compagnie, suivant le mot spirituel de Sainte-Beuve, il entasse pêle-mêle une foule de témoignages empruntés souvent à des sources fort douteuses, et parfois même falsifiés avec calcul. La création *ex nihilo,* dit-il, avait sa raison d'être dans les vieilles cosmogonies ; autrefois, en effet, les peuples se persuadaient que sur la terre, immobile et plate, s'arrondissait un firmament solide, dans lequel voyageaient alternativement deux grands luminaires, pour les éclairer de jour et de nuit. Il n'en est plus ainsi : la science a percé d'un regard l'immensité des cieux, et posé, d'une main non moins sûre, les grandes lois qui régissent l'univers. La terre est ronde, les étoiles sont d'une grosseur prodigieuse, et il est impossible, à l'aide des télescopes les plus puissants, de découvrir aucune limite : l'espace est infini, comme le temps et la matière. « Trois infinités, l'espace, le temps, la matière, également sans commencement et sans fin, composent par leur indissoluble union ce qu'un moderne appelle, d'une heureuse expression, la trinité de la nature ». Or, ces trois infinités, dans lesquelles se meuvent tous les êtres, ne permettent pas désormais au Dieu créateur de prétendre au bienfait de l'existence et d'exercer son action au sein de la nature : « Comment admettre la création de mondes infinis comme l'espace, sans commencement, sans fin, sans limites ? » Le vieil adage, *ex nihilo nihil fit,* apparaît avec une vérité plus formidable que jamais, et, suivant l'expression de Buchner, les cieux ne racontent désormais que la gloire de Newton et de Laplace (1).

Voulez-vous savoir jusqu'où l'on peut aller avec de pareilles théories ? Ecoutez M. Taine : « La vertu humaine a pour soutiens et pour maîtresses des forces inférieures et simples (les forces physico-chimiques), qui tantôt la maintiennent par leur harmonie, tantôt la défont par leur désaccord (2) ». D'où il suit que « la vertu est un produit comme le sucre et le vitriol », et que « la pensée n'est qu'une vibration des cellules cérébrales, une danse de molécules ». Ecoutez M. About : « Jadis l'homme, dit-il, était un sous-officier d'avenir dans le régiment des grands singes (3) ». Ecoutez M. Littré : d'après lui, la volonté est inhérente à la substance cérébrale, ainsi que la contractilité aux muscles, l'élasticité aux cartilages et aux ligaments jaunes ; de même le libre arbitre n'est pas autre chose qu'un acte du cerveau, un mode d'activité cérébrale (4). Nous pourrions multiplier les citations analogues.

Voici maintenant M. Renan qui, lui aussi, est maté-

(1) L. Viardot, *Libre examen*, 1874, p. 14, 15, 16 et 25.
(2) *Revue des Deux-Mondes*, 15 octobre 1862.
(3) *Le Progrès.*
(4) *Dictionnaire de Nysten.*

rialiste à ses heures : « Il n'y a jamais eu de prévoyance, de perception des objets extérieurs, de conscience enfin, sans un système nerveux (1) ». Donnez-moi le mouvement, disait Descartes. Donnez-moi la matière, dit M. Renan, et je me passerai de votre Dieu créateur ; puis, sans attendre, il s'empare de la matière, triomphe et devient arrogant. Et le voilà qui parle de la souveraineté de la science et de son infaillibilité. Après la période atomique, dit-il, règne de la mécanique pure, voici, avec l'apparition des forces chimiques contenues en puissance dans la matière et mises en acte par le milieu qui leur est propre, la période chimique. Il n'y a encore ni planète, ni soleil ; nous sommes en pleine époque moléculaire. Sous l'empire des forces immanentes, et les siècles s'ajoutant aux siècles, la matière s'agrège et forme les soleils qui doivent servir de centres aux mondes répandus dans l'espace infini. C'est la période solaire, à laquelle succède la période planétaire, lorsque les soleils lancent dans l'espace les corps qui doivent leur faire cortège : pour M. Renan, c'est un fait que les planètes sont des éclats, des fragments éteints de soleils. Voilà donc la terre, « petit atome détaché de la grande masse centrale », la voilà formée par le soleil, « notre mère-patrie, le dieu particulier de notre planète ». Des milliers de siècles s'écoulent ; la terre s'élabore et la vie apparaît, la vie qui existe latente dans la matière. Mais qui fait tout à coup surgir cette vie cachée ? D'après M. Renan, c'est le soleil lui-même : « La vie, dit-il, a en réalité sa source dans le soleil ; toute force est une transformation du soleil ».

Pour M. Michelet, l'élément universel de la vie, c'est le mucus de la mer, la viscosité de l'eau, et voici en quels termes poétiques il chante cette gelée féconde, cette membrane prolifère qui doit passer successive-

(1) *Opinion nationale* du 4 septembre 1862.

ment par tant d'états divers : « Prenons, dit-il, une goutte d'eau dans la mer ; elle va, dans ses transformations, nous raconter l'univers. Attendons et observons. Qui peut prévoir, deviner l'histoire de cette goutte d'eau ? Plante-animal, animal-plante, qui le premier doit en sortir ? Cette goutte, sera-ce l'infusoire, la monade primitive, qui, s'agitant et vibrant, se fait bientôt vibrion ? qui, montant de rang en rang, polype, corail ou perle, arrivera peut-être en dix mille ans à la *dignité d'insecte ?* Cette goutte, ce qui va en venir, sera-ce le fil végétal, le léger duvet soyeux qu'on ne prendrait pas pour un être, et qui, déjà, n'est pas moins que le cheveu premier-né d'une jeune déesse, cheveu sensible, amoureux, dit si bien cheveu de Vénus ? Ceci n'est point de la fable, c'est de l'histoire naturelle. Ce cheveu de deux natures (végétale et animale), où s'épaissit la goutte d'eau, c'est bien l'aîné de la vie (1) ».

Laissons Lamartine répondre à M. Michelet. Parlant des apôtres de la perfectibilité indéfinie, l'auteur des *Méditations* s'exprime ainsi : « Le véritable nom de leur philosophie est le *végétalisme*. Ils ont rêvé qu'à l'origine des choses et des êtres, l'homme ne fut lui-même qu'une boursoufflure de fange échauffée par le soleil, puis douée d'un instinct qui la force au mouvement sans impulsion, puis de quelques membres rudimentaires qu'une intelligence sourde et obscure dégageait successivement de la boue pour se créer à elle-même des organes ; puis enfin de la forme humaine se débattant encore pendant des milliers de siècles contre le limon qui résistait au mouvement, puis doué successivement de l'instinct, ce crépuscule de l'âme ; de la raison, ce résumé réfléchi de l'instinct ; du balbutiement, ce prélude de la parole ; et, enfin, de toutes les facultés merveilleuses qui font aujourd'hui de l'homme

(1) *La Mer*, p. 116.

la miniature abrégée et périssable d'un Dieu ! singulier système, qui prend pour créateur, à la place de Dieu, une pelletée de boue dans un marécage, un peu de chaleur putride dans un rayon de soleil, un peu de mouvement sans but emprunté au vent et aux vagues, puis un instinct emprunté à une sourde puissance végétative, puis une intelligence empruntée au temps qui développe et détruit tout ! Et tout cela pour se passer de Dieu ou pour reléguer Dieu dans l'abîme de l'abstraction et de l'inertie ! (1) »

Michelet et Lamartine sont deux poètes qui puisent leurs inspirations à des sources différentes. Voici un médecin qui va plus directement au but : c'est un aliéniste français, M. Moreau, de Tours, qui a écrit tout un gros volume pour prouver que *le génie est une névrose* (2). Son système repose sur le fait de l'hérédité : « L'hérédité signifie expressément transmission non pas de qualités morales, mais des forces nerveuses d'où ces qualités, quelles qu'elles soient, tirent leur énergie, nous pourrions dire leur puissance d'expansion. Sous l'empire de l'hérédité, l'organisme est en proie à un travail morbide dont l'effet est de modifier, d'anéantir même toute liberté morale ». M. Moreau ajoute que « la suractivité de l'esprit est liée au travail morbide des organes comme l'effet à sa cause ». Mais la plus complète expression de l'activité intellectuelle, c'est le génie. Si donc toute maladie du système nerveux introduit dans l'organisme un nouvel élément de vie, ne pourrait-on pas en conclure que le génie, l'idiotie et la folie ont la même origine ? « A une foule d'égards, dit M. Moreau, tracer l'histoire physiologique des idiots serait tracer celle de la plupart des hommes

---

(1) *Cours de littérature,* Entretien N° 3.
(2) *La Psychologie morbide.*

de génie, et *vice versa*. Eh ! quoi ! le génie, c'est-à-dire la plus haute expression, le *nec plus ultra* de l'activité intellectuelle, n'est qu'une névrose ! Pourquoi non ? »

Cherchant dans l'histoire des preuves à l'appui de sa théorie, M. Moreau prétend démontrer que les hommes supérieurs ont été fous ou sujets à des affections du système des organes préposés aux fonctions de relation. S'ils échappent à cette prétendue loi, on a recours à celle de l'hérédité. Parcourons le chapitre intitulé : *Faits biographiques* ; nous y lisons ceci : « Socrate était halluciné ; Caton d'Utique balbutiait ; Lucrèce était atteint de manie intermittente ; le grand'père de Plutarque s'enivrait ; Esope était bossu ; Tacite eut un fils idiot ; Albert le Grand était très petit ; Washington était très grand ; Cromwel avait l'humeur noire, et tous ses frères moururent dans leur enfance ; Catherine de Médicis était scrofuleuse ; Sixte-Quint était lypémaniaque ; Malebranche, Descartes, saint Ignace de Loyola étaient hallucinés ; la sœur d'Hégel était folle ; la mère de Goethe mourut d'apoplexie ; celle de saint Dominique était extatique ; Walter Scot eut une jambe paralysée ; Châteaubriand avait des mouvements convulsifs dans un bras ; Beethoven mourut d'une mort prématurée ; Byron était pied-bot ; lord Chatam avait des tics ; Le Guerchin était louche ; saint Thomas avait une grosse tête ; Montesquieu fut atteint de cécité vers la fin de sa vie ; Newton fut frappé de désespoir à la vue de ses manuscrits dévorés par les flammes ; Bossuet fut troublé en apprenant qu'il était condamné à l'opération de la pierre ; Napoléon avait le dos rond, etc. (1) »

Ainsi donc bégaiement, cécité, désespoir momentané, etc., seraient autant de prédispositions morbides qui augmentent la vie intellectuelle et produisent le génie ! Napoléon avait du génie parce qu'il avait le dos

---

(1) *La Psychologie morbide*, p. 134.

rond ! C'est sans doute grâce à cette conformation particulière qu'il fut un grand capitaine ; s'il eût été parfait bossu, il serait devenu fabuliste comme Esope. Il est pénible, en vérité, de voir un homme de talent se donner tant de peine pour aboutir à ces puérilités.

Voilà pourtant les doctrines que l'on enseigne aujourd'hui dans les grandes écoles officielles, doctrines dont nous avons déjà recueilli les fruits amers en voyant nos armées défaites et notre capitale incendiée. La philosophie française, celle du moins que lui connaissent les autres nations, a laissé tomber dans la boue le sceptre de l'intelligence, et s'est enrôlée sous l'étendard d'Epicure. Tout homme doué du plus vulgaire bon sens bondirait d'indignation, si toutefois l'excès du ridicule et de l'absurde ne faisait simplement hausser les épaules et sourire de pitié, lorsqu'il entend dire sérieusement, par des bouches salariées dont les paroles retentissent dans toute l'Europe : « L'homme est un champignon doué de la faculté locomotive. — L'homme est une huître diversement transformée et perfectionnée par le travail lent de la nature. — L'homme est un poisson dont les nageoires se sont transformées en jambes et en bras. — C'est un marsouin qui s'est fendu la queue. — C'est un singe dont le nez s'est allongé par un rhume de cerveau, et à qui le frottement social a fait tomber le poil et donné de l'esprit ; car le singe est le sous-lieutenant de l'humanité dans l'armée du progrès, et, pendant une longue suite de siècles, la nature faisait avec le singe comme une grossière et première ébauche de l'homme.— L'homme est une plante mobile.— L'homme est un tube actif et digestif ouvert à ses deux extrémités ».

Toutes ces définitions sont textuelles, et nous pourrions citer les noms propres et les ouvrages, si nous n'avions pour les auteurs de ces sublimes découvertes plus de respect qu'ils n'en ont eux-mêmes pour leurs pères. Permis à eux, ainsi qu'à leurs disciples, d'étaler fièrement aux yeux du monde cette brillante généalogie ; permis à eux de se glorifier d'être des champignons, des huîtres, des poissons et des singes. Mais aussi libre à nous de répudier cette origine. Et certes, quand on a vu de tels hommes placés au ministère de l'Instruction publique ou préposés à l'éducation de la jeunesse française ; quand on a constaté les ravages que cette doctrine abjecte a déjà exercés sur la génération actuelle, on est en droit de trembler pour l'avenir.

Car enfin peut-on entendre, sans avoir le cœur serré de tristesse, un jeune homme, endoctriné par des ouvrages et par des professeurs matérialistes, s'écrier dans une thèse devenue célèbre, grâce à une plume éloquente : « Lorsque la matière passe de l'état brut à l'état organisé, elle devient apte à manifester de nouvelles propriétés... Qui vient encore nous parler de liberté ? Comme la pierre qui tombe obéit à la loi de la pesanteur, l'homme obéit à des lois qui lui sont propres, et ce n'est que parce qu'ici les conditions du phénomène sont plus complexes, qu'on a affirmé la liberté humaine ». Nous le répétons, quand on entend de telles paroles sortir de la bouche d'un jeune homme, et quand on sait que ce jeune homme n'est que l'écho des doctrines que professe toute une grande école, on ne peut s'empêcher de dire, avec le plus éloquent des apologistes modernes : « Les pères de famille en France doivent bien savoir ce qu'ils font, quand ils envoient leurs fils à l'école de médecine de Paris (1) ».

2. Les socialistes

Jusqu'à présent nous n'avons guère quitté le domaine de la théorie, où nous avons pu admirer sous leurs

---

(1) Mgr Dupanloup, *L'athéisme et le péril social.*

formes multiples les diverses manifestations de la sottise humaine. Nous pénétrons maintenant sur le terrain de la pratique, ou, pour parler plus exactement, dans le royaume de l'utopie, dans le pays des chimères.

Il est une vérité incontestable, c'est que l'homme aspire naturellement au bonheur et fait tout ses efforts pour y parvenir. Il est un fait non moins incontestable, c'est que sur la terre le bonheur nous fuit sans cesse, et que personne ne peut se proclamer parfaitement heureux. La religion nous enseigne que cette félicité, objet constant de nos aspirations et de nos efforts, nous la goûterons au ciel, si nous savons la mériter ici-bas. Mais qu'importe cette consolante doctrine à celui qui ne croit pas au ciel ? C'est sur terre qu'il veut satisfaire ses désirs ; c'est sur terre qu'il veut être heureux. En cela il est logique et conséquent avec lui-même. Seulement, comme ses forces individuelles ne suffiraient pas à l'accomplissement de ce dessein, il a recours au nombre, à l'association : de là est né le *socialisme*. « La pensée dominante, exclusive même du socialisme, dit M. Ravaisson, fut de réaliser ici-bas l'ordre parfait et la félicité que le moyen-âge réservait à une existence toute surnaturelle ; au lieu du ciel, la terre (1) ».

Les socialistes contemporains, héritiers des doctrines de Jordano Bruno, de Spinoza, de Machiavel, de Hobbes, de J.-J. Rousseau et de Condorcet, peuvent se diviser en quatre catégories : les Saint-Simoniens, les Fouriéristes ou Phalanstériens, les Humanitaires et les Communistes.

Claude-Henri, comte de Saint-Simon, descendant du célèbre auteur des *Mémoires*, naquit à Paris en 1760, et mourut en 1825. A l'âge de vingt ans il se rendit en Amérique, pour prendre part à la guerre de l'Indépen-

(1) *La philos. en France au XIX⁰ siècle*, p. 41.

dance. Déjà il nourrissait l'idée chimérique de transformer la surface de la terre pour le plus grand bien de l'humanité ; après la conclusion de la paix, il proposait au vice-roi du Mexique d'unir, au moyen d'un canal, les bassins des deux mers ; peu de temps après, il soumettait également au roi d'Espagne un projet de canal pour joindre Madrid à la Méditerranée. Rentré en France, il traversa, non sans courir de sérieux dangers, les orages de la Révolution. Après avoir gagné une certaine fortune dans des spéculations financières, il se ruina dans des entreprises scientifiques, en sorte qu'il se vit obligé, pour vivre, d'accepter une place de copiste au Mont-de-Piété. Ce qui le soutenait, c'était sa passion pour la science, et la conviction que sa doctrine devait faire le bonheur du genre humain. « Ce qui domine chez Saint-Simon, c'est l'idée que depuis l'immense dissolution sociale produite par le dix-huitième siècle et la Révolution, la société est en poussière, et qu'il importe de la réorganiser. Seulement il cherche le principe de la réorganisation qu'il conçoit, tantôt dans un élément, tantôt dans un autre : aujourd'hui dans l'élément scientifique, demain dans l'élément industriel, après-demain dans l'élément religieux, suivant les mouvements de son imagination capricieuse et d'après les oscillations de l'esprit public (1) ». Son *Nouveau Christianisme* était encore sous presse quand il mourut, plein de confiance dans l'avenir de son œuvre. Sa vie fut loin d'être irréprochable, et ses doctrines sont remplies d'extravagances ; mais il eut du moins le mérite de plus en plus rare de sacrifier sa fortune et sa vie à une idée qu'il croyait juste et utile.

Ses premiers disciples furent Augustin Thierry et Auguste Comte, qui le quittèrent bientôt pour s'adonner à d'autres études. Après eux vint le juif Olinde Rodri-

---

(1) M. Ferraz, *Hist. de la philos. en France, Socialisme*, p. 6, 7.

gues, puis une foule d'autres esprits pénétrés des mêmes idées. Quelques mois après la mort de Saint-Simon parut le *Producteur*, organe destiné à répandre les nouvelles doctrines. Les principaux rédacteurs furent Olinde Rodrigues, Bazard, Enfantin, Buchez et Laurent, sans compter Auguste Comte, Adolphe Garnier et Armand Carrel, qui prêtèrent quelquefois le secours de leur plume à la feuille saint-simonienne. Le *Producteur* étant tombé, il fallut trouver un autre moyen de propagande. Vers la fin de l'année 1828, on organisa une série de conférences qui furent publiées plus tard, en 1832, sous le titre d'*Exposition de la doctrine saint-simonienne*. Voici les principaux points de cette doctrine, ou plutôt de cette nouvelle religion, basée sur la théorie du progrès : « Le christianisme, bon pour les siècles passés, ne suffit plus aux besoins actuels ; il doit-être remplacé par le Saint-Simonisme, qui a pour but de réhabiliter la chair trop méprisée par l'ancienne religion, et d'émanciper la femme jusqu'à présent traitée comme une esclave. Péché originel, dégradation de la nature humaine, punition des coupables dans une autre vie : autant d'inventions dont la science moderne a fait justice. Dieu est tout ce qui est, tout est en lui, tout est par lui, tout est lui. Donc, point de création : la nature est éternelle. Si l'homme a commencé par l'état sauvage, sans parole ni pensée, il s'est élevé par lui-même, et de progrès en progrès, il s'élèvera encore jusqu'à la perfection absolue. Or, dans l'état social, la formule de la perfection absolue est celle-ci : A chacun selon sa capacité ; à chaque capacité selon ses œuvres ».

En vertu de ce dernier principe, Bazard et Enfantin furent proclamés les pères de la famille et les pontifes de la religion saint-simonienne, le 31 décembre 1829. Bazard était relativement austère, et chez lui le sens pratique n'était pas complètement oblitéré. Le Père Enfantin, au contraire, était le plus hardi des utopistes, et ne tenait aucun compte des mœurs du temps. Ce fut donc celui-ci qui prit la part la plus active au fonctionnement de la nouvelle société. Sous son impulsion, cinq églises saint-simoniennes furent fondées à Toulouse, Montpellier, Lyon, Dijon et Metz. A Paris, des conférences publiques étaient données dans la rue Taranne, dans la salle Taitbout, à l'Athénée et dans la rue Monsigny. A Lyon, Pierre Leroux et Jean Reynaud prêchaient devant des milliers d'auditeurs. Si quelques dissidents, comme Lherminier et Mangerin, rompaient avec le saint-simonisme, des néophytes ardents venaient occuper aussitôt les places laissées vides : ainsi Guéroult, qui depuis s'est fait un nom dans la presse ; ainsi Théodore Bac, une des célébrités du barreau ; ainsi E. Péreire et Stéphane Mony. En même temps plusieurs adeptes des deux sexes, voulant prouver que pour eux l'égalité n'était pas un vain mot, mettaient leur fortune à la disposition des chefs de l'église, et se contentaient d'en revendiquer une part égale à celle des autres.

Mais cette prospérité ne fut pas de longue durée : le désaccord se mit bientôt entre les deux Pères suprêmes. Le Père Enfantin, voulant pousser jusqu'au bout ses théories, osa proclamer comme un dogme la prostitution de la femme et l'abolition de la famille. Bazard, qui admettait le divorce, refusa d'aller plus loin et quitta définitivement la secte, suivi dans sa retraite, peu de temps après, par Jules Lechevalier, Abel Transon, Pierre Leroux et Jean Reynaud. Resté maître du champ de bataille, le Père Enfantin continua d'étaler ses théories immorales. Il poussa même si loin l'impudence, qu'il fut cité devant les tribunaux sous l'inculpation d'outrages aux bonnes mœurs. Après avoir vainement essayé de fasciner ses juges, il fut condamné, le 28 août 1832, à un an de prison. Ce coup discrédita le saint-simonisme dans l'opinion publique : mais beaucoup d'esprits se nourrirent encore pendant longtemps des idées de ce système, qui les avait séduits par une apparence de grandeur et de générosité.

En résumé, on peut dire avec M. Ferraz : « Uniquement occupé de la matière et de ses lois, le saint-simonisme n'a exercé une influence heureuse que dans l'ordre matériel. Il a favorisé la création de nos grands établissements de crédit, poussé à la construction de nos premiers chemins de fer et au percement de l'isthme de Suez, conçu l'idée de ces expositions immenses où l'industrie du globe entier vient étaler ses merveilles, et propagé dans les classes ouvrières les connaissances utiles. Reste à savoir si ces résultats, qui auraient sans doute été obtenus sans lui, suffisent pour compenser le mal qu'il a fait dans l'ordre moral et politique, en émoussant le sentiment du devoir et celui du droit. Quant à nous, nous hésitons à le croire (1) ».

Charles Fourier, élevé comme Saint-Simon dans les idées socialistes du dix-huitième siècle, voulut comme lui chercher en dehors du catholicisme un remède aux maux de la société. Né à Besançon le 7 avril 1772, mort en 1837, il s'occupa tout d'abord de négoce dans sa ville natale. Après la Révolution, dont il faillit être victime, nous le retrouvons à Marseille, employé de commerce. C'est là qu'il conçut le projet de doter l'humanité d'une nouvelle organisation sociale ; mais ce fut à Lyon, en 1808, qu'il publia sa *Théorie des quatre mouvements et des destinées générales*, ouvrage rempli d'imaginations et de chimères qui peuvent concourir avec celles de Saint-Simon. Ainsi, dans la première partie de son livre, il annonce que la terre doit vivre quatre-vingt mille ans, ni plus ni moins : cinq mille ans de malheurs et d'épreuves ; soixante-dix mille ans de bonheur et de prospérité ; enfin cinq mille

(1) M. Ferraz, *Hist. de la philos. en France, Socialisme*, p. 80.

ans de calamités de tout genre : c'est l'enfance, l'âge mûr et la vieillesse, car, d'après lui, les planètes ont des âmes et même des sexes ; ce sont des êtres vivants.

Saint-Simon avait divisé en trois classes les citoyens soumis à l'autorité du Père suprême de son église : il y avait les *artistes* ou prêtres, les *savants* ou théologiens, les *industriels* ou théurgiens. Fourier trouva que cette division était contraire au principe d'égalité. Prenant pour point de départ l'*attraction passionnelle*, qui porte à s'unir les individus doués des mêmes inclinations, il imagine les groupes, les séries et les phalanges. Un *groupe* doit être composé de sept ou neuf individus : « c'est le premier alvéole de la ruche sociale, le noyau de l'association ». Pour constituer une *série*, il faut de vingt-quatre à trente-deux groupes. Enfin les séries sympathiques s'unissent elles-mêmes pour former les *phalanges*, dont chacune doit comprendre au moins quinze cents individus. La phalange aurait pour séjour une demeure appelée *phalanstère*, où l'on accepterait des personnes de tout âge et de tout sexe, qu'on classerait ensuite suivant leurs goûts et leurs aptitudes : tout y serait commun, les ressources, les dépenses et les plaisirs. De plus, en s'unissant les unes aux autres suivant leurs sympathies ou leurs intérêts, les phalanges formeraient des villes, des provinces, des royaumes, et finalement une association universelle du genre humain dont le centre serait sur le Bosphore. Baudet-Dulary voulut établir un phalanstère à Condé-sur-Vesgres, mais il fallut bientôt renoncer à l'entreprise. Une nouvelle tentative faite aux Etats-Unis, dans le New-Jersey, ne réussit pas davantage.

Les idées de Fourier peuvent se résumer ainsi : « Dieu, l'homme et l'univers ne font qu'un, s'absorbent et se confondent. Cependant Dieu est un principe actif et moteur, tandis que la matière est un principe passif et mû. L'action de Dieu se manifeste par une attraction universelle qui s'étend à l'homme et à la matière ; chez l'homme, cette attraction s'exprime par les passions, qui sont au nombre de douze, sept pour l'âme, cinq pour la chair. Puisque les passions viennent de Dieu, nous devons les satisfaire : les idées qu'on se forme du vice et de la vertu sont radicalement fausses ; il n'y a ni vice ni vertu, et le vrai bonheur consiste à avoir beaucoup de passions, si l'on possède en même temps le moyen de les satisfaire. Quant à la destinée de l'homme, elle est double : sur la terre, il doit cultiver le sol et en tirer tout le parti possible au moyen de l'association agricole ; après la mort, son âme passe dans un autre corps humain, soit sur notre planète, soit sur une planète différente ».

Fourier n'eut d'abord qu'un disciple, Just Muiron ; mais la chute du saint-simonisme lui en amena plusieurs autres, notamment Jules Lechevalier et Abel Transon. On peut citer aussi Renaud, Barrier, Paget, Cantagrel, E. de Pompéry, Pellerin, Hennequin, Toussenel, et jusqu'à des dames, comme Mme Vigoureux et Mme Gatti de Gamond, qui a tenté l'entreprise méritoire de moraliser une doctrine immorale. Mais le plus célèbre fut Victor Considérant, né en 1808, qui donna une teinte plus douce aux idées du maître, afin de les rendre plus acceptables. Au lieu de s'occuper du principe et de la fin des choses, il se renferme presque entièrement dans la théorie de l'association agricole ; au lieu de placer le but de l'existence dans le plaisir et dans la richesse, et de regarder le dévouement à autrui comme une duperie, il s'élève contre les tendances égoïstes de son temps et fait appel aux hommes de sacrifice. On peut voir le développement de ces vues nouvelles dans la *Destinée sociale* et dans les autres ouvrages de Victor Considérant : c'est à peine si l'on y reconnaît le fouriérisme.

Les institutions socialistes imaginées par Saint-Simon

et par Fourier devaient s'appliquer, dans l'intention de leurs auteurs, à l'humanité tout entière. Mais, d'un côté, les théories de Saint-Simon avaient été défigurées par le Père Enfantin ; de l'autre, les masses n'étaient pas encore mûres pour le grossier naturalisme de Fourier. Pierre Leroux, né à Paris en 1797, mort en 1871, reprit en sous-œuvre les idées du premier et fonda une nouvelle école dite *humanitaire*. Son communisme, dit M. Brin, rappelle les doctrines panthéistes et les théories égalitaires de la famille saint-simonienne à laquelle il avait appartenu. Partant de l'idée que tous les êtres participent nécessairement à la substance divine, sans être néanmoins identifiés avec elle, il arrive, par une série de transformations, à un état où toutes les inégalités disparaissent dans la famille, dans la société, dans la répartition des biens. Mais pour arriver à cette égalité absolue, à cette liberté sans limites, Pierre Leroux n'a confiance ni dans le Père suprême de Saint-Simon, ni dans l'attraction passionnelle de Fourier. Son facteur à lui, c'est l'amour ou la fraternité universelle. Pour obtenir la liberté et l'égalité, dit-il, il faut prêcher la fraternité, resserrer les liens entre les hommes et entre les nations, convier l'univers à une communion de pensées, d'affections, de jouissances. C'est alors que nous atteindrons notre fin dernière, le bonheur sur la terre.

Ces considérations ne manquent pas d'un certain caractère, et les âmes généreuses pourraient s'y laisser prendre, si les principes qui leur servent de base n'étaient pas d'une évidente fausseté. Dans ses nombreux ouvrages, en effet, surtout dans sa *Réfutation de l'éclectisme* et dans son livre *De l'humanité*, Pierre Leroux développe des doctrines philosophiques qui se réduisent à ces maximes absurdes : « Dieu n'est point hors du monde, ni le monde hors de Dieu ; mais le monde sort sans cesse du sein de Dieu, par une émanation éternelle. L'homme est un animal transformé par la raison et uni à l'humanité ; il n'existe pas par lui-même, mais par l'humanité qui est en lui ; il vit donc toujours dans l'humanité, qui ne meurt point. Le véritable péché originel vient du despotisme dans la famille, la patrie et la propriété ; le remède, il ne faut pas le chercher dans le christianisme, qui a fait son temps, ni l'espérer dans une autre vie, qui n'existe pas : il réside dans la fraternité universelle ».

Saint-Simon avait placé le bonheur de l'homme sur la terre et dans l'existence actuelle ; Fourier avait admis plusieurs existences successives, soit sur la terre, soit sur d'autres globes ; Pierre Leroux avait ramené l'homme ici-bas et multiplié la série de ses existences au sein de l'humanité. Un autre transfuge du saint-simonisme, Jean Reynaud, place la destinée finale de l'homme dans le monde sidéral. Né à Lyon en 1806, mort à Paris en 1863, Jean Reynaud a exposé sa doctrine dans l'ouvrage intitulé *Terre et Ciel*, qui parut en 1854. Sous la forme d'un dialogue entre un théologien et un philosophe, l'auteur imagine, après cette vie, une série d'autres existences sur des globes différents, sans perte de la personnalité ni de la mémoire. « Je suis, dit-il, une substance anonyme que le vent promène à travers l'immensité ; je me suis fixé tout à l'heure sur cette planète où je cherche à me développer en me rendant utile, et j'aspire à y ouvrir mes ailes pour reprendre mon voyage vers des astres meilleurs ». Cette terre n'est que le lieu d'une de ces existences en nombre indéfini que nous devons parcourir. Nous avons existé avant de vivre ici-bas ; nous existerons de plus en plus parfaits dans les différents mondes qui peuplent l'espace : car l'immortalité consiste dans la marche ininterrompue d'une existence vers des existences semblables où l'on se purifie de plus en plus.

Voilà donc notre avenir assuré : nous ne mourrons pas, et pendant toute l'éternité nous voyagerons d'étoile en étoile, ce qui devra être très réjouissant pour les astronomes. Mais en attendant, qu'avons-nous à faire ici-bas ? Le programme de Jean Reynaud est le même que celui de Pierre Leroux, et se résume en deux mots : abolition de la tyrannie, et progrès dans la liberté par le travail. Ce programme est bien vague. Celui des communistes sera plus clair et plus radical.

Au dix-neuvième siècle, les principaux représentants du communisme en France sont Etienne Cabet, Pierre Proudhon et Louis Blanc.

Etienne Cabet naquit à Dijon en 1788, et mourut en 1856. Reçu avocat, il partit pour Paris, où il s'affilia à la société des carbonari, et combattit de toutes ses forces le gouvernement de la Restauration. En 1834, il se réfugia en Angleterre et s'y pénétra des doctrines communistes. De retour en France, il publia le *Voyage en Icarie ;* c'est là qu'il expose ses idées sur l'idéal d'un gouvernement. L'*Icarie* est une république imaginaire où tous les biens sont communs et où tous les gens sont heureux. Comme une bonne mère, cette république nourrit copieusement tous ses enfants, grâce au capital social qu'elle possède tout entier : car les Icariens forment entre eux comme une famille de frères qui exploite son domaine en commun et partage ensuite les produits entre ses membres aussi également que possible. Tout le monde doit travailler ; mais le travail est rendu facile par l'emploi des machines, qui représentent deux cent millions de chevaux ou trois milliards d'ouvriers : il en résulte que les hommes ont assez peu de chose à faire. En somme, le but que se propose Cabet, c'est d'assurer le triomphe définitif de la communauté et de l'égalité. Mais pour lui, comme pour Saint-Simon et Fourier, la satisfaction des appétits sensuels est la grande affaire de la vie : son communisme n'est que le sensualisme mis en pratique.

A proprement parler, dit M. Ferraz, Cabet n'eut pas de disciples. Il inspira seulement quelques écrivains peu connus du grand public, mais fort admirés du socialisme militant : Villegardelle, l'ami de Proudhon, Pecqueur et François Vidal. Du reste, la renommée d'Etienne Cabet fut bientôt éclipsée par celle de Proudhon.

Pierre Proudhon naquit à Besançon en 1809, et mourut en 1864. De même que Cabet, il était le fils d'un tonnelier, et il dut sa fortune à la hardiesse de ses paradoxes et à la violence de ses diatribes. Voulant par tous les moyens possibles attirer l'attention sur lui, il consacra son talent à guerroyer contre Dieu et contre la société. Il est resté le type du blasphémateur impudent et du démolisseur impitoyable. Pour lui, Dieu « c'est le mal » ; la propriété « c'est le vol ». Il veut établir un ordre nouveau « sans considération aucune de la divinité (1) », et fonder le droit sur une base unique, le sentiment de la dignité humaine (2). « Proudhon tiendra sans doute toujours un rang distingué parmi les littérateurs de notre temps, non pas pour cela, peut-être, parmi les penseurs. Pour la philosophie, il faut cette sorte d'intelligence qui se manifeste par l'ensemble et la suite des idées, et ce n'est pas celle qu'on remarque chez Proudhon. Aussi, quoiqu'il ait touché en plus d'un de ses ouvrages à des matières philosophiques, on ne peut dire que jamais il ait exposé ni même laissé soupçonner ce qu'on peut appeler une philosophie (3) ».

Sous le rapport des idées, Louis Blanc se rapproche plus de Cabet que de Proudhon, mais, comme écrivain, il est bien supérieur à son maître. Né à Madrid en 1814, Louis Blanc fit ses études à Rodez et à Paris, et se dis-

---

(1) *La justice dans la Révolution*, t. I, p. 216.
(2) Cf. Brin, *Hist. de la philos. contemp.* p. 222, 223.
(3) M. Ravaisson, *La philos. en France au XIXe siècle*, p. 43.

tingua de bonne heure par ses opinions avancées. En 1839, il publia l'*Organisation du travail* ; en 1842, l'*Histoire de dix ans* ; de 1847 à 1862, l'*Histoire de la Révolution française*. Louis Blanc se fait surtout remarquer par sa haine de la bourgeoisie, à laquelle il attribue tous les maux de la société. Pour le reste, il reproduit les idées de Cabet ; mais il les revêt d'un style brillant et leur donne une expression plus propre à les répandre et à les faire accepter. C'est par là, en même temps que par ses appels incessants aux passions de la foule, qu'il faut expliquer l'immense succès qu'obtint son ouvrage, la popularité extraordinaire dont jouit l'auteur, la haute position qui lui fut faite, en 1848, à la tête des classes ouvrières, au Luxembourg, et l'impuissance où il se trouva finalement de réaliser les espérances qu'il leur avait fait concevoir, par sa funeste chimère des ateliers nationaux.

Qu'a donc fait le socialisme pour le bonheur de ces classes laborieuses dont il voulait changer la destinée ? L'église saint-simonienne s'est écroulée dans la boue ; le phalanstère de Fourier n'a pu résister à une courte expérience ; la doctrine humanitaire de Pierre Leroux n'a soulagé aucune misère ; les pérégrinations de Jean Reynaud à travers les astres n'ont tenté personne ; la république d'Icarie n'appartient qu'au pays des rêves ; Proudhon n'a su que détruire, et l'on connaît la triste fin des ateliers nationaux imaginés par Louis Blanc. Tous ces systèmes n'ont servi qu'à faire pénétrer au sein des masses les idées révolutionnaires qui désagrègent la famille et désorganisent la société. On a ravi au peuple l'espérance d'une vie meilleure : il ne faut donc pas s'étonner s'il cherche à jouir le plus possible de la vie présente. Voilà l'abîme où conduisent les utopies du socialisme.

3. Les positivistes

On pourrait appliquer au positivisme la définition de l'empirisme que nous avons citée au début de notre introduction. C'est un système philosophique qui ne reconnaît et n'admet que les faits basés sur l'expérience et pouvant se démontrer expérimentalement. Ce système affecte de ne s'occuper ni de Dieu, ni de l'âme, ni de la vie future, ni en général de tout ce qui fait l'objet de la métaphysique : il se renferme à leur égard dans une neutralité dédaigneuse, sous prétexte que ces questions, inaccessibles aux sens, n'appartiennent pas au domaine de la philosophie. « Les notions absolues, dit M. Littré, ne sont susceptibles ni de démonstration, ni de réfutation. La philosophie, soit religieuse, soit métaphysique, s'occupe de l'absolu ; la philosophie positive, du relatif. Laissant de côté une enquête sur les causes premières et finales, elle renonce absolument à une ambition incompatible avec la portée de l'esprit humain, et se place dans l'ordre des questions qu'il est possible d'aborder et de résoudre. Ce caractère, respectivement propre aux notions positives et aux notions absolues, a été saisi et signalé par Voltaire dans son admirable conte de *Micromégas*. L'habitant de Sirius et celui de Saturne demandent aux savants qui reviennent de mesurer un degré près du pôle, quelle est la taille de Micromégas, quelle est celle de son compagnon, quelle est la pesanteur de l'air, quelle est la distance de la terre à la lune ; la réponse ne se fait pas attendre, elle est nette, précise, et ne suscite aucune contestation. Mais quand on en vient à la nature de l'âme, alors les philosophes, si bien d'accord auparavant, sont tous d'une opinion différente. Cette scène si vive et si ingénieuse est la figure de la concordance sur les questions positives, et de la discordance sur les questions absolues (1) ».

Le positivisme, il serait puéril de le nier, est devenu la philosophie à la mode, et cela est d'autant plus facile à expliquer, que ses doctrines s'adaptent très facilement à toutes les erreurs matérialistes. Ses partisans sont donc très nombreux, et on les rencontre partout : en France, Auguste Comte, Emile Littré, Hippolyte Taine, Ernest Renan, Edmond About, Th. Ribot, M. Leblais, Charles Robin, etc.; en Angleterre, Stuart Mill, Herber Spencer, Alexandre Bain, Georges Lewes, Samuel Bailey, etc.; en Allemagne, Carl Vogt, Jacques Moleschott, Louis Buchner, etc. Mais nous retrouverons bientôt les anglais et les allemands; pour le moment, occupons-nous des français.

Auguste Comte est regardé comme le père du positivisme français. Né à Montpellier en 1798, mort en 1857, il se montra tout d'abord élève intelligent, mais indiscipliné. Pendant quelque temps il s'attacha aux doctrines de Saint-Simon; mais le rôle de disciple ne convenait pas à sa fière nature, et en 1826, il ouvrit un cours de philosophie positive. Ses admirateurs lui assignèrent dès lors un rang spécial dans la famille des hommes célèbres. M. Littré pense « qu'il fut illuminé des rayons du génie et qu'il mérite une grande place à côté des plus illustres coopérateurs de cette vaste évolution qui entraîna le passé et qui entraînera l'avenir ». Le *Cours de philosophie positive*, le *Traité de sociologie* et la *Synthèse subjective* contiennent les doctrines d'Auguste Comte. On y remarque surtout la théorie des trois états, la classification des sciences, et la morale de l'altruisme.

D'après la philosophie positive, la pensée humaine a passé successivement par trois étapes : l'étape *théolo-*

---

(1) *Philosophie positive,* p. 83, 84. 1845.

gique, l'étape *métaphysique* et l'étape *scientifique* ou *positive.* La première étape est caractérisée par le surnaturel : on y explique les choses au moyen de volontés supérieures à la nature, au moyen de causes mystérieuses qui agissent dans le monde d'une manière spontanée, et interviennent à leur gré pour modifier les lois naturelles. A la deuxième étape, la foi au surnaturel a disparu, mais on croit encore à certaines puissances occultes qui sont comme des réductions des premiers êtres surnaturels. Ces deux époques représentent l'enfance de la pensée. Arrivé à la troisième étape, l'homme met de côté tout ce qui touche au surnaturel et à la métaphysique ; il se borne à rechercher et à étudier les circonstances physiques dans lesquelles se produisent les phénomènes qui doivent faire l'objet de la science. Ce dernier état est définitif et marque le terme du progrès pour notre espèce.

L'homme étant né pour la science, il s'agit d'organiser les sciences et d'en établir la classification. Auguste Comte distingue la mathématique, l'astronomie, la physique, la chimie, la biologie et la sociologie ; ses disciples y ont ajouté l'économie politique, une théorie cérébrale, une psychologie, une esthétique et une morale : telle est l'encyclopédie de nos connaissances.

L'homme étant fait aussi pour la société, l'idéal du bien consiste à faire prévaloir l'intérêt général sur l'intérêt particulier, l'*altruisme* sur l'*égoïsme*. Le bien, en effet, c'est ce qui est utile, non pas à l'individu, mais à la communauté, à l'espèce humaine, car l'individu n'est que par l'espèce et pour l'espèce. L'être individuel se trouve ainsi absorbé dans l'être social.

Vers l'année 1845, le saint-simonien se réveilla dans Auguste Comte, qui résolut de fonder une religion nouvelle avec ses pontifes, ses rites et ses symboles. Mais au culte des trois personnes divines il substitua celui du *Grand Milieu,* du *Grand Fétiche* et du *Grand*

Être. « Nous devons, dit-il, vénérer au premier rang l'entière plénitude du type humain, ensuite la terre bienveillante, dont le concours volontaire, quoique aveugle, est toujours indispensable à la suprême existence, et enfin les astres, surtout le soleil et la lune ». Il appelle aussi l'espace le *Grand Destin*, et l'immensité le *Grand Être*. Cette évolution inattendue dans la pensée d'Auguste Comte éloigna de lui plusieurs de ses disciples, entre autres Emile Littré et Charles Robin. D'autres, comme le docteur Robinet et M. Laffite, lui restèrent fidèles jusqu'au bout. D'ailleurs, lorsqu'il sentit la mort approcher, Auguste Comte sembla tourner ses regards vers la véritable Eglise, et plus d'une fois il fit ses délices de la lecture de l'*Imitation*.

Le plus célèbre de ses disciples et le plus illustre représentant du positivisme en France fut sans contredit Émile Littré, né à Paris en 1801, mort en 1881. Travailleur infatigable, érudit de premier ordre, il a laissé des ouvrages qui vivront autant que la langue française. Malheureusement il a connu trop tard la vérité, et si ses derniers moments ont consolé ses vrais amis et les admirateurs de son talent, on est obligé de convenir que ses théories en politique et en philosophie avaient d'abord égaré beaucoup d'intelligences. Ce fut en 1840 qu'il résolut de consacrer sa vie à la défense des doctrines positivistes.

Tout d'abord il fallait tracer nettement les limites de ce nouveau domaine philosophique, car la pensée d'Auguste Comte n'était pas facile à dégager de son *Cours*. « Tout ce que nous pouvons savoir, dit M. Littré, est évidemment renfermé dans les notions géométriques de l'étendue et du mouvement ; dans la connaissance du système céleste auquel nous appartenons ; dans le jeu des agents qui gouvernent évidemment toutes choses sur notre terre ; dans les combinaisons des éléments chimiques ; dans l'étude de la série des êtres vivants au sommet de laquelle l'homme est placé, et enfin dans les conditions sous lesquelles les sociétés se développent. Au delà de cet ensemble, on ne peut plus imaginer que des spéculations sur l'essence des choses et sur les causes dernières ; mais essence des choses, causes dernières, questions théologiques et métaphysiques, tout cela est en dehors de l'expérience. L'esprit humain, de quelque manière qu'il s'ingénie, n'a aucun moyen d'y atteindre, et produit lui-même des causes qui produisent tout (1) ». Il expose ainsi la théorie des trois états de la science humaine : « D'abord vient l'état théologique, dans lequel l'homme, transportant l'idée qu'il a de lui-même dans le monde extérieur, suppose les objets mus par des volontés analogues à la sienne. Dans l'état métaphysique, qui vient ensuite, l'homme substitue des entités aux conceptions concrètes du système théologique. Dans l'état positif, enfin, l'homme, connaissant sa vraie position au sein de l'ordre dont il fait partie, comprend que l'ensemble des phénomènes est déterminé par les propriétés des objets, d'où résultent des lois immuables ».

En entrant dans la carrière philosophique, M. Littré avait protesté de son « parfait désintéressement entre le matérialisme et le spiritualisme » ; mais bientôt il se rattache au premier de ces deux systèmes. Pour s'en convaincre, il suffit de lire la *Préface* qu'il a mise en tête de l'ouvrage de M. Leblais, et de parcourir le *Dictionnaire de médecine de Nysten*, où il définit l'âme « l'ensemble des fonctions du cerveau et de la moelle épinière », et l'homme « un animal mammifère de l'ordre des primates, famille des bimanes ». Dans son ouvrage intitulé *Conservation, Révolution, Positivisme*, il parle ainsi de la religion : « La religion de l'humanité

(1) *Philosophie positive*, p. 60-61.

est la religion démontrée, la base religieuse de la société de l'avenir. C'est elle seule qu'il faut connaître, aimer, servir ». Relativement à la vie future, il ajoute : « L'opinion de la perpétuité des individus après la mort ne s'est pas trouvée vraie, puisque la science n'a pu constater un fait de vie après la mort ». Quant à Dieu, il en rejette absolument l'idée comme antiscientifique et impossible.

Au reste, M. Littré, de même que tous les positivistes, s'illusionnait étrangement sur les tendances de l'esprit humain : « Qui ne voit, dit-il, la tendance des sociétés modernes vers la paix se manifester avec force au milieu des perturbations qui, dans un temps moins pacifique, auraient suscité des luttes sanglantes ? Aujourd'hui, pour les populations éclairées, conquérir est un mot vide de sens. Les pouvoirs militaires ont perdu de leur prépondérance, et les pouvoirs civils ont sans cesse grandi à leurs dépens. Un examen attentif de l'évolution sociale montre qu'elle tend surtout à faire prévaloir la raison sur l'ignorance, la force intellectuelle sur la force brutale, les idées générales sur les idées particulières, les notions de justice sur l'intérêt, la raison sur les passions ». Ces lignes furent écrites en 1845 ; qu'en pensait M. Littré en 1871 ?

M. Hippolyte-Adolphe Taine, né à Vouziers en 1828, relève-t-il d'Auguste Comte ou d'Émile Littré ? C'est plutôt un indépendant qui affecte de ne point marcher dans les sentiers battus, mais que ses tendances naturelles font incliner fortement vers le positivisme. Il est facile de s'en assurer, si l'on veut examiner ses opinions en logique, anthropologie, ontologie, théodicée et morale. On aura par là même une idée de la doctrine positiviste sur chacune de ces questions.

En logique, il n'admet qu'une méthode pour toutes les sciences : c'est la méthode expérimentale ou empirique, qui se compose d'un double élément, l'observation et l'induction ; or l'induction n'est elle-même qu'une extension de l'expérience. « De tout petits faits bien choisis, importants, significatifs, amplement circonstanciés et minutieusement notés, voici aujourd'hui la matière de toute science ; chacun d'eux est un specimen instructif, une tête de ligne, un exemplaire saillant, un type net auquel se ramène toute une file de cas analogues (1) ».

Appliquant cette méthode à l'anthropologie, le positivisme arrive à la suppression de l'âme, du moi et de ses facultés. « Les mots *faculté, capacité, pouvoir*, qui ont joué un si grand rôle en psychologie, ne sont que des noms commodes au moyen desquels nous mettons ensemble, dans un compartiment distinct, tous les faits d'une espèce distincte ; ces noms désignent un caractère commun aux faits qu'on a logés sous la même étiquette ; ils ne désignent pas une essence mystérieuse et profonde, qui dure et se cache sous le flux des faits passagers. C'est pourquoi je n'ai traité que des connaissances, et si je me suis occupé des facultés, c'est pour montrer qu'en soi et à titres d'entités distinctes, elles ne sont pas (2) ». Il faut en conclure que nos idées générales se réduisent à des signes, que la perception extérieure est une hallucination véridique, et la mémoire une illusion véridique. « Il n'y a rien de réel dans le moi, sauf la file des évènements ; ces évènements, divers d'aspects, se ramènent tous à la sensation ; la sensation elle-même, considérée du dehors, et par ce moyen indirect qu'on appelle la perception extérieure, se réduit à un groupe de mouvements moléculaires. Un flux et un faisceau de sensations et d'impulsions, qui, vues par une autre face, sont aussi un flux et un

---

(1) *De l'intelligence*, préf., p. 4.
(2) *Ibid.*, p. 1.

faisceau de vibrations nerveuses, voilà l'esprit (1) ». Qu'est-ce donc que l'homme ? « L'homme total se présente comme une hiérarchie de centres de sensations et d'impulsions, ayant chacun leur initiative, leurs fonctions et leur domaine, sous le gouvernement d'un centre plus parfait qui reçoit d'eux les nouvelles locales, leur envoie les injonctions générales, et ne diffère d'eux que par son organisation plus complexe, son action plus étendue et son rang plus élevé (2) ». Voilà ce que le positivisme nous enseigne relativement à l'homme.

L'ontologie est tout aussi maltraitée que l'anthropologie. Les idées de substance, d'essence et de cause sont rejetées du domaine scientifique. « De même que la substance spirituelle est un fantôme créé par la conscience, de même la substance matérielle est un fantôme créé par les sens (3) ». Donc il n'existe aucune substance. « Nous pensons qu'il n'y a ni esprit, ni corps, mais seulement des groupes de mouvements présents ou possibles, et des groupes de pensées présentes ou possibles. Nous pensons qu'il n'y a rien au monde que des faits et des lois, c'est-à-dire des évènements et leurs rapports (4) ». L'essence d'un être n'est donc que la somme indéfinie de ses propriétés. Quant à l'idée de cause, voici ce qu'en dit M. Taine : « Nous apprenons par l'expérience qu'il y a dans la nature un ordre de succession invariable, et que chaque fait y est toujours précédé par un autre fait. Nous appelons cause l'antécédent invariable, effet le conséquent invariable. La cause réelle est la série des conditions, l'ensemble des antécédents sans lesquels l'effet ne serait pas arrivé : il n'y a pas de fondement scientifique dans la distinction que l'on fait entre la cause d'un phénomène et ses

(1) *De l'intelligence,* préf. p. 9.
(2) *Ibid.*, p. 10.
(3) *Ibid.*
(4) *Le positivisme anglais,* p. 114.

conditions. La distinction que l'on établit entre l'agent et le patient est purement verbale. La cause est la somme des conditions négatives et positives prises ensemble, la totalité des circonstances et contingences de toute espèce, lesquelles, une fois données, sont invariablement suivies du conséquent ». Il en est de même pour notre volonté : elle n'est pas plus cause que le reste. « Il y a là un antécédent comme ailleurs, la résolution ou l'état de l'esprit, et un conséquent comme ailleurs, l'effort ou sensation physique (1) ». Donc rien de nécessaire et d'absolu, sinon cette maxime « qu'il n'y a rien d'absolu ».

La cosmologie positiviste est basée sur trois principes qu'on doit admettre comme des axiomes : d'abord la matière est éternelle ; ensuite, la matière, en vertu d'une force intrinsèque et d'une aspiration incessante, tend nécessairement à se perfectionner ; enfin, la matière, grâce à son activité et à la loi du progrès, passe d'elle-même de l'état inorganique à l'état organique, de l'état organique à la vie sensitive, et de la vie sensitive à la vie rationnelle, à l'homme. Cela posé, M. Taine se représente le monde comme une grande aurore boréale. « Un écoulement universel, une succession intarissable de météores qui ne flamboient que pour s'éteindre et se rallumer et s'éteindre encore, sans trêve ni fin, tels sont les caractères du monde au premier moment de la contemplation ». Mais, à la réflexion, nous parvenons à isoler des formes persistantes, des lois fixes, qui résument une multitude indéfinie de rencontres ; nous réduisons ensuite ces lois générales elles-mêmes, « jusqu'à ce qu'enfin la nature, considérée dans son fond subsistant, apparaisse à nos conjectures comme une pure loi abstraite qui, se développant en lois subordonnées, aboutit sur tous les points de l'étendue et de

(1) *Le positivisme anglais*, p. 61, etc.

la durée à l'éclosion incessante des individus et au flux inépuisable des évènements. Très probablement, la nouvelle loi mécanique sur la conservation de l'énergie est une dérivée peu distante de cette loi suprême ; car elle pose que tout changement engendre un changement capable de le reproduire sans addition ni perte, que, partant, le second équivaut exactement au premier, et qu'ainsi, visible ou invisible, la quantité de l'effet au travail demeure toujours la même dans la nature (1) ».

En théodicée, les positivistes ne sont pas d'accord : les uns considèrent l'idée de Dieu comme *extra-scientifique*, et par conséquent ne s'en occupent ni pour l'attaquer ni pour la défendre. D'autres en font une affaire de sentiment et d'imagination, et regardent cette idée de Dieu comme une illusion subjective qu'on peut se permettre de cultiver, mais qu'on ferait mieux de détruire. Le plus grand nombre, considérant que cette idée est *antiscientifique* et parfaitement illusoire, la bannissent absolument de leurs études et défendent de s'y arrêter. Parmi ces derniers on compte M. Taine et M. Littré.

Quelle morale peut sortir d'un pareil système ? M. Taine nous a dit déjà qu'on ne peut donner le nom de cause à la volonté humaine, et que la vertu n'est qu'un produit, comme le sucre et le vitriol. Il n'y a donc point de liberté, ni, par là même, de responsabilité. Le mot barbare d'*altruisme* n'exprime au fond que la subordination aveugle de l'individu à la société. La société a le droit de se débarrasser des criminels, non pas parce que ceux-ci sont coupables, mais parce qu'ils gênent son fonctionnement. « Quoique les moyens de notation ne soient pas les mêmes dans les sciences morales que dans les physiques, néanmoins, comme dans les deux la matière est la même et se compose

---

(1) *De l'intelligence*, préf., p. 11-12.

également de forces, de directions et de grandeurs, on peut dire que, dans les unes et dans les autres, l'effet final se produit d'après la même règle (1) ».

Auguste Comte, Emile Littré et Hippolyte Taine sont les trois grands noms du positivisme français au dix-neuvième siècle. On pourrait citer encore Charles-Philippe Robin, médecin, né à Jasseron en 1821, mort en 1885. Nommé professeur d'histologie à la Faculté de médecine en 1862, il s'unit à Littré pour fonder la Société de sociologie, en 1871. Il a publié de nombreux ouvrages de médecine et une édition matérialiste du *Dictionnaire de Nysten* qui donna lieu à un procès soulevé par les héritiers de celui-ci.

M. Joseph-Ernest Renan, membre de l'Institut, né à Tréguier en 1823, est un des écrivains les plus connus de cette fin de siècle. Nous le mentionnons ici à cause de son goût pour les doctrines positivistes. D'après lui, deux choses peuvent tout expliquer : « Le temps, ce coefficient universel, et la tendance au progrès, germe fécond, conscience obscure de l'univers qui tend à se faire, ressort intime qui pousse le possible à exister et l'appelle à une vie de plus en plus développée (2) ».

Peut-on réellement donner au positivisme le nom de doctrine nouvelle ? A part sa fausse théorie des trois états et sa classification arbitraire des sciences, nous ne voyons pas ce qu'il a le droit de revendiquer en propre. La science, dit-il, a pour objet unique les faits observables et certaines lois abstraites de ces faits ; mais tous les sensualistes l'avaient dit avant lui. Il prétend que les idées universelles ne sont que des mots ou des signes ; mais Condillac, à la suite des nominalistes,

---

(1) *Hist. de la littérat. angl.* Introd. p. 31.
(2) *Revue des Deux-Mondes*, 15 oct. 1863.

soutenait la même thèse. D'après lui, le *moi* est la collection des phénomènes du sujet pensant ; mais c'était aussi l'opinion de Locke et de Condillac. L'éternité de la matière, la réduction des phénomènes intellectuels et moraux à des phénomènes purement physiques, l'évolution progressive, la négation de la spiritualité de l'âme, de son immortalité, de la liberté humaine et de l'existence de Dieu ; mais nous avons déjà rencontré toutes ces erreurs dans les doctrines de Démocrite, d'Epicure, de Lucrèce, de Hobbes, d'Helvétius, de La Mettrie et de Broussais. Longtemps avant les positivistes, Ænésidème, puis Hume, avaient rejeté les causes et le principe de causalité ; Locke avait dit que l'essence ou la substance n'est rien de réel en dehors des parties et des propriétés ; les sophistes grecs avaient enseigné la relativité de toutes nos connaissances et l'écoulement universel des choses (1).

II

L'EMPIRISME EN ANGLETERRE

Au dix-neuvième siècle, ce n'est plus à l'Angleterre qu'appartient la direction des idées philosophiques. Malgré le bruit ridicule qu'on a fait autour du nom de Darwin, c'est en France ou en Allemagne que les philosophes d'outre-Manche puisent leurs inspirations. Quelques-uns sont transformistes, d'autres sont dynamistes ; presque tous sont en même temps positivistes : nous venons de voir, en effet, que le positivisme est la synthèse de toutes les erreurs sur lesquelles on peut faire reposer la doctrine matérialiste. Quelquefois même il est assez difficile de distinguer, chez tel ou tel écri-

---

(1) Cf. P. Vallet, *Hist. de la philos.* 3ᵉ édit. p. 572, etc.

vain, le parti vers lequel il penche, tellement les nuances sont nombreuses et presque insaisissables. On est à peu près sûr alors de ne pas se tromper en le rangeant parmi les positivistes. Cependant, pour éviter toute erreur, nous nous bornerons à suivre l'ordre chronologique, en exposant l'histoire de l'empirisme anglais au dix-neuvième siècle.

Nous avons à parler tout d'abord de l'économiste Thomas-Robert Malthus, qui a donné son nom à la secte du malthusianisme. Né en 1766 dans le comté de Surrey, mort à Aylesbury en 1836, Malthus visita la Suède, la Norwège, la Finlande, la Russie et la France, et ses observations portèrent sur les rapports qui existent entre les ressources et la population de ces différents pays. Hume avait dit que le nombre des habitants d'une contrée dépend toujours directement du nombre des moyens de subsistance qu'offre cette contrée. Malthus s'occupa de déterminer mathématiquement ce rapport constaté par Hume, et il formula ce principe, que l'on a appelé la loi de Malthus : Pendant que les moyens de subsistance s'accroissent suivant une progression arithmétique, la population humaine augmente suivant une progression géométrique. Il en résulte que si on laissait la population s'accroître suivant les lois naturelles, l'humanité deviendrait bientôt trop nombreuse pour trouver des moyens suffisants d'existence.

Ce principe est le contraire de la vérité. La conclusion pratique que Malthus en tire est abominable ; la voici. L'accroissement de la population, qui amènerait la famine s'il se développait en liberté, doit être entravé par tous les moyens possibles. La nature elle-même y a mis obstacle d'une manière privative et d'une manière destructive. Les obstacles privatifs sont les vices qui arrêtent la fécondité naturelle de l'homme, et les calculs de la prudence ou de l'égoïsme, qui produisent les mêmes résultats. Les obstacles destructifs sont ceux qui tendent à abréger la durée naturelle de la vie humaine, comme les guerres, les maladies, les travaux excessifs, les occupations malsaines, la pauvreté, etc. Si ces causes de dépopulation ne suffisent pas, l'homme doit chercher d'autres moyens d'empêcher l'accroissement du nombre de ses semblables. Inutile d'insister sur un pareil système : il soulève l'indignation en même temps qu'il provoque le dégoût.

Charles Lyell, célèbre géologue, naquit à Kinnordy en 1797, et mourut à Londres en 1875. En 1824, il entreprit un voyage d'études dans les parties montagneuses de la France, de l'Allemagne et de l'Italie. De retour en Angleterre, il fut chargé du cours de géologie au Collège du Roi, à Londres. Dans ses doctrines, Ch. Lyell se rapproche de Darwin. Son ouvrage sur *l'Ancienneté de l'homme prouvée par la géologie,* publié en 1863, enseigne la perpétuité du globe terrestre.

John Stuart Mill, né à Londres en 1806, mort en 1873, était fils du célèbre James Mill, historien, économiste et philosophe écossais. Son père, dit M. Brin, auquel nous empruntons cette notice, fut l'ami dévoué de Bentham et l'ardent propagateur de la morale utilitaire. Stuart Mill fut ainsi initié, dès son bas âge, à la culture des sciences positives, et sa raison se développa au détriment des autres facultés. Ce système d'éducation, joint aux luttes de chaque jour, exerça une fâcheuse influence sur le caractère du jeune homme ; mais il dirigea son esprit vers l'étude de la logique, ce qui lui valut sa réputation. Dans un voyage en France, le jeune anglais choisit pour maître Auguste Comte, et, sans adopter toutes ses idées, il devint l'un des défenseurs les plus zélés de son système : quand la mort le surprit, il travaillait au triomphe de son école,

Stuart Mill a exposé la logique du positivisme avec une inflexible rigueur, et en a montré toutes les conséquences, soit en métaphysique, soit en morale. Placé par son intelligence et son savoir à la tête des philosophes que les anglais appellent *associationistes*, il s'est appliqué, en suivant les règles de sa méthode, à réduire toutes nos idées à des perceptions sensibles, et tous nos jugements, même les plus absolus, à des groupements de sensations qui s'effectuent à la présence des phénomènes et se fixent par l'habitude. Selon la remarque de M. Ravaisson, il est en cela plus fidèle que son maître « au principe positiviste, qui est de s'en tenir aux seuls faits » ; il relève et critique vivement « chez Auguste Comte cette préoccupation constante, que trahit l'emploi continuel des mots *système, systématiser, systématisation,* et autres de même valeur. Il s'en étonne, puis il y voit l'effet d'une inclination naturelle de l'esprit français, toujours ami de l'ordre et de l'unité ».

Malgré cette fidélité apparente, l'auteur du *Système de logique* ne se tient pas dans la neutralité si chère aux positivistes ; à chaque instant il abandonne Hobbes et Locke pour marcher à la suite de Berkeley dans la voie du scepticisme idéaliste, et il déclare que l'objet même de la science positive, le fait extérieur et matériel, échappe à nos investigations : « Nous ne connaissons de la matière que les sensations qu'elle nous cause et l'ordre dans lequel ces sensations apparaissent » ; en conséquence, nous ne pouvons avoir de certitude sur la réalité objective de nos perceptions les plus élémentaires, et nous sommes condamnés au doute absolu. De temps en temps, au contraire, il semble admettre la possibilité d'une métaphysique, et à travers « les fissures » de la muraille qui nous enferme, il entrevoit « des rayons projetant de la lumière sur des êtres inconnus (1) ».

---

(1) M. Brin, *Hist. de la philos. contemp.*, p. 237, etc.

Charles Darwin, célèbre naturaliste, naquit à Shewsbury, en 1809. Il avait trente ans lorsqu'il commença d'une manière effective ses recherches scientifiques, en prenant part au voyage de circumnavigation du *Beagle*. Dans cette expédition, dit M. de Valroger qui sera ici notre guide, il recueillit un grand nombre de matériaux sur lesquels ont travaillé des hommes éminents. La science lui doit aussi des *Observations géologiques sur les îles volcaniques,* un travail sur la *Structure et la distribution des îles de corail,* des *Observations géologiques sur l'Amérique du Sud,* une curieuse *Monographie des cirripèdes,* et des études intéressantes sur *La fécondation des orchidées par les insectes.* S'il n'eût fait que des œuvres modestes et inoffensives comme celles-là, il n'eût jamais eu la renommée bruyante qu'il a maintenant ; il eût seulement contribué, d'une manière sûre et honorable, au progrès tranquille des sciences naturelles. Mais il publia, en 1859, sur l'*Origine des espèces,* un livre qui rappelle la *Philosophie zoologique* de Lamarck, et dans un autre genre, le lourd roman de Dupuis sur l'*Origine des cultes.* Pour compléter l'exposition et la défense de son système, il composa ensuite un traité sur la *Variation des animaux et des plantes sous l'action de la domestication.* Enfin, il a publié, en 1871, une collection de recherches minutieuses, arbitrairement enchaînées par des conjectures ridicules sur l'*Origine de l'homme.*

On sait qu'en histoire naturelle il faut distinguer les classes, les ordres, les genres, les espèces et les variétés. Or, c'est un fait d'expérience que l'homme, au moyen d'un travail intelligent de sélection, peut modifier les variétés ou races dans le sens qu'il juge le plus favorable au résultat qu'il se propose. Ainsi font les éleveurs et les horticulteurs ; mais cette puissance modificatrice a toujours des limites étroites, et elle n'efface jamais, suivant l'expression de M. Milne

Edwards, le cachet distinctif de l'espèce zoologique. Ainsi, tandis que l'homme travaille à former des races, la nature maintient les espèces dans des limites infranchissables. Ainsi parle la science.

M. Darwin prétend au contraire que le terme d'*espèce* ne diffère pas essentiellement du terme de *variété*, et que la permanence des caractères spécifiques est une illusion produite par l'extrême lenteur du changement de ces caractères et par la brièveté de l'expérience humaine. Suivant lui, tous les êtres organisés se transforment incessamment, depuis des milliards de siècles, sous l'empire d'une loi de *sélection naturelle*, analogue aux procédés éclectiques employés par nos éleveurs ; et la sélection naturelle ayant agi, avec une puissance illimitée, durant des périodes indéfinies, toutes les espèces vivantes sont descendues d'un petit nombre de prototypes, ou même d'un seul ; leurs ressemblances doivent provenir d'une filiation commune.

Comment les *variétés* se transforment-elles en des *espèces*, dont le croisement est impossible, ou n'a du moins que des résultats éphémères ? Comment se forment les groupes d'espèces qui constituent des genres distincts, et diffèrent les uns des autres encore plus que les espèces de chaque genre ne diffèrent entre elles ? Tous ces effets, dit M. Darwin, ont une même cause, *la lutte pour la vie (strugle for life)*. Grâce au combat perpétuel que tous les êtres vivants se livrent entre eux pour leurs moyens d'existence, toute variation, pourvu qu'elle soit utile à l'individu dans lequel elle se produit, se transmet généralement à sa postérité. Les individus doués de quelque avantage naturel ont en effet plus de chances que les autres de survivre et de propager leur race. D'un autre côté, toute déviation nuisible aux individus chez lesquels elle se produit causera leur destruction et disparaîtra avec eux. « Je nomme, dit M. Darwin, *sélection naturelle* la loi qui *conserve* les variations utiles, et qui *élimine* les déviations nuisibles ». L'agent principal de la sélection naturelle et la cause incessante du progrès organique est donc l'effacement des faibles par les forts. (D'où vient donc qu'il existe encore des faibles ?)

La *sélection* ou *élection naturelle* n'a pas seulement le pouvoir de changer les formes organiques ; elle change également les habitudes instinctives qui contribuent, non moins que les organes matériels, à former les caractères distinctifs des différentes espèces. « Selon moi, dit M. Darwin, on peut expliquer le plus merveilleux de tous les instincts connus (l'instinct des abeilles), à l'aide de modifications successives innombrables, mais légères, d'instincts plus imparfaits, dont l'élection naturelle aurait pris avantage pour amener, par de lents progrès, les abeilles à décrire, sur double rang, des sphères égales, à une distance donnée les unes des autres, et à laisser subsister ou à bâtir de minces cloisons dans les plans de mutuelle intersection (1) ».

L'histoire des mutations organiques, d'après le transformisme, peut donc se résumer ainsi : Au sein du prototype, ou des types primitifs, il apparut des variétés. Les variétés élues devinrent des espèces ; les espèces diversifiées produisirent les genres ; des genres sont nés les ordres ; et des ordres sont sorties les classes. L'ensemble de ces ramifications compose un arbre généalogique immense, dont on ne retrouve plus maintenant que des fragments épars.

Dans son livre sur l'*Origine des espèces*, M. Darwin s'était prudemment abstenu d'appliquer son système à l'espèce humaine en particulier. « Je ne puis croire, disait-il alors, que les opinions exposées dans ce volume blessent les convictions religieuses de qui que ce soit ». Plus tard, il a déclaré que sa longue réserve à ce sujet

---

(1) *Origine des espèces*, p. 336.

avait eu pour motif la crainte d'augmenter les préventions contre ses vues. Mais en 1871, il n'a plus les mêmes scrupules. Louis Buchner en Allemagne, Louis Viardot en France, avaient nettement professé l'athéisme : c'était un encouragement à tirer les dernières conséquences impliquées logiquement dans ses précédentes assertions. Du reste, plusieurs de ses disciples s'étaient déjà chargés de ce soin. « Si la théorie est bonne, avait dit M. Laugel, elle doit s'appliquer à l'homme comme à tous les animaux ». Ainsi ont raisonné MM. Huxley et Ch. Lyell en Angleterre, L. Buchner, Haeckel et Schaaffhausen en Allemagne, Karl Vogt et Clarapède en Suisse, Canestrini en Italie, et la plupart des vulgarisateurs du matérialisme.

Les conjectures de M. Darwin sur l'origine de l'homme, sont encore plus invraisemblables que son système imaginaire sur l'origine des espèces végétales et animales. S'il faut l'en croire, nous descendons d'un simiadé velu, qui avait une queue et des oreilles pointues, et vivait sur les arbres, dans l'ancien monde. Antérieurement, nous avons eu pour ancêtre un marsupial issu d'un reptile, qui descendait d'un poisson. Encore plus loin, dans la profondeur du passé, nous pouvons nous figurer le progéniteur de tous les vertébrés à peu près sous la forme des Ascidiens, mollusques hermaphrodites, attachés d'une façon permanente à un support, et qui paraissent à peine être des animaux, car ils consistent seulement en un sac muni de deux petits orifices saillants. Et voilà les rêves mythologiques, les hypothèses ridicules qu'on présente au monde comme une révélation scientifiquement justifiée par les derniers progrès de l'histoire naturelle (1) !

George-Henri Lewes, littérateur et physiologiste,

---

(1) H. de Valroger, *La Genèse des espèces*, p. 79, etc.

naquit à Londres en 1817 et mourut en 1878. Son éducation, commencée sur le continent, se termina à Grenwich, sous la direction du docteur Burney. Après avoir étudié l'anatomie et la physiologie dans l'intention de devenir médecin, il choisit définitivement la carrière littéraire, ce qui ne l'empêcha pas de s'occuper de philosophie. Avec Stuart Mill, Alexandre Bain, Herbert Spencer et Samuel Bailey, il a puissamment contribué à répandre en Angleterre les doctrines positivistes. On lui doit une *Histoire biographique de la philosophie* et une traduction anglaise de la *Philosophie positive* d'Auguste Comte.

Alexandre Bain, philosophe et professeur, est né en 1818, à Aberdeen, d'une famille pauvre. A force de privations et d'efforts, dit le *Dictionnaire des Contemporains*, il entra au collège de cette ville et obtint le diplôme de maître ès-arts en 1840. D'abord suppléant de la chaire de morale, puis professeur de philosophie naturelle à l'Université d'Aberdeen, il passa, en 1845, à celle de Glascow, et fut appelé à celle de Londres, par lord Brougham, en 1857, en qualité d'examinateur de philosophie. En 1860, il revint à Aberdeen, comme professeur de logique et de littérature anglaise. Ses principaux ouvrages sont : *Les sens et l'entendement ; Les sentiments et la volonté ; Logique déductive et inductive ; L'esprit et le corps.*

La situation officielle occupée par M. Bain donne à son enseignement une importance considérable. Or, voici ce qu'il écrivait en 1873 : « Le matérialisme n'a peut-être pas trouvé en ce siècle un plus puissant défenseur que le fameux chimiste et physicien Priestley : nul n'a réfuté avec plus d'efficacité le sophisme de l'école qui ne voit dans la matière qu'une substance morte, inerte, indifférente au repos et au mouvement, alors qu'elle déploie dans l'univers entier ces forces d'attraction et de répulsion qui sont l'âme du monde. L'activité psychique n'est qu'un mode de l'universelle activité de la matière. Puisqu'il ne saurait y avoir d'influence réciproque là où il n'y a point de propriété commune, comment une substance immatérielle et inétendue exercerait-elle une action quelconque sur la matière ? Car c'est toujours là le grand argument que l'on a produit et reproduit en tous temps contre les spiritualistes, sans qu'ils y aient jamais pu répondre que par le mot *mystère*. Or, Prietsley était trop pénétré des principes de la logique de Newton pour ne pas rappeler aux spiritualistes qu'il ne faut pas multiplier les causes et les mystères sans nécessité. Où rencontre-t-on toujours la sensation et la perception ? Dans la matière vivante, dans les corps organisés. Jusqu'à ce qu'on ait démontré que les propriétés de l'esprit sont incompatibles avec celles de la matière, l'hypothèse d'une seule substance doit être tenue pour vraie (1) ».

Ces lignes suffiraient pour démontrer que M. Bain est dynamiste en même temps que positiviste. Si l'on veut maintenant connaître son opinion sur l'avenir réservé à l'étude de l'âme, la voici : « Les arguments en faveur des deux substances semblent avoir maintenant perdu toute leur force ; ils ne sont plus d'accord avec les résultats acquis par la science et avec la clarté de la pensée. La substance unique, avec deux ordres de propriétés, deux faces, l'une physique, l'autre spirituelle, une unité à deux faces, semble plutôt satisfaire à toutes les exigences de la question. Nous devons considérer cette substance, selon le langage de la profession de foi athanasienne, sans confondre les personnes ni diviser la substance. L'esprit est destiné à être le sujet d'une double étude, étude pour laquelle le métaphysicien devra s'associer au physicien ; et ce

(1) A. Bain, *L'esprit et le corps*, p. 102.

qu'Aristote n'avait fait qu'entrevoir pendant un instant est enfin devenu une vision claire et durable ».

Herbert Spencer naquit à Derby, en 1820. D'abord ingénieur civil, il abandonna sa profession vers 1845 pour se livrer exclusivement à l'étude des sciences philosophiques. Le *Dictionnaire des dictionnaires* résume ainsi sa doctrine, exposée dans de nombreux ouvrages :

D'abord, relativement à la formation des idées et sensations intérieures, Spencer admet les principes de Hume, c'est-à-dire les séries de représentations : la plus grande partie de nos idées sont, suivant lui, le résultat des perceptions répétées et accumulées à l'infini, travail qu'il compare à l'entassement successif des zoonites, qui, à la longue, forme des îles et des continents. Il fonde son système sur l'évolutionnisme : « Deux éléments principaux forment le fond de nos connaissances : les habitudes héréditaires et, conséquemment, les instincts intellectuels. L'hérédité est le principe des connaissances nécessaires et universelles. Il y a en nous ce que Leibnitz appelle les modes de la pensée, que nous apportons en naissant et dont nous ne pouvons nous défaire. Nos connaissances s'acquièrent successivement et progressivement par une adaptation merveilleuse de notre esprit aux objets : c'est ce qu'on appelle une évolution. Ainsi la loi d'hérédité fixe les résultats dans l'espèce, et la loi d'évolution modifie les espèces mêmes. Grâce à ces deux lois, tout se conserve et tout s'accroît. Cette évolution s'accomplit par le procédé de la sélection naturelle. Parmi les associations d'idées, celles qui sont le plus conformes aux associations mêmes des choses ont des chances de durée que les autres n'ont pas. Dans l'animal, c'est l'instinct, limité aux besoins de l'espèce ; mais dans l'homme, les relations sont de plus en plus complexes et étendues avec le monde entier : n'entrons-nous pas, par le télescope, en relation avec les étoiles ? et par le microscope, avec l'infiniment petit ? De tous les animaux, l'homme n'est-il pas celui qui se confond le plus avec la nature ? Il en résulte que les instincts intellectuels de l'homme finissent par exprimer les lois mêmes de la nature ».

Cette théorie aide à comprendre le mécanisme de nos connaissances ; elle laisse, toutefois, sans explication deux idées importantes : l'idée du sujet pensant et celle de l'absolu. Quelle distinction faut-il faire entre le *moi* et le *non moi* ? Spencer fonde cette distinction sur celle du volontaire et de l'involontaire, à laquelle on est toujours obligé de revenir comme à un élément dernier impliqué dans tous les faits de conscience. L'idée de l'absolu n'est pas moins essentielle ; le philosophe essaie de rétablir cette idée. Il est vrai, dit-il, que toute science est relative ; mais, même pour affirmer que toute connaissance est relative, il faut déjà se référer à l'absolu, qui en est le contraire. « Bien que l'on ne puisse connaître l'absolu, au sens strict de ce mot, nous sentons pourtant que l'existence de l'absolu est une donnée nécessaire de la conscience ». Notre science est comme une sphère qui, à mesure qu'elle s'agrandit, augmente ses points de contact avec l'inconnu. La science du connaissable n'est donc pas tout ; « la pensée de l'inconnaissable subsiste toujours ». La religion de M. Spencer semble consister à maintenir toujours élevé, dans notre conscience, un autel au Dieu inconnu.

En cosmologie, M. Spencer admet l'universelle évolution, c'est-à-dire qu'il étend le principe d'évolution à l'univers tout entier. S'appuyant sur la permanence de la force, il établit deux corollaires : uniformité des lois de la nature, et transformation équivalente des forces ; d'où il déduit comme conséquence finale : direction du mouvement suivant la ligne de la plus grande force et de la plus faible résistance. Tout mouvement est rhythmique, comme celui de l'océan. Le rhythme fondamental auquel tous les autres viennent se réduire est celui de l'évolution et de la dissolution. L'évolution accomplit son rhythme en toutes choses de la même manière que dans le germe animé : elle va du simple au complexe, de la structure homogène à la structure hétérogène. Nul équilibre de forces ne peut durer toujours, les organismes finissant par se décomposer, selon la loi universelle de dissolution. Evolution et dissolution, voilà donc les deux lois qui régissent le monde. Les individus et même les espèces ne sont que des combinaisons passagères. La vie circule à travers les formes changeantes et flexibles, et peu à peu brise ces formes. L'évolution par laquelle les choses prennent une forme de variété et d'unité croissante explique la formation du monde, d'abord le développement de la vie, puis de la société, du gouvernement, de l'industrie, de la science et de l'art. Point de type immuable pour les espèces : elles sont produites par la sélection naturelle, qui résulte de la lutte pour la vie. Les êtres animés sont en concurrence perpétuelle : les plus forts et les plus intelligents l'emportent, transmettent leur supériorité à leurs descendants, et produisent peu à peu d'autres variétés et d'autres espèces. Après des milliers de siècles, l'équilibre se produira parmi les forces dont se compose notre système solaire, car le soleil est le centre de toutes les forces de la nature ; puis la dissolution détruira de nouveau cet équilibre, et ainsi de suite, à l'infini.

Disons maintenant un mot sur la morale utilitaire, que M. Spencer ne sépare cependant pas de la sociabilité : « La morale individuelle n'est que l'appropriation de l'individu au milieu social ». Le philosophe anglais fait l'application à la société de la loi d'évolution. La société est un organisme, comme le corps d'un animal : son progrès consiste dans une complexité croissante des fonctions. Le développement des sociétés est la résultante de la prédominance des penchants altruistes sur les penchants égoïstes. Le temps viendra où il y aura équilibre entre les intérêts de tous les individus au sein de l'humanité, et aussi entre l'humanité et la nature. Le gouvernement est l'ensemble des institutions et des appareils de contrainte qui font échec aux penchants antisociaux ou égoïstes. Le respect et le besoin de l'autorité déclinent à mesure que croît le respect du droit de l'individu : l'idéal serait l'absorption du premier élément dans le second. Nous marchons vers une forme où l'autorité sera réduite au minimum et la liberté portée au maximum. Des formes intermédiaires se succèderont entre la monarchie absolue et la démocratie finale, où la nation sera le vrai corps délibérant, faisant exécuter ses volontés par des délégués chargés de mandats déterminés et formels, librement consentis de part et d'autre. En résumé, Spencer, avec l'école anglaise, n'ayant point admis, même comme idéal, la liberté morale, ne peut fonder ni véritable devoir, ni véritable droit. Son système n'est qu'un naturalisme qui aspire à remplacer la moralité, mais qui reste toujours au-dessous d'elle.

John Tyndall, célèbre physicien, né en 1820, dans un petit village d'Irlande, de parents pauvres, acquit quelque connaissance des mathématiques et fut employé au Comité d'artillerie. Instituteur au collège de Queenwood, il se rendit en Allemagne en 1848, et étudia à Marbourg sous M. Bunsen, et à Berlin sous Magnus. Ses recherches sur le diamagnétisme, la polarisation, les propriétés magnéto-optiques des cristaux et les rapports du magnétisme avec l'affinité moléculaire, le firent nommer, dès son retour à Londres, en 1853, membre de la Société royale et professeur de physique à l'Institution royale de la Grande-Bretagne, où il succéda, en 1867, à l'illustre Faraday, comme surintendant. En 1856, il explora les glaciers de la Suisse, avec M. Huxley, continua seul, pendant les trois années suivantes, ses études sur la Mer de glace, et passa une partie de l'hiver de 1859 à Chamounix. Il entreprit plus tard des recherches sur la chaleur rayonnante, dont les résultats si précieux pour la science furent publiés dans les *Philosophical Transactions*. En 1872, il se rendit aux Etats-Unis, où ses conférences obtinrent un immense succès, et dont le bénéfice fut offert par le savant à un comité pour aider les travailleurs dans leurs recherches scientifiques (1). John Tyndall représente, avec Darwin et Huxley, la fraction la plus hardie des naturalistes anglais.

Thomas-Henri Huxley, naturaliste, est né à Ealing, en 1825. Il suivit les cours de médecine à l'Ecole de l'hôpital de Charing-Cross, entra comme aide-chirurgien au service de la marine, et fit un long voyage dans l'Océan pacifique et l'Archipel indien. Nommé professeur d'histoire naturelle à l'Ecole des Mines de Londres en 1854, il fit, en outre, un cours d'anatomie au Collège royal des chirurgiens, de 1863 à 1869. Il a été élu correspondant de l'Académie des sciences, pour la section de zoologie, le 2 juin 1879.

A la réputation de savant, M. Huxley joint celle de hardi penseur et d'écrivain original. Au point de vue philosophique, il s'attache aux doctrines de Hume ; c'est là son point de départ : « J'ai l'espoir, dit-il, qu'il n'y a rien dans ce que j'ai pu dire qui soit en contradiction avec le développement logique des principes de Hume (2) ». Cependant, ce n'est qu'avec une certaine timidité qu'il tire d'abord les conséquences de ces principes, et M. Buchner le lui reproche d'un ton de

---

(1) *Dictionnaire des contemporains.*
(2) *Hume, sa vie et ses travaux.*

pédant. « M. Huxley, dit-il, effrayé sans doute de sa propre audace et inquiété des froncements de sourcils de ses compatriotes bigots et rigoristes, a cru nécessaire tout récemment d'éloigner de lui l'accusation banale, mais malheureusement toujours redoutée, de matérialisme ; par là, il a amoindri, dans une certaine mesure, la hardiesse par laquelle, six ans auparavant, il avait attaqué les préjugés de son temps et les craintes puériles de l'ignorance (1) ».

Dans son ouvrage intitulé *De l'influence des découvertes scientifiques sur les progrès de la pensée humaine*, M. Huxley, fidèle à son maître, attaque ainsi le principe de causalité : « Toute connaissance est l'expérience des faits, acquise au moyen des sens. Les philosophes ont obscurci notre expérience en y ajoutant bien des choses que nos sens ne peuvent observer. Ainsi la métaphysique nous enseigne qu'un fait que nous observons est une cause, et qu'un autre fait est l'effet de cette cause ; mais une analyse sévère nous fait reconnaître que les sens ne nous font rien observer comme cause ou comme effet. Ils observent qu'un phénomène succède à un autre, que tel fait ne manque jamais d'en suivre un autre dans certaines circonstances : c'est vrai ; mais au principe de causalité il faut substituer la succession invariable ».

Tels sont les principaux philosophes anglais qui enseignent le matérialisme au dix-neuvième siècle. Ils appartiennent, comme on le voit, à différentes écoles, et quelques-uns appartiennent à plusieurs en même temps. On trouve parmi eux des économistes, des transformistes, des dynamistes et des positivistes. Quel que soit le nom particulier qu'on leur donne, ils ont un trait de ressemblance avec tous les autres matérialistes

---

(1) *L'homme selon la science*, p. 362.

de notre époque ; c'est une tendance prononcée à gratifier la matière de toutes les propriétés possibles, afin de n'avoir pas à admettre l'existence d'un Dieu créateur. Or, ce que nous avons vu en France, ce que nous venons de voir en Angleterre, nous allons le retrouver en Allemagne.

III

L'EMPIRISME EN ALLEMAGNE

La France et l'Allemagne, dit Mgr Maret, sont les deux nations philosophes des temps modernes. Toutefois, il faut reconnaître que le rationalisme s'est développé chez nos voisins avec beaucoup plus de suite et de conséquence que parmi nous. Leurs systèmes nous dévoilent bien vite le fond des doctrines, parce qu'ils sont complets. Ce qui est obscur et enveloppé dans les théories françaises, est manifeste et avoué dans les théories allemandes. Je ne veux pas dire, sans doute, que nos voisins possèdent une méthode d'exposition meilleure que la nôtre, et un langage plus clair que le nôtre ; sous ce rapport, nous leur sommes très supérieurs, et ils le reconnaissent ; mais en métaphysique, ils vont plus loin que nous (1).

Emmanuel Kant, né à Kœnisberg en 1724, mort en 1804, avait inauguré le système du criticisme transcendantal. La *Critique de la raison pure*, la *Critique de la raison pratique* et la *Critique du jugement* avaient produit dans le monde philosophique une révolution dont les résultats se font encore sentir. Au fond, son système n'est que le conceptualisme avec toutes ses

---

(1) Mgr Maret, *Théodicée chrétienne*, 17e leçon.

conséquences les plus désastreuses, et l'on peut dire que le philosophe prussien est un des chefs du scepticisme idéaliste, du sensualisme transcendantal et du rationalisme absolu. On a fait beaucoup trop de bruit autour de son nom.

Jean-Théophile Fichte naquit dans la Haute-Lusace, en 1762, et mourut à Berlin, en 1814. Il eut occasion de voir et d'entendre Kant à Kœnisberg, et goûta sa philosophie, à laquelle néanmoins il apporta dans la suite quelques modifications. Il a laissé plusieurs ouvrages célèbres, parmi lesquels on remarque celui qui a pour titre *Principes fondamentaux de toute la doctrine de la science ;* on y trouve le résumé de ses idées philosophiques. Le résultat du criticisme transcendantal de Kant avait été d'ouvrir un abîme infranchissable entre le subjectif et l'objectif. Fichte crut avoir réussi à le combler en identifiant l'un avec l'autre. Or, cette identification pouvait se faire en plaçant toute la réalité dans le sujet, dont l'objet n'aurait plus été qu'une modification, ou bien en accordant au seul objet cette prérogative. La première hypothèse découlait plus immédiatement du point de vue purement subjectif de Kant : ce fut celle que Fichte adopta. Pour lui, par conséquent, le seul être réel, c'est le *moi*, qui, en vertu de sa force active, tire de lui-même toutes les réalités. On a donné à ce système le nom d'*idéalisme subjectif,* ou *subjectivisme transcendantal.*

Frédéric-Guillaume-Joseph de Schelling naquit dans le Wurtemberg, en 1775, et mourut en Suisse en 1854. Il se montra d'abord partisan de Fichte, mais bientôt il l'abandonna et se créa un nouveau système, qu'il a développé dans un ouvrage intitulé *Système de l'idéalisme transcendantal.* A l'exemple de Fichte, il se propose d'expliquer comment le *moi* peut acquérir la certitude de l'existence du *non-moi.* Le moyen qu'il adopte est aussi l'identification de ces deux termes.

Mais, au lieu de se renfermer comme Fichte dans les étroites limites du *moi*, pour en faire sortir l'universalité des êtres, il se place tout d'abord au sein de la réalité objective, qu'il désigne sous le nom d'*absolu* : c'est pour cela que son système est appelé l'*objectivisme transcendantal*.

Georges-Guillaume-Frédéric Hégel, né à Stuttgard en 1770, mort en 1831, fit ses études à l'Université de Tubingen, et fut successivement professeur à Iéna, puis à Heidelberg, et enfin à Berlin, où il succéda à Fichte. Ses principaux ouvrages sont : la *Logique de l'être, de l'essence et de la notion*, l'*Encyclopédie des sciences philosophiques* et la *Philosophie du droit*. De même que Fichte et Schelling, Hégel part de l'identité universelle. Mais pour lui, le principe de cette identité n'est ni le *moi* du premier, ni l'*absolu* du second : réunissant en quelque sorte ces deux systèmes, il fonde le sien sur l'*idée*. Au point de vue hégélien, l'idée n'est pas seulement un phénomène subjectif, elle est tout ce qui est, la substance vivante qui, au moyen d'un mouvement non interrompu, se manifeste sous telle ou telle forme, et constitue ainsi la réalité. L'objet de cette idée est l'*être*, qui se trouve au fond de toutes nos conceptions. C'est le système de l'*idéalisme transcendantal*, qui affirme l'identité des contraires (1).

Ces trois dernières doctrines ne sont au fond que des systèmes panthéistes. Il est aisé de voir, en effet, que le *moi* de Fichte, l'*absolu* de Schelling et l'*idée* de Hégel ne diffèrent pas de la *substance* unique de Spinosa. Seulement, dans les théories allemandes, le panthéisme se trouve formulé avec une rigueur de logique et une précision scientifique que l'on ne trouve pas, du moins au même degré, dans les systèmes panthéistes qui les ont précédés, et dont Spinosa lui-même n'approche pas.

(1) M. Branchereau, *Histoire de la philosophie*.

Cette remarque s'applique surtout à la doctrine de Hégel, que l'on regarde avec raison comme l'expression la plus haute du mouvement imprimé par Kant à la philosophie allemande. Ajoutons que le principe commun de ces doctrines se retrouve dans le criticisme de Kant. Celui-ci pourtant ne doit pas être regardé comme panthéiste, mais il a préparé les voies à cette erreur, en renfermant les divers concepts que nous avons de l'objectif dans les bornes du subjectif. De là à leur identification, il n'y a qu'un pas. Nous allons voir maintenant les autres conséquences de la philosophie transcendantale.

Lorenz Owen, naturaliste et philosophe, naquit en 1779, à Bohlsbach, et mourut en 1851. Tout jeune encore, il devint le disciple enthousiaste de Schelling. Or, dit M. Tennemann, l'école de Schelling produisit un esprit d'exaltation et de vertige fécond en idées bizarres et paradoxales, érigeant en sagesse supérieure les imaginations les plus capricieuses et les plus hasardées, favorisant les folies mystiques et la superstition, enfin rappelant l'époque des rêveries néoplatoniciennes. C'est à cette école que Lorenz Owen apporta le concours d'un talent réel, que l'esprit de système a le plus souvent compromis. L'ouvrage où sa doctrine paraît le plus clairement exposée est la *Doctrine de la philosophie naturelle*. Prenant pour point de départ l'absolu de Schelling, il en déduit un transformisme naturaliste universel. Suivant lui, la philosophie naturelle est la doctrine de l'éternelle transformation par laquelle l'absolu devient le monde. « Le principe de toute chose, neutre en lui-même, sans différence, et absorbant dans son unité des contraires qui l'annihilent, n'est en soi-même aucun des êtres qui le différencient : il n'est rien à proprement parler, et l'on peut poser cette formule, depuis si souvent répétée, que Dieu égale zéro (1) ». Il est difficile de formuler plus clairement l'athéisme. En résumé, comme dit M. Brin, l'allemand Owen représente, avec le français Lamarck, cette classe nombreuse d'esprits ardents et ambitieux qui s'éprenant, à l'exemple de Schelling, d'un amour passionné pour la nature, entreprennent de réformer les sciences d'après les produits de leur imagination, et d'imprimer aux intelligences une direction nouvelle.

Arthur Schopenhauer, philosophe, né à Dantzig en 1788, est mort en 1860. En 1809, il suivit à Gœttingue les leçons de Schulze, et à Berlin celles de Fichte. Quatre ans après, il soutint à Iéna sa thèse de doctorat, ayant pour titre : *De la quadruple racine de la raison suffisante.* Il vint ensuite à Weimar, où il connut Gœthe. En 1819, il publia la première partie de son grand ouvrage : *Le monde comme volonté et comme représentation,* dont le second volume ne parut qu'en 1844. Il professa sans succès à Berlin en 1820. Ce n'est qu'en 1830 qu'il commença à être goûté pour son livre sur la *Liberté de la volonté.*

Voici comment Schopenhauer conçoit la philosophie. D'abord il n'y a pas de métaphysique pour lui, car elle n'est possible que dans le domaine de l'expérience, et se réduit à la cosmologie. De plus, elle ne saurait dire d'où vient le monde ni où il va, mais seulement ce qu'il est. Or, le monde n'est autre chose qu'une volonté : c'est la volonté qui crée pour elle-même la représentation du monde. Aussi Schopenhauer rejette toute religion ; il déclare que depuis dix-huit siècles la religion a mis une muselière à la raison ; que toute religion positive est proprement l'usurpatrice du trône qui appartient à la philosophie, et que la religion catholique enseigne à mendier le ciel, qu'il serait trop

---

(1) *Dictionnaire des sciences philosophiques.*

incommode de mériter (1). Par ailleurs, il peut être considéré comme un des chefs du pessimisme, système renouvelé des Bouddhistes, de Lucrèce et de Marc-Aurèle, chanté par Léopardi et par Gœthe, soutenu en France par L. Viardot et en Allemagne par Hartmann. Nous aurons occasion d'en parler à propos de ce dernier philosophe.

Louis-André Feuerbach, né à Auspach, dans la Bavière, en 1804, mort en 1872, s'occupa d'abord de théologie dans sa ville natale, puis à Heidelberg, sous la direction des professeurs Paulus et Daub. En 1824, il se rendit à Berlin pour suivre les cours d'Hégel, dont il devint le disciple enthousiaste. Ses principaux ouvrages sont : *Histoire de la philosophie moderne depuis Bacon de Vérulam jusqu'à Spinosa ; La philosophie et le christianisme ; La philosophie de l'avenir*, etc. Tout en protestant contre le reproche d'athéisme que l'on fait à la philosophie de Hégel et à la sienne, il ne craint pas de diviniser l'humanité. Il semble même ne pas s'apercevoir qu'il blasphème, lorsqu'il déclare qu'il n'y a pas d'autre Dieu que l'humanité, lorsqu'il écrit ces audacieuses paroles : « L'homme seul est le sauveur véritable ! L'homme seul est notre Dieu, notre juge, notre rédempteur ! » Cette assertion ridicule autant qu'impie jette un jour suffisant sur les doctrines de Feuerbach : c'est le délire de l'orgueil humain.

Gaspard Schmid, né à Bayreuth, dans la Bavière, en 1806, mort à Berlin en 1856, a publié, sous le pseudonyme de Max Stirner, *Le moi individuel et ce qui lui appartient*. Disciple de Hégel, il ne se contente pas de l'*anthropolâtrie* de Feuerbach, c'est-à-dire de l'adoration de l'homme en général ; mais il enseigne et

(1) Carbonel, *Hist. de la philosophie*.

propage l'*autolâtrie*, c'est-à-dire l'adoration de soi-même. Sa devise est : *Quisque sibi Deus, chacun est son propre Dieu;* d'où il conclut légitimement : *Cuique omnia, chacun possède tous les droits.*

Arnold Ruge, publiciste, né à Bergen, dans l'île de Rugen, en 1803, mort en 1880, étudia la philosophie et la philologie à l'Université d'Iéna. Affilié aux conspirations de la jeunesse allemande contre les gouvernements absolus, il subit une année d'emprisonnement à Kœpinick, et cinq ans de la même peine dans la forteresse de Colberg. A cette époque, il embrassa avec ardeur les doctrines de Hégel. Bientôt il fut nommé professeur de philosophie à l'Université de Halle. Renchérissant sur Feuerbach et sur Schmid, Arnold Ruge trouve que l'athéisme est encore une religion, parce qu'il s'occupe de Dieu ; et il ajoute : « Il ne s'agit pas de combattre la religion, il faut l'oublier ».

Hermann Burmeister, naturaliste, né à Stralsund en 1807, fit ses premières études dans sa ville natale, et suivit pendant quatre ans les cours de médecine aux Universités de Greifswald et de Halle. Docteur en 1829, il séjourna quelque temps à Hambourg, puis vint à Berlin, où il prit ses grades, et professa jusqu'en 1837. En 1842, il fut nommé professeur de zoologie à l'Université de Halle. En 1861, il partit pour Buenos-Ayres, où il devint directeur du musée d'histoire naturelle précédemment fondé par lui. Burmeister ne professe pas ouvertement l'athéisme ; il tâche seulement de satisfaire les passions irréligieuses, en effaçant le plus qu'il peut le rôle du Créateur dans la création. Son *Histoire de la création* reparaissait déjà pour la sixième fois, en 1856, dans une édition populaire. Voici comment, dans cet ouvrage, il essaie d'éliminer le Créateur:
« Ne voulant pas avoir recours aux miracles et aux

mystères, nous sommes obligés, pour expliquer l'apparition sur la terre des premières créatures organisées, de recourir à la vertu génératrice de la matière elle-même ». C'est ainsi, dit M. de Valroger, qu'au dogme rationnel de la création par Dieu, on substitue le plus incroyable des miracles et des mystères : la production de la vie par la mort et de l'ordre par le désordre !

David-Frédéric Strauss, théologien protestant, naquit à Ludwigsbourg, dans le Wurtemberg, en 1808, et mourut dans la même ville en 1874. Ministre luthérien, il fut professeur au séminaire de Maulbronn et répétiteur à celui de Tubingue. Sa *Vie de Jésus,* publiée en 1835, préluda à celle de Renan et produisit un tel scandale, même parmi les protestants, qu'il fut destitué de ses fonctions de répétiteur. On connaît son système d'exégèse : il nie l'authenticité, la véracité des Evangiles et la divinité de Jésus-Christ ; il cherche à expliquer les principaux faits de son histoire comme des allégories, des mythes symboliques calqués sur tous les passages des prophètes qu'on voulait appliquer au Messie. Il méritait donc bien d'être le critique et l'exégète du parti matérialiste. Aussi enseigne-t-il, au nom de la science, que l'homme même a dû naître spontanément de la terre. « C'est ainsi, dit-il, que le ténia se forme spontanément en nous ; or, ce n'est pas un petit animal en comparaison de l'homme, puisqu'il parvient à une longueur de vingt pieds et parfois même de soixante aunes ». Alex. de Humbold disait à ce sujet : « Ce qui me déplaît dans Strauss, c'est sa légèreté, pour ne pas dire plus, en histoire naturelle. Il ne voit aucune difficulté à faire produire les êtres organisés par la matière inorganique, et l'homme lui-même par le limon de la Chaldée (1) ». Il est en effet scientifi-

(1) *Lettre à Varnhagen.*

quement reconnu, ajoute M. de Valroger, que la génération spontanée du ténia est une illusion. Fût-elle une réalité, elle prouverait seulement qu'un être inférieur peut naître au sein d'un être supérieur ; elle ne prouverait pas qu'une matière sans vie peut engendrer des êtres vivants, et que le moins peut produire le plus.

Bruno Bauer, philosophe et critique, est né à Eisenberg, en 1809, et a professé à Bonn, puis à Berlin. D'abord catholique, il avait écrit la *Critique de la Vie de Jésus,* ouvrage dirigé contre celui de Strauss. Mais bientôt il se laissa prendre aux doctrines de Hégel, au point d'en devenir impie et de dépasser Strauss lui-même. Or déjà Strauss, de concert avec Michelet de Berlin, avait essayé de démontrer l'impersonnalité de l'âme et de Dieu, en disant que Dieu n'est personnel qu'en l'homme, et que l'âme n'est immortelle qu'en Dieu. Critique pénétrant et spirituel, Bruno Bauer a déployé une activité incroyable contre la religion et en faveur du matérialisme, dont il s'est constitué comme le chef. Livres saints, religion, philosophie, politique, littérature, histoire, il a tout abordé, tout critiqué, et passe à bon droit pour le Voltaire de l'Allemagne.

Les matérialistes aiment à compter parmi leurs maîtres le docteur Schaaffhausen, professeur à l'Université de Bonn, auteur des *Questions anthropologiques de notre temps.* Mais ce savant paradoxal n'admet pas plus que M. Wallace toutes les erreurs qu'il semble favoriser. « Darwinien avant Darwin », il écrivit, dès 1853, quelques mémoires scientifiques très remarqués en faveur de la mutabilité des espèces. Suivant lui, rien ne sépare essentiellement l'animal de la plante, ni l'homme de la brute ; néanmoins le matérialisme est une illusion : l'animal a une âme ; seulement cette âme est moins active que celle de l'homme, et moins capable de s'épanouir au souffle de l'éducation. L'histoire de l'homme se confond dans le passé avec celle de l'animal ; mais, à l'heure présente, l'homme est supérieur à la longue série de ses ancêtres, par son corps et par son âme. L'existence, de moins en moins animale, qui a produit sa constitution actuelle, lui garantit une vie future, dont celle-ci est l'élaboration. Il porte en son esprit un idéal qui dépasse sa nature ; cet idéal, il cherche sans cesse à l'atteindre, et il en approche réellement ; la nature lui annonce un avenir de progrès magnifiques ; et « dans la nature, c'est Dieu lui-même qui élève la voix ». Cette conclusion a dû désappointer les matérialistes : aussi ont-ils soin de n'en rien dire, tout en citant ce qui leur plaît dans les idées du savant anatomiste (1).

Carl Vogt, naturaliste, est né à Giessen, dans la Hesse, en 1817. Après avoir été l'un des principaux collaborateurs d'Agassiz, il vint à Paris, puis visita l'Italie, et fut nommé, en 1847, professeur à l'Université de Giessen. Les évènements de 1848 le jetèrent dans la politique. Il fut destitué de sa chaire, se retira à Berne, et en 1852 fut nommé professeur à Genève. En 1887, il a été élu membre correspondant de l'Institut de France. Parmi ses ouvrages, il faut mentionner à part celui qui est intitulé *Science et superstition* : cet écrit est une véritable déclaration de guerre contre ceux qui veulent faire intervenir la religion dans la science. Spécialement dirigé contre les tendances de M. Rodolphe Wagner, cet ouvrage a fait de l'auteur un des chefs du matérialisme scientifique allemand.

« Vogt, à l'exemple de Cabanis, voit dans la pensée une sécrétion qui est au cerveau ce que la bile est au foie ; mais, étant initié aux hautes études de la physiologie par les savantes recherches de Flourens, de Longet, de

(1) *La Genèse des espèces.*

Magendie et de Leuret, il reconnaît la nécessité de la *force* pour expliquer le mouvement de la matière et les phénomènes de la vie. Il est dualiste, et parfois, au milieu des assertions contradictoires et des saillies piquantes échappées à sa verve caustique, il énonce des propositions en harmonie avec l'enseignement de Trendelenburg : il admet dans les êtres organisés un principe matériel et un principe formel (1). »

« Le docteur Karl Vogt, dit à son tour M. de Valroger, a joué plusieurs rôles et porte en lui plusieurs personnages. Démocrate révolutionnaire, il a dû quitter l'Allemagne, et s'est réfugié en Suisse, où il s'est fait une position importante, comme professeur et chef d'école. Il est naturaliste et géologue ; mais, par dessus tout, il est athée, et, dans toute controverse scientifique, il adopte l'opinion qui lui paraît la plus contraire à la foi chrétienne. Après avoir enseigné l'immutabilité des espèces, il a embrassé avec ardeur la théorie de Darwin, uniquement, ce semble, parce qu'il a cru pouvoir, avec elle, se passer de Dieu (2) ».

Jacques Moleschott, savant hollandais, né le 9 août 1822, à Herzogenbusch, et fils d'un médecin distingué, reçut une très bonne éducation, et vint, à l'âge de dix-neuf ans, à l'Université de Heidelberg, où il s'adonna avec ardeur à l'étude de la physique et de la chimie. Ayant obtenu le diplôme de docteur, il retourna dans sa patrie, et s'établit comme médecin à Utrecht. En 1847, il revint à Heidelberg, y fut nommé agrégé, et ouvrit des cours particuliers de chimie physiologique et d'anthropologie. Il se signala par la hardiesse de ses idées matérialistes et la vigueur avec laquelle il les soutint contre ses nombreux adversaires. Forcé de

---

(1) M. Brin, *Hist. de la philos. contemp.*, p. 198.
(2) *La Genèse des espèces*, p. 127, note.

s'éloigner, il passa comme professeur de physiologie à Zurich. En 1861, il fut appelé à l'Université de Turin, où il exerça aussi la médecine. Ayant obtenu la grande naturalisation italienne, il fut élevé en 1876 à la dignité de sénateur du royaume. En décembre 1878, il a été nommé professeur de physiologie à l'Université de Rome (1). Ses principaux ouvrages sont intitulés : *Essai de chimie physiologique ; La circulation de la vie ; La lumière et la vie ; Esquisses physiologiques*, etc. « Devançant Luys, Leblais, Soury et la plupart des matérialistes français, Moleschott cherche dans le phosphore l'agent de la pensée ; mais il rejette la vieille hypothèse matérialiste de l'émission, et dans la vibration, ou dans la phosphorescence des éléments nerveux, il attribue une part efficace à l'activité du sujet pensant, c'est-à-dire à la force inhérente aux organes matériels (2) ».

Rudolph Virchow, médecin et homme politique, naquit à Schivelbein, dans la Poméranie, le 13 octobre 1821. Reçu docteur en 1843, il fut nommé prosecteur à l'Université de Berlin. Il se mêla activement au mouvement révolutionnaire de 1848, fut élu député de Francfort, et se vit bientôt retirer, à cause de ses opinions politiques, la place qu'il occupait à l'Université de Berlin. Celle de Wurtzbourg lui ouvrit ses portes : il y accepta la chaire de pathologie, et son enseignement lui conquit bientôt une telle réputation, qu'on le rappela dans la capitale. En 1859, il devint membre du conseil municipal de Berlin, et en 1862, député de Berlin et de Saarbruck. Il se posa alors comme le chef du parti libéral-progressiste. Constamment réélu depuis cette époque, M. Virchow est directeur de l'Institut patho-

---

(1) *Dictionnaire des contemporains.*
(2) M. Brin, *Hist. de la philos. contemp.*, p. 198.

logique de Berlin, professeur d'anatomie pathologique, de pathologie générale et de thérapeutique à l'Université de la même ville. Depuis 1859, il est aussi membre correspondant de l'Institut de France. Parmi ses ouvrages, il faut citer la *Pathologie cellulaire* ; *Dégénérescence du sang ; Trichiniasis, Hygiène des familles*, etc. Son grand titre de gloire, aux yeux des matérialistes, est d'avoir exercé une influence considérable sur les idées de Louis Buchner, qui suivit ses leçons à l'Université de Wurtzbourg.

Comme on le voit, Buchner avait eu de nombreux précurseurs, et, en entrant dans l'arène philosophique, il trouvait un terrain suffisamment préparé. Né à Darmstadt, le 29 mars 1824, Frédéric-Charles-Christian-Louis Buchner était le second des trois fils d'un médecin distingué de cette ville. Après avoir fait ses classes au gymnase et commencé l'étude des sciences naturelles à l'école professionnelle supérieure de sa ville natale, il passa, en 1843, à l'Université de Giessen, y étudia d'abord la philosophie, puis se tourna vers la médecine, pour satisfaire au vœu de sa famille. Il alla aussi suivre les cours de médecine de Strasbourg, revint à Giessen prendre le grade de docteur en 1848, et continua encore ses études aux Universités de Wurtzbourg et de Vienne. Après avoir pratiqué quelque temps la médecine à Darmstadt, il rentra dans la carrière de l'enseignement et devint à Tubingue professeur particulier et médecin adjoint de la clinique. C'est alors, en 1855, qu'il publia son livre : *Force et matière,* dont les hardiesses eurent un retentissement immense. Cet ouvrage a été traduit dans presque toutes les langues de l'Europe. M. Buchner y expose les principes d'une philosophie générale en harmonie, prétend-il, avec les découvertes modernes de l'histoire naturelle ; il y soutient l'éternité de la matière, l'immortalité de la force, la simultanéité universelle de la lumière et de la vie, l'infinitude des formes de l'être dans le temps et l'espace. « Notre œil étonné, dit-il, ne peut, partout où il se tourne, rencontrer que des éternités ». Ces doctrines firent perdre à l'auteur les fonctions qu'il occupait à Tubingue, et il alla reprendre, dans sa ville natale, l'exercice de la médecine. M. Buchner a développé ses idées dans plusieurs autres ouvrages : *Nature et esprit, Esquisses philosophiques, L'homme selon la science*, etc. (1).

Pour donner une idée exacte de l'ensemble de son système, nous croyons ne pouvoir mieux faire que de résumer l'analyse fidèle qu'en a faite M. Amédée de Margerie dans sa *Philosophie contemporaine*.

Point de matière sans force, et point de force sans matière. La matière et la force sont des conceptions abstraites qui n'ont de réalité que dans leur union. Les forces ne sont que les propriétés de la matière. Donc il n'y a point, au dessus de la matière et en dehors d'elle, de force qui la crée. Donc le monde existe éternellement par lui-même. De même qu'elle est incréable, la matière est indestructible ; nul grain de poussière ne peut se perdre dans l'univers, nul s'y ajouter : « C'est à la chimie de ces derniers temps que nous devons ce grand résultat ». Pas plus que la matière, la force ne peut être créée ni anéantie. « Tout mouvement prend le principe de son existence dans le matériel inépuisable des forces, et rend tôt ou tard d'une manière ou d'une autre à la somme totale ce qu'il en a emprunté ».

La matière est infinie dans le sens de la grandeur et de la petitesse. Tout perfectionnement dans les instruments télescopiques ou microscopiques nous révèle sa présence au delà des limites où notre œil s'arrêtait avant lui. Nous n'avons aucune espérance d'arriver à sa limite, soit dans le macrocosme, soit dans le micro-

(1) *Dictionnaire des contemporains.*

cosme, et nous devons conclure qu'elle est indépendante des limites de l'espace comme des limites du temps.

Les lois de la nature sont éternelles et immutables. Une nécessité absolue et inflexible domine la matière, et nulle puissance, quelle qu'elle soit, ne peut échapper à cette nécessité. « Par conséquent nous avons le droit de dire avec la plus grande certitude scientifique qu'il n'y a point de miracle, et que tout ce qui arrive et arrivera n'est arrivé que d'une manière naturelle, c'est-à-dire d'une manière qui n'a pour condition que l'occurrence nécessaire des substances existant de toute éternité et des forces physiques qui leur sont inhérentes ».

Les lois de la nature sont universelles. Les découvertes de l'astronomie nous montrent le monde sidéral dominé, comme le monde planétaire, par la grande formule de l'attraction. Il n'y a donc pas trace d'une volonté qui indique leur cours aux globes célestes, et tout s'explique en admettant que la matière, outre l'action que ces molécules exercent les unes sur les autres, est éternellement animée d'un mouvement interne et spontané. Cette hypothèse qu'on appelle Dieu est donc, comme disait Laplace, inutile à la science. Elle est d'ailleurs exclue par ce fait qu'il y a dans notre système solaire « absence complète de tout ordre, de toute symétrie, de toute beauté. Pourquoi, s'il y a une force créatrice, n'a-t-elle pas inscrit en lignes de feu son nom dans le ciel ? »

L'intervention de Dieu n'est pas moins inutile dans le monde organique. « Nous avons au moins la probabilité, on peut même dire la certitude subjective de la naissance spontanée des êtres vivants et de la transformation graduelle des types inférieurs en types plus élevés ». C'est à ce développement progressif que l'espèce humaine doit sa naissance. « Le nègre et une foule d'autres races sauvages portent les marques les plus distinctes et les plus certaines du monde animal supérieur dont ils tirent leur origine ». D'ailleurs, pas plus que les mouvements célestes, l'organisation des êtres ne révèle un plan providentiel. Là où l'on croit voir une fin, une destination, il n'y a qu'un résultat de l'action des forces naturelles, et un ensemble de conditions qui, lorsqu'elles se trouvent réunies, permettent aux êtres de subsister et de se développer. « La nature, obéissant à son instinct aveugle et nécessaire de créer, a produit quantité de natures et d'organisations qui sont plus propres à troubler l'ordre des choses qu'à le favoriser. Il y en a qui ont en elles-mêmes quelque chose de contradictoire, comme les monstres ; il y en a de malfaisantes, comme les animaux nuisibles ; il y en a d'inutiles. Et au lieu que le dessein d'un Créateur tout-puissant et souverainement sage devrait toujours se laisser interpréter d'une manière rationnelle », l'étude du monde vivant soulève à chaque pas des pourquoi auxquels la science ne trouve pas de réponse.

Si de la considération de la nature nous passons à l'étude de l'homme, il nous sera également impossible d'admettre en lui l'existence d'une force séparée de la matière. En effet, on ne peut douter que le cerveau et la pensée soient dans un rapport tellement immédiat et nécessaire que l'un ne puisse exister ni être imaginé sans l'autre. Une expérience journalière et des faits sans nombre démontrent cette vérité. La pensée est en proportion constante de la grandeur du cerveau, de sa masse, de la perfection de sa structure et de sa qualité chimique. A mesure qu'on descend l'échelle des êtres à partir de l'homme, on voit diminuer le cerveau en même temps que l'intelligence, et s'il y a à cette grande loi des exceptions apparentes, elles ne viennent que d'observations mal faites ou isolées. Dans l'homme en particulier, la pensée croît en même temps que le cerveau se développe, jusqu'à l'âge de vingt-cinq à quarante ans, où celui-ci atteint son poids normal ; elle diminue avec l'âge, en même temps que le cerveau commence à s'atrophier. Enfin il est constaté que, comme un muscle croît et se fortifie par l'exercice, l'activité intellectuelle développe la force et la masse du cerveau.

Que si l'on a objecté contre le rapport du cerveau et de l'âme la médiocrité anatomique et physiologique de cet organe, composé, dit-on, dans sa plus grande partie, d'une masse égale et molle qui n'a rien de remarquable soit dans sa structure, soit dans sa composition, il faut répondre qu'à la vérité le principe de l'objection est juste et que la cause doit être proportionnée à l'effet, mais que le fait objecté est absolument faux, et que « nous ne connaissons dans le monde organique aucun organisme qui ait des formes plus délicates et plus merveilleuses, de structure plus fine et plus caractéristique, et vraisemblablement aussi de composition chimique plus compliquée, que le cerveau. Tous ces faits ne peuvent manquer « de nous convaincre de la possibilité si souvent contestée que l'âme est le produit d'une combinaison chimique spécifique de la matière ». Toutefois il est inexact de dire avec Cabanis que la pensée est une sécrétion, car alors elle serait visible et tangible, et l'on aurait le droit d'exiger du matérialisme qu'il la recueillît dans des vases et la montrât en bouteille. L'activité du cerveau ne secrète pas des substances, mais des forces ; et il faut garder seulement ceci de l'aphorisme de Vogt, que « comme il n'y pas de bile sans foie, il n'y a pas de pensée sans cerveau, et que l'âme humaine est le produit de la métamorphose de la matière ».

Dès lors il faut admettre aussi que la perception sensible ou l'impression des objets extérieurs sur le cerveau dont ils provoquent l'activité, est la source de toute vérité. Il n'y a donc point d'idées innées, et il n'y a pas d'idées absolues. Ce que les métaphysiciens nomment ainsi ou n'est qu'un mot, ou ne représente que des idées acquises, comme toutes les autres, par les sens, et marquées comme elles d'un caractère tout relatif. Que si nous n'avons point d'idée de l'*absolu*, nous ne saurions avoir aucune idée de Dieu, en tant qu'être absolu. Les notions religieuses des hommes ne sont que le résultat de leur terreur ignorante et superstitieuse en présence des phénomènes redoutables de la nature. L'idée de l'immortalité personnelle n'a pas plus de réalité objective. La pensée étant le résultat de l'activité cérébrale ; la force étant, dans l'homme comme dans la nature, inséparable de la matière, la conception d'une vie au-delà de cette vie est purement chimérique et contradictoire. L'âme n'étant que le produit idéal d'une certaine combinaison de matières douées de forces, « avec la décomposition de ces matières, avec leur dispersion et leur union à d'autres combinaisons incohérentes entre elles, disparaît aussi cet effet que nous appelons âme ».

Telle est la doctrine de M. Buchner. Elle embrasse, on le voit, le cercle entier des questions philosophiques. Implicitement ou explicitement, elle leur donne à toutes une solution. Elle forme un véritable système auquel on ne reprochera pas de manquer de suite ou de franchise. Etant donné l'esprit de la science moderne tel que l'entend M. Buchner, sa doctrine, si surprenantes que paraissent les affirmations et les négations dont elle se compose, est ce qu'elle doit être ; elle représente avec une rigueur instructive l'orthodoxie matérialiste (1).

Ernest-Henri Haeckel, naturaliste, est né à Postdam le 16 février 1834. Il fut l'élève de Virchow à l'Université de Wurtzbourg, entreprit un voyage d'exploration zoolo-

(1) M. Am. de Margerie, *Philosophie contemporaine*.

gique à l'île de Héligoland et à Nice, puis revint prendre son grade de docteur, après quoi il alla séjourner en Italie et en Sicile. Reçu agrégé, il fut nommé professeur d'anatomie comparée et de zoologie à Iéna. En 1866, il se rendit à Londres, où il connut Darwin, dont il adopta les idées. Il est même devenu le représentant le plus autorisé du darwinisme en Allemagne, cherchant toujours à ramener la diversité des espèces à un organisme primitif, simple et rudimentaire.

Dans son ouvrage intitulé *Le matérialisme démasqué*, M. Amédée-H. Simonin s'exprime ainsi au sujet du docteur allemand, qu'il accuse d'avoir calomnié M. Agassiz: « Qu'est M. Ernest Haeckel? un docteur qui s'est adonné à l'étude de l'embryologie. L'embryologie, belle science d'observation et de création récente, est destinée à rendre de très grands services à la médecine et à l'homme social, pourvu qu'on ne l'emploie pas à peu près exclusivement aux vaines disputes sur la théorie de l'évolution. L'ébauche première d'un corps organisé s'appelle embryon, et l'embryologie, comme chacun le sait, a pour objet de nous faire connaître tous les phénomènes de développement par lesquels passent l'embryon et le fœtus, pendant toute la durée de la vie intra-utérine. Je parle ici spécialement de ce qui concerne l'espèce humaine. Or, M. E. Haeckel, épris de la doctrine de l'évolutionnisme, s'est dit qu'avec le concours de l'embryologie et de la théorie de l'évolution, on pouvait, par un sentier parallèle au chemin de Darwin, remonter jusqu'à l'origine des choses. Sans hésiter, M. E. Haeckel a fait l'*Histoire de la création des êtres organisés d'après les lois naturelles*, et l'*Histoire de l'évolution humaine*. Pour faire ces Histoires, il aurait fallu d'abord expliquer complètement le mystère des germes, chose à jamais impossible à l'homme. La théorie de l'évolution ne s'inquiète pas d'un petit détail de ce genre : elle saute par dessus la difficulté, et elle construit un système dont toutes les bases reposent sur l'inconnu (1) ».

M. le docteur Topinard, dans son *Anthropologie,* nous donne la doctrine de la descendance de l'homme selon la formule de Haeckel ; mais il a soin de nous avertir que le naturaliste allemand joint « à beaucoup de science solide une imagination capable de suppléer à toutes les lacunes ». Il est curieux de voir comment Haeckel a su tirer un aussi admirable parti de sa science à la fois et de sa féconde imagination. Nous ne demanderons qu'une chose, c'est qu'il n'y ait pas dans la doctrine si vantée plus d'imagination que de science. Mais citons textuellement le résumé que nous en donne le docteur Topinard. Nous allons parcourir la généalogie de l'homme, qui se compose de vingt-trois degrés :

« Au commencement de la période de la terre appelée Laurentienne, bien antérieure au déluge et même au sixième jour de la création mosaïque, et au moment de la rencontre fortuite, dans des conditions qui ne se sont peut-être présentées qu'à cette époque, de quelques éléments de carbone, d'oxygène, d'hydrogène et d'azote, se formèrent les premiers grumeaux albuminoïdes. A leurs dépens et par voie de génération spontanée naquirent les premières cellules connues, des *monères*. Dès lors ces cellules se segmentent, se multiplient, se disposent en organes et arrivent, par une série de transformations que M. Haeckel fixe à neuf, à donner naissance à quelques vertébrés dans le genre de l'*Amphioxus lanceolatus*. La séparation des sexes y est dessinée, la moëlle épinière et la *chorda dorsalis* y sont visibles. Au dixième degré, le crâne et le cerveau apparaissent comme dans les lamproies. Au onzième, se montrent les membres et les mâchoires, comme dans les squales ; la terre à ce moment n'est encore

(1) *Le matérialisme démasqué,* p. 137, 138.

qu'à la période silurienne. Au seizième, l'adaptation à la vie terrestre est terminée. Au dix-septième, qui répond à la phase jurassique de l'histoire du globe, la généalogie de l'homme s'élève au Kanguroo parmi les marsupiaux. Au dix-huitième, il devient lémurien (maki) ; l'âge tertiaire commence. Au dix-neuvième, il devient catarrhinien, c'est-à-dire singe à queue, un pithécien. Au vingtième, le voilà anthropoïde, durant toute la période miocène. Au vingt-et-unième, c'est l'homme-singe ; il n'a pas encore le langage, ni le cerveau correspondant par conséquent. Au vingt-deuxième enfin, l'homme apparaît tel que nous le connaissons, du moins dans ses formes inférieures ». Ici s'arrête l'énumération. Mais M. Haeckel, qui paraît si bien renseigné sur les vingt-deux premiers degrés, oublie le vingt-troisième, celui dans lequel se manifestent les Lamarck et les Newton (1).

M. Haeckel a aussi attaché son nom à l'histoire du *Bathybius*, qui a fait tant de bruit dans ces derniers temps. Nous aurons occasion d'en parler quand nous examinerons la théorie des générations spontanées.

Terminons cette longue revue par le nom d'un philosophe que la jeune Allemagne range au nombre de ses métaphysiciens les plus distingués. Né à Berlin le 23 février 1842, Charles-Robert-Edouard de Hartmann suivit d'abord la carrière des armes. A la suite d'une blessure reçue en 1865, il donna sa démission pour se livrer aux études philosophiques et scientifiques. En 1869, il fit paraître à Berlin un ouvrage intitulé *Philosophie de l'inconscient*, ouvrage traduit en français par M. Nolen, en 1877. Parmi les autres écrits de Hartmann, on cite : *La philosophie positive de Schelling* ; *Décomposition naturelle du christianisme et la religion de l'avenir* ; *Vérités et erreurs du darwinisme*, etc.

---

(1) *Etudes religieuses*, etc. Août 1878.

A l'exemple de son maître Schopenhauer, M. de Hartmann nie l'existence de l'âme, et étend à tout l'univers sa négation psychique. Dans la *Revue philosophique* de janvier 1877, il blâme la croyance peu réfléchie à une Providence, et cherche à substituer les lois de la nature à l'œuvre et à l'action de Dieu. Dans la même *Revue,* le mois suivant, il nous dit que tous les procédés psychiques sont conditionnés par des *processus* matériels entre les cellules et les molécules du cerveau. « Une des conditions nécessaires à la constance des lois de la nature, dit-il, c'est la constance des atomes matériels pendant la durée du processus universel ; et de la constance absolue des atomes qui constituent un organisme, ainsi que de la constance absolue des lois d'après lesquelles ils fonctionnent, résulte une constance relative de la constitution formelle de l'organisme et de son cerveau, pendant une longue période de la vie (depuis l'âge mûr jusqu'au commencement de la sénilité). Mais c'est précisément dans cette période de la vie que l'individu est appelé à prendre part au processus. Or, si son caractère, ses principes et ses idées ont été formés sous des influences qui, dans sa jeunesse, étaient conformes à la raison, son cerveau continuera de fonctionner, pendant la seconde moitié de sa vie, conformément à la constitution une fois acquise ; cependant il est possible qu'en ce moment les tendances auxquelles il avait obéi autrefois, ne soient plus en rapport avec le progrès accompli. Toutefois, même ici, l'effet n'est pas absolument dénué de raison, mais c'est un effet négativement raisonnable qui sert de stimulant aux individus représentant la raison positive de la période. Ainsi l'état de dépendance où l'esprit et le caractère se trouvent par rapport au cerveau (particulièrement dans la deuxième partie de la vie individuelle) expliquent suffisamment pourquoi l'individu maintient une certaine indépendance vis-à-vis du processus (1) ». Ces quelques lignes suffisent pour donner une idée de la métaphysique de M. de Hartmann.

M. de Hartmann est partisan de la descendance des espèces transformées, c'est-à-dire de l'évolution, et ne veut point qu'on lui parle de la création directe des types organiques. Voici comment il s'en exprime dans son livre *Vérités et erreurs du darwinisme :* « J'ai résumé brièvement, dans la *Philosophie de l'inconscient*, les vraies raisons qui font de la théorie de la descendance une hypothèse absolument inattaquable. Elles se réduisent aux simples conséquences de deux propositions indestructibles : *Omne vivum ex ovo ; omne ovum ex ovario*. En d'autres termes, les partisans mêmes de la formation directe des espèces par un acte particulier de création spéciale ne peuvent faire rentrer cet acte dans le système général de la nature qu'en supposant la création d'un œuf de l'espèce considérée dans l'ovaire d'une autre espèce (probablement proche parente de l'autre). Tant qu'on n'avait pas des idées plus approfondies sur la manière dont Dieu avait créé les différentes espèces dans les différentes périodes géologiques, on pouvait s'en tenir à l'expression de « création directe ». Nous autres, enfants des temps modernes, nous ne sommes pas libres de repousser ou d'admettre la théorie de la descendance ; nous devons l'accepter, parce que nous ne pouvons plus faire consister le mystère de la création dans la conception grossière d'autrefois, l'argile pétrie, le souffle divin, etc. ». L'enfant des temps modernes a-t-il eu conscience de la belle conséquence qui ressort de ces deux propositions, indestructibles selon lui : *Omne vivum ex ovo ; omne ovum ex ovario*, que nous traduirons ainsi : *Toute poule vient d'un œuf, et tout œuf vient d'une poule ?* Si nous admettons ce principe, nous irons loin ; nous

---

(1) *Revue philosophique*, janvier 1877.

serons conduits tout droit à cette chimère, l'éternité de la poule, et l'éternité de l'œuf ; toujours, en effet, pour avoir un œuf, il aurait fallu une poule ; et toujours aussi, pour avoir une poule, il aurait fallu un œuf. N'est-il pas plus raisonnable de s'en tenir à l'argile pétrie, au souffle divin, à la création directe ?

M. de Hartmann est en même temps pessimiste : « Les pessimistes, dit M. Brin, s'accordent à leur point de départ : tous admettent que la somme du mal l'emporte sur la somme du bien, dans la destinée humaine ; ils poussent le même cri de détresse à la vue des souffrances qui nous torturent du berceau à la tombe. Ils se divisent en matérialistes et en métaphysiciens, quand ils cherchent la cause du désordre universel dont nous sommes chaque jour les témoins attristés. Les premiers, à l'exemple de Viardot, attribuent tous les évènements malheureux à des lois physiques qui s'exercent avec aveuglement et cruauté ; les autres, dont Schopenhauer est resté jusqu'ici le chef incontesté, identifient la douleur avec la *volonté* : tout aspire à exister, disent-ils, tout *veut* dans la nature ; or, vouloir, c'est faire un effort, c'est souffrir, et l'existence est le mal suprême. Le matérialiste cherche sa délivrance dans la mort ou dans le suicide physique. Pour les idéalistes qui admettent la métempsycose sous le nom de *palingénésie*, le nihilisme, dont nous trouvons des germes dans les théories de Kant, de Fichte, de Schelling, de Hégel, est le seul remède efficace contre les tyrannies de la douleur. Cet anéantissement qui rappelle le *nirwana* des bouddhistes, s'effectue, d'après Schopenhauer, par l'*euthanasie* des volontés individuelles, ou bien, selon Hartmann, par le suicide cosmique. L'euthanasie est la béatitude dans la mort, c'est-à-dire l'état de parfaite indifférence où sujet pensant et objet pensé disparaissent, où il n'y a plus ni volonté, ni représentation, ni monde. Le suicide cosmique sera consommé quand la volonté *universelle*, qui est le principe de toutes choses, connaîtra par la conscience la triste réalité et l'affreuse étendue du mal, et arrêtera le *processus* des mondes en cessant l'exercice de son activité. Ainsi l'*absolu*, d'abord inconscient, ne parvient à la pleine connaissance de lui-même que pour désirer l'anéantissement final.

« Tel est le terme de cette brillante évolution intellectuelle qui a débuté, à la fin du dernier siècle, par la *Critique de la raison pure*, et s'est résumée de nos jours dans la *Philosophie de l'inconscient*. La décadence, chez les Grecs, n'était pas allée si loin : elle s'était arrêtée au scepticisme de Pyrrhon (1) ».

Avant d'aborder l'examen de l'empirisme philosophique, nous tenons à résumer brièvement son histoire en citant quelques lignes de M. Caro.

« A parler rigoureusement, dit le savant académicien, le matérialisme n'a pas d'histoire, ou du moins son histoire est si peu variée qu'on peut l'exposer en quelques lignes. Sous quelque forme qu'il se présente à nous, il se reconnaît immédiatement à la simplicité absolue des solutions qu'il nous propose. Vous retrouverez dans quelques pages de Diderot les principes généraux des livres de MM. Buchner et Moleschott. Remontez à travers les siècles jusqu'aux épicuriens, allez jusqu'au grand ancêtre de la physique épicurienne, jusqu'à Démocrite, toute l'histoire des écoles matérialistes tient en quelques formules. Dès l'origine, vous verrez se produire la théorie entière : l'éternité de la matière ; le grand axiome générateur que rien ne vient de rien, que rien ne périt ; les deux principes coéternels, les atomes et le vide ; le mouvement et les combinaisons à l'infini de tous les mouvements possibles ; le

---

(1) M. Brin, *Hist. de la philos. contemp.* p. 93, 94, 95.

monde, une fois formé, soumis à un ordre certain par l'empire des lois mathématiques ; la prescription absolue des causes finales ; l'idée vague de la sélection naturelle, le germe de la théorie de Darwin, très reconnaissable dans les fragments qui nous ont été conservés de la physique épicurienne ; le principe de la génération spontanée développé sur la plus grande échelle avec la témérité des jeunes hypothèses, qui ne craignent pas encore le démenti des expériences exactes ; enfin le système atomistique et mécanique, appliqué et suivi dans ses dernières conséquences jusque dans l'âme humaine et dans l'organisme social.

« Le matérialisme contemporain n'a pas changé le cadre immobile de cette philosophie vingt fois séculaire. Il n'a pas dévié de ce programme, il l'a seulement enrichi de notions scientifiques ; il l'a transformé, en apparence seulement, en y transportant les données nouvelles, les vues, les hypothèses en nombre infini qui naissent de chaque progrès des sciences physiques, chimiques, physiologiques. Les grandes lignes de la théorie primitive sont plus et mieux remplies qu'autrefois ; elles n'ont pas varié dans leurs proportions ni dans leur dessin général. Démocrite reconnaîtrait sans peine sa pensée s'il lisait le livre de M. Buchner ; la langue même n'a changé que d'une manière presque insensible. On ne citerait pas une autre doctrine aussi strictement immobile dans l'enceinte de deux ou trois principes, et dont l'histoire fût aussi simple, presque nue. On ne peut pas adresser à cette école ce reproche dont la polémique use si volontiers à l'égard des autres écoles, on ne peut pas dire que son histoire soit celle de ses variations. Dès le premier jour, la conception première a été posée, le langage même a été fixé. Sa devise semble être dès l'origine : *Ne varietur* (1) ».

---

(1) M. E. Caro, *Le matérialisme et la science*, p. 186, etc.

Chose étrange, et qui prouve bien jusqu'où peut descendre la raison humaine quand son orgueil effronté refuse la lumière descendue du ciel pour éclairer ses pas ! La comparaison du matérialisme ancien avec le matérialisme moderne est tout entière à l'avantage du premier. Sans doute les anciens empiristes avaient une notion bien fausse de la nature de l'âme, puisqu'ils ne pouvaient la concevoir autrement que matérielle ; mais du moins la faisaient-ils provenir d'un principe plus subtil que le reste des corps, et ils ne croyaient pas trop accorder à notre supériorité sur le reste des animaux, en imaginant exprès pour l'âme une matière éthérée. Sous ce rapport, on ne peut nier qu'ils l'emportent sur les matérialistes modernes, qui ne distinguent pas l'âme du corps, et en font, sinon une substance purement matérielle, au moins une propriété immédiate de la matière. On peut même dire sans crainte de se tromper que, si les anciens avaient pu jouir de toutes les connaissances qui nous sont venues depuis le christianisme, l'empirisme n'aurait reçu sous ses drapeaux que le rebut de la philosophie.

Ces considérations ne suffisent pas sans doute pour excuser complètement les empiristes de l'antiquité, car la raison humaine possède par elle-même assez de lumières pour démontrer directement la spiritualité de notre âme. Elles servent du moins à faire voir combien sont coupables, combien sont déraisonnables les matérialistes modernes, qui ferment volontairement les yeux à la lumière des intelligences, et restent sordidement accroupis dans la fange, au lieu de prendre un vol hardi vers les sphères de la vérité.

Du reste, il en est de l'empirisme comme de toutes les erreurs. Nos pères étaient pour le moins aussi bons philosophes que nous, et pendant quatre mille ans le genre humain, presque tout entier sans étoile et sans boussole pour guider sa raison dégradée, s'est prodigieusement avancé dans le chemin de l'erreur. A peine quelques intelligences supérieures, providentiellement envoyées à la terre, sont apparues de temps en temps pour recueillir, au sein du naufrage, les rares parcelles de vérité que la raison humaine est capable de conserver par elle-même. Les sophistes de nos jours n'ont donc plus rien à inventer. Que faire alors ? On répète les sophismes des anciens ; chacun les habille à son goût et ne change en eux que la forme. Et le dix-neuvième siècle viendrait réclamer à l'histoire un brevet d'invention, pour avoir dit la même chose que Démocrite et Epicure !

Il y a longtemps que l'empirisme est inventé ; il y a longtemps qu'on le soutient par les mêmes arguments. Sans négliger les armes nouvelles que pourra nous fournir la science moderne, aux vieux sophismes nous ferons de vieilles réponses : car les arguments qui défendent la spiritualité de l'âme humaine ne sont pas d'aujourd'hui non plus. Platon était contemporain de Démocrite, et Hermotyme de Clazomène vivait longtemps avant Platon.

SECONDE PARTIE

EXAMEN
DE L'EMPIRISME PHILOSOPHIQUE

SECONDE PARTIE

EXAMEN
DE L'EMPIRISME PHILOSOPHIQUE

L'examen de l'empirisme philosophique pourrait fournir matière à tout un traité de philosophie ; car, en sa qualité de système complet, et à cause de l'étroite connexion qui rattache ensemble les questions en apparence les plus contraires, l'empirisme doit embrasser toutes les branches de la science philosophique. Dès lors il semblerait que, pour réfuter complètement ce système, il fallût le suivre pas à pas dans ses marches et contre-marches à travers le champ de la science. L'horizon ouvert devant nous par ce seul aperçu est immense, mais son immensité même a de quoi nous effrayer. Un pareil travail serait certainement au-dessus de nos forces, et d'ailleurs il dépasserait le but que nous voulons atteindre. Pour détruire un édifice ruineux, il n'est pas nécessaire de monter sur le faîte, et de démolir une à une les pierres qui concourent à sa construction : puisqu'il manque par la base, il suffit de saper la base, et le reste croûlera de lui-même. Au lieu donc de nous lancer témérairement dans cette plaine aventureuse de la philosophie, où tant de génies illustres sont venus tour à tour briller et se meurtrir, nous nous bornerons à passer rapidement en revue les différents êtres corporels qui peuplent l'univers, puis nous concentrerons nos observations sur celui qui les résume tous dans une harmonieuse synthèse, sur l'homme, roi de la création visible.

Parmi les êtres dont l'expérience externe nous atteste l'existence, les uns, complètement privés de vie, sont par eux-mêmes incapables de sentir et de se mouvoir : on les appelle *minéraux*, et nous ne concevons aucun être à un degré plus infime. Au-dessus des minéraux apparaissent les *végétaux* : ceux-ci possèdent l'être comme les premiers, mais ils ont quelque chose de plus, la vie, manifestée par la nutrition, le développement et la reproduction. Viennent ensuite les *animaux*, qui partagent l'être avec les minéraux, la vie végétative avec les plantes, mais qui se distinguent des minéraux et des plantes par la vie sensitive, leur attribut distinctif. Au sommet de l'échelle animale se trouve l'*homme*, doué tout à la fois de l'être, de la vie, de la sensibilité, de l'intelligence, c'est-à-dire de tous les degrés génériques de l'existence. Enfin, au-dessus de l'homme lui-même, notre raison conçoit de pures *intelligences*, libres de toute entrave matérielle, et n'ayant pas besoin comme nous d'abstraire pour comprendre. La création se trouve ainsi partagée en cinq branches qui se tiennent mutuellement, unies qu'elles sont par les plus admirables rapports.

Nous savons que les empiristes n'admettent que les trois premières de ces divisions : l'homme se trouve relégué par eux dans la classe des animaux, et les esprits disparaissent de leur nomenclature, pour cause d'invisibilité. Aussi nous nous bornerons à parler des minéraux, des végétaux et des animaux. La considération de leur nature intime, obtenue par l'examen de leurs caractères spécifiques, suffira, nous l'espérons, pour montrer combien est fausse et abjecte la doctrine de l'empirisme.

CHAPITRE PREMIER

Des minéraux.

Dans tous les temps, la question de la nature intime des minéraux, c'est-à-dire des corps inorganiques, a vivement préoccupé l'esprit des philosophes. Si nous laissons de côté les différences accidentelles des diverses opinions pour n'en considérer que la substance, nous pourrons réduire à trois tous les systèmes relatifs à l'essence des corps, car trois hypothèses seulement sont possibles sur ce sujet. En effet, les corps sont essentiellement composés, ou de la seule réalité étendue, et nous rencontrons l'*atomisme;* ou de forces simples, et nous tombons dans le *dynamisme;* ou enfin d'un principe d'étendue joint à une force simple, et nous arrivons au système de la matière et de la forme. Si la raison ne peut former que ces trois hypothèses, il faut nécessairement que l'une d'elles la satisfasse.

Or, ce ne peut être l'atomisme, car le principe de l'étendue est insuffisant pour expliquer l'unité des corps: là où tout n'est que collection, amas de parties à l'infini, il est impossible, comme le dit Leibnitz, de trouver les principes d'une véritable unité. L'atomisme ne supporte donc pas l'épreuve d'un examen sérieux.

Le dynamisme, qui fait consister l'essence des corps dans des éléments simples, actifs et inétendus, présente lui-même trois inconvénients principaux. D'abord il détruit la réalité de l'étendue, en la faisant provenir d'êtres indivisibles. De plus, ce système roule dans un cercle vicieux, car, pour expliquer l'étendue, il a recours aux idées d'espace, de distance, de mouvement, qui présupposent elles-mêmes l'idée d'étendue. Enfin il admet l'action à distance, c'est-à-dire indépendamment d'un milieu quelconque, ce qui est contraire aux principes de la raison et aux données de l'expérience.

Reste donc la troisième hypothèse.

Parmi les anciens, Leucippe, Démocrite et Epicure ; parmi les modernes, Gassendi, Descartes et Newton, sont les plus célèbres défenseurs de l'atomisme. On trouve dans la philosophie de Pythagore des germes du système dynamique, soutenu plus tard avec beaucoup de chaleur par Leibnitz, et modifié par Wolf et Boschowich. La théorie de la matière et de la forme, ébauchée par Platon, complétée par Aristote, adoptée ensuite par les Stoïciens, puis par Plotin, saint Augustin et le plus grand nombre des anciens docteurs, fut exposée pendant le moyen-âge avec tant de clarté et de perfection, qu'on lui a donné le nom de système *aristotélico-scolastique*. Nous n'avons ni la mission ni le talent de discuter la valeur philosophique de ces trois hypothèses, dont nous devions pourtant dire un mot. Il nous faut seulement montrer que l'essence des corps inorganiques ne peut consister uniquement dans la matière, c'est-à-dire dans le principe de l'étendue.

I

QU'EST-CE QUE LA MATIÈRE ?

D'abord il serait bon de s'entendre sur la signification du mot *matière,* car, selon nous, la grande partie des discussions philosophiques roule sur les mots : une bonne définition de chaque terme qu'on emploie serait une épée qui trancherait du premier coup le nœud de la dispute. Qu'est-ce que la matière ? nous en distinguerons deux espèces : la matière *première* et la matière *seconde.* Cette division est acceptée par Leibnitz, le plus distingué sans contredit des modernes rénovateurs de la philosophie. « On peut très bien répondre, dit-il, d'après la manière de parler reçue en philosophie et d'ailleurs fondée en raison, qu'il faut distinguer la matière seconde et la matière première ; celle-là est une substance complète, mais qui n'est pas purement passive ; celle-ci est purement passive, mais ne constitue pas une substance complète, il faut y joindre l'âme ou quelque autre forme analogue à l'âme (1) ».

Par *matière seconde* nous entendons tout corps inorganique constitué dans le genre de substance et jouissant d'une existence actuelle. C'est sur cette matière seconde que travaillent la physique et la chimie. La physique s'occupe des modifications que subissent les corps et des phénomènes dont ils sont le siège ou la cause, tant qu'il n'en résulte pas pour ces corps des changements dans leur constitution intime. La chimie constate les différents modes d'action que ces corps exercent les uns sur les autres ; elle cherche à connaître les lois qui régissent ces actions, et à découvrir la nature des éléments qui entrent dans leur constitution ; mais elle a beau décomposer les corps, elle n'en retire que des éléments qui sont eux-mêmes des corps, c'est-à-dire matière seconde ; elle ne pénètre pas jusqu'à l'essence même. La philosophie va plus loin, et, comme philosophe, nous ne parlerons ici que de la matière première. Or, nous ne pouvons pas même trouver dans le corps inorganique l'idée pure de matière, car le corps est une substance complète, et la matière première n'en est pas une.

Sans doute les matérialistes, et même beaucoup d'autres qui ne le sont pas, qui rougiraient de l'être, vont s'insurger ici contre nous et crier au dogmatisme.

---

(1) *De ipsâ naturâ,* etc. § 12, p. 158.

Nous les prions de faire taire leurs préjugés et de suivre notre raisonnement. Certes, nous savons bien que la question qui nous occupe en ce moment est peut-être la plus ardue et la plus difficile de toute la philosophie ; mais peut-être aussi c'est la plus fondamentale, et la vé. té doit s'affirmer dès le début de ce travail.

Nous disons donc que la matière première n'est pas une substance complète. Comment alors exprimer sa nature ? Aristote en donne deux définitions, l'une négative, l'autre positive ; et ce n'est pas trop, car, pour nous former une idée juste de la matière première, nous avons besoin de faire appel à toute notre puissance abstractive. Voici la définition négative : « La matière n'est ni substance, ni qualité, ni quantité, ni rien de ce qui peut déterminer l'être ; *Materia non est quid, nec quale, nec quantum, nec aliquid eorum per quæ ens determinatur* ». Pourtant la matière est quelque chose, puisqu'elle doit nécessairement entrer comme principe constitutif dans l'essence des corps. Venons donc vite à la définition positive : « *Materia est primum subjectum ex quo aliquod fit ;* la matière est le sujet premier dont une chose est faite » ; ou encore : « *Materia est inchoatio quædam entis ;* la matière est un certain commencement de l'être ». Cette notion positive de la matière se rencontre de temps en temps chez les anciens. Platon en particulier affirme, dans le *Timée*, que la matière « est cette nature qui reçoit tous les corps » ; et Plotin l'appelle « un sujet qui est le récipient des espèces ».

Cette obscurité, cette indétermination peut nous étonner, mais ne rions pas, car il faut bien en venir là. La matière première n'est pas le néant, car elle ne pourrait concourir à la formation de la substance ; elle n'est pas l'être non plus, car la substance serait déjà produite, et la substance ne peut s'expliquer par la matière seule. Elle est donc quelque chose qui tient le milieu entre le néant et l'être. Quelque subtile et hasardée que paraisse cette distinction, on sera bien forcé de l'admettre, et d'ailleurs nous pourrions en décliner la responsabilité. Saint Augustin dit que la matière première est un *propè nihil*, un *nihil aliquid*, un quasi-néant ; Fénelon l'appelle un « je ne sais quoi qui fond dans les mains dès qu'on le presse » ; saint Thomas, Suarez et Leibnitz sont du même avis ; et si vous voulez parcourir les ouvrages du P. Kleutgen, du P. Liberatore, de San-Severino, de M. de Roaldès et d'une foule d'autres contemporains, vous serez vite convaincus que la doctrine exposée dans cet ouvrage compte encore aujourd'hui de nombreux défenseurs. Mais nous n'avons pas besoin de chercher un abri derrière l'autorité de tous ces philosophes, et nous pouvons trouver dans la seule raison autant de preuves qu'il en faut pour bien établir notre doctrine.

Ainsi la matière, dans le sens propre du mot, n'est pas un être ; elle n'est pas un néant. Où donc trouver le milieu entre le néant et l'être ? dans la *puissance*. La *puissance* est l'aptitude à recevoir une perfection ; et comme en dernière analyse toute perfection se réduit à l'être, la puissance est l'aptitude à recevoir un être quelconque. La matière première est cette puissance. Il suit de là que la matière n'a pas d'essence proprement dite, car qu'est-ce que l'essence, sinon la complexion de tout ce qui constitue un être existant dans son mode d'être déterminé ? Or, la matière ne possède aucun mode d'être déterminé : elle est apte à les recevoir également tous ; c'est la partie déterminable d'un corps, mais qui a besoin d'un principe déterminant. Elle est une partie de l'essence des corps, mais elle n'est pas en elle-même une essence complète ; ou bien, si l'on veut absolument lui en donner une, on peut dire que son essence consiste à n'en avoir aucune.

Par là même qu'elle n'a pas d'essence, la matière

première n'a pas d'existence, car celle-ci suppose évidemment une essence dans laquelle elle soit subjectée. Avant d'exister, il faut être. On pourrait donc définir la matière première « une puissance déterminable, mais non déterminée, source de l'extension et de la passivité des corps ».

Encore une fois, nous savons tout ce qu'offre d'abstrait ce milieu entre l'être et le néant. Mais, nous le répétons aussi, quelque difficile qu'il soit à comprendre, puisqu'il est nécessaire, il faut bien l'admettre. N'essayons pas toutefois de nous en former une image, car l'image ne peut représenter qu'un être complet. Saint Augustin vit échouer dans cette entreprise toute la fougue de sa brillante imagination. Nous ne réussirons pas même à nous en former une idée complète, parce que nous ne pouvons appliquer à cette matière le nom même de l'*être*, et que l'*être* est le terme au-delà duquel notre intelligence ne peut atteindre.

Rien de plus intéressant à suivre que le travail intellectuel de saint Augustin s'exerçant sur ce *nihil aliquid*. Il faut l'étudier tel qu'il nous l'a dépeint lui-même dans le livre de ses *Confessions*. Qui oserait dire que saint Augustin était un génie vulgaire ? Cependant il regarde comme si prodigieux et si difficile à acquérir le concept qu'il s'était formé de la matière première, qu'il l'attribue uniquement à une illumination divine. Voici ses paroles : « Ne m'avez-vous pas appris, Seigneur, qu'il n'existait rien, ni couleur, ni figure, ni corps, ni esprit, avant que vous eussiez donné une forme à cette matière informe ? Cependant ce n'était pas un pur néant ; c'était quelque chose d'informe, privé de toute beauté (1) ».

D'ailleurs, il ne s'agit pas de savoir ce qui est plus facile à imaginer ou à comprendre, il s'agit de savoir

---

(1) *Confessions*, Liv. XII, ch. 3, n. 3.

ce qui est plus vrai. Appelez la matière première comme il vous plaira ; dites que c'est un embryon de l'être, une partie de substance, une puissance, une aptitude, une indétermination, tout ce que vous voudrez. Dans tous les cas, vous ne pouvez prétendre que c'est un néant, puisqu'elle entre comme élément dans la substance corporelle. Vous ne pouvez dire non plus que c'est une réalité complète, car, sous peine d'être en désaccord avec vous-mêmes, vous êtes obligés de dire aussi qu'elle est étendue par elle seule. Or, nous allons prouver que la matière est par elle-même éternellement incapable de produire l'étendue, à moins qu'un autre principe ne vienne la tirer de son état de puissance et d'indétermination, pour la faire passer, en s'unissant avec elle, à l'état d'être déterminé.

II

LA MATIÈRE NE PEUT A ELLE SEULE PRODUIRE L'ÉTENDUE

Nous pourrions ici passer en revue les principales propriétés des corps inorganiques, et, nous appuyant sur chacune d'elles, démontrer qu'elles sont inexplicables, si l'on n'admet dans les corps l'existence de deux principes : l'un, puissance déterminable ; l'autre, acte déterminant. Il nous suffira d'examiner le premier aspect sous lequel les minéraux se présentent à nos regards, et ce premier aspect, c'est l'étendue. Or, l'étendue prouve qu'il existe dans les corps un principe différent de la matière.

L'étendue des corps consiste matériellement dans l'extraposition des parties, et formellement dans leur continuité. Or, qui dit extraposition de parties dit multiplicité de ces parties. Par là même, l'étendue suppose un principe de multiplicité ; ce principe est la matière,

Mais la matière est-elle étendue par elle-même, ou bien n'est-elle que la source de l'étendue, ayant besoin d'un autre principe pour la constituer ? Question difficile, que nous allons essayer de résoudre.

Ce qui caractérise formellement l'étendue des corps, avons-nous dit, c'est la continuité. Or, le continu possède une véritable unité, puisqu'il forme un seul tout et contient sous sa dépendance toutes les parties du corps dans lequel il est subjecté. Le continu est donc tout à la fois un et multiple : il est multiple, car il a des parties distinctes et divisibles ; il est un, car il est identique en chacune de ses parties, et ses parties ne sont pas divisées. Ainsi, quelque nombreuses que soient les parties constituantes d'un corps, ce corps est un : pour lui la multiplicité existe dans l'unité. Sans cela, les corps ne pourraient subsister en eux-mêmes ; car enlevez un instant la force qui retient à distance chacune de ses parties et qui les renferme toutes dans son unité, et bientôt le corps sera réduit à un point géométrique, ou bien ses éléments s'envoleront disséminés dans l'espace. Il est donc clair que l'extension continue ne peut s'expliquer sans l'existence simultanée de la multiplicité et de l'unité.

Direz-vous maintenant que ces deux choses dérivent d'un même principe, et que la matière suffit pour leur donner naissance ? Soutiendrez-vous avec Buchner que la force est une propriété de la matière ? Etrange propriété, que celle qui domine et maîtrise le sujet qui la produit ! Etrange cause, que celle qui donne naissance à un effet qui lui est supérieur ! C'est le renversement de la métaphysique ; c'est la confusion de toutes les idées reçues jusqu'à ce jour parmi les hommes qui se sont occupés de raisonner. Mais examinez un instant les caractères de la multiplicité, et voyez s'ils peuvent être comparés à ceux de l'unité.

La multiplicité tend à la division. Si elle existait seule,

chaque molécule, chaque atome d'un corps s'isolerait de la masse pour se diviser et se subdiviser à l'indéfini. Par contre, l'unité est le terme de l'union, et tend à l'identification complète. Si elle existait seule, toutes les molécules d'un corps se rapprocheraient, se pénétreraient, se réduiraient à un point mathématique. Mais, par leur contrebalancement mutuel, l'unité et la multiplicité donnent naissance à une autre force qu'on appelle résistance ou impénétrabilité, force qui reste elle-même inexplicable sans les deux principes qui la produisent.

Nous avons donc en présence deux choses qui semblent s'exclure réciproquement : la première tend à une division indéfinie ; la seconde, à une identification complète. Les caractères de l'unité sont donc essentiellement en désaccord avec ceux de la multiplicité.

Or, les propriétés qui présentent des caractères si opposés ne peuvent évidemment provenir du même principe. Par conséquent, pour expliquer l'essence des corps, il est nécessaire de recourir à deux principes : l'un, qui est la source de la multiplicité des parties ; l'autre, qui est la source de l'unité du tout. Et comme l'unité ne peut provenir que d'un principe simple et inétendu, il est évident que la matière, source de multiplicité et d'étendue, n'entre pas seule dans la constitution d'un corps. Au principe de l'extension vient donc se joindre un principe d'unité.

Ce principe simple et inétendu, source de toutes les propriétés que nous remarquons dans les corps, sans lequel la matière ne s'élèverait jamais à l'état d'être complet, Aristote et les scolastiques l'appellent *forme substantielle*. Aujourd'hui l'on ne veut plus de ce mot, parce qu'on le trouve usé : qu'on le change si l'on veut, la chose n'en existe pas moins. Pour son compte, Leibnitz l'admet et l'explique ainsi : « L'essence du corps consiste dans la matière et dans la forme substantielle, c'est-à-dire dans un principe passif et un principe actif, car il appartient à la substance de pouvoir agir et de pouvoir souffrir. Ainsi donc la matière est la première puissance passive, et la forme substantielle est l'acte premier, ou la première puissance active (1) ».

Nous pouvons résumer en quelques lignes tout notre raisonnement, et procéder ainsi : Les corps sont doués d'extension continue. Or, l'extension continue suppose deux principes : l'un, qui produit la multiplicité des parties ; l'autre, qui produit l'unité de chacune et du tout. Ces deux principes, se manifestant avec des caractères diamétralement opposés, ne peuvent tirer leur origine d'une même source. Nous appelons *matière* la source de la multiplicité : donc la matière n'est pas en même temps la source de l'unité ; donc elle est par elle-même incapable de produire ou d'expliquer l'extension continue. Dès lors la matière n'est pas une substance complète ; elle ne peut être qu'une portion de substance.

III

LE MATÉRIALISME SE BRISE CONTRE UN GRAIN DE SABLE

Nous avons essayé, non pas de donner une idée exacte de la matière première d'Aristote, mais au moins de faire saisir au vol cette puissance mystérieuse placée sur les confins du néant, et qui ne peut pas s'appeler un être. Aurons-nous réussi ? c'est douteux. Mais, si nous ne pouvons la définir avec précision, nous devons pourtant reconnaître la nécessité de l'admettre, car sans elle nous ne pouvons expliquer l'étendue des corps, bien qu'avec elle seule nous ne puissions expliquer la continuité de cette étendue.

(1) *Syst. Théol.* p. 194.

Si nous devions pénétrer à fond la question de la nature des corps, nous ferions ici connaître les rapports intimes qui unissent les deux principes constitutifs de leur essence, et nous indiquerions les propriétés qui en découlent. Mais cette nouvelle discussion nous entraînerait trop loin. Qu'il nous suffise de constater que la matière première est par elle-même impuissante à produire un simple minéral, et que nous ne concevons aucun être existant à un degré plus bas que le minéral.

Maintenant nous demandons au matérialiste : Est-ce là l'idée que vous vous faites de la matière ? Avouez alors que votre cause est perdue ; car si cette matière ne peut produire le plus informe des corps inorganiques, le moindre grain de sable, comment oserez-vous soutenir qu'elle produira des corps organiques, dans lesquels la vie se manifeste à nous sous un triple aspect : nutrition, développement, génération ? Comment surtout oserez-vous soutenir que cette matière si imparfaite peut sentir et penser ?

Mais le matérialiste ne s'arrêtera pas devant ces considérations. Plutôt que de s'avouer vaincu, il incriminera le concept que nous nous formons de la matière première. Ce concept appartient en effet à la philosophie scolastique, dont se moquent généralement tous ceux qui ne la connaissent pas. Et combien de philosophes la connaissent aujourd'hui autrement que par les analyses sèches, incomplètes et inexactes de Tennemann et de son école ? Nous ne ferons point ici l'apologie de cette philosophie méconnue : nous écrivons sans préjugé comme sans prévention, et si nous avons adopté la doctrine scolastique sur la question de la nature des corps, c'est que seule elle nous semble se conformer aux données de l'expérience et satisfaire aux exigences de la raison.

Le grand Leibnitz lui-même, après avoir combattu, avec toute la vigueur de sa jeunesse et de son talent le système que nous défendons ici, se vit forcé de l'admettre, lorsque sa raison plus développée eut fait évanouir les fantômes de son imagination. « Au commencement, dit-il, lorsque je m'étais affranchi du joug d'Aristote, j'avais donné dans le vide et dans les atomes, car c'est ce qui remplit le mieux l'imagination ; mais j'en suis revenu, après bien des méditations, car j'ai aperçu qu'il est impossible de trouver les principes d'une véritable unité dans la matière seule, ou dans ce qui n'est que passif, puisque tout n'y est que collection ou amas de parties à l'infini. Or, la multitude ne peut tenir sa réalité que des unités véritables, et ces unités viennent d'ailleurs et sont autre chose que les points dont il est constant que le continu ne saurait être composé. Donc, pour trouver ces unités réelles, je fus contraint de recourir à un atome formel, puisqu'un être matériel ne saurait être en même temps matériel et parfaitement indivisible, ou doué d'une véritable unité. Il me fallut donc rappeler et comme réhabiliter les formes substantielles (1) ».

Poursuivant notre polémique, nous demandons au matérialiste ce qu'il entend par matière, et il nous répond : « La matière, c'est tout corps qui possède l'étendue ». Voilà précisément ce que nous entendons nous-même par matière seconde. Mais le corps, outre le principe de l'étendue, possède aussi le principe de l'unité. Le matérialiste est donc obligé de reconnaître dans la matière deux principes opposés et contraires. Comment ces deux principes peuvent-ils exister simultanément dans le même sujet ? Ils le peuvent, puisque le fait saute aux yeux, et la théorie scolastique en rend parfaitement compte. Mais comment ces deux principes peuvent-ils tirer leur origine de la même source ? Grande difficulté, dont le matérialiste ne sortira jamais,

---

(1) *Système nouveau de la nature*, p. 124.

car jamais personne ne concevra qu'une chose puisse être et n'être pas en même temps.

Nous serions donc en droit d'arrêter ici la controverse, et de clore la discussion par ce dilemme : Ou votre matière est étendue, ou elle ne l'est pas. Si elle est étendue, expliquez-nous comment elle peut donner naissance à l'unité, alors que l'unité est supérieure à l'étendue, et que l'effet ne peut être supérieur à la cause. Si votre matière n'est pas étendue, expliquez-nous comment elle peut produire l'étendue ; expliquez-nous comment l'addition de plusieurs zéros peut donner une somme d'unités.

Mais nous devons aller plus loin, car le matérialiste aurait encore raison contre nous s'il pouvait rendre compte, au moyen de la matière seconde, des divers phénomènes que nous remarquons dans les végétaux et dans les animaux. Sa matière, en effet, est douée de plusieurs propriétés, qui sans doute ne découlent pas de ce que nous avons appelé matière première, mais qui sont pourtant subjectées dans les corps, et semblent par là même appartenir à la matière. Nous allons le suivre sur ce nouveau terrain, où il nous appelle en ricanant. Mais auparavant nous devons aborder une question qui se présente d'elle-même à l'esprit ; car, après avoir étudié la nature ou l'essence de la matière, il est logique de rechercher quelle est son origine.

Résumons d'abord ce que nous venons de dire au sujet des minéraux. La matière peut être envisagée sous deux aspects : en elle-même, et relativement au corps dont elle fait partie essentielle. Considérée en elle-même, elle est la source de l'étendue, mais elle n'est pas étendue, car elle a besoin pour cela d'être unie à un principe simple tout différent d'elle-même. Considérée comme faisant partie d'un corps déjà constitué, elle est étendue, et possède plusieurs propriétés qui jaillissent de son union avec le principe simple : c'est ici la matière seconde, par laquelle nous entendons tout corps jouissant d'une existence actuelle.

De quelque côté qu'on l'envisage, tout corps inorganique suffit pour ruiner la base du matérialisme, car il nous présente toujours deux sortes de propriétés : les unes résultent de l'étendue et doivent être rapportées à la matière ; les autres, résultant de l'unité, doivent être rapportées à un principe simple, et par conséquent immatériel, qu'on l'appelle résistance, force, forme substantielle, ou comme l'on voudra. Même dans les minéraux, nous trouvons donc autre chose que de la pure matière, et le matérialisme vient échouer contre un grain de sable. C'est ainsi que dans la machine la plus savamment combinée, un petit gravier suffit pour arrêter le mouvement compliqué des rouages, et pour déconcerter les efforts du plus habile mécanicien.

CHAPITRE II

De l'origine de la matière.

Traiter la question de l'origine de la matière, c'est traiter la question de l'origine du monde, bien que le monde ne soit pas exclusivement composé de matière. Or, quatre hypothèses seulement sont possibles à ce sujet. Ou bien la matière est éternelle et a produit le monde en vertu de ses propres forces ; ou bien le monde a toujours existé tel qu'il est maintenant ; ou bien le monde est sorti de la substance divine par émanation ou évolution, en sorte qu'il ne se distingue pas de Dieu lui-même ; ou bien enfin le monde a été tiré du néant par la toute-puissance divine. Si nous prouvons que les trois premières hypothèses sont absurdes, il faudra bien admettre la quatrième, qui restera seule debout. C'est ce que nous allons essayer d'entreprendre (1).

I

LA MATIÈRE EST-ELLE ÉTERNELLE ?

Parmi les philosophes qui ont soutenu l'éternité de la matière, il faut citer tout d'abord Thalès, Anaximène, Anaximandre, et les autres partisans de l'école ionienne ; ensuite Leucippe, Démocrite, Épicure et les autres atomistes, et enfin Platon. Les ioniens prétendaient que la matière possède une certaine force vitale qui produit

---

(1) Cf. San Séverino, qui nous a fourni presque toute la matière de ce chapitre.

toute la variété des choses de l'univers. Les atomistes admettaient le concours du hasard dans la rencontre des atomes éternels, dont la réunion avait peu à peu formé le monde. Platon disait que Dieu, ayant trouvé une matière informe ou chaotique, y avait établi l'ordre qui constitue l'harmonie de l'univers. De nos jours, Buchner s'est rangé à l'opinion de Thalès.

Que la matière soit éternelle, voilà ce que personne n'a jamais prouvé, pas plus Buchner que Thalès. On a mis en avant cette assertion, afin de pouvoir se débarrasser de l'idée d'un Créateur, idée qui en amenait beaucoup d'autres à sa suite. Mais qui donc pourrait trouver dans la matière les caractères de perfection et d'immutabilité qui sont l'apanage nécessaire de l'Être éternel ? Si la matière existe de toute éternité, elle est incréée, et par conséquent possède l'être par soi-même. Mais ce qui possède l'être par soi-même existe par suite d'une nécessité de sa propre nature, et ce qui existe par une nécessité de sa propre nature est l'*être nécessaire*, qui ne peut être sujet à aucun changement ni à aucune succession : sans cela, en effet, il serait tout à la fois nécessaire et non nécessaire, c'est-à-dire nécessaire et contingent. Dites-vous que la matière est l'être nécessaire ? alors vous en faites un Dieu : prosternez-vous devant elle, et adorez le galet que la mer roule à vos pieds. Mais expliquez-nous les innombrables changements que nous voyons chaque jour se produire dans cet être nécessaire ; expliquez-nous pourquoi le temps, qui n'est qu'une ombre fugitive, agit avec tant d'influence sur cet être éternel. L'éternité, disait Tertullien à Hermogène, est tellement propre à Dieu que, si on l'attribue à la matière, la matière doit être regardée comme un autre Dieu : « Quel meilleur caractère assigner à Dieu que l'éternité ? Et quel est le propre de l'éternité, sinon d'être toujours et d'avoir toujours été, en vertu de la prérogative de n'avoir ni commencement, ni fin ? Hermogène aboutit ainsi à deux dieux en faisant la matière égale à Dieu, puisqu'il la fait éternelle ». Le matérialisme contemporain, nous le savons, n'en est plus à la pluralité des dieux ; mais il ne démontrera jamais que sa matière, soumise au changement et à la succession, soit éternelle et nécessaire ; il ne démontrera jamais qu'elle ait pu, par ses seules forces, produire tout ce qui existe ; puisque, n'étant pas éternelle, elle a reçu ces forces en même temps que l'existence, et qu'elle a dû les recevoir d'une force supérieure à elle-même. Voilà ce que l'on peut répondre à Thalès et à Buchner.

Quant aux atomistes, ils sont encore plus étonnants, s'il est possible. D'abord, si la matière ne peut être éternelle, les atomes ne peuvent pas l'être non plus, puisqu'ils sont matériels. De plus, comment leur rencontre fortuite aurait-elle jamais pu produire chaque chose, et le monde lui-même, avec son admirable organisation ? Saint Augustin dit à ce sujet : « Vous leur accorderiez que les atomes existent, qu'ils se rencontrent et se heurtent fortuitement, soit ; s'ensuit-il qu'en se heurtant au hasard ils puissent faire une chose quelconque, lui donner une forme, une figure, l'égaliser et la polir, l'orner d'une couleur et l'animer (1) ? » Et s'il s'agit des êtres doués de vie et de raison, l'argument est encore plus fort : « Que dirai-je des animaux, dans lesquels on ne découvre rien qui n'ait sa raison d'être, sa disposition convenable, son utilité et sa physionomie propre ? Une exacte et habile description de toutes leurs parties et de tous leurs membres suffit à repousser toute idée de hasard et d'accident fortuit. Admettons encore que les membres, les os, les muscles et le sang puissent résulter du rapprochement des atomes ; comment une agrégation d'atomes expliquerait-elle le sen-

(1) S. Augustin, *Epist.* 118 *ad Dioscorum.*

timent, la pensée, la mémoire, l'intelligence et l'esprit ? Comment des corpuscules, se réunissant au hasard, pourraient-ils former un être raisonnable ? Quel ouvrier a pu former le cœur de l'homme, sa parole, sa sagesse ? Mais si nul ouvrier, avec toute sa raison et toute son habileté, ne peut rien faire de semblable, comment pourrait-on raisonnablement l'attribuer à la rencontre fortuite d'atomes voltigeant çà et là dans l'espace ? (1) » Et si des êtres individuels nous remontons à l'ensemble de l'univers : « Comment, dit encore Lactance, les atomes ont-ils pu sortir de cette masse confuse, et, par leur agrégation, former le globe inférieur de la terre et le globe supérieur des cieux, lequel est enrichi d'une si grande variété d'étoiles, qu'il est impossible de rien imaginer de plus beau ? L'homme qui voit de si belles et de si grandes choses peut-il supposer que ni la sagesse, ni la providence, ni la raison divine n'y ont concouru ? Peut-il croire que toutes ces merveilles sont l'œuvre d'atomes imperceptibles et extrêmement subtils ? Ce qu'il y a de plus étonnant, c'est qu'il ait pu se rencontrer un homme capable de dire de telles choses, et d'autres hommes capables de les croire (2) ».

L'hypothèse de Platon n'est pas plus admissible. Si la matière est éternelle, elle possède tous les attributs de l'être nécessaire, et en premier lieu l'indépendance. Comment donc Dieu aurait-il pu agir sur un être qui ne lui était pas soumis ? « Il est naturel, dit saint Justin, que la force inhérente à la matière résiste à la volonté de l'ouvrier, si elle est incréée, et s'il est vrai, comme l'affirme Platon, qu'elle est égale à l'ouvrier et aussi ancienne que lui. Car celui qui n'a point créé une chose n'a aucun pouvoir sur elle, si elle est incréée ; la force n'a par conséquent aucun empire sur elle, puis-

---

(1) Lactance, *Liber de irâ Dei*, cap. 10.
(2) *Ibid.*

qu'elle est libre de toute nécessité externe (1) ». De plus, si la matière est incréée, elle n'est susceptible d'aucun changement ; elle est immuable. Or, si quelque chose sortait d'elle ou se modifiait en elle, elle subirait un changement incompatible avec sa nature d'être incréé. « Ainsi donc, conclut Lactance, si la matière n'a pas été faite, il n'est pas même possible que d'elle on fasse quelque chose ». Enfin cette hypothèse amoindrit l'idée que nous avons de Dieu, en supposant qu'il a besoin, pour agir, d'une matière préexistante. Saint Athanase dit à ce sujet : « Ceux qui raisonnent de la sorte ne voient pas qu'ils attribuent à Dieu un manque de force. Car s'il n'est pas l'auteur de la matière et qu'il fasse les choses avec une matière antérieure, c'est un signe de faiblesse, puisqu'il ne peut rien façonner sans matière ; comme c'est une marque de faiblesse pour un charpentier de ne pouvoir rien faire sans bois (2) ». Concluons de tout ce qui précède que la matière n'est pas éternelle, et que par conséquent elle a été créée.

II

L'UNIVERS A-T-IL TOUJOURS EXISTÉ TEL QU'IL EST ?

Alméon de Crotone, Philolaüs et Aristote ont soutenu que le monde a toujours existé dans l'état où il se trouve actuellement, et partant qu'il est éternel. Aristote en particulier enseigne que Dieu n'est ni l'auteur de la matière dont le monde est formé, ni l'auteur de l'ordre qui existe entre les choses matérielles, mais qu'il demeure au centre du monde, de telle sorte qu'il

---

(1) S. Justin, *Ad Gentes cohortatio*, c. 23.
(2) S. Athanase, *De Incarn. Verbi Dei*, c. 2.

est la cause et la fin de tout mouvement, sans toutefois en avoir conscience. Cette hypothèse a été soutenue par beaucoup d'incrédules du dernier siècle, à la tête desquels il faut placer l'auteur du *Système de la nature*. Nous rangeons aussi dans la même catégorie les philosophes qui, à l'exemple d'Origène, admettent que le monde a été créé par Dieu, il est vrai, mais qu'il a été créé de toute éternité, ce qui le rend coéternel à Dieu lui-même. Cette dernière opinion a été soutenue par Robinet, par Voltaire, par Montesquieu, par Victor Cousin, et, de nos jours, par Émile Saisset. Robinet dit que « Dieu n'a pu ni s'abstenir de créer le monde, ni retarder la création, ni créer le monde autrement qu'il n'est, parce que Dieu n'est pas cause volontaire et libre, mais cause essentiellement créatrice, et que le monde est par nature l'effet de Dieu ». Voltaire prétend que le monde doit être éternel, parce qu'il est l'œuvre d'un éternel Ouvrier. Montesquieu juge que le monde a été fait de toute éternité, parce qu'il ne trouve pas de bonne raison pour se convaincre qu'il a été créé dans le temps. Victor Cousin enseigne que la création du monde est nécessaire et par là même éternelle, parce que Dieu, étant à la fois substance et cause, ne peut être substance sans être cause en même temps. Enfin Émile Saisset soutient que le monde a sans doute été créé par Dieu, mais qu'il ne se trouve renfermé par aucune limite de temps et d'espace, en sorte que sa durée et son étendue sont également infinies.

Voilà beaucoup d'adversaires à combattre. Commençons par les plus anciens. Alméon, Philolaüs et Aristote ne nous retiendront pas longtemps. En effet, prétendre que le monde a existé de toute éternité tel qu'il est, c'est le supposer coéternel à Dieu, c'est admettre l'éternité de la matière, hypothèse que nous venons de réfuter. Nous nous demandons seulement comment Aristote, avec son incomparable génie, ne s'est pas aperçu qu'il rapetissait son « moteur immobile », en lui donnant comme éternelle compagne une matière inerte, incapable de tout mouvement et de toute action.

Les philosophes modernes qui soutiennent, à la suite d'Origène, la nécessité de la création *ab æterno*, tombent sans qu'ils s'en doutent dans le panthéisme, car leur thèse a pour conséquence d'admettre que le monde est infini, et qu'il est éternel. La question se ramène à celle-ci : Dieu était-il obligé de créer le monde, et s'il y était obligé, a-t-il dû le créer éternellement ? Ecoutons la réponse de saint Thomas : « Il est nécessaire que l'effet existe, si la cause efficiente agit nécessairement, car l'effet dépend de la cause efficiente. Mais s'il n'est pas nécessaire que l'agent, ou la cause efficiente, se porte à la production de l'effet, l'effet non plus n'est pas absolument nécessaire. Or, Dieu n'agit point en vertu d'une certaine nécessité dans la production des créatures. Il n'est donc pas absolument nécessaire que la créature existe, puisque cette nécessité ne pourrait provenir que de la cause efficiente (1) ».

L'argument de saint Thomas revient à dire que Dieu est la cause libre et non la cause nécessaire du monde. De même donc qu'il pouvait s'abstenir de créer le monde, de même il a pu le créer dans le temps. Un simple raisonnement nous fera comprendre que Dieu a créé le monde d'une volonté libre de toute nécessité. En effet, si Dieu est la cause nécessaire du monde, cette nécessité provient ou de sa nature, ou d'une contrainte imposée à sa volonté. La première hypothèse est une conséquence manifeste du panthéisme, et ne peut être soutenue : en effet, comme dit saint Thomas, Dieu, étant intelligent par essence, agit par son intelligence ; et comme l'intelligence ne produit aucun effet sans l'intervention de la volonté qui choisit et lui pro-

(1) *Contra Gentiles*, Lib. II, c. 31.

posé une fin, il s'ensuit que Dieu agit par volonté, et non par nécessité de nature (1) ». La seconde hypothèse est également inadmissible, ainsi que le prouve encore le Docteur angélique : « La volonté ne se porte point par nécessité vers les choses qui se rapportent à la fin, si la fin peut exister sans elles ; or, comme la divine Bonté peut exister sans les autres êtres, et qu'elle ne peut même en recevoir aucune espèce d'accroissement, aucune nécessité ne la pousse à vouloir d'autre chose qu'elle-même, quoiqu'elle veuille nécessairement sa propre bonté (2) ». En résumé, la création du monde a été, de la part de Dieu, un acte parfaitement libre, pour deux raisons principales : la première, c'est que Dieu est souverainement indépendant ; la seconde, c'est qu'il se suffit à lui-même et n'a besoin d'aucune des créatures. Donc la création du monde n'était pas nécessaire, et l'on ne voit aucune raison pour que le monde ait été créé de toute éternité.

III

L'UNIVERS EST-IL SORTI DE DIEU PAR EMANATION ?

Cette question est résolue affirmativement par le panthéisme, système d'après lequel il n'existe dans tout l'univers qu'une seule substance, qui est Dieu. Les anciennes sectes de l'Inde étaient presque toutes panthéistes, mais la philosophie Vedânta, qui se disait orthodoxe, enseignait ouvertement cette doctrine : pour elle, Brahma seul existe, et tout ce qui n'est pas Brahma est une création de l'esprit humain. En Grèce, l'école éléatique, dont les chefs furent Xénophane, Parménide,

---

(1) *Contra Gentiles*, Lib. II, c. 23.
(2) *Ibid.*, c. 81.

Zénon d'Élée et Mélissus de Samos, adopta cette maxime panthéiste : « *Omnia unum sunt et Unum est omnia.* Tout est un, et l'Unité est tout ». Les Stoïciens, en faisant de Dieu la forme informante du monde, professaient aussi le même système. L'école néoplatonicienne, qui brilla pendant quelque temps dans les chaires de Rome, d'Alexandrie et d'Athènes, enseignait une sorte de panthéisme mystique. Plus tard nous trouvons, parmi les panthéistes, les Juifs sectateurs de la Kabbale et quelques Arabes qui interprétaient mal Aristote. Au moyen-âge, chez plusieurs docteurs réalistes, comme Scot Érigène, Amaury de Chartres, et David de Dinant, on rencontre des tendances panthéistes. Des définitions qu'il donne de la substance, de l'attribut et du mode, Spinosa déduit qu'il n'existe qu'une substance, et que cette substance est Dieu. En Allemagne, Kant prépare la voie au panthéisme en disant que les notions de *Dieu*, du *monde* et du *moi* sont des formes purement subjectives de notre intellect. Pour Fichte, le *moi non pur*, le *non-moi* ou le *monde* et *Dieu* sont trois émanations du *moi pur*. Schelling prétend que le *moi* et le *non-moi* s'identifient dans l'*Absolu*, qui seul existe. D'après Hégel, c'est la *pensée* ou l'*idée* qui produit, en se développant, le *moi*, le *monde* et *Dieu*. Krause prétend que Dieu est l'identité de l'*Esprit* et de la *Nature*. Malgré ses dénégations, Victor Cousin se rapproche du panthéisme sur plusieurs points. L'école Saint-Simonienne, avec Saint-Simon, Pierre Leroux et Fourier, professe la même doctrine, ainsi que Lamennais, dans son *Esquisse d'une philosophie*. Enfin les positivistes français et les matérialistes dynamiques allemands enseignent une espèce de panthéisme matérialiste.

On le voit, les partisans du panthéisme sont très nombreux ; encore n'avons-nous cité que les principaux. Heureusement ce n'est pas le nombre qui constitue la valeur, et la doctrine que nous combattons ici ne résiste ni à l'épreuve de l'expérience, ni à l'examen de la raison. Que me dit l'expérience ? Elle me dit qu'il existe en moi une conscience tellement propre et personnelle, qu'elle ne pourrait se communiquer à un autre sans se détruire ; car si mes pensées et mes affections sont regardées comme des faits de conscience qui appartiennent à d'autres, ma conscience s'évanouit. Or, s'il n'existe qu'une substance, il n'y a pas de distinction possible entre les différents sujets dans lesquels se manifeste la pensée. L'expérience me dit encore que j'ai dans le cœur des sentiments d'amour pour telle chose, d'aversion pour telle autre ; qu'il existe en dehors de moi quelque chose qui est distinct de moi-même, qui agit sur moi, sans moi, et quelquefois malgré moi : d'où je conclus qu'il y a d'autres substances que la mienne. Que me dit la raison ? Elle me dit que les hommes n'ont ni la même intelligence, ni la même volonté : ce que j'ignore, d'autres le savent ; ce que je sais, d'autres l'ignorent ; ce que je ne veux pas, un autre le veut, et je désire à mon tour ce qu'il refuse. Or, il est absurde qu'il n'y ait aucune différence parmi les hommes, alors qu'il y en a tant parmi les manifestations de leurs idées et de leurs goûts. Est-ce que toutes les émanations de la substance divine, qui est une, ne devraient pas être absolument identiques ? Comment expliquer leur diversité et le désaccord qui existe entre elles ?

Il y a plus : cette substance divine, à force de produire des émanations, finira par s'altérer. Sans doute le panthéisme soutient que ces émanations restent dans son sein et ne forment qu'un seul tout avec elle ; mais pourtant, chaque fois qu'une nouvelle émanation se manifeste, la substance divine éprouve une modification, un changement, et par là même Dieu n'est pas immuable. Il n'est pas infini non plus, puisqu'il résulte d'une collection de choses finies, ou bien c'est un être indéterminé qui se développe sans fin. Il n'est pas parfait, puisque c'est à lui qu'il faut attribuer tous les défauts, toutes les erreurs, toutes les misères du monde. Il n'est pas un, puisque ses émanations sont souvent contradictoires. Il n'est pas libre, puisque tout ce qui existe se trouve nécessairement déterminé par sa nature, ou bien n'est qu'une évolution nécessaire et perpétuelle de sa substance. En un mot, la notion de Dieu est complètement détruite par le panthéisme, qu'on pourrait tout aussi bien appeler l'athéisme, car, là où tout est Dieu, il n'y a rien de divin.

Des quatre hypothèses que l'on peut émettre au sujet de l'origine du monde, nous venons de démontrer que trois sont inadmissibles. Il faut donc, en bonne logique, admettre la quatrième, et reconnaître que Dieu, par un acte de sa volonté toute-puissante, a tiré la matière du néant. Nous avons sur ce point l'assentiment de Bayle lui-même, qui développe ainsi la même argumentation : « Pour bien expliquer la production des choses, il faut considérer Dieu comme l'auteur de la matière et comme le premier et l'unique principe du mouvement. Si l'on n'admet la notion de la création proprement dite, il est impossible d'éviter tous les écueils, et, de quelque manière que l'on considère la chose, on tombe nécessairement dans des opinions auxquelles notre raison ne saurait acquiescer (1).

(1) *Dict. histor. et crit.* Art. *Ovide.*

CHAPITRE III

Des Végétaux.

La matière peut devenir vivante, car l'expérience nous atteste qu'il y a des corps organiques. Mais d'où provient la vie ? Quant à ce que nous appelons matière première, il est évident qu'elle est et sera toujours impuissante à la produire. Puisqu'elle ne peut par elle-même donner naissance au dernier des corps bruts, on ne doit pas raisonnablement lui attribuer le pouvoir de donner naissance au moindre des corps vivants. Mais la matière seconde, c'est-à-dire le corps inorganique, jouit de certaines propriétés physiques et chimiques qui suffiraient peut-être à expliquer les divers phénomènes de la vie. Si les corps inorganiques sont capables de passer à l'état vivant par la seule vertu des propriétés que l'expérience nous fait constater en eux, nous avouons que le matérialisme est vainqueur. Du moins, avant de le couronner, nous allons essayer de nous faire une idée exacte de la vie en général et de la vie végétative en particulier, puis nous examinerons si la vie végétative peut être le résultat des forces physiques et chimiques de la matière.

I

DE LA VIE EN GÉNÉRAL

Obligé que nous sommes de parcourir à grands pas la carrière qui s'ouvre devant nous, nous ne pouvons que tracer les grandes lignes d'un tableau qui demanderait des dimensions considérables. Nous indiquerons seulement les points principaux de la question qui nous occupe.

L'idée de la vie en général n'a jamais été comprise, et ne peut pas l'être, de ceux qui ne voient dans les corps que l'étendue et le mouvement. Une foule de physiologistes et de naturalistes ont tour à tour essayé de définir ce phénomène ; mais, pour la plupart, ils n'ont pas pénétré jusqu'au fond de la question, qui est du ressort de la philosophie. Citons trois des plus célèbres.

Stahl, fondateur de l'animisme, prétend que la vie consiste formellement dans la conservation de l'organisme, dont les forces extérieures tendent à détruire l'intégrité. Mais cela ne nous dit pas ce qu'est la vie en elle-même, car cette définition n'embrasse que la partie matérielle et mécanique de l'organisme, qui ne constitue pas l'essence de la vie. Passons donc à Bichat.

Celui-ci définit la vie : « L'ensemble des fonctions qui résistent à la mort ». Mais qu'est-ce que la mort, sinon la cessation de la vie ? Cette définition revient donc à celle-ci : « La vie est l'ensemble des fonctions qui résistent à la cessation de la vie ». Belle découverte, en vérité !

Cuvier, le grand naturaliste, s'est approché plus près du vrai sans aller jusque là. « La vie, dit-il, consiste dans la faculté qu'ont certaines combinaisons corporelles de durer pendant un temps et sous une forme déterminée, en attirant sans cesse dans leur composition une partie des substances environnantes, et en rendant aux éléments des portions de leur propre substance ». Ce n'est pas là définir la vie, c'est constater un de ses principaux phénomènes. La question est précisément de savoir quelle est l'essence du principe en vertu duquel se fait cette assimilation des éléments étrangers.

S'il nous était permis, après ces grands hommes, de

donner aussi notre définition, nous proposerions celle-ci : « La vie en général est le principe substantiel en vertu duquel un être se meut lui-même ».

Pour se former une idée juste de la vie, il ne suffit pas, selon nous, de borner son attention aux végétaux, ainsi que l'a fait Cuvier, car ce n'est pas là que la vie se manifeste dans son degré le plus simple : on ne doit jamais confondre simplicité avec imperfection. Il faut surtout remarquer ce qui se passe dans les êtres qui possèdent la vie à un degré plus élevé, comme les animaux. Or, quand disons-nous qu'un animal commence à vivre ? quand il commence à se mouvoir de lui-même, en vertu d'une force intrinsèque. Aussitôt que tout mouvement cesse, la vie cesse en même temps, et l'animal meurt.

La vie consiste donc essentiellement dans l'immanence de l'action. Mais, pour qu'une action soit immanente, il faut d'abord qu'elle procède d'un principe intérieur ; il faut ensuite qu'elle soit reçue par le sujet même qui la produit. Les corps bruts produisent bien une action par eux-mêmes, mais ils ne peuvent agir que sur d'autres corps substantiellement différents. Au contraire, les corps organiques opèrent en eux-mêmes : leur action est immanente.

Voilà ce que le sens commun nous apprend de l'essence de la vie en général, et sa voix a plus d'autorité que toutes les philosophies du monde. Dès que nous voyons un être se mouvoir en vertu d'un principe intrinsèque, nous disons qu'il vit. Lorsque nous constatons qu'il est incapable de tout mouvement provenant d'un principe interne, nous disons qu'il ne vit pas. Et ici il faut prendre le mouvement dans le sens le plus général, en tant qu'il exprime une opération quelconque, soit végétale, soit animale, soit même intellectuelle.

Cette simple observation, empruntée à l'expérience la plus vulgaire, nous met à même de distinguer les différents degrés de la vie. La vie d'un être est d'autant plus parfaite qu'il possède à un plus haut degré, en lui-même, ce qui est nécessaire au mouvement interne. Or, dans ce mouvement interne, nous pouvons distinguer trois choses : l'opération elle-même, la cause déterminante de l'opération, et le but vers lequel l'opération est dirigée. Les plantes ne possèdent que l'opération elle-même, ou l'exécution du mouvement : le but leur est imposé par la nature, et la cause déterminante de toutes leurs opérations ne peut être cherchée ailleurs que dans les lois qui les régissent fatalement. L'animal, outre l'exécution, possède aussi le pouvoir de se déterminer, mais d'une manière très imparfaite, car son activité est toujours dirigée par l'image des objets extérieurs ; quant au but de ses opérations, il lui est imposé par l'instinct, puissance invincible qui le pousse fatalement vers sa fin. Seuls, les êtres intelligents possèdent le triple pouvoir d'agir, de se déterminer et de choisir la fin de leurs actes.

Après ce court aperçu sur la vie en général, examinons la vie végétative en particulier.

II

DE LA VIE VÉGÉTATIVE

Toutes les fonctions de la vie végétative se réduisent à trois principales : l'une a pour but de conserver la plante dans l'état vivant : c'est la *nutrition* ; l'autre a pour but de donner à la plante les dimensions propres à son espèce : c'est la *croissance* ; la troisième doit pourvoir à la conservation de l'espèce par la production d'autres organismes : c'est la *génération*. On peut donc définir la vie végétative : « Le principe substantiel en vertu duquel un être vivant se nourrit, se développe et se propage lui-même ».

Pour bien comprendre cette définition, il suffit d'examiner un instant les principaux phénomènes qui se manifestent dans les végétaux. Au moyen des organes dont elle est douée, la plante exerce une foule d'actes vitaux qui peuvent se résumer ainsi :

La plante absorbe d'abord par ses racines les éléments nécessaires à sa nutrition. Ces sucs nutritifs, qu'elle a puisés dans le sol, circulent à travers ses tissus organiques, et s'arrêtent dans toutes les parties qui ont besoin d'être alimentées. De cette sorte, la partie nutritive des éléments absorbés est assimilée à l'organisme, tandis que les fluides inutiles ou nuisibles à la nutrition sont rejetés dans l'atmosphère. Ce phénomène singulier en produit un autre plus singulier encore : la respiration végétale, qui s'opère directement en sens inverse de la respiration animale. A certaine époque de l'année, variable pour chaque espèce de plantes, mais toujours la même pour la même espèce, nous voyons les végétaux se couvrir de boutons qui s'ouvrent bientôt pour laisser paraître des fleurs variables aussi suivant les espèces. Alors, tout étant préparé pour la fécondation de la plante, le pollen générateur survient et amène la fructification.

Tels sont les faits constatés avec certitude par tous les naturalistes. Ils suffisent pour justifier notre définition de la vie végétative, car tous se réduisent aux trois phénomènes distincts de la nutrition, de la croissance et de la génération. Que ces phénomènes soient distincts, l'expérience nous l'apprend encore. La nutrition commence avec la vie, précède la génération, et persiste après le développement. La croissance est évidemment due à la nutrition, mais elle s'en distingue en cessant alors même que la nutrition continue. La génération suppose les deux fonctions précédentes ;

mais, dans les êtres vieillis qui se nourrissent encore, elle est nulle, et dans les êtres jeunes elle ne se manifeste qu'après la nutrition et l'accroissement.

Quelques auteurs ont attribué aux plantes une autre propriété, celle de *sentir*. Comment sont-ils parvenus à cette singulière découverte ? Il leur a fallu pour cela contredire tout à la fois la raison et l'expérience.

Ils contredisent la raison, car la sensibilité est absurde sans le mouvement spontané. On parle des éponges, qui sont des animaux, et qui ne changent pas de place. Les éponges peuvent se mouvoir dans une certaine mesure, par la contraction et la dilatation de leurs parties, et leurs sensations, si toutefois elles en éprouvent, sont extrêmement imparfaites. Mais dans la plante, la sensation serait inutile et sans but. Bien plus, elle serait un tourment perpétuel. Clouée toujours au même endroit du sol, incapable de se soustraire aux influences extérieures, la plante serait une victime muette de la tyrannie souveraine. Il n'y a que le Dieu terrible, méchant et cruel de M. Flammarion, qui puisse prendre plaisir à torturer ainsi une créature inoffensive, et à signaler sa puissance par des atrocités. Nous le maudissons avec lui, ce Dieu barbare ; mais ce n'est pas le nôtre.

Nous avons dit en outre que l'hypothèse qui attribue la sensation aux plantes est contraire à l'expérience. En effet, si les plantes sont sensibles, ou leurs sensations ressemblent à celles des animaux, ou elles sont différentes. Dans le premier cas, les plantes devraient avoir, comme les animaux, un système nerveux, instrument de la faculté de sentir : or, elles n'en présentent pas le moindre vestige. Dans le second cas, il faut avoir l'imagination hardie, mais le jugement peu solide, pour se figurer une sensation sans l'organe nécessaire à toute sensation.

Je sais bien qu'on invoque des faits multiples et

parfois si frappants, que les naturalistes ne peuvent pas encore aujourd'hui déterminer le point exact où finit le règne végétal et où commence le règne animal. Qu'est-ce que cela prouve ? cela prouve uniquement que dans la nature il n'y a point de transition brusque ; c'est toujours l'antique axiome : *Natura non facit saltum*. Mais, si merveilleux qu'ils soient, tous ces phénomènes de mouvement s'expliquent assez par la présence d'un principe vital distinct des forces de la matière ; et cela même vient à l'appui de notre thèse.

De tous ces phénomènes de nutrition, de croissance et de génération, constatés avec certitude, nous devons conclure qu'il existe entre les êtres organiques et les êtres inorganiques une différence profonde. Mais cette différence est-elle substantielle ? Oui, si les corps organiques ne peuvent se former des matières inorganiques que sous l'influence d'un principe distinct de ces matières et de leurs forces. C'est ce que nous allons examiner.

III

LE PRINCIPE VITAL DES PLANTES EST DISTINCT DES FORCES MATÉRIELLES

La distinction entre le principe vital des plantes et les forces physiques et chimiques de la matière est admise par les plus célèbres physiologistes et par les plus savants naturalistes de nos jours. Leurs noms seuls sont des autorités contre lesquelles il est toujours dangereux de vouloir se mesurer. Citons seulement Stahl, Bichat, Cuvier, Berzelius, Jussieu, Bérard, Bordeu, Milne Edwards, Barthez, Strauss-Durcheim, Cerise, de Quatrefages, Müller, Liebig, Burdach, Giebel,

Hettinger, Trécul, Martini, Thomasi, Santi, etc. Le témoignage de pareils hommes, dont personne ne peut récuser la compétence, suffirait à lui seul pour démontrer notre thèse aux yeux de quiconque attribue quelque force à l'argument d'autorité.

Mais nous voulons prouver directement par la raison que les forces de la matière sont impuissantes à produire la vie végétative. Considérant dans l'être végétal sa production, ses lois et ses opérations, nous réduirons nos arguments à trois principaux.

I. L'expérience nous démontre que l'art est incapable de produire, non seulement une plante entière, mais même le plus mince organe végétal. Si donc la vie n'est autre chose que l'ensemble harmonieux des forces moléculaires, d'où vient que la physique et la chimie, qui connaissent ces forces, qui peuvent en disposer comme il leur plaît, sont demeurées jusqu'à ce jour, même en combinant leurs efforts, incapables de produire la vie ? C'est évidemment que le principe vital n'est pas entre les mains de la science. Donc il n'est pas non plus dans les forces de la matière.

Direz-vous que les éléments matériels possèdent une vertu qui demeure latente jusqu'à ce qu'elle soit réveillée par une disposition spéciale de la matière ? Mais quelle est cette vertu latente ? Ne peut-on pas la regarder comme différente des aptitudes propres aux corps inorganiques ? Et d'ailleurs votre hypothèse, en attribuant sans raison cette force à chaque molécule de la matière commune, ne détruit-elle pas l'unité du principe vital en chaque organisme ?

II. Venons aux lois qui régissent le règne végétal. Si nous connaissions, dites-vous, les procédés de la nature, nous pourrions constituer un organisme par les seules ressources de la chimie et de la mécanique. Ce serait admirable ; mais, pour arriver à ce beau résultat, il faudrait que les lois qui régissent les deux règnes fussent identiques, ou du moins parfaitement d'accord. En est-il ainsi? Consultons encore l'expérience.

D'abord la composition chimique est différente. Les minéraux sont des corps simples ou des corps formés de deux ou trois éléments variables pour chaque espèce ; les végétaux sont toujours formés de trois éléments au moins, qui sont toujours l'oxygène, l'hydrogène et le carbone, auxquels même vient souvent s'ajouter l'azote. La composition chimique des minéraux n'admet que des proportions simples ; celle des végétaux admet toujours des proportions très composées. Jusqu'à présent donc on ne voit ni accord, ni identité.

Irez-vous les chercher dans la constitution matérielle? La forme des minéraux est régulière et géométrique dans l'état de cristallisation ; partout ailleurs elle est soumise aux lois de l'attraction et aux caprices de la nature. Or, la cristallisation n'existe point pour les végétaux, et il entre dans leur constitution intime d'avoir des parties diversement placées, et conformées en vue de fonctions spéciales.

L'origine est différente aussi, car les minéraux sont produits par l'intervention accidentelle de causes tout à fait extrinsèques, tandis que les végétaux sont produits par des causes constantes et réglées d'avance, auxquelles ils sont d'abord substantiellement unis à l'état de germes.

L'accroissement ne diffère pas moins. Les minéraux ne peuvent grandir par eux-mêmes, et ne croissent qu'en s'unissant à une autre matière par simple adjonction de parties. Les végétaux, au contraire, développent par eux-mêmes leur type particulier, en s'assimilant, au moyen de la nutrition, les éléments étrangers. De plus, la grandeur est illimitée chez les minéraux ; elle est limitée dans les végétaux.

Se rejettera-t-on sur la durée? Impossible, car les corps inorganiques ont une existence indéfinie, qui ne peut être détruite que par une cause extérieure ; et les corps organiques ont une existence bornée et renfermée entre certaines limites qui sont fixées par leur nature même.

Invoquerez-vous enfin le mode de conservation ? Mais les minéraux se conservent en vertu même de l'inertie inhérente à la matière : ils restent tels qu'ils furent produits, jusqu'à ce qu'ils se résolvent en leurs éléments, s'ils sont composés, ou qu'ils fassent partie d'une nouvelle substance. Au contraire, les végétaux ont besoin sans cesse de maîtriser et d'assujettir les forces de la matière, en réparant leurs pertes continuelles par la conversion d'aliments nouveaux en leur propre substance ; car, comme le dit Bichat, « tel est le mode d'existence des êtres vivants, que tout ce qui les entoure tend à les détruire ».

Il est donc aisé de le voir, les lois qui gouvernent le règne minéral et celles qui régissent le règne végétal sont substantiellement et radicalement différentes, car la force vitale n'a de vigueur et ne peut se conserver qu'en enchaînant sans cesse les forces brutes de la matière. Mais des lois substantiellement différentes supposent des principes substantiellement différents. Donc la force vitale est substantiellement différente des forces brutes de la matière.

III. On arrive à la même conclusion par l'examen des opérations propres aux végétaux, parce que les forces physiques et chimiques ne peuvent expliquer les fonctions multiples de la vie. Nous ne parlerons ici que de la circulation et de la nutrition.

D'abord, pour se nourrir, la plante absorbe par ses racines le suc de diverses substances : ce suc, appelé *lymphe,* monte par la tige ou le tronc, pénètre dans toutes les parties de la plante, arrive jusqu'aux feuilles, où il entre en contact avec l'air, puis descend par l'écorce. Or, ce double mouvement d'ascension et de descente ne provient pas de l'attraction des boutons ou de l'évaporation des feuilles, puisque le phénomène d'ascension se manifeste dans un tronc coupé au niveau du sol. Il ne provient pas non plus de la capillarité, puisque, dans les grands arbres, le suc dépasse la sphère attractive des tubes capillaires. Il ne provient pas davantage de l'endosmose, car alors il n'existerait pas dans l'arbre deux courants de direction opposée. Nous devons donc reconnaître que ce mouvement n'est causé par aucune force connue jusqu'ici dans la simple matière. Il est donc produit par une force immatérielle en elle-même ; et la circulation de la sève dans les plantes suffit pour prouver que le principe vital des végétaux est substantiellement distinct des forces brutes de la matière.

L'assimilation le prouve encore avec plus d'évidence.

En effet, quelle force physique ou chimique a pu réduire le suc élaboré par la plante à un tel état de composition, qu'il contienne actuellement tous les éléments de l'organisme ? Cette force mystérieuse a su se dérober jusqu'ici aux investigations des savants. Mais quand même elle serait connue, il resterait encore à expliquer comment chaque organe de la plante, chaque glande de l'animal arrête au passage et retient dans ses tissus tous les éléments qui lui conviennent, tandis que les autres s'échappent dans l'atmosphère. Et que n'aurions-nous pas à dire ici du suc gastrique des animaux, ce puissant dissolvant qui n'a pas d'équivalent dans la matière inorganique ? L'assimilation est donc impossible sans un principe vital distinct des forces de la matière.

Ainsi, l'inutilité des efforts de l'art pour produire la plus petite partie d'un organisme, la différence substantielle des lois physiques et chimiques et des lois organiques, l'impuissance des forces inorganiques de la matière à rendre raison des phénomènes vitaux, nous amènent à reconnaître dans les plantes un principe vital substantiellement distinct de la matière et de ses forces brutes.

On peut résumer ainsi tout ce chapitre :

La vie consiste essentiellement dans l'immanence de l'action, et se définit « Le principe substantiel en vertu duquel un être se meut lui-même ». Plus ce principe sera parfait, plus la vie sera parfaite aussi. Le degré le plus imparfait de la vie est le degré végétatif, qui comprend trois fonctions principales : la nutrition, le développement, la reproduction. Or, si imparfaite qu'elle soit, la vie végétative suffit pour ruiner le matérialisme : car la matière, avec toutes ses forces physiques et chimiques, est impuissante, soit à produire un végétal, soit à s'accorder avec les lois qui le régissent, soit à rendre compte de ses opérations vitales. Il faut donc reconnaître dans les végétaux un principe immatériel. Nous l'appelons principe simple.

Jusqu'ici nous avons donc examiné deux sortes d'êtres substantiels : les minéraux et les végétaux. Dans chacun d'eux nous avons découvert l'existence d'un principe matériel et d'un principe immatériel. Mais les corps inorganiques, dans lesquels la matière a plus de puissance, peuvent s'appeler simplement *êtres matériels*.

Ainsi, nous entendons par *être matériel* tout être qui possède l'extension sans posséder la vie. Tels sont les minéraux.

Nous entendons par *être simple* un être immatériel en lui-même, mais si fortement uni à la matière, qu'il ne peut s'en détacher sans périr : il est donc incapable de jouir d'une existence isolée ; c'est un être incomplet. Tel est le principe vital ou l'*âme* des végétaux. Telle est encore l'*âme* des animaux, dont nous allons maintenant nous occuper.

CHAPITRE IV

Des animaux.

De même que les végétaux possèdent l'être et les qualités du règne minéral, de même les animaux jouissent de toutes les propriétés des deux règnes précédents. Les minéraux, qui ne possèdent que l'être, sont créés pour fournir aux végétaux les aliments nécessaires à leur conservation, à leur développement successif. Les végétaux, qui possèdent l'être et la vie, contribuent à entretenir la respiration et la nutrition des animaux, doués de l'être, de la vie et de la sensibilité. C'est ainsi que toutes les créatures offrent entre elles les plus admirables rapports. C'est ainsi que se trouve gravé sur le front de la nature le sceau de la puissance suprême et de l'ordre le plus parfait : la variété dans l'unité.

Sans doute les matérialistes ne s'arrêtent guère à considérer les rapports harmonieux qui relient ensemble tous les êtres de la création. Dans la fureur incompréhensible qui les pousse à ravaler la dignité humaine, ils nient l'évidence et affirment l'absurde. Les uns donnent le sentiment aux plantes ; les autres donnent l'intelligence à l'animal ; tous veulent expliquer la vie, le sentiment et l'intelligence, au moyen d'une simple combinaison d'éléments matériels. Nous venons d'enlever la vie à leur matière ; nous allons lui enlever maintenant la sensation et le mouvement spontané. Auparavant, il importe de rectifier leurs erreurs monstrueuses sur l'intelligence des animaux et sur la distinction essentielle entre la vie végétative et la vie sensitive.

I

LES ANIMAUX N'ONT PAS D'AME SPIRITUELLE

« Chose étrange ! dit Frayssinous, l'homme, assez superbe pour s'arroger ce qui vient du Créateur, et pour être jaloux du bien de son semblable, fait aujourd'hui des efforts prodigieux de science et d'esprit pour se persuader que les bêtes le valent bien, et qu'entre elles et lui la différence est légère. Mais, en même temps qu'on dégrade l'homme jusqu'au rang de la brute et même de la plante, on veut ennoblir celles-ci, en leur prêtant les facultés et l'intelligence de l'homme : on célèbre les inclinations et le sentiment des plantes ; on s'extasie devant la résignation, devant la raison d'un oiseau malade. La dignité de l'espèce humaine est avilie ; une philosophie plus abjecte encore qu'elle n'est audacieuse cherche en quelque sorte à dépouiller l'homme de ses droits, à soulever contre lui le reste des créatures ; de faux savants semblent porter la démocratie dans la nature, comme de faux politiques l'avaient portée dans la société ; et, pour me servir de l'expression originale d'un grand écrivain, le peuple de la création semble conspirer pour en détrôner le roi (1) ».

Voici le raisonnement des matérialistes. Les animaux, disent-ils, donnent tous les signes de l'intelligence et de la raison ; cependant ils n'ont pas d'âme spirituelle : on peut donc conclure par analogie que les hommes n'en ont pas plus que les animaux.

Pour que ce raisonnement eût quelque valeur, il faudrait que les règles de l'analogie y fussent bien

---

(1) *Défense du christianisme*, VIIe Conférence.

observées. Or, elles ne le sont pas, car la comparaison de l'homme avec les animaux ne repose que sur des faits apparents plutôt que réels, et ces faits eux-mêmes ne prouvent pas chez les animaux l'existence de la raison.

D'abord je ne puis juger des animaux que par les faits extérieurs, et je ne puis acquérir la science de leurs mouvements internes qu'au moyen de conjectures plus ou moins plausibles. Je sens bien ce qui se passe en moi, car ma conscience est là pour m'avertir de tous les phénomènes dont mon âme est le sujet. Mais qui me dira ce qui se passe dans les animaux ? Je vois leurs actions sans doute, mais je ne puis voir la cause de leurs actions. Quelle conclusion puis-je donc tirer d'un fait dont le principe m'échappe ? « Le vrai philosophe, a dit l'auteur de l'*Anti-Lucrèce*, procède de ce qu'il connaît à ce qu'il ignore. Par quel caprice aimez-vous à juger du connu par l'inconnu ? Etrange dialectique ! Est-ce dans le sein des ténèbres qu'il faut chercher la lumière ? »

Il serait donc plus logique, mais tout aussi faux, de raisonner de cette manière : Les animaux donnent tous les signes d'intelligence et de raison que nous remarquons dans les hommes ; or les hommes ont une âme spirituelle : donc l'âme des animaux est spirituelle aussi. Ce raisonnement serait plus logique, avons-nous dit, mais il serait tout aussi faux, car les animaux n'ont pas d'intelligence. Les signes de connaissance qu'ils donnent ne sont pas suffisants pour nous amener à cette conclusion, et les caractères qu'ils nous offrent par ailleurs suffisent pour nous amener à la conclusion contraire.

Les animaux connaissent d'une certaine manière, sans doute, mais ils ne connaissent que les individus, et cela ne suffit pas pour prouver la spiritualité de leur âme. Une âme spirituelle doit pouvoir se débarrasser de toutes les conditions matérielles d'un objet, et l'envisager seulement dans son essence ; car elle ne dépend pas de la matière quant à son existence, et elle n'en dépend qu'accidentellement dans son mode d'opération. En d'autres termes, une âme spirituelle doit être capable d'abstraction. Direz-vous que les animaux en sont capables ? Nous prouverons le contraire tout à l'heure.

On nous oppose certains faits plus ou moins frappants et plus ou moins authentiques, qui semblent contredire notre thèse. Encore une fois, cela confirme le grand principe : *Natura non facit saltum*. A mesure que les savants pénètrent à une plus grande profondeur dans la nature intime des choses, ils rencontrent plus de ressemblance entre des êtres dont auparavant personne ne soupçonnait les rapports. Les progrès de la science font resplendir cette vérité d'une lumière de plus en plus éclatante ; mais il y a longtemps que saint Thomas a formulé cette loi naturelle : *Supremum infimi generis tangit infimum superioris*. Les animaux les plus voisins de l'homme doivent donc avoir avec lui une ressemblance plus parfaite que les autres : ils doivent présenter comme une ombre d'intelligence ; mais de l'ombre à la réalité la distance est bien grande, dans l'ordre ontologique.

Nous dirons donc avec Barruel : « Je consens à admirer comme vous, dans l'animal, toute la tendresse, les soins, la vigilance, la sollicitude de l'amour paternel ; mais je le verrai oublier qu'il est père, dès que le sentiment donné par la nature pour la conservation de l'espèce n'a plus de motif. Comme vous, je verrai l'animal tressaillir de joie à l'aspect de son maître ; mais dans le pain qu'il en reçoit je vous découvrirai le principe de son affection. Je le verrai honteux, triste, confus des fautes qu'il a faites ; mais je vous montrerai la verge qu'il redoute. Allez, allez encore plus loin, exaltez les services de la bête, dites qu'elle est reconnaissante, qu'elle vous défendra contre vos ennemis ; mais vos amis seront pour elle les amis de la main qui la nourrit, et vos ennemis seront ceux qu'elle voit lui disputer sa proie, en attaquant celui qui la lui fournissait. Tout est matière dans vos bienfaits ; tout est de boue dans les motifs de son amour et de sa reconnaissance ».

Ainsi, tout s'explique dans les animaux sans qu'il soit besoin de recourir à un principe spirituel ; mais rien ne s'explique en eux, si l'on n'a pas recours à un principe immatériel.

Voici de nouveau la distinction que nous avons déjà posée entre la matière et l'esprit. Tout ce qui n'est point corps est esprit, dit-on. Qu'en savez-vous ? Pourquoi ne pourrait-il y avoir un milieu entre ces deux classes d'êtres ? Il n'y en a pas sans doute entre matériel et immatériel, parce que l'affirmation et la négation d'une même chose n'admettent pas de terme moyen. Mais l'idée d'*esprit* contient plus qu'une négation de la matière. Nous entendons par *esprit* un être simple, doué d'intelligence et de liberté. Tout esprit est donc immatériel, mais un être immatériel peut ne pas être esprit. Il est vrai que souvent nous qualifions de matérielle l'âme des animaux aussi bien que celle des plantes : cela vient de ce que nous les envisageons, non pas en elles-mêmes et abstractivement, mais dans le composé dont elles constituent la partie principale. En effet, le principe vital des plantes est tiré de la puissance de la matière, et ne possède rien qu'il ne puisse lui communiquer. Il en est de même de l'âme des animaux, qui ne peut exister indépendamment du corps auquel elle est unie.

Si donc les animaux n'ont ni intelligence, ni liberté ; si leur âme est, par sa nature, enchaînée à la matière, de telle sorte qu'elle ne puisse ni s'en dégager pour abstraire, ni s'en détacher sans périr, on pourra dire sans doute que cette âme est simple ou immatérielle, mais on ne pourra dire qu'elle est spirituelle. Or, les animaux n'ont ni intelligence, ni liberté.

Ils n'ont pas d'intelligence. Ce qui le prouve, c'est qu'ils ne sont pas perfectibles. L'intelligence a pour corollaire la réflexion ; or, si les animaux pouvaient réfléchir, évidemment ils perfectionneraient de jour en jour leurs opérations ; dans les actes qu'ils posent, ils montreraient de jour en jour plus d'adresse, plus d'habileté, plus de goût. Pourtant une expérience quotidienne nous démontre qu'ils agissent toujours de la même manière. L'oiseau fait encore son nid comme le faisait le premier oiseau de sa famille, et son premier essai est tout aussi parfait que le dernier ; les abeilles d'Espagne construisent leurs ruches comme celles de Pologne ; la toile des araignées n'était pas plus grossière autrefois qu'aujourd'hui ; le castor bâtit ses digues comme les bâtissait le premier castor du monde ; et, sans avoir reçu les leçons d'aucun maître, le rossignol répète aujourd'hui le refrain que chantait son aïeul dans l'arche de Noé.

Par le fait même qu'ils n'ont pas d'intelligence, les animaux ne peuvent avoir de liberté. Qu'est-ce en effet que la liberté ? c'est le pouvoir de choisir. Or, pour choisir il faut comparer, pour comparer il faut réfléchir, pour réfléchir il faut une intelligence. N'ayant pas d'intelligence, les animaux ne peuvent donc ni réfléchir, ni comparer, ni choisir. Aussi les voyons-nous toujours obéir aveuglément à leur appétit sensitif, également incapables de s'élever au-dessus des sens par l'intelligence, et de dominer leur instinct par la volonté.

Rien n'est plus touchant que les tirades de quelques écrivains sur les qualités de certains animaux : plusieurs semblent avoir pour les brutes un respect vraiment filial. Nous n'en sommes pas là, fort heureusement, et nous tenons à constater ici que l'argument analogique des matérialistes, qui veulent conclure de l'âme des animaux à celle de l'homme, pèche tout à la fois contre la raison et contre l'expérience. Combien nous préférons à toutes ces tirades déclamatoires la pensée qu'un Docteur de l'Eglise exprime ainsi : « En frappant d'une espèce d'anathème tous les êtres vivants, à la suite du péché de notre premier père, Dieu a pourtant laissé au chien une partie de ses qualités primitives, afin de montrer à l'homme ce qu'eussent été pour lui tous les animaux, s'il avait su se maintenir dans l'état d'innocence ! » En tout cas, il reste démontré que les animaux ne sont pas intelligents.

Après avoir dit ce qu'ils ne sont pas, nous allons dire ce qu'ils sont, et examiner en quoi consiste essentiellement la vie propre à l'animal.

II

DE LA VIE ANIMALE

La vie de la plante est concentrée tout entière dans son propre corps, et ses opérations ne sortent pas d'elle-même. La vie animale, au contraire, sans toutefois sortir de son sujet, communique avec les autres êtres par la sensibilité et par le mouvement spontané. C'est sans aucun doute cette remarque qui a porté les physiologistes modernes à désigner la vie animale sous le nom de *vie de relation*, et la vie végétative sous le nom de *vie de nutrition*. Saint Thomas, dont ils proclament volontiers l'ignorance en histoire naturelle, semble avoir pris plaisir à leur enlever la gloire de cette découverte. « L'opération végétative, dit-il, se restreint au seul corps de l'être vivant, tandis que l'opération de l'animal et de l'être raisonnable s'exerce dans un champ beaucoup plus vaste, puisque celle du premier s'étend à tous les corps sensibles, et celle du second à tout l'être en général ».

Les animaux possèdent donc tout à la fois la vie végétative et la vie sensitive. En vertu de la première, ils convertissent en leur propre substance les aliments qu'ils s'assimilent, ils se développent suivant le type de l'espèce à laquelle ils appartiennent, ils perpétuent leur race par la génération d'autres êtres qui leur sont spécifiquement semblables. En vertu de la vie sensitive, ils perçoivent les êtres qui produisent sur eux une impression sensible, et ils se déterminent par leur activité propre à des mouvements locaux. D'ailleurs, il ne faut pas séparer le principe de la vie végétative de celui de la vie sensitive. Ces deux vies diffèrent entre elles, mais leur principe est identique. On conçoit facilement que qui peut plus peut moins, et cet axiome rend inutile un principe spécial pour la vie végétative, alors que toutes ses propriétés sont éminemment renfermées dans le principe de la vie sensitive. De plus, il est de fait que la vie végétative cesse en même temps que la vie sensitive, laquelle à son tour disparaît en même temps que la première.

La différence caractéristique qui sépare l'animal du végétal consiste donc dans la faculté de sentir et de se mouvoir. Peut-être même pourrait-on dire que cette différence consiste essentiellement dans la faculté de sentir, parce que le mouvement spontané n'est qu'une conséquence de la sensation, au moins dans le dernier degré, qui est la contraction et la dilatation des parties: le mouvement progressif et complet ne se rencontre que chez les animaux les plus rapprochés de l'homme.

Qu'est-ce que la sensation ? Qu'est-ce que le mouvement spontané ?

La *sensation* est l'acte interne par lequel l'animal perçoit un objet extérieur qui a produit sur lui une impression sensible. Nous disons que c'est un acte, et non une passion, suivant la fausse idée de plusieurs philosophes, parce que la sensation requiert un principe interne d'activité sans lequel évidemment l'impression ne sera pas perçue. Nous disons que c'est un acte propre à l'animal, car la sensation, simple en elle-même, participe pourtant à la composition propre au corps, puisque l'organe dont elle dépend possède une individuation matérielle et concrète.

Pour que la sensation existe, il faut que l'animal jouisse des organes qui doivent le mettre en rapport avec le monde extérieur. Ces organes sont au nombre de cinq : les yeux, les oreilles, le nez, la bouche et la surface du corps. A chacun d'eux correspond une faculté sensitive qu'il faut bien distinguer de l'organe, puisque celui-ci reste encore après la mort de l'animal, tandis que la faculté disparaît avec la vie. Pour se mettre en rapport avec le monde extérieur, l'animal complet possède donc cinq sens : la vue, l'ouïe, l'odorat, le goût et le toucher.

Mais ce n'est pas assez pour expliquer la sensation, car l'unité que nous apercevons dans les opérations de l'animal exige encore l'existence d'un sens intérieur, ou *sens commun*, qui est comme le centre où viennent aboutir toutes les sensations extérieures, et dont l'organe paraît être le système nerveux tout entier. Plusieurs physiologistes le désignent sous le nom de *sensorium*.

Ce n'est pas tout encore. Puisque les animaux ont la faculté de sentir, ils doivent avoir celle de se mouvoir en vertu d'un principe intrinsèque. Il est nécessaire, en effet, non seulement qu'ils puissent s'ouvrir aux sensations agréables et se fermer à celles qui sont douloureuses, par la contraction et la dilatation de leurs parties, mais encore qu'ils puissent approcher de ce qui leur est utile et s'éloigner de ce qui leur nuit. C'est pour cela qu'ils ont reçu la puissance de se mouvoir d'un lieu à un autre.

Or, l'exercice de cette puissance suppose dans les animaux une imagination sensitive, c'est-à-dire une faculté qui conserve les images reçues et qui puisse les reproduire à l'occasion. Elle suppose en outre l'existence d'une faculté qu'on peut appeler estimative, par laquelle les animaux perçoivent dans les choses corporelles certaines propriétés utiles ou pernicieuses. Elle suppose enfin l'existence d'une mémoire sensitive ; en vertu de laquelle la perception opérée par la faculté estimative laisse dans l'animal des traces qui lui rappellent à l'occasion les rapports perçus dans les objets extérieurs.

Il suit de là que la vie animale, plus complexe que la vie végétative, nécessite un organisme plus composé. Aussi trouvons-nous dans les animaux une composition chimique qui n'admet jamais moins de quatre éléments : l'oxygène, l'hydrogène, le carbone, et l'azote. Nous y trouvons en outre deux systèmes de tissus organiques qui en changent radicalement la constitution matérielle : le système nerveux, nécessaire aux sensations, et le système musculaire, nécessaire au mouvement spontané. Ces deux systèmes offrent des variations innombrables et des différences énormes dans toute la série animale, mais ils sont essentiels, et leur existence à l'état rudimentaire chez quelques êtres, chez les éponges, par exemple, a porté plusieurs naturalistes à douter si ces êtres étaient véritablement des animaux. Il est à remarquer aussi que la perfection du système musculaire est toujours en raison directe de celle du système nerveux, parce que la puissance de se mouvoir est un corollaire de celle de sentir.

Appuyé sur ces considérations, nous définissons la vie animale : « Le principe substantiel en vertu duquel un être peut sentir et se mouvoir lui-même ».

Ces deux propriétés de sentir et de se mouvoir sont-elles un résultat des forces de la matière ? Peuvent-elles résider dans un sujet purement matériel ? Non.

III

LA SENSATION EXIGE UN PRINCIPE IMMATÉRIEL

Parlons d'abord des sensations. Si la faculté de sentir est une propriété universelle de la matière, il faut que son essence ne contredise en aucune façon l'essence de la matière. Or, le propre de la sensation est la simplicité ; le propre de la matière est la composition. Accordez, si vous le pouvez, la simplicité et la composition, deux choses contraires. Voici, à ce sujet, le raisonnement de Balmès :

« Les sensations sont multiples et variées, l'être qui sent est un ; l'expérience individuelle et l'analogie nous l'apprennent. C'est le même être qui entend, qui voit, qui sent, qui goûte, etc. ; le même être qui se rappelle ses sensations lorsqu'elles ont disparu, qui les recherche ou les fuit, selon qu'elles lui sont agréables ou douloureuses, qui jouit des unes, que les autres font souffrir. Cette unité fait partie de l'être sensible ; de telle sorte que si ce sujet commun de toutes les sensations, un au milieu de la multiplicité, identique et divers, permanent bien que successif, ne se trouvait point dans l'animal, celui-ci ne serait pas un être sensible, il ne sentirait pas, puisque toute sensation suppose un être affecté, un être qui perçoit.

« Prenons un composé de deux parties A et B, et voyons s'il peut acquérir la sensation de la couleur. Si nous supposons les deux parties du composé sensibles, chacune d'elles perçoit la couleur tout entière, ou seulement une portion de la couleur. Mais si chacune d'elles la perçoit tout entière, l'une des deux parties est inutile. Que si chaque partie ne perçoit qu'une portion de la couleur, voilà la couleur divisée. Que l'on nous dise ce qu'est une couleur divisée !

« Acceptons cette division imaginaire, le phénomène n'en reste pas moins inexpliqué, puisque, la partie sentie par A ne l'étant point par B, il ne peut y avoir de sensation complète.

« Supposerons-nous que les parties A et B se mettent en rapport et se communiquent réciproquement la fraction de couleur qu'elles ont perçue ? Mais alors A sentira donc, outre sa part, la part que lui communiquera B. A quoi sert B, si la partie A peut tout sentir ? Pourquoi ne point placer en A la sensation primitive tout entière ? Hypothèse insensée ! Pour former la sensation totale, une communication successive et réciproque des parties deviendrait indispensable, chacune de ces parties devant sentir sa part de sensation et la part de toutes les autres. De la sorte, il se formerait, non une sensation unique, mais mille sensations : ce qui implique, non pas un seul être sensible, mais autant d'êtres sensibles qu'il y a de parties dans le composé.

« D'ailleurs, cette hypothèse de la communication des parties vient à l'appui de notre système, puisqu'elle reconnaît la nécessité de l'unité pour constituer la sensation. Ainsi la sensation totale ne se pourrait établir que par la communication des parties, et c'est pour cela que l'on fait participer chaque partie l'une de l'autre ; mais dans quel but ? afin que chaque partie éprouvât la sensation tout entière. Donc la sensation doit se trouver tout entière dans un seul sujet. Donc, tout en niant l'unité, on reconnaît implicitement qu'elle est nécessaire.

« Ou ces deux parties A et B seraient simples, ou elles ne le seraient point. Simples, que devient le matérialisme ? Dire que la sensation relève de l'organisme, et cependant la placer dans un être simple, n'est-ce pas une contradiction ? Le simple exclut toute idée d'organisation : point d'organisation sans parties organisées. Si l'on admet l'existence de l'être simple, si l'on place en lui la sensation, l'organisme sera, je le veux, un moyen, une condition indispensable à la réalisation du phénomène, mais il n'en sera pas le sujet. Ce sujet est simple.

« Que si ces parties ne sont pas simples, elles seront composées d'autres parties, et, dans ce cas, mêmes observations que pour les premières ; il faut en venir à des êtres simples, ou procéder jusqu'à l'infini. Admettez-vous cette progression ? l'être sensible ne sera plus un seul être, mais un nombre infini d'êtres. Les difficultés que nous présentaient les deux parties A et B se multiplieront infiniment, chaque être sensible comprenant, non pas un seul être, mais une infinité d'êtres, chaque sensation une infinité de sensations (1) ».

En résumé, pour que la sensation existe, il faut sans doute un corps, c'est-à-dire un principe matériel ; mais il faut aussi qu'à ce principe matériel soit uni un principe simple, car la matière et la sensation s'excluent réciproquement, comme la simplicité exclut la composition. Il nous suffit donc de savoir que les animaux sont sensibles, pour savoir que leur âme n'est pas matérielle.

IV

LE MOUVEMENT SPONTANÉ EXIGE UN PRINCIPE IMMATÉRIEL

La démonstration tirée du mouvement spontané n'est pas moins concluante.

(1) *Philosophie fondamentale*, t. I, Liv. II, ch. 2.

L'expérience nous démontre que, de sa nature, la matière est inerte, c'est-à-dire indifférente au mouvement ou au repos. Une fois en mouvement, elle est incapable d'arrêter ou de modifier par elle seule l'élan qu'on lui a communiqué. Une fois en repos, elle est incapable de se mettre en mouvement. Elle ne peut donc ni s'arrêter, ni se mouvoir, que sous l'influence d'une cause étrangère. Or, cette cause étrangère ne peut être elle-même purement matérielle, parce qu'alors elle posséderait les propriétés négatives de la matière : n'ayant pas le mouvement par elle-même, comment pourrait-elle le donner ? Bien plus, dans cette hypothèse, l'idée même de cause serait détruite, car on ne peut concevoir une cause dénuée d'activité, et la matière est essentiellement passive. Qu'on nous dise ce qu'est une cause passive.

Nous entendons parler à chaque instant de cause matérielle, de cause physique. Les mots peuvent être bons ; la philosophie les explique, et nous nous en servons nous-même. Mais la signification qu'on leur donne est mauvaise, dans le sens matérialiste, car la matière, étant inerte, ne peut être active, et n'étant pas active, elle ne peut être cause. Il ne sera pas hors de propos de citer une page du comte de Maistre sur cette cause physique du matérialisme.

« Qu'est-ce qu'une cause physique ? C'est une cause naturelle si nous voulons nous borner à traduire le mot ; mais, dans l'acception moderne, c'est une cause matérielle, c'est-à-dire une cause qui n'est pas cause ; car matière et cause s'excluent mutuellement, comme blanc et noir, cercle et carré. La matière n'a d'action que par le mouvement ; or, tout mouvement étant un effet, il s'ensuit qu'une cause physique, si l'on veut s'exprimer exactement, est un non-sens et même une contradiction dans les termes.

« Il n'y a donc point et il ne peut y avoir de causes

physiques proprement dites, parce qu'il n'y a point et qu'il ne peut y avoir de mouvement sans un moteur primitif, et que tout moteur primitif est immatériel ; partout ce qui meut précède ce qui est mû, ce qui mène précède ce qui est mené, ce qui commande précède ce qui est commandé : la matière ne peut rien, et même elle n'est rien que la preuve de l'esprit. Cent billes placées en ligne droite, et recevant toutes de la première un mouvement successivement communiqué, ne supposent-elles pas une main qui a frappé le premier coup en vertu d'une volonté ? Et quand la disposition des choses m'empêcherait de voir cette main, en serait-elle moins visible à mon intelligence ? L'âme d'un horloger n'est-elle pas renfermée dans le tambour de cette pendule, où le grand ressort est chargé, pour ainsi dire, des commissions d'une intelligence ?

« J'entends Lucrèce qui me dit : Toucher, être touché, n'appartient qu'aux seuls corps ; mais que nous importent ces mots dépourvus de sens sous un appareil sentencieux qui fait peur aux enfants ? Ils signifient au fond que nul corps ne peut être touché sans être touché. Belle découverte, comme vous voyez ! La question est de savoir s'il n'y a que des corps dans l'univers, et si les corps ne peuvent être mus que par des substances d'un autre ordre. Or, non seulement ils peuvent l'être, mais primitivement ils ne peuvent l'avoir été autrement; car tout choc ne pouvant être conçu que comme le résultat d'un autre, il faut nécessairement admettre une série infinie de chocs, c'est-à-dire d'effets sans causes, ou convenir que le principe du mouvement ne peut se trouver dans la matière; et nous portons en nous-mêmes la preuve que le mouvement commence par une volonté. Rien n'empêche, au reste, que dans un sens vulgaire et indispensable, on ne puisse légitimement appeler causes des effets qui en produisent d'autres ; c'est ainsi que dans la suite de billes dont je parlais tout à l'heure, toutes les forces sont causes, excepté la dernière, comme toutes sont effets, excepté la première. Mais si nous voulons nous exprimer avec une précision philosophique, c'est autre chose. On ne saurait trop répéter que les idées de matière et de cause s'excluent réciproquement (1) ».

Nous pouvons donc tirer cette conclusion : Puisque la matière est inerte et que les animaux se meuvent, l'âme des animaux n'est pas matérielle.

Terminons ce chapitre en résumant le plus brièvement possible la doctrine que nous y avons exposée.

De ce que nous avons quelques points de ressemblance avec les animaux, et de ce que l'âme des animaux n'est pas spirituelle, il faudrait bien se garder de conclure que l'homme et les animaux ne sont composés que de matière. Cette ressemblance n'existe d'ailleurs que pour la partie inférieure de l'homme : l'homme possède deux attributs que l'animal ne posséda jamais : l'intelligence et la liberté. Ces deux attributs suffisent pour placer l'homme à une hauteur incommensurable au-dessus de l'animal.

Pourtant celui-ci possède une vie plus parfaite que les plantes, car il jouit de la faculté de sentir, et, comme conséquence, de la faculté de se mouvoir. Or, la faculté de sentir démontre évidemment que l'âme des animaux est simple. On peut en dire autant de la faculté de se mouvoir. Ces deux caractères distinctifs de la vie animale suffisent donc à leur tour pour prouver que le principe vital ou l'âme des animaux est simple de sa nature, et que dans les animaux il existe autre chose que de la matière.

(1) *Soirées de Saint-Pétersbourg*, V° Entretien.

CHAPITRE V

Des générations spontanées.

Maintenant que nous connaissons les différences qui existent entre les minéraux, les végétaux et les animaux, nous pouvons aborder la question des générations spontanées. Mais nous devons tout d'abord mettre hors de cause plusieurs écrivains catholiques dont les doctrines sur ce point sembleraient à première vue favoriser les théories modernes. Nous demanderons à M. H. de Valroger la permission de nous servir, dans cette discussion, de son savant et consciencieux ouvrage sur la *Genèse des espèces* (1).

A l'exemple des anciens naturalistes, et sous leur influence, plusieurs Pères de l'Eglise et des théologiens scolastiques ont admis sans difficulté que des végétaux, des vers, des insectes et même des vertébrés, pouvaient être produits spontanément par les forces déposées dans le sein de la terre au moment de la création. Ils rectifiaient seulement la doctrine des naturalistes païens en rapportant à Dieu les forces et les lois de la nature. Saint Augustin pensait que les causes primitivement créées ont produit plus tard les plantes, les animaux et l'homme, sans autre intervention que la providence par laquelle Dieu maintient les lois qu'il a établies pour le développement régulier de l'univers. Suivant lui, cette sorte de génération spontanée se serait renouvelée après le déluge, pour les loups et pour d'autres animaux sauvages. De même, suivant saint Basile le Grand et beaucoup d'autres Pères, le Créateur s'est

(1) *Genèse des espèces*, ch. II.

contenté de donner primitivement à la terre et aux eaux le pouvoir de produire spontanément les plantes et les animaux. Presque tous les Pères de l'Eglise et les théologiens du moyen-âge admirent, d'après les idées de leur temps, que cette génération spontanée existait encore pour des animalcules, des vers, des insectes, plusieurs espèces inférieures, et même pour quelques animaux vertébrés (1).

Evidemment ces Pères et ces théologiens connaissaient mal les lois que nous révèlent peu à peu les progrès de la physiologie et de l'organogénie ; « mais ils connaissaient aussi bien que nous les conditions essentielles du théisme chrétien ; et ils avaient raison de les croire compatibles avec l'hétérogénie », même étendue bien au delà des limites reconnues aujourd'hui comme infranchissables par les hétérogénistes les plus exagérés (2).

Ce qui est logiquement inconciliable avec la foi chrétienne, c'est l'hypothèse d'une génération spontanée dont Dieu ne serait point la cause première et souveraine. Mais cette hypothèse, nécessaire au matérialisme athée, est contraire à la raison qui la condamne comme impossible ; elle est contraire à la science expérimentale qui la repousse comme arbitraire.

I

LA THÉORIE DES GÉNÉRATIONS SPONTANÉES EST CONTRAIRE À LA RAISON

Par delà les confins de l'histoire, plusieurs milliers de siècles avant l'apparition de l'homme sur la terre,

(1) M. Th. H. Martin, *Philosophie spiritualiste de la nature*, t. II, p. 339-342.
(2) *Ibid. Les sciences et la philosophie*, p. 118.

à une époque et dans un lieu qu'il est impossible de déterminer, un molécule de matière inorganique, existant de toute éternité, se trouva tout à coup placée dans des conditions telles, que de brute elle devint vivante. Telle fut l'origine de la vie sur la terre, s'il faut en croire les partisans athées des générations spontanées. L'athéisme a besoin de cette hypothèse pour expliquer l'apparition des premiers êtres vivants. Mais il la rend inconcevable, quand il nie l'existence de l'être qui seul a pu la rendre possible, en semant partout des germes de vie destinés à se développer suivant les lois établies par lui. En effet, on a beau reculer l'époque de la première génération spontanée, on recule la difficulté, mais on ne rend l'hypothèse ni concevable, ni possible sans Dieu. Jamais les êtres dépourvus de vie, d'organisation et d'intelligence, n'ont pu se donner à eux-mêmes les organes, la vie et l'intelligence qui leur manquaient ; jamais ils n'ont pu les recevoir des choses qui en étaient dépourvues comme eux. En refusant d'attribuer à Dieu la création des premiers êtres organisés, on n'échappe donc ni aux mystères, ni aux miracles. Pour ne pas reconnaître les actes miraculeux du Tout-Puissant, pour ne pas admettre les mystères révélés par lui, on admet les mystères absurdes et les miracles impossibles des cosmogonies athées.

« Quelle absurdité, dit M. Flourens, d'imaginer qu'un corps organisé, dont toutes les parties ont entre elles une connexion, une corrélation si admirablement calculée, si savante, puisse être produit par un assemblage aveugle d'éléments physiques ! Ce corps organisé aurait puisé sa vie dans des éléments qui en sont dépourvus ! On fait venir le mouvement de l'inertie, la sensibilité de l'insensibilité, la vie de la mort ! (1) » Les matérialistes

---

(1) *Ontologie naturelle*, p. 188.

athées, qui veulent expliquer sans Dieu l'origine des êtres organisés, n'ont rien de sérieux à dire contre cette protestation du bon sens. Mais cette protestation ne saurait atteindre la théorie spiritualiste de la génération spontanée. Suivant cette théorie, en effet, la génération spontanée ne serait point l'œuvre d'une matière morte, inerte, inintelligente, mais l'œuvre du Dieu vivant et tout-puissant, qui procède comme il veut, et réalise ses plans par les moyens qu'il rend efficaces. Que la matière corporelle se soit organisée en des êtres vivants, d'après les lois établies par Dieu, et à la faveur de circonstances préparées par la providence divine ; ou qu'une action spéciale et immédiate de Dieu ait introduit à diverses reprises l'organisation et la vie sur la terre : ces deux hypothèses peuvent se concilier également avec la plus sévère orthodoxie. « Mais il faut que les matérialistes en prennent leur parti : quelle que soit l'hypothèse qui doit triompher, les preuves de l'existence, de la sagesse et de la bonté d'un Dieu créateur subsisteront tout entières (1) ».

Les athées supposent, sans l'avoir prouvé, que la matière existe par elle-même. Mais ce principe fondamental du matérialisme n'est rien moins qu'évident, et les philosophes théistes le rejettent à bon droit comme erroné. Il n'y a non plus aucune apparence que les lois du mouvement soient nécessaires. Les athées n'ont pas même un prétexte pour transformer, comme ils le font, en articles de foi, ces hypothèses requises pour leur système.

Voyons toutefois où ces hypothèses pourraient logiquement aboutir. Oublions le caractère contingent de la matière et de ses lois ; admettons même la génération spontanée des animalcules infusoires, des mucédinées et des conferves. La cause de l'athéisme serait-elle

(1) M. Th. H. Martin, *Philos. spirit. de la nature*, t. II, p. 338.

gagnée ? S'ensuivrait-il du moins que la zoologie ne fournît aucune preuve de l'existence de Dieu ? Non certes ! La vie des mucédinées, des conferves, des animalcules infusoires, ne peut pas être assimilée à la vie des espèces supérieures ; quand même l'origine de ces petits êtres n'exigerait l'intervention d'aucune puissance immatérielle, on ne pourrait donc en conclure que tous les êtres vivants ont été produits par la matière et organisés par ses lois aveugles. Toutes les données de la physiologie, de la botanique et de la zoologie conduisent à penser que des mucédinées, des conferves, des monades, des bactéries et d'autres infusoires, même après des milliards d'années, et par des milliards de transformations successives, n'ont jamais pu produire un cèdre, un éléphant, un homme. Or, ni les cèdres, ni les éléphants, ni les hommes, ni la vie même à son degré le plus infime, n'ont existé toujours sur notre globe. Quoi qu'il en soit de l'origine des espèces les plus obscures, l'origine des familles supérieures de végétaux et d'animaux ne pourra donc jamais s'expliquer sans une intervention spéciale de la puissance créatrice.

« Si, pour la formation d'un fœtus humain, un bourbier échauffé par le soleil avait pu remplacer primitivement un sein maternel contenant un ovule fécondé, ce fœtus aurait péri infailliblement avant de devenir un être capable de pourvoir à ses besoins. Jamais un homme et une femme aptes à perpétuer l'espèce humaine n'auraient existé dans cette absurde hypothèse. Supposons néanmoins contre toute vraisemblance que, dans des conditions inconnues, l'hétérogénie ait pu s'appliquer aux animaux supérieurs et à l'homme. Supposons que le bourbier natal ait pu fournir à ces enfants de la terre un lait capable de les nourrir, jusqu'au jour où ils auraient su trouver des herbes, des fruits ou des animaux pour leur servir d'aliments. Avec ces suppositions insoutenables, non seulement la notion d'un Dieu créateur des âmes, mais la notion d'un Dieu créateur de la matière et de ses lois contingentes, la notion d'un Dieu cause première de tous les êtres visibles et de toutes les espèces vivantes, resterait appuyée sur des preuves invincibles. Evidemment la matière n'est pas l'intelligence éternelle et parfaite, substance des vérités nécessaires, dans laquelle ces vérités sans commencement et sans fin existaient avant qu'il y eût des hommes pour les apercevoir. La matière n'est pas l'être nécessaire, immuable et parfait, conçu par notre raison comme principe suprême de toute existence. La matière, être contingent, suppose un Créateur. Les lois contingentes de la matière supposent un Législateur (1) ».

En résumé, que nous dit la raison ? Elle proclame qu'il n'y a pas d'effet sans une cause suffisante ; par conséquent, qu'il n'y a pas d'effet supérieur à sa cause. Or, il va de soi que les propriétés de la vie, telles que l'organisation, la nutrition, la reproduction, et, dans un ordre plus élevé, la sensibilité, la spontanéité, la locomotion, l'intelligence, la volonté, ne sont pas des propriétés radicales, primitives, essentielles, inhérentes à chaque atome, à chaque molécule de matière. Jamais ni le scalpel de l'anatomiste, ni le creuset du chimiste, ni l'analyse du physicien n'ont constaté l'ombre même d'une seule de ces propriétés dans un seul élément ou dans un seul agrégat inorganique. D'un autre côté, il n'est pas moins évident que l'organisation est supérieure à la composition inorganique, que la vie est supérieure à la mort. L'être organique et vivant, produit par la matière brute et inanimée, serait donc un effet supérieur à sa cause, en d'autres termes, un effet sans cause. La raison seule, on le voit, fait justice du système. Mais la science est d'accord avec elle pour mettre à néant les audacieuses hypothèses du matérialisme, en

(1) M. Th. H. Martin, *Les sciences et la philosophie*, p. 114-115.

démontrant que nulle part, que jamais la vie n'est le produit d'une génération spontanée.

II.

LA THÉORIE DES GÉNÉRATIONS SPONTANÉES EST CONTRAIRE A L'EXPÉRIENCE

Jetons un regard sur ces espèces innombrables qui forment, à tous les degrés de l'organisation, l'immense échelle des êtres vivants : que trouvons-nous ? Que nous révèle l'expérience des siècles ? Que nous enseignent les constatations les plus précises de la science ? Partout et toujours, la vie naissant d'un germe organique préexistant. Aussi loin que vont les regards de l'observateur, aussi loin que portent les plus puissants microscopes du savant, aussi loin qu'atteint l'art des expériences les plus ingénieuses et les plus délicates, dans tout le vaste domaine de notre expérience, il n'y a pas d'exemple, pas un seul, d'une génération spontanée scientifiquement constatée, pas un exemple d'un seul être vivant produit sans le concours d'autres êtres de même espèce.

Un expérimentateur contemporain, M. Pouchet, a remis en vogue la théorie des générations spontanées en prouvant, disait-il, que certaines substances fermentescibles, où l'action d'une forte chaleur avait préalablement détruit tout germe vivant, n'en produisaient pas moins tout un monde de vibrions, de bactériums et d'autres infusoires. Malheureusement pour cette théorie, un chimiste éminent, M. Pasteur, reprit une à une toutes les expériences de M. Pouchet, et fit crouler, un à un, tous les fondements de son système. Cette intéressante discussion entre savants, l'une des plus importantes du siècle, mérite d'être racontée avec quelques détails.

M. Pouchet avait contesté l'existence des germes d'infusoires, parce qu'en analysant la poussière déposée sur les meubles des appartements, il avait trouvé, disait-il, peu ou point de ces germes. M. Pasteur démontra que ces germes sont disséminés dans l'air libre, et non pas dans la poussière en repos. Il recueillit ces germes en faisant passer un courant d'air sur du coton-poudre. Il fit dissoudre cette substance dans un mélange d'alcool et d'éther. De la sorte, toutes les poussières recueillies se retrouvaient dans la solution, et retombaient lentement au fond de la liqueur. « Ces manipulations fort simples, dit-il lui-même, m'ont permis de reconnaître qu'il y a constamment dans l'air un nombre variable de corpuscules dont la forme et la structure annoncent qu'ils sont organisés. Les uns sont parfaitement sphériques, les autres ovoïdes. Leurs contours sont plus ou moins nettement accusés. Beaucoup sont tout à fait translucides, mais il y en a aussi d'opaques avec granulation à l'intérieur. Ces corpuscules sont évidemment organisés, ressemblant de tout point aux germes des organismes inférieurs ».

Ces germes sont féconds. On peut les semer dans des infusions où l'on a, par l'ébullition, détruit tous les germes ; infusions que l'on conserve dans une atmosphère artificielle qui a traversé un tube de platine chauffé au rouge, et qui, par conséquent, ne peut plus contenir aucun organisme vivant. L'on y voit apparaître aussitôt une grande quantité de monades, de bactériums, de vibrions et d'autres infusoires. Là où les germes font défaut, nulle production de ce genre. Preuve évidente que les microzoaires, comme tous les autres animaux, naissent des germes organisés, et que la vie n'est engendrée que par la vie.

M. Pouchet prétendait avoir tué tous les germes en

chauffant ses infusions jusqu'à ébullition, et en brûlant l'air dans lequel il les plaçait ensuite. Malgré ces précautions, il avait obtenu des infusoires. Ils étaient donc, disait-il, le produit d'une génération spontanée. — Non, lui répondit M. Pasteur, votre opération a été défectueuse. Vous avez employé la cuve à mercure. En l'introduisant dans vos ballons, vous y avez fait entrer, sans vous en douter, des germes adhérents au mercure. En voulez-vous la preuve? Variez votre mode d'opérations. Laissez la cuve de mercure, et il ne se produira point de génération. Prenez au contraire une seule goutte de mercure dans la cuve d'un laboratoire ; mettez-la dans le liquide le plus pur, et, malgré la calcination de l'air, malgré l'ébullition du liquide, vous obtiendrez des infusoires. Ce qui les produit, ce n'est donc pas l'infusion elle-même, ce sont les germes adhérents au mercure qui y ont été introduits.

Enfin, M. Pasteur obtient ou supprime à volonté la production d'infusoires, en introduisant ou en supprimant, tour à tour, les germes recueillis sur du coton-poudre ou de l'amiante. Qu'on mette, par exemple, une liqueur très fermentescible dans un ballon ; qu'on donne au col du ballon diverses courbures ; qu'on chauffe le liquide jusqu'à ébullition ; qu'on laisse l'extrémité du col ouverte sans autre précaution. Eh bien, malgré le contact de l'air extérieur, le liquide reste indéfiniment sans altération. Aucune génération ne se produit. D'où vient cela ? uniquement de ce que la courbure du col empêche les germes disséminés dans l'air de pénétrer jusqu'au liquide. En veut-on la preuve? Qu'on détache, d'un trait de lime, le col du ballon ; qu'on laisse ce col ouvert de façon à laisser tomber dans l'infusion les germes tenus en suspens dans l'atmosphère. Aussitôt le liquide s'altère, et l'on obtient immédiatement des productions organisées. Qu'on répète autant de fois qu'on le voudra ce double procédé, et l'on obtiendra toujours les mêmes résultats. Preuves, contre-épreuves, rien ne manque aux expériences de M. Pasteur. Toutes établissent que les germes des infusoires sont disséminés dans l'air ; que ces germes déterminent la fermentation des liquides ; que, sans germes, il n'y a ni fermentation, ni génération d'être organisés ; que, loin d'être le résultat de la fermentation des substances inorganiques, les infusoires en sont le principe et l'agent le plus actif ; et que la vérité, dans cette question, est précisément l'inverse de la thèse soutenue par les hétérogénistes.

— Mais, reprenaient M. Pouchet et ses partisans, MM. Joly et Musset, s'il en est ainsi, comment expliquer qu'un si petit nombre de germes répandus dans l'air puisse produire une si prodigieuse quantité d'infusoires ?

— Il n'est pas nécessaire, répondait M. Pasteur, que ces germes soient aussi abondants. Ehrinberg a prouvé que les infusoires se reproduisent avec une rapidité surprenante, et il suffit d'un germe ou deux pour qu'une population nombreuse envahisse rapidement le liquide au milieu duquel ces germes sont tombés. L'air n'est donc point saturé de corps organisés. Loin de là, il en est quelquefois dépourvu. Ici il y a des germes ; à côté il n'y en a pas ; plus loin il y en a de différents. Il y en a peu ou beaucoup suivant les localités.

Cette réponse, M. Pasteur l'appuya d'une expérience décisive. Soixante ballons purgés d'air et contenant des matières altérables, préalablement bouillies, furent transportés, les uns sur le Jura, les autres sur le Montanvert, régions où l'air est d'une remarquable pureté. Ouverts pour recevoir l'air, puis immédiatement refermés, ces ballons furent rapportés à Paris. Restées en repos pendant des mois, les matières qu'ils renfermaient se peuplaient les unes d'êtres organisés, parce qu'elles avaient reçu des germes ; d'autres restaient inaltérées ; parce qu'elles n'en avaient pas reçu. Voici donc des infusions fermentescibles, restées pendant des mois en contact avec l'air pur sans s'altérer, sans produire un seul infusoire ! L'expérience, on le voit, tranchait la question. MM. Pouchet, Joly et Musset le sentirent. Ils reprirent l'expérience avec huit ballons seulement, sur les glaciers de la Maladetta, dans les Pyrénées. Après quelques jours, ils examinèrent au microscope les substances putrescibles contenues dans les ballons, et découvrirent dans toutes des microzoaires.

En face de ces résultats contradictoires, il fallait un juge en dernier ressort. L'Académie des Sciences nomma une commission composée de MM. Flourens, Dumas, Brongniart, Milne-Edwards et Balard. Il s'agissait de reprendre et de vérifier l'expérience de M. Pasteur. La Commission fit connaître à ce savant, ainsi qu'à MM. Pouchet, Joly et Musset, de quelle façon elle entendait sa mission. Ces derniers, on ne sait pourquoi, récusèrent d'avance le verdict que porterait l'aréopage de la science. La commission n'en continua pas moins ses travaux. Elle refit l'expérience sur une grande échelle, opéra avec soixante ballons, s'entoura de toutes les précautions imaginables, et attendit le résultat. Aujourd'hui ce résultat est connu. Après cinq mois d'attente, la matière fermentescible, renfermée dans un grand nombre de ballons, toujours en contact avec l'air recueilli dans divers endroits, est restée sans altération et sans génération d'aucune sorte. Donc la matière inorganique ne produit pas, d'elle-même, des êtres organisés. Il n'y a donc point de génération d'infusoires, quand l'air qui est en contact avec l'infusion ne contient pas de germes. Les matières altérables ne s'altèrent donc qu'à la condition de contenir de ces germes. Ce sont donc les germes seuls, disposés dans certaines substances inorganiques putrescibles, et non pas ces substances elles-mêmes, qui produisent les infusoires, et la thèse de M. Pasteur, vérifiée par la plus haute autorité scientifique du monde, reste désormais une loi de la science.

MM. Pouchet et Joly ayant contesté une seconde fois la valeur des expériences de M. Pasteur, l'Académie des Sciences, confirmant son premier jugement, a prononcé, au mois de janvier 1872, que ces expériences réunissaient toutes les conditions voulues, et répondaient complètement aux exigences les plus rigoureuses de la science. « Encore une illusion qui s'en va ! » s'écria un chimiste distingué, grand partisan des générations spontanées, après qu'il eut étudié en détail les beaux travaux de M. Pasteur. « Ces expériences sont décisives et sans réplique, dit à son tour M. Flourens ; il n'y a pas à revenir sur les travaux de M. Pasteur ».

Tel est le récit exact de cette discussion scientifique, récit fait au moment même des expériences par un savant dont la compétence est reconnue de tout le monde. M. Pasteur a porté à la théorie des générations spontanées un coup dont elle se relèvera difficilement. En général, les hommes compétents, même quand ils n'ont aucune foi religieuse, disent franchement, comme M. Laugel : « La génération spontanée ne s'opère jamais sous nos yeux, même quand il s'agit d'êtres si humbles qu'à peine on sait comment les classer, si dénués de caractères qu'on ne sait comment les décrire. Rien n'autorise à admettre que les premiers êtres vivants soient sortis de l'inertie inorganique par l'action des forces qui nous sont connues (1) ».

Toutefois, nous ajouterons avec M. Milne-Edwards : « La question résolue d'une manière si nette par Redi, par M. Pasteur et par quelques autres expérimentateurs, pour les cas particuliers dont ils ont fait un examen approfondi, se déplacera encore et donnera lieu probablement à de nouveaux débats. A mesure que les natu-

---

(1) *Revue des Deux-Mondes*, mars 1868, p. 155.

ralistes avanceront dans l'étude des parties peu explorées du règne animal, ils ne manqueront pas de rencontrer des cas difficiles à expliquer d'après les lois qui régissent la multiplication de tous les êtres vivants dont l'histoire est bien connue. Il y aura toujours des hommes qui, ne pouvant saisir les liens de parenté entre le jeune animal et ses prédécesseurs, diront hardiment que ces relations n'existent pas, et que le nouvel être vivant est né de la matière morte. Mais les esprits philosophiques seront peu enclins à se contenter d'une hypothèse en désaccord avec l'immense majorité de faits bien avérés, et ils préfèreront avouer leur ignorance, en attendant la lumière (1) ».

III

HISTOIRE DU BATHYBIUS

C'est ici le lieu de consacrer quelques lignes à la mémoire de l'infortuné Bathybius, qu'une science implacable a si brutalement renversé du trône où l'avait élevé une science plus complaisante. Célébré sur tous les tons par la théorie que nous venons de réfuter au nom de la raison et de l'expérience, le Bathybius a été pendant quelque temps considéré comme le premier produit de la nature, et par conséquent comme l'ancêtre du genre humain. Son nom a noirci les colonnes des *Revues* scientifiques ; il a retenti du haut des chaires officielles ; il a fait le tour du monde savant. On nous pardonnera donc d'en dire un mot à la fin de ce chapitre, où sans doute il eût brillé du plus vif éclat, si sa gloire n'avait eu la durée d'un météore.

Le *Bathybius* ou *être vivant des profondeurs* est le

(1) *Rapport sur les progrès de la zoologie,* p. 38, 39.

nom qu'on a donné à des masses gélatineuses que l'on retire de l'eau de mer en traitant ce liquide par certains réactifs appropriés. Le *Bathybius* doit son nom au naturaliste anglais M. Huxley, mais ce fut M. Haeckel, naturaliste allemand, qui en fit l'étude détaillée. Ce savant annonça qu'il y avait dans le Bathybius une sorte de mouvement de trépidation indécis comme un commencement de mouvement vital. De plus, la nature organique de cette gelée lui parut mise hors de doute par le fait qu'elle se comportait avec les dissolutions ammoniacales de carmin et d'iode comme tous les sarcodes connus, c'est-à-dire qu'elle prenait, avec la solution de carmin, une légère teinte rose, et avec la solution d'iode, une nuance jaunâtre. Voilà bien, disait Haeckel, le point de départ de l'animalité et la première forme des monères.

L'existence du Bathybius était donc solennellement annoncée. On se met à le chercher partout, car il devait exister au fond de toutes les mers. La Société royale de Londres faisait alors pratiquer des explorations sous-marines par le *Challenger*. Pendant trois ans, ce navire sillonna l'Atlantique et le Pacifique. Les habiles marins qui le montaient opérèrent des dragages à des profondeurs qui dépassèrent parfois huit mille mètres. C'était bien dans ces abîmes, ou nulle part, qu'on devait s'attendre à rencontrer le *Bathybius*. Cependant dans aucun des sondages ou dragages, au milieu des organismes divers que ramenait l'instrument, on ne remarquait rien qui ressemblât à une masse gélatineuse. On s'imagina que, par quelque circonstance inexpliquée, le Bathybius échappait aux regards. L'eau de mer est analysée, évaporée à siccité, calcinée, et le résidu n'indique point trace de matière organique.

Où donc se cachait-il, ce Bathybius, ce père de tous les organismes vivants ? Une observation mit sur la voie de la vérité. On remarqua que l'eau de mer, traitée par l'alcool, prenait un aspect gélatineux ; on pouvait reconnaître dans le liquide comme une matière flocculente, semblable à une mucosité coagulée. On tenait enfin le fameux Bathybius ; l'iode donnait à cette gelée une nuance jaunâtre ; le carmin la colorait en rose. Mais quand on fait l'analyse chimique de cette substance pour en connaître la vraie composition, que trouve-t-on ? Déception amère ! On trouve du *sulfate de chaux !* Ainsi le *Bathybius* descend au rang d'un vulgaire précipité minéral, résultant de ce que le sulfate de chaux, toujours contenu dans l'eau de mer, devient partiellement insoluble en présence d'un excès d'alcool ; et suivant la quantité d'alcool employée, on peut l'obtenir, soit à l'état gélatineux, soit à l'état cristallin.

Écoutons maintenant M. de Lapparent, professeur à l'Université catholique de Paris, nous donner la morale de cette histoire : « Des zoologistes qui marchent aujourd'hui à la tête du mouvement scientifique dans leurs pays respectifs, les Huxley, les Haeckel, découvrent et décrivent minutieusement un corps organisé qui réalise enfin l'idéal des transformistes : c'est la vie diffuse, à peine définie ; en un mot, c'est la matière commençant à s'organiser elle-même. A leur suite s'engagent aveuglément les Gümbel, les Zittel et tant d'autres. Le *Bathybius* prend sa place dans les traités descriptifs ; les Dawson et les Carpenter ne craignent pas de l'invoquer pour justifier les caractères énigmatiques de leur *Eozoon canadense ;* et voilà qu'en dernière analyse, il se trouve que tout ce bruit s'est fait autour d'un vulgaire précipité minéral, que l'imagination seule des observateurs avait doté des propriétés de la matière organisée (1) ! »

---

(1) A. de Lapparent, le *Bathybius,* dans la *Revue des questions scientifiques* publiée par la Société scientifique de Bruxelles (Janvier 1878) — Cf. *Etudes religieuses,* Août 1878.

CHAPITRE VI

De l'homme.

Montant ainsi par degrés l'échelle inférieure des créatures, nous arrivons enfin à l'homme, au-dessus duquel le matérialisme ne veut plus rien voir. Nous n'irons pas nous-même au-delà de ce chef-d'œuvre de la nature, pour parler le langage de nos adversaires : mais, comme nous touchons au vif de la question, on nous permettra de nous étendre sur l'homme plus que nous ne l'avons fait sur les êtres inférieurs. C'est contre l'homme, en effet, que le matérialisme dirige ses principales attaques. Et c'est la plus noble partie de l'homme, l'âme spirituelle, qu'il tâche de ravaler au niveau de la matière.

Entreprise téméraire et insensée ! car nous savons déjà qu'il suffit de connaître l'homme comme être vivant et sensitif, pour être forcé d'admettre en lui l'existence d'un principe vital distinct de la matière. Mais l'homme se distingue des minéraux, des végétaux et des animaux par des caractères particuliers qui l'élèvent à une si grande hauteur au-dessus de tous les êtres visibles, que c'est faire injure au bon sens le plus vulgaire de lui refuser une âme spirituelle.

Mais avant d'aborder directement la grande question de la nature de l'âme humaine, il nous semble nécessaire de bien spécifier les principaux attributs dont nous constatons en elle l'existence : car nous ne pouvons juger de l'essence intime d'un être que d'après ses propriétés. Ainsi, nous ne cherchons pas encore si l'âme est une portion de matière, une propriété de la matière, ou bien un être spirituel. Nous nous bornerons dans ce chapitre à élucider avec tout le soin possible trois questions sur lesquelles reposera toute notre argumentation. Qu'elle soit matérielle ou immatérielle, l'âme humaine, c'est-à-dire le principe vital de l'homme, peut-elle se connaître elle-même ? Le moyen dont elle se sert lui donne-t-il une véritable certitude ? Par ce moyen, que découvre-t-elle dans son essence, et quelles sont ses propriétés ?

I

L'HOMME A CONSCIENCE DE CE QUI SE PASSE EN LUI

L'âme peut-elle se connaître elle-même ? Il est de fait que l'âme ne tombe pas sous le domaine des sens extérieurs : elle nous serait donc entièrement inconnue, si le tact, l'ouïe, l'odorat, le goût et la vue étaient la source unique de toutes nos connaissances. Mais pouvons-nous raisonnablement soutenir que nous restons dans une perpétuelle ignorance des phénomènes dont nous sommes le théâtre, tandis que nos investigations se promènent victorieuses au milieu du monde matériel qui nous environne ? Avouons-le, personne, à moins d'être sceptique universel, ne peut révoquer en doute le pouvoir que possède notre âme de se replier sur elle-même. Une expérience quotidienne démontre que nous connaissons toutes nos modifications internes, et il n'est pas un instant dans la vie où nous ne puissions rendre compte de ce qui se passe au dedans de nous-mêmes. Ce pouvoir que nous avons de sonder les mystérieuses profondeurs de notre être s'appelle *conscience* ou *sens intime*.

Le sens intime n'a point, comme les sens externes, d'organe matériel qui lui corresponde : du moins nous n'en voyons aucune trace au dehors. Et que pourrait lui servir un organe intérieur ? La conscience n'étend son domaine que sur les faits psychologiques, c'est-à-dire sur les faits internes qui se manifestent dans l'âme ; nous ne lui connaissons point de rapport immédiat avec le monde physique. Un organe matériel serait donc superflu, et même nuisible : il troublerait l'assiduité et la justesse de ses observations.

Mais ici se pose naturellement une autre question. Comment l'âme pourra-t-elle constater l'existence de ses modifications internes ? En d'autres termes, comment la conscience, ou sens intime, nous attestera-t-elle les phénomènes psychologiques ? De la même manière que les sens externes nous attestent les phénomènes du monde sensible : par l'observation. L'observation nous fait connaître le monde extérieur ; l'observation servira de même à nous faire connaître le monde que nous portons au dedans de nous. Jusqu'ici nous ne voyons pas que les matérialistes puissent contester la légitimité de nos raisonnements, car ils admettent la certitude de l'expérience, et, s'ils veulent être logiques, ils conviendront que nous possédons l'expérience interne aussi bien que l'expérience externe.

Une objection cependant, une seule, a été soulevée contre l'existence du sens intime. Elle repose sur une fausse assimilation. C'est par notre âme, a-t-on dit, que nous connaissons le monde intellectuel, comme c'est par notre œil que nous voyons le monde sensible. Il y a donc, entre l'âme et l'œil, une grande analogie. Or l'œil, qui voit les objets extérieurs, ne se voit pas lui-même ; nous avons besoin d'un autre principe pour constater son existence. Comment donc l'âme peut-elle se voir ?

On pourrait répondre à cette difficulté en disant que comparaison n'est pas raison. C'est être dupe d'une figure de rhétorique et se laisser payer de mots, que de prendre au sérieux une semblable objection. L'œil voit les objets extérieurs, dites-vous ; prouvez d'abord que c'est l'œil qui voit ; que l'œil est un sens, et non pas un simple organe ; un principe, et non un instrument. Et quand même l'œil, en tant qu'organe, aurait par lui-même la faculté de voir, quelle conclusion tirer de là ? Aucune, ce nous semble, car il resterait encore une difficulté insoluble. Pour que l'argument eût quelque force, il faudrait expliquer comment l'œil voit. Or, nous pouvons constater le fait, nous pouvons même exposer plus ou moins scientifiquement le phénomène de la vision, et faire de longues dissertations sur la composition de l'œil et sur la marche de la lumière dans ses différentes parties: tout cela prépare les voies, mais rien de tout cela ne donne la raison dernière, la raison philosophique de la vision. Pourquoi donc demander l'explication de la conscience ? Pourquoi confondre deux ordres de faits d'une nature si différente ? Et puis, si l'œil ne se voit pas directement lui-même, il peut du moins contempler son image dans la glace où elle se reflète. Pourquoi n'en serait-il pas de même de l'âme, et pourquoi ne dirait-on pas que la conscience est son miroir ? Ayons plutôt la franchise d'avouer que l'intelligence humaine a des bornes, parce qu'elle est créée ; on l'a dit depuis longtemps, nous ne connaissons le tout de rien. Non, nous ne comprenons pas mieux comment nous voyons le monde extérieur et les phénomènes de la nature corporelle, que nous ne comprenons comment nous percevons le monde intérieur et les phénomènes psychologiques. L'explication nous échappe ; mais qu'importe, puisque nous raisonnons sur le fait ? Or, le fait est indubitable, nous le constatons chaque jour, il est acquis à l'expérience, et l'on ne peut aller contre les faits sans tomber dans le pyrrhonisme.

Donc l'homme possède un moyen de se replier sur

lui-même pour s'étudier et se connaître. Ce moyen, nous l'appelons *conscience*, et nous définissons la conscience : « Le pouvoir que possède l'homme de connaître les phénomènes dont il est le principe ou le sujet ».

I

LE TÉMOIGNAGE DE LA CONSCIENCE EST CERTAIN

Mais il ne servirait à rien de savoir que la conscience existe, si l'on ne prouve pas qu'elle peut nous donner une véritable certitude des phénomènes internes.

Attaquer la certitude de la conscience, c'est attaquer la certitude dans son dernier retranchement, car la raison dernière que nous puissions donner de notre certitude est celle-ci : Je suis certain, parce que cela est évident pour moi. Or, c'est la conscience qui nous atteste cette évidence subjective. Nier la certitude de la conscience, c'est donc tomber dans le scepticisme subjectif, c'est douter de tout par conséquent, et peu d'intelligences, heureusement, en sont arrivées à ce point : le pyrrhonisme se pose en contradiction trop flagrante avec les premiers et les plus puissants instincts de la nature humaine, pour avoir trouvé jamais de nombreux et surtout sincères défenseurs.

A proprement parler, la certitude de la conscience ne se démontre pas, car c'est la première de toutes les certitudes dans l'ordre logique. Elle s'affirme comme un fait. Impossible de faire un pas dans la science, si l'on ne commence par l'admettre.

« Qui a jamais douté des douleurs et des joies qu'il se sent éprouver ? des idées et des jugements qui naissent dans son esprit ? de ses désirs, de ses résolutions, de ses actions ? Suis-je plus certain de l'existence d'une pierre contre laquelle je viens de me heurter, que je ne le suis du sentiment de souffrance que cette chute m'a causée ? Puis-je concevoir que deux et deux font quatre, sans que le fait même de cette conception ne soit aussi clair pour la conscience, que les axiomes mathématiques le sont pour les géomètres ? Il y a plus : le témoignage de la conscience est à l'abri des objections que celui des sens a quelquefois soulevées. En effet, le principal argument du scepticisme, c'est la difficulté d'expliquer comment le sujet intelligent peut sortir de lui-même et aller atteindre au dehors un objet qui lui est étranger. Or, cette difficulté n'existe pas pour les connaissances que nous devons au sens intime ou à la conscience, puisqu'ici le sujet et l'objet se confondent, que c'est l'âme qui connaît et que c'est elle qui est connue (1) ».

Cependant on a contesté la légitimité du témoignage de la conscience. Que n'a-t-on pas contesté ? On a objecté les songes, dans lesquels on croit voir ce qu'on ne voit pas, entendre ce qu'on n'entend pas ; la folie, qui bouleverse nos idées ; la fausse croyance d'un homme qui a subi l'amputation d'un membre, et qui s'imagine souffrir encore de ce membre. Et l'on a dit que ce qui trompait quelquefois pouvait tromper toujours. Donc, a-t-on conclu, le témoignage de la conscience n'est pas infaillible.

« Objections frivoles, répond M. Ozaneaux : c'est confondre la conscience avec ce qui n'est pas elle ; c'est mettre sur son compte les égarements de l'imagination. Chacune de ces opérations est compliquée. Faisons la part de la conscience.

« Celui qui rêve des sons et des images voit et entend réellement, c'est-à-dire éprouve réellement les sensa-

---

(1) M. Jourdain, *Notions de philosophie*, 1re partie, ch. I.

tions que ces images et ces sons font naître dans l'état de veille. Voilà ce que lui dit la conscience, et rien de plus : l'imagination fait le reste et lui raconte ce qui n'est pas.

« Le fou se figure être roi : il l'est réellement dans sa pensée : il commande et reçoit des hommages. Sa conscience lui atteste l'enivrement de la puissance, l'orgueil de la souveraineté, les ennuis de son administration, ses bienfaits, ses vertus royales. En un mot, sa conscience lui dit ce qu'il éprouve. Et qui oserait contester la réalité de ce qu'il éprouve ? le reste est un rêve.

« Le malade enfin qui se plaint de la goutte dans le membre qu'il n'a plus, éprouve réellement les douleurs aiguës de la goutte. C'est tout ce que lui dit la conscience. Le reste est un jugement, résultat d'une vieille habitude. Un coup d'œil suffit pour le rectifier (1) ».

Il est donc démontré que la conscience nous donne une véritable certitude des phénomènes psychologiques, c'est-à-dire des modifications dont notre âme est le sujet.

III

DES FACULTÉS HUMAINES

Il nous reste à examiner ce que nous découvrons en nous-mêmes, lorsque nous interrogeons notre conscience.

D'abord nous sommes certains que notre corps partage avec les minéraux la propriété de l'étendue. Nous savons donc qu'il entre dans la constitution de l'homme

(1) *Nouveau syst. d'études philos.* 1re partie, IIe division, ch. III,

un principe matériel. Mais ce principe suffit-il pour expliquer l'homme ? Poursuivons.

Nous sommes certains, en second lieu, que nous possédons avec les plantes la vie végétative, car nous avons la triple faculté de nous nourrir, de nous développer et de nous reproduire. Or, ainsi que nous l'avons démontré plus haut, cette triple faculté suppose nécessairement en nous l'existence d'un principe vital distinct des forces physiques et chimiques de la matière, bien que, de sa nature, il ne puisse exister chez les plantes indépendamment d'un sujet matériel. Et déjà nous savons que l'homme est inexplicable, si l'on n'admet pas en lui l'existence simultanée de deux principes, l'un matériel, l'autre simple.

En troisième lieu, nous sommes certains que nous possédons comme les animaux la vie sensitive. Comme eux, en effet, nous avons les sens extérieurs nécessaires à la production de la sensation, et comme eux nous possédons un sens interne auquel viennent aboutir toutes nos sensations. Comme eux encore, nous jouissons du pouvoir de nous transporter d'un lieu à un autre. Or, personne ne contestera la supériorité de la vie animale sur la vie végétative. Si donc celle-ci ne peut s'expliquer sans un principe simple, à plus forte raison la vie animale ne pourra jamais s'expliquer avec les forces brutes de la matière.

Ainsi, tout ce que possèdent les minéraux, tout ce que possèdent les végétaux, tout ce que possèdent les animaux, l'homme le possède également. Mais la conscience ne nous apprend-elle rien autre chose ? Ne découvrons-nous pas en nous-mêmes une foule de prérogatives qui nous placent de suite au sommet de l'échelle animale ?

Ici se présente une grande question. Comment classifier les facultés humaines ? C'est là une difficile entreprise, bien digne d'exercer la sagacité des philosophes.

Et en effet une multitude de théories, depuis Kapila jusqu'à Kant, depuis Aristote jusqu'à Descartes, sont venues tour à tour se disputer l'honneur de résoudre le grand problème. Combien d'intelligences hardies dont les efforts se sont brisés contre les difficultés de ce travail ! Certes nous n'aurons point la prétention d'inventer un nouveau système, car nous sommes persuadé que le système véritable, le seul admissible, existe depuis longtemps. Sans donc nous jeter dans des innovations téméraires, qui demanderaient d'ailleurs un talent que nous n'avons pas, nous nous bornerons à constater ici, sans parti pris d'avance, ce que chacun peut constater soi-même, ce que la conscience révèle à tout homme.

Les attributs essentiels qui séparent l'homme de l'animal peuvent se ramener à deux principaux : l'intelligence et la liberté.

En effet, l'homme ne se connaît pas seulement comme sensible, il se connaît aussi comme intelligent. Le fait de la pensée, comme celui de la sensation, nous est attesté par le sens intime. Nous sommes certains que nous pouvons acquérir des idées universelles, c'est-à-dire que la similitude intellectuelle d'un objet peut se graver dans notre âme. Je vois plusieurs hommes : mon intelligence fait abstraction de ce qui est particulier à chacun pour ne considérer que ce qui est commun à tous, et je me forme ainsi l'idée générale d'homme.

Or, lorsque nous avons plusieurs idées, nous sommes naturellement portés à les comparer entre elles ; et, la comparaison faite, nous affirmons leur convenance ou leur répugnance : c'est là ce qu'on appelle porter un jugement.

De même, en combinant entre eux, dans un ordre logique, nos divers jugements, nous arrivons à un dernier qui découle des autres, qui en est la conséquence rigoureuse, d'après certaines lois fondées sur la nature même de l'esprit humain. Nous faisons ainsi un raisonnement.

L'idée, le jugement, le raisonnement, voilà donc trois attributs que notre conscience atteste provenir de la même faculté. Peut-être y pourrait-on joindre un quatrième attribut dont nous parlerons plus tard : la sensibilité intellectuelle.

Ce n'est pas tout, et la multiplicité des opérations dont l'homme est le sujet ne peut s'expliquer, s'il ne possède que l'intelligence. Cette faculté suppose elle-même, pour entrer en exercice, l'existence d'un principe qui lui est inhérent, qui fait comme le fond de son essence. Descartes, en l'isolant beaucoup trop de l'intelligence dans sa classification des facultés de l'âme, le désigne sous le nom d'*activité :* nous l'appellerons *volonté libre*.

Personne, ce nous semble, ne peut nier l'existence de sa volonté, puisqu'il en fait usage à chaque moment de la vie. Les matérialistes ne veulent pas de la liberté, et cela se comprend, parce qu'ils ne seraient pas logiques. Mais la conscience nous l'atteste ainsi invinciblement qu'elle nous atteste la sensation et l'intelligence. Volonté, liberté : ce sont deux attributs distincts, mais inséparablement unis, que nous ne pouvons raisonnablement refuser à l'homme. A la volonté libre nous rattacherons un autre attribut très important, que nous appellerons sensibilité morale.

En résumé, l'homme possède la vie végétative, la vie sensitive et la vie raisonnable. Ces trois vies, distinctes l'une de l'autre, procèdent cependant dans l'homme d'un principe unique, et nous n'en voulons pour preuve que la dépendance mutuelle où elles se trouvent l'une vis à vis de l'autre : car il est de fait que l'intensité d'action de l'une diminue toujours plus ou moins, et souvent même paralyse tout à fait l'action de l'autre. Nous savons déjà que les deux premières dérivent d'un principe simple. Nous disons maintenant que la troisième ne peut provenir que d'un principe spirituel, possédant éminemment toutes les propriétés des deux autres.

Or, nous entendons par être *spirituel* un être non seulement simple, mais, de sa nature, indépendant de la matière et supérieur à la matière, ce qu'on ne peut dire du principe vital des plantes et des animaux. Puisque la propriété qui le distingue de l'être simple est précisément l'indépendance qu'il possède vis à vis de la matière, il faut que ce principe soit par lui-même capable de jouir d'une existence isolée. Si donc il se trouve, soit accidentellement, soit même substantiellement uni à un principe matériel, il n'en dépend pas tellement qu'il ne puisse s'en détacher sans périr.

Cela posé, nous disons que l'âme humaine est un être, non seulement simple, comme l'âme des animaux, mais spirituel de sa nature. Nous le prouverons par plusieurs considérations tirées de la triple faculté de sentir, de connaître et de vouloir.

Auparavant, et pour mieux faire comprendre la marche que nous devons suivre, nous allons démontrer que ces trois puissances, bien qu'unies dans la même essence, présentent cependant entre elles des caractères de différence bien tranchés. Cet examen intime des facultés humaines servira en même temps de réfutation au sensualisme.

CHAPITRE VII

Examen du sensualisme.

Après avoir montré les rapports intimes qui existent entre les facultés humaines, nous examinerons dans ce chapitre les caractères propres à la sensation, et nous verrons s'il est possible de les concilier avec ceux que présentent l'intelligence et la volonté ; puis nous prouverons que le sensualisme est un système incomplet et inconséquent, qui conduit tout droit au matérialisme.

I

RAPPORT DES FACULTÉS HUMAINES

Les trois facultés dont nous venons de constater l'existence dans l'âme humaine, sont unies entre elles par les plus admirables rapports. Il n'est personne qui, rentrant en soi-même et réfléchissant aux phénomènes dont son âme est le théâtre, ne perçoive clairement les relations intimes qui existent entre sa sensibilité, son intelligence et sa volonté. Jamais elles ne s'isolent complètement l'une de l'autre. Dans chaque phénomène interne, elles apparaissent, et le même fait psychologique met en évidence leur exercice simultané. Tantôt, il est vrai, la sensibilité domine, tantôt la raison l'emporte, tantôt la volonté triomphe. « Mais, dit M. Jourdain, soit qu'elle se plonge dans la méditation de la vérité, soit qu'elle s'abandonne à toute l'ardeur de la passion, soit enfin qu'elle déploie toutes les ressources de son activité, l'âme est toujours tout entière présente à elle-même, et il n'est aucune circonstance de la vie où elle ne sente, où elle ne connaisse, où elle n'agisse à quelque degré ».

Prenons pour exemple le fait de la sensation. A première vue, ce phénomène paraît d'autant plus en désaccord avec ce que nous venons de dire, qu'il semble un pur produit de la sensibilité physique, et que nous partageons la sensibilité physique avec les animaux privés d'intelligence. Si cependant nous soumettons ce fait à l'analyse du raisonnement, nous verrons que son existence requiert l'exercice des trois facultés de l'âme.

Il est certain que notre faculté de sentir est, de sa nature, indifférente à recevoir telle ou telle sensation : il faut donc qu'elle soit déterminée par une cause extrinsèque, ou bien elle ne sortira jamais de son indifférence. Par conséquent, le phénomène de la sensation demeure inexplicable, si l'on n'admet l'action primitive d'un objet extérieur sur l'un de nos organes. Mais cette impression purement matérielle reçue par notre organe ne constitue pas à elle seule la sensation. Sans doute la sensibilité physique suppose un principe de passivité : autrement l'objet extérieur ne produirait aucun effet ; ce principe passif, c'est l'organe corporel. Mais elle suppose aussi un principe d'activité : autrement elle ne pourrait réagir sur l'objet pour le percevoir : et alors que deviendrait l'axiome de mécanique : A l'action succède toujours une réaction proportionnelle ? Ainsi l'activité apparaît déjà comme l'un des éléments de la sensibilité.

Ce n'est pas tout : la sensation ne se manifeste jamais sans apporter avec elle une connaissance plus ou moins confuse de l'objet qui l'a produite. Cette connaissance, qui se borne chez les animaux à une vague appréhension de l'objet considéré individuellement, s'élève bientôt chez l'homme à l'état de connaissance intellectuelle, c'est-à-dire acquise par l'abstraction ; connaissance impossible, si l'intelligence n'entre pas à son tour en exercice.

Enfin la sensation se manifeste comme agréable ou douloureuse, comme utile ou pernicieuse. Si elle est agréable ou utile, nous nous sentons instinctivement portés à la rechercher. Si elle est douloureuse ou nuisible, nous sommes instinctivement poussés à la rejeter. Suivant donc qu'elle nous apparaît sous un aspect ou sous un autre, notre volonté s'y porte ou s'en éloigne : une simple sensation suffit pour faire mouvoir la volonté humaine, cette reine de toutes nos facultés.

Voilà donc nos trois puissances mises en jeu par un seul phénomène. Impossible d'éprouver une sensation si nous ne possédons la faculté de sentir ; impossible de savoir que nous sentons, si nous ne possédons la faculté de connaître ; impossible de trouver un but à la sensation, si nous ne possédons la faculté de vouloir. Partout où nous voyons se produire un fait psychologique, nous rencontrons les trois puissances de l'âme humaine. Leurs opérations respectives sont unies entre elles par des liens si forts et si étroits, qu'on ne peut en concevoir aucune qui ne demande leur triple concours.

II

DIFFÉRENCES DES FACULTÉS HUMAINES

Cette coexistence de nos trois facultés n'empêche de les distinguer parfaitement. Leur différence se manifeste d'abord dans leur développement, qui se fait d'une manière inégale. Personne n'a jamais nié que, dans l'ordre chronologique, la sensibilité apparaisse la première. L'enfant qui sourit aux caresses de sa mère est sensible ; mais pourra-t-il argumenter avec le philosophe chez qui l'intelligence s'exerce dans ses fonctions les plus élevées ? Evidemment, soutenir l'affirmative serait tomber dans le ridicule et dans l'absurde. Nous sommes donc sensibles avant d'être intelligents. Une fois la sensibilité développée, l'intelligence à son tour commence à grandir : car la sensation est une condition indispensable de la connaissance. En dernier lieu se manifeste la volonté, envisagée dans ses caractères de moralité et de responsabilité. Tel est l'ordre de la nature. Un objet extérieur excite en nous une sensation : notre intelligence s'exerce sur la sensation pour connaître l'objet ; notre volonté le recherche ou s'en éloigne.

Ce développement successif de nos trois puissances, mal compris par Condillac, a donné lieu au système de la sensation transformée, qui est la base du sensualisme. Puisque nous commençons par sentir, pourquoi ne pas tout ramener à la sensation ? Pourquoi ne pas donner à tous les phénomènes psychologiques un principe unique, au lieu de diviser l'homme en trois parties ? Les solutions les plus simples sont toujours les meilleures, et, comme le dit Leibnitz, il ne faut pas multiplier sans raison les causes premières.

Malheureusement pour la gloire de Condillac, heureusement pour la dignité humaine, le système de la sensation transformée est complètement inadmissible en philosophie. Pour le prouver, nous allons examiner attentivement la nature intime de chacune de nos facultés, nous attachant surtout, sans nous occuper encore de leur origine, à bien spécifier les caractères qui les distinguent l'une de l'autre.

III

CARACTÈRES DE LA SENSATION

Considérons d'abord la sensibilité physique, à laquelle Condillac veut ramener toutes les opérations du moi. C'est la faculté que nous possédons d'éprouver des sensations agréables ou pénibles, par suite de l'action qu'exercent sur nos organes les objets extérieurs. Sentir, c'est donc être affecté d'une manière agréable ou désagréable. Or, le sujet qui reçoit une sensation doit nécessairement être passif : car, nous l'avons dit, la sensation provient d'un objet extérieur, et pour qu'un objet agisse sur un sujet, il faut deux choses : en premier lieu, que cet objet possède un principe d'activité ; en second lieu, que ce sujet possède un principe de passivité. De là on doit conclure que notre puissance sensitive est d'abord passive. Le premier caractère sous lequel la sensation se présente à nous est donc un caractère de *passivité* propre au sujet dans lequel elle réside.

A la passivité du sujet correspond la fatalité de la sensation. Une fois la cause de la sensation posée, le sujet est nécessairement affecté, pourvu toutefois que ses organes soient dans leur état normal, ce que nous supposons toujours. Par exemple, approchez la main d'une torche ardente : indépendamment de votre volonté vous éprouverez une sensation de chaleur. Protestez, si vous le voulez, de toute l'énergie de votre âme, contre la production de l'effet qui résulte de cette cause ; faites tous vos efforts pour vous préserver de la chaleur en conservant la source : vous n'y parviendrez pas. Comme l'effet est dû à l'existence de la cause, tant que la cause existera, le même effet sera produit. Le second caractère de la sensation est donc la *fatalité*.

De ce que la sensation arrive nécessairement, une fois posée la cause de la sensation, il ne s'ensuit pas qu'elle soit nécessaire dans son mode d'être. Tirer cette conclusion, ce serait tomber dans une grave erreur, car ce qui caractérise spécialement la sensation, c'est la contingence. La raison nous dit assez qu'un effet participe toujours à la nature de sa cause. Or, quel est le principe qui provoque l'exercice de la sensibilité physique? en d'autres termes, quelle est la cause productrice de la sensation? Ce sont les objets matériels, êtres contingents, c'est-à-dire jouissant d'un mode d'être qu'ils pourraient bien ne pas posséder, et qu'ils perdront réellement tôt ou tard. Il est évident qu'une cause contingente de sa nature ne peut donner naissance à un effet qui soit de sa nature nécessaire. Le principe de la sensation étant un être contingent et transitoire, la sensation sera elle-même contingente et transitoire. Si la raison nous le démontre, une expérience quotidienne nous l'atteste avec autant de force. Je tiens une rose à la main. La sensation agréable qu'elle me fait éprouver au premier instant m'engage à flairer son parfum, et je la conserve pendant quelques minutes. Qu'arrive-il alors? Le nerf olfactif s'engourdit bientôt ; la jouissance éprouvée d'abord s'émousse peu à peu ; la sensation s'affaiblit par degrés, et il arrive un moment où je ne sens plus rien. Le troisième caractère de la sensation est donc la *contingence* ou l'inconstance.

Ainsi, l'analyse de toute sensation nous fait découvrir dans ce fait psychologique trois caractères principaux : la passivité, la fatalité et la contingence.

Cela posé, s'il est vrai que l'intelligence et la volonté prennent leurs racines dans la sensibilité physique, il faut que nous trouvions dans leurs produits les caractères de la sensation, ou au moins des marques analogues. Nous allons donc analyser à leur tour les opérations de l'intelligence et de la volonté.

IV

L'IDÉE N'EST PAS UNE SENSATION TRANSFORMÉE

L'intelligence est cette faculté qu'a l'âme humaine d'acquérir des connaissances. Son domaine est-il, comme celui de la sensibilité physique, restreint au monde sensible, circonscrit par la matière ? Nous n'avons qu'à rentrer un instant en nous-mêmes pour nous assurer du contraire. Le domaine de la sensibilité physique est le particulier : de sa nature, la sensation est particulière. Le domaine de l'intelligence est l'universel : de sa nature, l'idée est universelle. Loin de se borner, comme la sensibilité physique, au monde qui tombe sous les sens, elle s'en débarrasse au contraire ; elle secoue les entraves du corps pour s'élancer dans la région de l'immuable et du nécessaire ; elle s'exerce, elle promène ses investigations sur tout ce qui peut être pour nous un objet de connaissance : depuis la terre jusqu'au ciel, depuis le néant jusqu'à l'Être absolu, depuis le fini jusqu'à l'infini. Dans son ascension sublime elle s'élève si haut, que parfois elle perd de vue la matière. Et maintenant nous demandons au partisan du sensualisme comment le particulier peut engendrer l'universel. Nous demandons si deux produits tels que la sensation et l'idée, qui possèdent des caractères essentiellement opposés, peuvent découler ensemble d'une source unique, par voie de simple transformation.

Mais allons plus loin. Nous avons vu qu'un des

caractères de la sensation, c'est l'inconstance, et nous avons proposé, à l'appui de notre assertion, une expérience facile à vérifier. Reprenons la rose, et au lieu de l'envisager comme un objet de sensation, considérons-la comme un objet de connaissance. Ce n'est plus ma sensibilité physique, c'est mon intelligence qui s'exerce à son tour sur cette fleur pour l'examiner, la connaître et en avoir une idée exacte. J'étudie sa forme, ses dimensions, sa couleur, la composition de ses tissus ; je la classe dans une famille. Or, ici arrivera précisément le contraire de ce qui était arrivé pour la sensation. Au lieu de s'affaiblir, mon idée se perfectionnera avec le temps. Plus j'examinerai la rose, mieux je la connaîtrai. Comment expliquer ce fait, si l'intelligence dérive de la sensibilité physique, et si l'idée n'est qu'une sensation transformée ? La sensation est inconstante, elle diminue avec le temps ; l'idée est permanente, elle s'affermit avec le temps : comment concilier ces deux choses contradictoires ? Evidemment on ne peut sortir de ce mauvais pas qu'en avouant avec franchise qu'on s'était trompé.

Il n'est donc pas nécessaire de recourir à de longues dissertations pour démontrer au sensualiste la fausseté de son système : il suffit de bien spécifier les caractères propres à la sensibilité physique et à l'intelligence. L'opposition manifeste qui existe entre ces caractères prouve surabondamment que les facultés où ils résident sont réellement distinctes l'une de l'autre. Donc l'idée n'est pas une sensation transformée.

Nous allons voir maintenant si la sensibilité physique est plus capable de produire la volonté qu'elle ne l'est de produire l'intelligence.

V

LA VOLONTÉ N'EST PAS UNE SENSATION TRANSFORMÉE

L'activité est la faculté que possède l'âme humaine de produire des actes en se posant comme cause. Considérée en tant que volonté, elle est le couronnement et le complément des deux autres puissances, et se trouve toujours mêlée à leur exercice. C'est la maîtresse-pièce de l'homme, a dit Pascal. La volonté présente donc avec la sensibilité et l'intelligence une foule de relations. Mais n'est-elle point spécifiée par des caractères tout à fait différents de ceux qui distinguent les autres facultés ?

Nous avons vu que la sensibilité physique se manifeste d'abord avec un caractère de passivité, puisqu'elle a besoin d'être déterminée par une cause extrinsèque pour donner naissance à la sensation. Mais nous avons dit aussi que cette passivité ne suffit pas pour expliquer la sensation, et que ce phénomène suppose nécessairement dans le sujet où il réside un principe d'activité. Dès lors il est absolument nécessaire que ces deux principes, l'un passif, l'autre actif, entrent dans la constitution, dans l'essence de la faculté. Car, direz-vous que c'est le principe passif qui produit l'autre ? Mais cette production demanderait un changement radical dans la sensibilité physique ; ou plutôt ce ne serait ni un changement, ni une transformation, car ces deux phénomènes supposent que le sujet transformé conserve au moins une partie de son essence, tandis qu'ici nous sommes en présence de deux principes essentiellement opposés. Qu'y a-t-il de plus contraire que la passivité et l'activité ? Et si l'une dérive de l'autre par une série de transformations successives, que devient ce principe de sens commun : L'effet participe toujours à la nature de sa cause ? Regarder l'activité comme une simple transformation de la sensibilité physique, c'est donc heurter le sens commun.

Il y a plus : la sensation est fatale, et la volonté est libre. Que la sensation soit fatale, nous croyons l'avoir suffisamment démontré. Que la volonté soit libre, il n'est pas non plus nécessaire d'un long raisonnement pour le prouver. Il suffit à chacun de nous de descendre en lui-même et d'interroger sa conscience, cet œil vigilant auquel ne peut échapper aucun phénomène psychologique. Or, nous posons toujours au sensualiste la même question : Quoi de plus opposé que la fatalité et la liberté ? Comment une chose peut-elle produire une autre chose qui lui est contradictoire ? Comment la négation peut-elle donner naissance à l'affirmation ? Le fait de la liberté humaine est donc tellement distinct du fait de la sensation, qu'il ne peut évidemment en provenir.

Enfin, l'activité se manifeste sous forme d'habitude, et le propre de l'habitude est de donner au sujet agissant une plus grande facilité à produire les actes qu'il pose ordinairement. Plus une habitude est invétérée, plus elle est difficile à détruire. Le temps la fortifie et la transforme bientôt en une seconde nature. Peut-on en dire autant de la sensation, dont le caractère est l'inconstance ? La sensation passe, l'habitude reste. Comment une cause transitoire peut-elle produire un effet permanent ? Comment dès lors l'habitude peut-elle n'être qu'une sensation transformée ?

Disons-le donc avec M. de Gérando : « Il est difficile de comprendre ce que veut dire Condillac avec cette expression : la sensation transformée ; mais en admettant que l'expression soit claire et le fait exact, il restera à expliquer comment s'exécute cette transformation, avec quel instrument, et alors il faudra bien admettre en nous une faculté qui agit sur la sensation pour la transformer en effet, il faudra admettre autant de facultés transformatrices qu'il y a de transformations successives ; et alors on en reviendra encore au même point. Confondre les facultés actives de l'esprit avec la sensation sur laquelle elles s'exercent, n'est-ce pas la même chose que si on confondait l'industrie de plusieurs ouvriers avec la matière brute qu'ils élaborent ? (1) »

Ainsi, il est bien démontré que la volonté humaine demeure inexplicable, si l'on ne veut chercher son origine que dans la sensation.

VI

LE SENSUALISME EST UN SYSTÈME ILLOGIQUE

Nous avons dit du sensualisme qu'il est un système illogique et inconséquent. Nous sommes heureux de nous rencontrer en cela d'accord avec M. Cousin, dont voici les paroles :

« Le sensualisme ne peut être vrai qu'à la condition qu'il n'y aura pas dans la conscience un seul élément qui ne soit explicable par la sensation : comptons donc, mais rapidement. N'y a-t-il pas dans la conscience des déterminations libres ? N'est-il pas certain que souvent nous résistons à la passion et au désir ? Or, ce qui combat la passion et le désir, est-ce le désir et la passion ? est-ce la sensation ? Si la sensation est le principe unique de tous les phénomènes de l'activité, comme le caractère inhérent à la sensation, et par conséquent à tout ce qui vient d'elle, est la passivité,

(1) *Histoire comparée des systèmes*, IIe partie, ch. XII.

c'en est fait de l'activité volontaire et libre ; et voilà déjà le sensualisme poussé au fatalisme.

« De plus, la sensation n'est pas seulement involontaire, elle est diverse, multiple, indéfiniment variable. Comme il n'y a pas deux feuilles d'arbre qui se ressemblent, de même aucun phénomène sensitif n'est pas deux moments semblable à lui-même : sensations, émotions, passions, désirs, tous phénomènes qui changent sans cesse. Cette perpétuelle métamorphose rend-elle compte de la personne humaine ? Ne croyez-vous pas que vous êtes un être qui était hier le même qu'il est aujourd'hui, et qui demain sera le même qu'il est aujourd'hui et qu'il était hier ? L'identité de la personne, l'unité de votre être, l'unité de votre moi n'est-elle pas un fait certain de conscience, ou, pour mieux dire, n'est-ce pas le fond même de toute conscience ? Or, comment tirer l'identité de la variété ? Comment tirer l'unité de la conscience et du moi de la perpétuelle variété des phénomènes sensitifs ? Ainsi, dans la philosophie de la sensation, pas d'unité pour rapprocher et combiner les variétés de la sensation, les comparer et les juger. Tout à l'heure cette philosophie détruisait la liberté ; elle détruit maintenant la personne même, le moi identique et un que nous sommes, et réduit notre existence à un reflet pâle et mobile de l'existence extérieure, physique et matérielle : la philosophie de la sensation aboutit au matérialisme.

« Enfin, comme l'âme de l'homme n'est, dans le système de la sensation, que la collection de nos sensations et des idées qui en dérivent, ainsi Dieu n'est pas autre chose que la collection suprême de tous les phénomènes de la nature : c'est une sorte d'âme du monde, qui est relativement au monde ce que l'âme que nous laisse le sensualisme est relativement au corps. L'âme humaine du sensualisme est une abstraction qui, en dernière analyse, exprime l'ensemble de nos sensations ; le dieu du sensualisme est une abstraction du même genre, qui se résout, successivement décomposée, dans les diverses parties de ce monde, seul en possession de la réalité et de l'existence. Ce n'est pas là un dieu distinct en soi du monde ; et la négation d'un dieu distinct du monde a un nom très connu dans les langues humaines et dans la philosophie.

« Le sensualisme date des premiers jours de la réflexion, et de bonne heure il a porté ces conséquences qui le décrient. Il y a trois mille ans que ce système existe et qu'on lui fait les mêmes objections ; il y a trois mille ans qu'il n'y peut répondre (1) ».

De tout ce que nous venons de dire la conclusion est facile à tirer. L'analyse des trois facultés de l'âme humaine nous a montré dans la sensation la passivité, la fatalité et la contingence ; dans l'entendement, l'universalité et la permanence ; dans la volonté, la liberté et l'habitude. Or, la passivité ne peut être le principe de l'activité ; la fatalité est essentiellement opposée à la liberté ; la contingence ne peut s'accorder avec l'universalité ; l'inconstance ne sera jamais capable de produire la permanence. Puis donc que les trois facultés humaines possèdent des attributs essentiellement distincts, il est évident qu'elles ne peuvent prendre racine dans un principe unique caractérisé par des attributs presque exclusivement négatifs. Donc l'intelligence et la volonté ne sont pas des sensations transformées, et nos facultés, bien que résidant dans une essence indivisible, sont néanmoins distinctes l'une de l'autre.

Ainsi, Condillac est convaincu d'avoir émis une fausse théorie, lorsqu'il a écrit les lignes suivantes : « Nous commençons par sentir, et cette première impression,

---

(1) *Histoire générale de la philosophie,* Ire leçon.

en se développant, devient l'attention, la comparaison, le jugement, la réflexion, l'imagination, le raisonnement, le désir, la volonté, à peu près comme le grain de blé, broyé par la meule, se convertit en farine, puis en pain ».

Le sensualisme croule donc par sa base, en allant à l'encontre d'un principe de sens commun : l'effet ne peut être supérieur à la cause.

Il ne nous reste plus qu'à réfuter directement le matérialisme. C'est ce que nous allons entreprendre, en étayant notre démonstration sur les phénomènes psychologiques que la conscience nous fait découvrir dans chacune de nos facultés. Nous venons de voir que ces facultés sont réellement distinctes ; nous allons prouver maintenant qu'elles ne peuvent être subjectées que dans un être tout à la fois simple, c'est-à-dire immatériel, et spirituel, c'est-à-dire intrinsèquement indépendant de la matière.

CHAPITRE VIII

De la vie sensitive de l'homme.

Lorsque nous avons parlé de la vie animale, nous avons démontré que les deux fonctions principales de cette vie, la sensation et le mouvement spontané, supposent nécessairement un principe simple. Mais la preuve tirée de cette considération contre les matérialistes acquiert une importance beaucoup plus grande, lorsqu'on l'applique à la sensation et au mouvement qui se manifestent dans l'homme. Nous allons passer rapidement en revue ces deux attributs de la vie sensitive de l'homme.

I

DE LA SENSATION

Parlons d'abord des sensations. La philosophie matérialiste prétend que la sensibilité physique est une propriété universelle de la matière. Qu'il nous soit permis de lui demander ce qu'elle veut dire. Prétend-elle que toute particule de matière est susceptible d'éprouver l'ébranlement sans lequel il n'y a pas de sensation? nous le concédons volontiers. Affirme-t-elle que la matière est elle-même le principe de la sensation? Ici nous cessons d'être d'accord, car nous ne comprenons pas qu'un phénomène simple comme celui de la sensation puisse être le résultat d'un principe composé, comme l'est tout principe matériel. L'ébranlement de la matière ne constitue pas à lui seul la sensation. Arrangez un corps comme vous voudrez;

faites passer ses éléments constitutifs par toutes les combinaisons possibles ; ébranlez-le dans tous les sens : si ce corps n'est uni avec un principe capable d'apercevoir l'ébranlement, vous ne produirez aucune sensation.

Voyez le cadavre d'un homme qui vient de mourir. Pendant quelque temps encore vous pourrez y reconnaître les traces d'une organisation humaine, car le corps ne perd pas immédiatement la figure qu'il avait avant le départ de l'âme. Si donc l'impression matérielle était la seule cause productrice de la sensation, la cause pouvant toujours se manifester, l'effet s'ensuivrait nécessairement. Cependant remuez, secouez ce cadavre ; communiquez à chacun de ses organes tous les ébranlements imaginables : aucune sensation ne sera produite. Pourquoi ? parce que la sensation est impossible là où il n'y a pas de puissance sensitive ; parce que c'était à l'âme que le corps devait cette puissance sensitive, et parce que l'âme n'est plus là.

Que faut-il donc pour que la sensation existe ? Nous l'avons déjà dit : il faut sans doute un corps, c'est-à-dire un principe matériel ; mais il faut qu'à ce principe matériel soit uni un principe simple, car la matière et la sensation s'excluent réciproquement, comme la simplicité exclut la composition.

J'approche la main d'un brasier ardent, et aussitôt j'éprouve une forte sensation de chaleur. C'est bien mon corps, je l'avoue, que la chaleur attaque. Est-ce mon corps seul qui la sent ? S'il en est ainsi, je ne vois plus de raison pour refuser le pouvoir de sentir à tous les corps inorganiques. Mais je prie les matérialistes de m'expliquer ce bizarre phénomène, qui se produit tous les jours dans le cabinet des grands penseurs.

On raconte qu'un jour saint Thomas d'Aquin, plongé dans une de ces profondes méditations qui nous ont valu le plus savant ouvrage du monde, la *Somme théologique*, reçut la visite d'un de ses amis. La porte de son cabinet fut ouverte avec bruit. Son nom fut prononcé plusieurs fois avec tant de force, que tous les gens de la maison l'entendirent distinctement. Une main se posa sur son épaule. Un visage vint se placer en face du sien. Et le penseur ne donnait pas signe de vie. Je me trompe, il exerçait la vie dans ses fonctions les plus nobles, dans ses régions les plus élevées : car à peine la vérité poursuivie se fut-elle enfin montrée à sa belle intelligence, qu'il s'aperçut de la présence de son ami, et descendit des hauteurs où planait son génie pour lui demander humblement pardon de ne l'avoir pas reconnu plus tôt.

Mais le matérialisme n'aime pas l'odeur de sainteté, et la *Somme théologique* lui fait peur. Choisissons donc un autre exemple. Qui ne connaît la mort d'Archimède, le grand géomètre de Syracuse ? Pendant qu'il méditait la combinaison d'une nouvelle machine destinée à défendre sa patrie, il ne s'aperçut pas que Syracuse était prise. Dans l'ardeur du pillage, dans la soif de la cruauté, un soldat romain lui demande son nom. Archimède n'avait qu'à se faire connaître pour se mettre à couvert de la mort, puisque le général vainqueur avait donné l'ordre de l'épargner. Mais Archimède, étranger au monde des sens, cherchait toujours la solution de son problème. Et le féroce soldat, regardant ce silence comme une insulte à la dignité romaine, massacre le grand géomètre, coupable de n'avoir pas éprouvé la sensation de l'ouïe.

Comment expliquerez-vous cette absence de sensations à certains moments de la vie, si c'est le corps qui sent ? Est-ce que le corps n'est pas toujours là, et l'organe n'est-il pas toujours frappé de la même manière ? Non, ce n'est pas le corps seul qui sent, c'est le corps informé par un principe simple et vital. Car, si c'est le corps seul, pourquoi ne sent-il pas toujours ? Pourquoi, dans certaines circonstances de la vie, semble-t-il complètement soustrait à l'action des objets extérieurs ? Jamais le matérialisme, avec sa matière sentante, n'expliquera le phénomène si commun de la distraction.

De tous ces faits nous tirerons deux corollaires. Le premier, c'est que la sensation ne peut être exclusivement une propriété du corps, puisque le corps peut recevoir une impression quelconque sans que la sensation se manifeste. Le second corollaire, c'est que le principe qui sent est le même dans l'homme que celui qui pense, puisque la pensée devient parfois assez forte pour dominer la sensation.

II

DU MOUVEMENT SPONTANÉ

Nous avons vu plus haut, grâce à l'enseignement de M. de Maistre, que l'existence d'une cause physique, telle que l'entend le matérialisme, répugne métaphysiquement. Des hauteurs de la spéculation descendons un instant en nous-mêmes, et considérons notre activité propre. Je sens que je remue mon bras : or, ce mouvement ne peut lui être communiqué que par un être matériel ou par un être immatériel ; il n'y a pas de milieu. S'il reçoit immédiatement ce mouvement d'un être matériel, les lois bien connues de la mécanique devront nécessairement recevoir ici leur application : c'est ce qu'il s'agit d'examiner.

Un corps ne peut en mouvoir un autre, s'il n'est lui-même en mouvement : dès lors le mouvement qu'il imprime est un mouvement communiqué. Mais je sens, lorsque je remue mon bras, qu'aucun autre n'est venu le heurter, et que le principe de son mouvement se trouve en moi-même. Si donc ce mouvement ne provient pas d'une cause matérielle, il faut qu'il soit le résultat d'une cause immatérielle.

Un corps ne peut en mouvoir un autre sans perdre une quantité de mouvement égale à celle qu'il communique. Mais je sens que le principe qui remue mon bras ne perd rien de son activité : au contraire, plus souvent il use de sa puissance, et plus le mouvement qu'il communique devient prompt et facile. Donc ce principe n'est pas matériel.

Lorsqu'un corps en meut un autre, aucun des deux ne peut modifier la direction qu'il a reçue ; il obéit fatalement à la première impulsion. Mais je sens que je puis modifier de mille manières la direction que j'ai d'abord imprimée à mon bras : je puis l'élever, le baisser, figurer une ligne droite, un angle, un cercle, et lui donner les positions les plus contraires. Donc la force qui le fait mouvoir n'est pas matérielle.

Il serait facile de pousser plus loin et de multiplier ces remarques que chacun peut faire. Déjà nous en savons assez pour dire que les matérialistes, en soutenant que le principe de notre activité est matériel, soutiennent une fausseté palpable. Nous citerons encore quelques lignes :

« Quand un organiste emploie tout à la fois ses doigts sur le clavier, ses pieds sur les pédales, ses yeux sur la note, sa voix pour accompagner, sa langue pour articuler des mots, son oreille pour sentir si tout est d'accord ; est-ce une molécule de matière qui fait intérieurement la fonction de maître de musique, qui bat la mesure, qui combine et marie ensemble les sensations, les idées, la force motrice ; qui fait, de ces différentes pièces disparates, un seul tout ou un seul concert ? Quelques matérialistes ont essayé d'expliquer, par le mécanisme, une sensation simple, et ils n'y ont pas réussi : je voudrais que, dans une dissertation savante, ils entreprissent d'expliquer, par les lois du mécanisme, l'opération compliquée d'un organiste ou d'un joueur de harpe ; qu'ils nous fissent sentir, au doigt et à l'œil, qu'une portion de cerveau peut faire en même temps tant de fonctions différentes (1) ».

L'activité en général ne peut donc se concevoir dans un sujet purement matériel, et l'activité humaine en particulier est tout à fait inexplicable, si l'on n'admet dans l'homme un principe simple et même spirituel. Cette remarque spéciale à l'activité humaine a été faite d'une manière très originale par Fontenelle.

« On sait, dit-il, que dans l'action des forces mécaniques l'effet se proportionne toujours exactement à la cause ; mais, dans nos mouvements volontaires, ce principe n'a plus lieu. Une boule, par exemple, que j'aurais jetée, ne communique à une seconde boule qu'un mouvement proportionnel à celui que ma main aura imprimé à la première. Mais que je dise à quelqu'un à l'oreille : Il y a des archers, qui vous guettent au coin de la rue pour vous prendre ; aussitôt mon homme se met à courir à toutes jambes. On voit bien qu'il n'y a aucune proportion entre ce peu de paroles dites à l'oreille, ou, si l'on veut, entre l'ébranlement qu'elles causent au cerveau de cet homme, et l'impétuosité de la course qui en est l'effet. Qu'est-ce donc qui s'interpose entre ces deux choses ? une idée de danger, et ensuite une volonté de fuir, laquelle imprime aux jambes un mouvement violent. Or, cette idée qu'une faible impression de l'air vient d'exciter, cet acte de vouloir, qui fait à son tour sur le corps des impressions si puissantes, démontrent dans l'âme un principe interne d'action auquel le corps obéit. Le cerveau de

---

(1) *Traité historique et dogmatique de la vraie religion*, t. II.

cet homme a bien transmis le son de ces mots dits à l'oreille ; mais c'est leur sens, c'est-à-dire une perception toute spirituelle, qui met l'âme en jeu ; et c'est l'âme qui, par son pouvoir interne, produit ce mouvement rapide des jambes. Nul enchaînement mécanique entre ces différentes choses ; nulle dépendance matérielle ; nulle nécessité par conséquent : donc notre âme est immatérielle ; donc nos actions volontaires ne dépendent pas du cerveau ».

Le mouvement spontané dont nous jouissons prouve donc clairement l'immatérialité du principe en vertu duquel il s'exerce.

Et remarquons que tous les phénomènes dont nous venons de parler, soit à propos de la sensation, soit à propos du mouvement spontané, se posent comme des faits indubitables. Les matérialistes eux-mêmes sont forcés d'en reconnaître l'existence, sous peine de rejeter le témoignage de la conscience et de tomber dans le pyrrhonisme.

CHAPITRE IV

De l'idée.

Nous ne sommes encore, pour ainsi dire, qu'au commencement de la démonstration. La spiritualité de l'âme humaine ressort avec tant d'évidence des attributs intellectuels de l'homme, qu'on ne peut la nier sans déraisonner. Nous ne nous occuperons dans ce chapitre que de l'idée. Or, on peut considérer l'idée sous trois aspects différents : dans son existence, dans son origine et dans son domaine. La question de l'origine des idées, difficile et périlleuse, a trouvé sa solution depuis longtemps, mais aujourd'hui il existe à ce sujet presque autant de systèmes que de philosophes : nous la réserverons en même temps que celle de l'union de l'âme et du corps, de l'origine des sensations et du critérium de certitude. D'ailleurs, la preuve tirée de l'origine des idées n'est pas nécessaire à notre thèse. Pour prouver la spiritualité de notre âme, il nous suffira d'envisager l'idée relativement au fait de son existence en nous et relativement au domaine dans lequel elle s'exerce.

I

L'IDÉE CONSIDÉRÉE DANS SON EXISTENCE

La pensée, disent les matérialistes, est une digestion : elle appartient par conséquent à la matière. Que les matérialistes nous montrent donc des parties dans la pensée, et alors nous comprendrons qu'elle puisse appartenir à la matière. Mais ils ne l'ont jamais fait, ils ne le feront jamais, car la pensée est, de sa nature, simple et indivisible : elle ne peut se concevoir partagée en différentes portions. « La pensée, dit un auteur, ne remplit aucun espace ; car, si elle en occupait un, elle répondrait aux diverses parties de l'espace dont elle serait environnée, et par conséquent elle aurait elle-même des parties. Or, quelques efforts que vous fassiez, il vous est impossible de vous représenter la pensée avec des parties ». Faudra-t-il en conclure qu'elle n'existe pas ? Quelques-uns en sont venus là ; mais d'autres aussi sont arrivés à une conclusion diamétralement opposée. Lesquels ont tort ? tous. Pour nier la pensée, les premiers sont obligés de nier la conscience, et par là ils ne laissent debout aucune vérité subjective : ils ne peuvent dès lors logiquement affirmer l'existence de la matière. Les autres, qui sont les idéalistes, sont tellement frappés de la simplicité de la pensée, qu'ils oublient le monde matériel, et ne le considèrent plus que comme une vaine apparence : ils vont également trop loin. Mais, entre ces systèmes exclusifs, n'y a-t-il pas un juste milieu ? Si la simplicité de la pensée n'est pas une difficulté contre l'existence des corps, son incapacité d'occuper un lieu dans l'espace n'en est pas une non plus contre sa propre existence.

Montrons donc que l'idée, essentiellement simple, ne peut résider dans un sujet composé. Trois hypothèses seulement peuvent être hasardées par les défenseurs de l'opinion contraire. Ou toute la pensée serait exclusivement dans une seule partie du composé ; ou toute la pensée résiderait complètement dans chaque partie ; ou enfin une partie de la pensée résiderait dans une partie du composé, de sorte que la somme de ces parties donnerait l'idée complète. Nous allons passer en revue ces trois hypothèses.

Selon la première, toute la pensée serait exclusivement dans une seule partie de la substance composée. On se demande alors tout naturellement pourquoi cette partie est plus privilégiée que les autres, qui demeurent étrangères au principe pensant. Cette première hypothèse est donc toute gratuite. De plus, la partie qui jouit seule de la prérogative de penser est elle-même simple ou composée. Si elle est simple, elle est indivisible, et dès lors elle n'est plus matérielle. Si elle est composée, viennent à leur tour les deux autres hypothèses ; car, dans ce cas, ou toute la pensée existe complétement dans chaque partie du composé, ou bien une partie de la pensée réside dans une partie du composé.

Mais, d'abord, si toute la pensée se trouvait complétement dans chaque partie du composé, il est évident que nous devrions avoir, sur le même objet, autant d'idées complètes qu'il y a de parties dans la substance étendue. Alors la conscience nous en avertirait ; cependant elle nous atteste toujours, de toute sa force, l'unité et la simplicité de chacune de nos modifications, et nous avons vu qu'on ne peut raisonnablement rejeter le témoignage de la conscience. La seconde hypothèse est donc elle-même inadmissible.

Enfin, dans le cas où une partie de la pensée résiderait dans une partie du composé, il s'ensuivrait que la pensée aurait des parties, ce qui est contraire, comme nous venons de le voir, au témoignage de la conscience. Comment d'ailleurs, en admettant cette hypothèse, pourrions-nous avoir, sur un objet quelconque, une idée complète ? Aucune partie du composé ne serait capable d'avoir conscience de toute la pensée. Comment donc, et en quel lieu se rassembleraient toutes ces parties diverses pour former une idée adéquate à son objet ? Cette dernière hypothèse est donc travaillée par deux vices capitaux : elle contredit les faits, et renferme une impossibilité métaphysique.

Il reste donc établi que les seules hypothèses imaginables en faveur du matérialisme, sur le point qui nous occupe actuellement, ne supportent pas l'épreuve d'un examen sérieux. On peut s'en convaincre plus parfaitement encore, en appliquant à la pensée le raisonnement de Balmès relatif à la sensation. Puis donc que la pensée ne peut résider dans un sujet purement matériel, et puisque la pensée existe, il faut de toute nécessité qu'elle réside dans un sujet immatériel.

II

RÉPONSE A TROIS OBJECTIONS

Les matérialistes nous présentent au sujet de la pensée une foule d'objections plus ou moins spécieuses. On peut les réduire à trois principales que nous allons essayer de résoudre, après les avoir exposées dans toute leur force.

« Nous ne connaissons pas, disent-ils, toutes les propriétés de la matière ; qui sait si la pensée n'est pas au nombre de ces propriétés ? » Nous avouons volontiers que nos connaissances en physique sont encore bien bornées. Mais quand même la matière aurait d'autres propriétés que celles que nous lui connaissons, cela ne l'empêcherait pas de posséder réellement celles dont nous pouvons constater l'existence. Or, nous savons que la matière est étendue, qu'elle est divisible, qu'elle ne peut exister sans avoir une figure. Nous savons d'un autre côté que la pensée est simple, qu'elle est indivisible, et qu'on ne peut la concevoir avec une figure. Comment concilier dans un même principe des propriétés contradictoires, qui existeraient simultanément ? Non, nous ne connaissons pas toutes les propriétés de la matière, mais nous en connaissons assez pour être sûrs que la pensée n'en est pas une. On répliquera peut-être que la matière possède des propriétés simples en elles-mêmes, telles que la pesanteur, l'attraction et beaucoup d'autres. Nous ne discuterons pas à fond la question de savoir si la pesanteur et l'attraction sont des propriétés simples en elles-mêmes : une seule remarque, fondée sur l'expérience, nous suffira pour faire justice de cette réplique. Prenez une quantité quelconque de matière ; mesurez sa pesanteur, sa force d'attraction. Partagez ensuite en deux portions égales cette quantité de matière : chaque portion aura un poids et une force attractive moindre de la moitié. La pesanteur et l'attraction sont donc en raison directe de la quantité de matière. Essayez maintenant de recommencer l'expérience en appliquant à la pensée le même procédé.

« C'est une absurde insolence, dit-on encore, de disputer à Dieu le pouvoir de surajouter une certaine excellence à une certaine portion de matière ; c'est, en propres termes, lui refuser le pouvoir de créer ». Il nous semble, au contraire, que c'est une absurde insolence d'attribuer à Dieu le pouvoir de se mettre en contradiction avec lui-même. Car ne serait-ce pas se mettre en contradiction avec soi-même, que de conférer à un être des qualités essentiellement opposées à la nature de cet être ? Non, nous ne posons pas de limites à la puissance divine, en soutenant qu'elle ne peut faire ce qui est métaphysiquement impossible, c'est-à-dire ce qui est contradictoire en soi. La matière est composée, la pensée est simple. Comment le composé peut-il produire le simple ? Il ne le pourrait qu'en perdant son essence, et alors ce ne serait plus un composé.

« La pensée, dit-on enfin, se développe et s'affaiblit avec la vie organique. Donc elle dépend des organes, et par conséquent elle appartient à la matière ». La pensée se développe avec la vie ! mais alors expliquez-nous pourquoi elle n'est pas proportionnelle à la puissance de la vie organique ; expliquez-nous pourquoi les plus nobles pensées sortent quelquefois de la bouche d'un homme qui n'a qu'un souffle de vie, et pourquoi Hercule, avec toute sa vigueur physique, n'a jamais été qu'un être stupide. La pensée se développe avec la vie ! Ne va-t-elle pas au contraire mille fois plus vite que les développements corporels ? Voyez Pascal à treize ans : son génie lançait déjà d'étonnants éclairs ; et Pascal a toujours été souffrant et maladif. La pensée s'affaiblit avec la vie organique ! Ne demeure-t-elle pas, au contraire, avec toute sa grâce, sa fraîcheur et ses richesses, alors même que le corps, usé par l'âge, le travail ou la maladie, ne semble plus qu'un cadavre ? Voyez Berryer à quatre-vingts ans : la pâleur de la mort couvre déjà son beau visage et sa pensée apparaît encore aussi belle, aussi éclatante qu'aux jours de ses plus grands triomphes. Où se trouve donc le rapport régulier entre la pensée et la matière ? Sans doute, dans notre état actuel, l'âme a besoin du corps pour acquérir des idées, et la correspondance entre l'esprit et la matière est établie avec une souveraine sagesse. Mais gardons-nous de dire pour cela que la pensée appartient à la matière.

Il reste donc à conclure, avec l'auteur trop célèbre du *Dictionnaire philosophique* : « Certainement il est en nous quelque chose qui pense ; ce quelque chose est imperceptible ; l'opinion à laquelle il faut s'attacher est que ce quelque chose, cette âme est immatérielle ».

Ainsi, par le seul fait de son existence en nous, la pensée prouve l'immatérialité de notre âme, et les objections du matérialisme ne peuvent détruire cette vérité. Si maintenant nous envisageons le domaine immense dans lequel notre pensée s'exerce sans cesse, nous serons inévitablement amenés à conclure que notre âme est spirituelle.

III

L'IDÉE CONSIDÉRÉE DANS SON DOMAINE

Notre pensée s'exerce sur le monde physique, sur le monde moral, sur le monde intellectuel.

Nous percevons d'abord les objets sensibles qui nous entourent. Ces objets agissent sur nos organes ; les nerfs sensitifs, ébranlés, communiquent leur mouvement au système nerveux, qui lui-même les porte au cerveau ; l'âme impressionnée réagit sur l'objet extérieur, et alors se manifeste la sensation. Jusqu'ici nous voyons bien la nécessité d'un principe simple ; nous ne voyons pas encore celle d'un principe spirituel : jusqu'ici, en effet, nous n'éprouvons rien que n'éprouvent les animaux privés de raison. Mais voici ce qui nous distingue des brutes. Une fois avertis de l'existence d'un objet, nous nous portons vers cet objet pour l'appréhender et le connaître ; et la connaissance que nous en avons est une connaissance rationnelle, acquise par l'abstraction. Or, pour abstraire, il faut se débarrasser de toutes les conditions matérielles d'un objet, et l'envisager seulement dans son essence. L'abstraction suppose donc un principe supérieur à la matière, « véritable magicien, comme dit Balmès, qui dépouille les apparences sensibles de leurs conditions matérielles, leur enlève la partie grossière qui les empêchait de se mettre en contact avec l'entendement pur, et transforme l'aliment grossier des facultés sensitives en cette pure ambroisie que l'on peut servir à la table des pures intelligences (1) ». Donc le principe de l'abstraction est spirituel, et la connaissance que nous avons du monde physique prouve la spiritualité de notre âme.

Mais un monde bien élevé au-dessus du monde physique s'offre aux regards de notre intelligence : c'est le monde moral. Dans cette nouvelle sphère, nous découvrons les grands principes qui sont la base de l'ordre social, qui constituent les rapports de nation à nation, d'individu à individu. Ces principes sont, pour la plupart, contraires aux intérêts particuliers et matériels ; et pourtant, une fois que la raison est développée, chacun de nous les trouve gravés au fond de son intelligence ; et l'éducation sociale, en développant ces germes de moralité, ne semble que faire grandir l'œuvre même de la nature. Qui donc a déposé dans nos cœurs ces principes si souvent en opposition avec l'intérêt personnel ? Est-ce la matière qui a trouvé et formulé cette maxime : Ne faites pas à autrui ce que vous ne voudriez pas qu'on vous fît ? Pour s'élever à une pareille hauteur au-dessus de l'égoïsme, ne faut-il pas qu'il existe en nous un principe essentiellement supérieur à la matière ? Soutenir le contraire, ce serait soutenir que l'effet est supérieur à la cause ; ce serait ériger en axiome un principe aussi formellement démenti par l'expérience que par la saine raison. « Quoi ! s'écrie le philosophe de Genève dans un de ces moments où la vérité se faisait jour à travers ses sophismes, je puis observer, connaître les êtres et leurs rapports ; je puis sentir ce que c'est qu'ordre, beauté, vertu ; je puis contempler l'univers, m'élever à la main qui le gouverne ; je puis aimer le bien, le faire, et je me comparerais aux bêtes ! Ame abjecte, c'est ta triste philosophie qui te rend semblable à elles, ou plutôt tu veux en vain

---

(1) *Philosophie fondamentale*, Liv. IV, ch. VII.

t'avilir ; ton génie dépose contre tes principes, ton cœur bienfaisant dément ta doctrine, et l'abus même de tes facultés prouve leur excellence en dépit de toi (1) ».

Ce n'est pas tout : au-dessus des lois naturelles qui président à la vie des sociétés, notre intelligence découvre encore le monde de l'absolu, le plus près de la Divinité. Lancée au sein des sphères de la métaphysique, elle s'abîme dans la contemplation de la vérité absolue, coéternelle à Dieu lui-même ; elle découvre sans cesse quelques-uns de ces grands principes qui n'ont jamais eu de commencement et qui n'auront jamais de fin ; elle étanche à longs traits sa soif de vérité pure. Or, pour arriver à ce point suprême, à ce degré culminant qui sert comme de limite à la science humaine, nous devons, au moins momentanément, oublier que nous avons un corps. Le corps ne travaille pas dans cette recherche laborieuse de la vérité absolue : la pensée seule est en exercice. Elle naît dans l'ombre, se développe par degrés, s'élance rapidement vers la lumière, monte, monte toujours, et ne s'arrête qu'épuisée, lorsque, à bout de forces, elle va se perdre dans le sein de l'Infini, au-dessus d'un horizon qui s'étend toujours à mesure qu'elle s'élève. Arrivée à ce but final, l'intelligence a perdu de vue la matière. Donc nous avons en nous autre chose que de la matière. Donc notre âme est spirituelle.

Ainsi, la faculté que nous avons de penser, et l'exercice de cette faculté dans le monde physique, dans le monde moral et dans le monde intellectuel, prouvent d'une manière irrécusable la spiritualité de notre âme.

(1) *Emile*, t. III, p. 60.

CHAPITRE X

Des opérations de l'intelligence.

Notre intelligence ne se manifeste pas seulement par les idées. L'idée, s'il est permis de parler ainsi, n'est que la plus élémentaire, et comme l'ébauche de ses opérations. Le jugement, par lequel nous affirmons la convenance ou la répugnance de deux idées, et le raisonnement, par lequel nous combinons entre eux nos divers jugements, sont une preuve beaucoup plus forte de la spiritualité de l'âme humaine. Ajoutez à cela la jouissance que nous procure la découverte de la vérité, la souffrance que nous éprouvons à la vue de l'erreur, et les inexprimables tortures du doute. De tous ces phénomènes nous devons conclure que l'âme est spirituelle.

I

DU JUGEMENT

Qu'est-ce que juger ? c'est constater le rapport qui existe entre deux idées, et se prononcer sur la convenance ou sur la répugnance de ces deux idées. Cette opération intellectuelle suppose nécessairement la faculté d'établir une comparaison. Or, la faculté d'établir une comparaison ne peut exister dans une substance purement matérielle.

En effet, pour qu'un principe saisisse la relation de deux idées, il faut que ce principe soit simple, car il faut qu'un seul ait la conscience de ces idées, les compare, et porte un jugement sur leur accord ou sur leur désaccord. Mais, dans une substance matérielle, où est la simplicité ? où est l'unité ? N'y a-t-il pas autant de substances numériquement distinctes qu'il y a de parties dans la substance étendue ? Ici reviendraient les trois hypothèses mentionnées plus haut relativement au principe de la pensée : le jugement étant un acte simple comme la pensée, nous aurions à reproduire la même argumentation. Nous pouvons donc affirmer que toute comparaison serait impossible, si l'âme humaine n'était un principe immatériel ; tout jugement serait par là-même impossible. Cependant l'âme compare et juge ; chaque jour elle use ou abuse de cette faculté : donc elle n'est pas matérielle.

Et lorsque nos jugements portent sur des idées morales ou métaphysiques, qui n'ont avec la matière aucune analogie, ne faut-il pas que le principe qui les assemble par une affirmation ou qui les sépare par une négation soit essentiellement distinct de la matière et supérieur à la matière ? Evidemment le contraire est impossible.

On pourrait s'appesantir davantage sur cette preuve tirée du jugement : nous croyons en avoir dit assez pour montrer comment cette faculté, par le seul fait de son existence, prouve, encore mieux que l'idée, l'immatérialité de notre âme, et par le domaine dans lequel elle s'exerce, sa spiritualité, car ce domaine est le même que celui de l'idée.

D'ailleurs, on peut condenser en peu de mots toute cette argumentation, et la faire reposer sur la preuve tirée de la faculté de penser. Il est certain que le jugement est supérieur à la simple idée, soit parce qu'il s'exerce sur les idées elles-mêmes, soit parce que dans le jugement seul se trouve la vérité logique. Or, nous avons prouvé que la faculté de penser ne peut résider que dans un sujet simple et spirituel. A plus forte raison la faculté de juger demande un sujet simple et spirituel.

Et comme la pensée et le jugement n'appartiennent pas à deux puissances distinctes, comme c'est la même faculté qui se manifeste sous deux aspects différents, et comme cette faculté est l'intelligence, il s'ensuit que l'intelligence appartient à un être simple et spirituel.

« On peut dire, ne craint pas d'affirmer Bayle le sceptique, que cette preuve est une démonstration aussi assurée que celle des géomètres ; et si tout le monde n'en sent pas l'évidence, c'est à cause que l'on n'a pu ou que l'on n'a point voulu s'élever au-delà des notions d'une imagination grossière (1) ». Cet aveu précieux mérite d'être recueilli.

II

DU RAISONNEMENT

Ce que nous venons de dire du jugement est vrai du raisonnement. Car qu'est-ce que le raisonnement, sinon une suite de jugements liés entre eux d'après certaines lois qui tiennent à la constitution même de notre intelligence ? Le jugement supposant en nous un principe spirituel, il est évident que les lois qui président à la liaison de nos divers jugements ne peuvent recevoir leur application que dans un sujet spirituel.

Il est vraiment inconcevable que des hommes, doués par ailleurs d'un grand talent, se soient fourvoyés au point d'attribuer à la vile matière le principe de leur supériorité. Quand on les voit descendus à ce degré de profondeur, la plume tombe des mains, et l'on s'écrie malgré soi : « Vain sage, je t'en crois sur parole. Non, il n'est rien en toi qui mérite plus mon admiration et mon respect que la matière. Tu raisonnes comme elle

---

(1) Bayle, *Œuvres*, t. I, p. 110.

rend des sons, lorsque le vent l'agite. C'est le même mécanisme qui dirige ta plume et la main de l'automate : machine comme lui, tu n'as pas plus de droit que lui à mes hommages. Mais quoi ! vain sophiste, ton orgueil se révolte et s'indigne ! Ton humiliation est donc dans ta doctrine ? Tes disciples ne peuvent que t'offenser en s'en tenant à tes leçons ? Tes dogmes les plus chers deviennent ton outrage, si tu viens à bout de m'en convaincre ! Sois donc du moins d'accord avec toi-même. Ou ne m'annonce plus que l'esprit de l'homme n'est qu'une chimère et un fantôme, ou laisse-moi te mépriser (1) ».

« Mais, disent ici les matérialistes, si la faculté de raisonner est essentiellement distincte du corps, d'où vient que son exercice est si fortement lié aux organes corporels, qu'il semble dépendre uniquement de leur disposition relative ? Car il faut bien reconnaître qu'on raisonne beaucoup mieux dans l'état de santé que dans l'état de maladie : ce qui fait conclure à l'identité de l'âme et du corps ». Pour que cette objection eût quelque force, il faudrait, d'abord, qu'aucune exception ne vînt l'infirmer ; ensuite, que la conclusion fût logiquement déduite des prémisses. Or, l'objection que nous posent les matérialistes pèche à la fois sous ces deux rapports, et nous allons le prouver.

L'expérience nous atteste que, dans une foule de cas, la maladie ne peut influer sur le moral de l'homme, et il nous serait facile, à l'appui de notre assertion, de citer ici des noms illustres devant lesquels la philosophie matérialiste s'est plus d'une fois inclinée. Bornons-nous à rappeler le calme raisonnement d'Épictète pendant que son maître lui tordait la jambe jusqu'à la briser. Si la faculté de raisonner était essentiellement dépendante de la matière, évidemment elle serait lésée

---

(1) *Les Helviennes,* ou *Lettres provinc. philos.,* t. II, p. 270.

chaque fois que la matière subirait elle-même quelque lésion. Or, il n'en est pas toujours ainsi. Donc la faculté de raisonner n'est pas essentiellement liée aux organes corporels, et l'objection tombe à terre.

De plus, nous disons que la conclusion tirée par les matérialistes ne ressort pas de leurs prémisses. En effet, de ce que l'organisme corporel influe quelquefois sur le raisonnement, que peut-on raisonnablement en conclure, sinon qu'entre l'esprit et le corps il existe un lien intime et mystérieux, mais qui n'empêche pas de les distinguer parfaitement l'un de l'autre ? Donnez au plus habile violoniste un instrument qui n'ait point d'accord : son archet n'en tirera jamais que des sons faux et désagréables ; vous ne saurez ce qu'est devenu son talent. Mais irez-vous pour cela dire que l'artiste n'est pas supérieur à son violon ? De même, il est aisé de concevoir que l'âme et le corps, unis ensemble par des liens qui les assujettissent l'un à l'autre, ne peuvent agir qu'en vertu de cette union : le corps ne vit que par l'âme, et l'âme n'exerce ses plus nobles facultés que par l'entremise du corps. Mais cela n'enlève pas à l'âme sa supériorité sur le corps.

Donc la faculté de raisonner prouve invinciblement la spiritualité de l'âme humaine.

III

DE LA SENSIBILITÉ INTELLECTUELLE

L'intelligence humaine est faite pour la vérité : les matérialistes eux-mêmes sont obligés d'en convenir. Entre notre intelligence et la vérité il existe une affinité si grande, que la découverte du vrai nous procure la plus douce des jouissances, de même que l'incertitude est pour nous une source de troubles et d'angoisses.

Cet amour instinctif de la vérité, cette satisfaction intellectuelle qui en accompagne toujours la connaissance, produisent en nous deux inclinations naturelles : l'une, qui nous porte à dire la vérité ; l'autre, qui nous fait croire à la véracité d'autrui. Ce sont ces deux dispositions de notre âme qui servent de base à la certitude historique, attaquée aujourd'hui comme toutes les certitudes. Il s'agit ici d'établir la spiritualité de l'âme humaine, en nous appuyant sur la jouissance que nous procure la découverte de la vérité, et sur les angoisses du doute.

Cette jouissance intellectuelle n'a pas seulement pour objet les vérités de l'ordre physique. Sans doute nous éprouvons de bien douces émotions, lorsqu'à force de patientes recherches nous venons à bout de découvrir les éléments constitutifs de la matière et les lois qui la régissent. Encore avons-nous besoin, pour expliquer ces sentiments de bonheur, de recourir à un principe autre qu'un principe matériel : car notre conscience est là pour nous dire que le corps a été le simple instrument de nos recherches, et que ce n'est pas lui qui en jouit. Mais c'est surtout la découverte des vérités de l'ordre moral et de l'ordre métaphysique qui procure à notre âme des jouissances inénarrables.

Celui qui se prive volontairement de ces vérités, celui qui les rejette, passe sa vie dans les plus incroyables tourments. Ecoutons les tristes accents d'une intelligence créée pour de grandes choses, et étouffée sous la pression du doute universel. Ecoutons ces cris d'une âme qui pleure sa propre mort. Ils ont je ne sais quoi de lugubre et de déchirant qui fait venir la pitié au cœur et les larmes aux yeux. L'exemple de cette raison prématurément éteinte est le plus salutaire de tous les enseignements (1).

(1) Malgré sa longueur, nous tenons à citer dans son entier ce

« Ce fut à l'âge de vingt ans que je commençai à m'occuper de philosophie. J'étais alors à l'Ecole normale, et, bien que la philosophie fût au nombre des sciences à l'enseignement desquelles il nous était donné de nous destiner, ce ne furent ni les avantages que cet enseignement pouvait offrir, ni une inclination prononcée pour ces sortes d'études, qui me décidèrent à m'y livrer. Je fus amené à la philosophie par une autre voie.

« Né de parents pieux, et dans un pays où la foi catholique était encore pleine de vie au commencement de ce siècle, j'avais été accoutumé de bonne heure à considérer l'avenir de l'homme et le soin de mon âme comme la grande affaire de ma vie, et toute la suite de mon éducation avait contribué à fortifier en moi ces dispositions sérieuses. Pendant longtemps les croyances du christianisme avaient pleinement répondu à tous les besoins et à toutes les inquiétudes que de telles dispositions jettent dans l'âme. A ces questions, qui étaient pour moi les seules qui méritassent d'occuper l'homme, la religion de mes pères donnait des réponses, et ces réponses, j'y croyais, et grâce à ces croyances, la vie présente m'était claire, et par delà je voyais se dérouler sans nuage l'avenir qui doit la suivre. Tranquille sur le chemin que j'avais à suivre en ce monde, tranquille sur le but où il devait me conduire dans l'autre, comprenant la vie dans ses deux phases et la mort qui les unit, me comprenant moi-même, connaissant les desseins de Dieu sur moi et l'aimant pour la bonté de ses desseins, j'étais heureux de ce bonheur

fragment des *Nouveaux mélanges philosophiques* de Jouffroy, en rétablissant les passages supprimés ou modifiés dans les éditions livrées au public. A notre avis, en effet, c'est un document d'une valeur incontestable pour qui veut étudier les mystères du cœur humain. N'eût-il d'autre mérite que celui de l'éloquence et de la sincérité, il nous semblerait encore qu'il est trop peu connu.

que donne une foi vive et certaine en une doctrine qui résout toutes les grandes questions qui peuvent intéresser l'homme.

« Mais, dans le temps où j'étais né, il était impossible que ce bonheur fût durable, et le jour était venu où, du sein de ce paisible édifice de la religion qui m'avait recueilli à ma naissance, et à l'ombre duquel ma première jeunesse s'était écoulée, j'avais entendu le vent du doute qui de toutes parts en battait les murs et l'ébranlait jusque dans ses fondements. Ma curiosité n'avait pu se dérober à ces objections puissantes, semées comme la poussière, dans l'atmosphère que je respirais, par le génie de deux siècles de scepticisme. Malgré l'effroi qu'elles me causaient, et peut-être à cause de cet effroi, ces objections avaient fortement saisi mon intelligence. En vain mon enfance et ses poétiques impressions, ma jeunesse et ses religieux souvenirs, la majesté, l'antiquité, l'autorité de cette foi qu'on m'avait enseignée, toute ma mémoire, toute mon imagination, toute mon âme, s'étaient soulevées et révoltées contre cette invasion d'une incrédulité qui les blessait profondément ; mon cœur n'avait pu défendre ma raison.

« La divinité du christianisme une fois mise en doute à ses yeux, elle avait senti trembler dans leur fondement toutes ses convictions ; elle avait dû, pour les raffermir, examiner la valeur de ce droit, et, avec quelque partialité qu'elle fût entrée dans cet examen, elle en était sortie sceptique. C'est sur cette pente que mon intelligence avait glissé, et que peu à peu elle s'était éloignée de la foi. Mais cette mélancolique révolution ne s'était point opérée au grand jour de ma conscience : trop de scrupules, trop de vives et saintes affections me l'avaient rendue redoutable, pour que je m'en fusse avoué les progrès. Elle s'était accomplie sourdement par un travail involontaire dont je n'avais pas été complice, et depuis longtemps je n'étais plus chrétien que, dans l'innocence de mon intention, j'aurais frémi de le soupçonner ou cru me calomnier de le dire. Mais j'étais trop sincère avec moi-même et j'attachais trop d'importance aux questions religieuses pour que, l'âge affermissant ma raison, et la vie studieuse et solitaire de l'Ecole fortifiant les dispositions méditatives de mon esprit, cet aveuglement sur mes propres opinions pût longtemps subsister.

« Je n'oublierai jamais la soirée de décembre où le voile qui me dérobait à moi-même ma propre incrédulité fut déchiré. J'entends encore mes pas dans cette chambre étroite et nue où longtemps après l'heure du sommeil j'avais coutume de me promener; je vois encore cette lune à demi voilée par les nuages, qui en éclairait par intervalles les froids carreaux. Les heures de la nuit s'écoulaient, et je ne m'en apercevais pas ; je suivais avec anxiété ma pensée qui, de couche en couche, descendait vers le fond de ma conscience, et, dissipant l'une après l'autre toutes les illusions qui m'en avaient jusque-là dérobé la vue, m'en rendait de moment en moment les détours plus visibles. En vain je m'attachais à ces croyances dernières comme un naufragé aux débris de son navire ; en vain, épouvanté du vide inconnu dans lequel j'allais flotter, je me rejetais pour la dernière fois avec elles vers mon enfance, ma famille, mon pays, tout ce qui m'était cher et sacré ; l'inflexible courant de ma pensée était plus fort ; parents, famille, souvenirs, croyances, il m'obligeait à tout laisser ; l'examen se poursuivait toujours plus obstiné et plus sévère à mesure qu'il approchait du terme, et il ne s'arrêta que quand il l'eut atteint.

« Je sus alors qu'au fond de moi-même il n'y avait plus rien qui fût debout; que tout ce que j'avais cru sur moi-même, sur Dieu et sur ma destinée en cette vie et en l'autre, je ne le croyais plus, puisque je rejetais l'autorité qui me l'avait fait croire ; je ne pouvais plus l'admettre, je le rejetais. Ce moment fut affreux, et quand vers le matin je me jetai épuisé sur mon lit, il me sembla sentir ma première vie, si riante et si pleine, s'éteindre, et derrière moi s'en ouvrir une autre sombre et dépeuplée, où désormais j'allais vivre seul, seul avec ma fatale pensée qui venait de m'y exiler et que j'étais tenté de maudire. Les jours qui suivirent cette découverte furent les plus tristes de ma vie. Dire de quels mouvements ils furent agités serait trop long. Bien que mon intelligence ne considérât pas sans quelque orgueil son ouvrage, mon âme ne pouvait s'accoutumer à un état si peu fait pour la faiblesse humaine ; par des retours violents elle cherchait à regagner les rivages qu'elle avait perdus ; elle retrouvait dans la cendre de ses croyances passées des étincelles qui semblaient par intervalles rallumer sa foi.

« Mais les convictions renversées par la raison ne peuvent se relever que par elle, et ces lueurs s'éteignaient bientôt. Si, en perdant la foi, j'avais perdu le souci des questions qu'elle m'avait résolues, sans doute ce violent état n'aurait pas duré longtemps ; la fatigue m'aurait assoupi, et ma vie se serait endormie comme tant d'autres, endormie dans le scepticisme. Mais heureusement il n'en était pas ainsi : jamais je n'avais mieux senti l'importance des problèmes que depuis que j'en avais perdu la solution. J'étais incrédule, mais je détestais l'incrédulité. Ce fut là ce qui décida de la direction de ma vie. Ne pouvant supporter l'incertitude sur l'énigme de la destinée humaine, n'ayant plus la lumière de la foi pour la résoudre, il ne me restait que les lumières de la raison pour y pourvoir. Je résolus donc de consacrer tout le temps qui serait nécessaire, et ma vie s'il le fallait, à cette recherche ; c'est par ce chemin que je me trouvai amené à la philosophie, qui me sembla ne pouvoir être que cette recherche même...

« Mon esprit, en abordant la philosophie, s'était persuadé qu'il allait rencontrer une science régulière qui, après lui avoir montré son but et ses procédés, le conduirait, par des chemins sûrs et bien tracés, à des connaissances certaines sur les choses qui intéressent le plus l'homme. Il ne s'était point rendu un compte bien net du cercle de questions que cette science embrassait ; mais il se l'était figuré immense, et parmi ces questions, il n'avait pas douté un moment qu'au premier rang, et comme la fin dernière de la philosophie, ne se trouveraient celles qui l'inquiétaient, celles dont en perdant la foi il avait perdu la solution. En un mot, mon intelligence, excitée par ses besoins et élargie par les enseignements du christianisme, avait prêté à la philosophie le grand objet, les vastes cadres, la sublime portée d'une religion. Elle avait égalé le but de l'une à celui de l'autre, et n'avait rêvé de différence entre elles que celle des procédés et de la méthode : la religion imaginant et imposant, la philosophie trouvant et démontrant.

« Telles avaient été ses espérances ; et que trouvait-elle ? Toute cette lutte, qui avait ranimé les échos endormis de la Faculté et qui remuait les têtes de mes compagnons d'étude, avait pour objet, pour unique objet, la question de l'origine des idées. Condillac l'avait résolue d'une façon que M. de La Romiguière avait reproduite en la modifiant ; M. Royer-Collard, marchant sur les pas de Reid, l'avait résolue d'une autre, et M. Cousin, évoquant tous les systèmes des philosophes anciens et modernes sur ce point, les rangeant en bataille en face les uns des autres, s'épuisait à montrer que M. Royer-Collard avait raison et Condillac tort. C'était là tout, et, dans l'impuissance où j'étais alors de saisir les rapports secrets qui lient les problèmes en apparence les plus abstraits et les plus morts de la philosophie aux questions les plus vivantes et les plus pratiques, ce n'était rien à mes yeux. Je ne pouvais revenir de mon étonnement qu'on s'occupât de l'origine des idées avec une ardeur si grande qu'on eût dit que toute la philosophie était là, et qu'on laissât de côté l'homme, Dieu, le monde et les rapports qui les unissent à l'énigme du passé, et les mystères de l'avenir, et tant de problèmes gigantesques sur lesquels on ne dissimulait pas qu'on fût sceptique.

« Encore si, pour consoler et rassurer ceux qu'on enfermait ainsi dans une aride et étroite question, on eût commencé par leur montrer le vaste et brillant horizon de la philosophie, et dans cette perspective les grands problèmes humains chacun à sa place, et le chemin à parcourir pour les atteindre, et l'utilité des idées pour les seconder, cette carte du pays, en m'éclairant, m'eût fait prendre patience. Mais non, cette carte régulière de la philosophie, qui n'existait pas et qui n'existe pas encore aujourd'hui, on ne pouvait la donner, et le mouvement philosophique d'alors était encore trop jeune pour qu'on en sentît bien le besoin. M. de La Romiguière avait recueilli comme un héritage la philosophie du dix-huitième siècle rétrécie en un problème, et ne l'avait pas étendue. Le vigoureux esprit de M. Royer-Collard, reconnaissant ce problème, s'y était enfoncé de tout son poids et n'avait pas eu le temps d'en sortir. M. Cousin, tombé au milieu de la mêlée, se battit d'abord, sauf à en rechercher la solution plus tard. Toute la philosophie était dans un trou où l'on manquait d'air, et où mon âme, récemment exilée du christianisme, étouffait ; et cependant l'autorité des maîtres et la ferveur des disciples m'imposaient, et je n'osais montrer ni ma surprise, ni mon désappointement... Des résultats approfondis sur deux questions psychologiques, de puissants exemples de recherches et quelques idées plus générales jetées et reçues en passant, voilà donc quelles étaient mes provisions philosophiques lorsque, mon noviciat à l'École étant expiré, je fus appelé à professer à mon tour une science dont je ne savais pas même l'objet.

« Si on m'avait laissé comme à M. Cousin la liberté de choisir mes questions, moins bien que lui sans doute, mais dans la mesure de mes forces et en les concentrant tout entières, et avec tout le temps nécessaire, sur ces questions, je m'en serais tiré ; mais cette liberté ne m'était point laissée. Cet enseignement avait son programme ; ce programme, il fallait en un an le remplir, et que comprenait-il ? Non pas une question ni deux, non pas même une de ces sciences comprises dans le sein de la philosophie, mais trois de ces sciences : la psychologie, la logique et la morale ; encore celle-ci devait-elle être suivie des linéaments d'une quatrième, la théodicée. C'était là ce qu'on demandait à moi, un esprit de vingt ans, à qui on n'avait enseigné ni l'une ni l'autre de ces sciences, et qui dix-huit mois auparavant n'en avais aucune idée. Encore si j'avais été assez ignorant pour accepter quelque traité tout fait sur ces matières et le suivre ! Mais non, on m'avait donné une méthode, on avait mis dans mon esprit une sévérité scientifique, qui ne pouvaient s'accommoder du dogmatisme de la plupart de ces traités ; et quant au petit nombre des autres, ou je ne les connaissais pas, ou ils appartenaient à une école du dix-huitième siècle dont j'avais appris à apprécier et le peu d'étendue et le peu de profondeur dans les deux questions de l'origine des connaissances et de la nature du vrai. D'ailleurs, à la manière dont j'avais vu s'évanouir tous les systèmes de la philosophie moderne sur ces deux questions sous la critique de mon maître, j'étais porté à croire que tout était à faire, et qu'il n'y avait rien à emprunter en philosophie. C'étaient donc trois sciences à créer, à bâtir de toutes pièces, qu'on me donnait, et cela dans l'espace d'un an. En vérité, il y avait lieu de trembler, et cependant il était impossible que je reculasse. Je me mis donc à l'œuvre avec courage et résolution.

« Ainsi s'écoulèrent pour moi les deux premières années de mon professorat, et si l'on veut réfléchir aux travaux qui les remplirent, on croira facilement qu'ils ne laissèrent aucune place à l'examen de ces questions générales dont je m'étais d'abord si vivement préoccupé. Je rêvais bien de loin en loin à ces questions, chemin faisant ; quelques idées, quelques lumières jaillissaient bien de ces recherches spéciales, que j'aurais voulu suivre et pousser ; mais je n'en avais pas le loisir, et la nécessité de préparer une prochaine leçon coupait court à mes rêves et me forçait d'ajourner à une autre époque le soin de tirer parti de ces clartés accidentelles. Je dois même ajouter, pour être vrai, que cet ajournement m'était devenu moins pénible. Les recherches particulières auxquelles mon devoir me condamnait avaient de jour en jour revêtu à mes yeux un intérêt plus puissant. Cet intérêt était plus pur, s'il est possible, et d'un ordre plus intellectuel ; ce n'était pas celui de savoir ce que je deviendrais dans l'autre vie et ce que j'avais à faire en celle-ci ; c'était tout simplement celui de la science, dégagé de tout retour sur moi-même. J'aimais à trouver la vérité pour elle-même, pour le plaisir de la découvrir, de la voir, de la posséder. Cet amour de ce que je faisais me rendait donc moins pressé de retourner aux questions qui m'avaient premièrement tant agité.

« Et toutefois, la préoccupation de ces questions n'était pas éteinte dans mon cœur : elle y subsistait tout entière ; et par intervalle, quand j'avais quelques heures à rêver la nuit à ma fenêtre, ou le jour sous les ombrages des Tuileries, des élans intérieurs, des attendrissements subits me rappelaient à mes croyances passées et éteintes, à l'obscurité, au vide de mon âme, et au projet toujours ajourné de le combler. Ces questions elles-mêmes vivaient secrètement dans mes penséos. Elles y subissaient à mon insu ce travail mystérieux, cette fermentation sourde qui les avance d'une manière si étrange, et qui fait qu'après de longs intervalles, pendant lesquels on n'a pas songé à un problème qu'on s'était efforcé de résoudre, tout à coup un matin, et sans qu'on devine comment, il vous revient et vous apparaît résolu. Au fond, il se détachait de tout ce que je faisais, de tout ce que je trouvais, de tout ce que j'apprenais dans mes recherches, des idées qui venaient secrètement se grouper autour de ces problèmes délaissés, et qui peu à peu en débrouillaient obscurément les énigmes. Toutes ces idées, je n'en avais pas conscience, mais je devais les retrouver quand le temps me serait donné de revenir à mon projet primitif et de l'exécuter.

« Ce temps, que j'osais à peine entrevoir dans le lointain de ma vie, arriva beaucoup plus vite que je n'avais compté. Une maladie nerveuse, résultant du travail obstiné auquel je me livrais depuis quatre ans, m'obligea d'aller chercher dans mon pays un repos nécessaire. J'avais pensé qu'une année me suffirait ; mais, après cette année, étant revenu à Paris et y ayant repris mes cours, je pus à peine attendre les vacances suivantes ; il fallut regagner de nouveau la maison paternelle, et y consacrer une autre année encore au rétablissement de ma santé. Ces deux années de retraite ne furent point perdues ; elles ont été les plus fécondes et les plus heureuses de ma vie philosophique, quelques souffrances physiques et morales qui les aient remplies. Débarrassé de tout devoir et de toute contrainte, ma pensée put s'attacher librement aux choses qui la troublaient depuis si longtemps, et, avec toute la force et l'expérience qu'elle avait acquises, s'en rendre un compte net, et, autant qu'il était en elle, les éclaircir.

« Tout, dans la situation où je me trouvais, semblait concourir pour faire prendre à mon esprit cette direction. Je me retrouvais sous le toit où s'était écoulée mon enfance, au milieu des personnes qui m'avaient si tendrement élevé, en présence des objets qui avaient frappé mes yeux, touché mon cœur, affecté mon intelligence dans les plus beaux jours de ma première vie. Chaque voix que j'entendais, chaque objet que je voyais, chaque lieu où je portais mes pas, ravivaient en moi les souvenirs éteints, les impressions effacées de cette première vie. Mais, en rentrant dans mon âme, ces souvenirs et ces impressions n'y trouvaient plus les mêmes noms. Tout était comme autrefois, excepté moi. Cette église, on y célébrait encore les saints mystères avec le même recueillement ; ces champs, ces bois, ces fontaines, on allait encore au printemps les bénir ; cette maison, on y élevait encore, au jour marqué, un autel de fleurs et de feuillage ; ce curé, qui m'avait enseigné la foi, avait vieilli sans doute, mais il était toujours là, croyant toujours ; et tout ce que j'aimais, et tout ce qui m'entourait avait le même cœur, la même âme, le même espoir dans la foi. Moi seul l'avais perdue ; moi seul étais dans la vie sans savoir ni comment, ni pourquoi ; moi seul, si savant, ne savais rien ; moi seul étais vide, agité, privé de lumières, aveugle et inquiet. Devais-je, pouvais-je demeurer plus longtemps dans cette situation, et puisque la foi ne pouvait se relever, avais-je du temps à perdre pour essayer d'appliquer à ces grandes questions, devenues des énigmes pour mes yeux, cette raison qui maintenant savait chercher la vérité et la trouver (1) ?. »

Qu'on nous pardonne la longueur de cette citation, qui semble peut-être un hors-d'œuvre. Mais nous n'avons pu résister au désir de faire connaître ces pages émouvantes, car elles démontrent d'une manière terrible combien est triste l'état de l'intelligence qui

(1) *Nouv. mél. philos. De l'organisation des sciences philosophiques.*

ne possède pas la vérité. Jouffroy la retrouva-t-il, cette vérité qu'il avait abandonnée ? Son orgueilleuse raison put-elle reconstruire l'édifice de ses connaissances perdues ? Nous voudrions pouvoir répondre affirmativement. Sans doute, dans les dernières années de sa vie, il semblait se rapprocher peu à peu du christianisme ; il a même écrit, à propos du catéchisme, une page magnifique que l'on trouvera à la fin de ce travail ; mais l'acte d'humilité qui seul pouvait lui mériter la renaissance de sa foi, l'a-t-il jamais prononcé ? C'est un secret entre Dieu et lui : *Deus superbis resistit, humilibus autem dat gratiam.*

Et maintenant, que le matérialiste nous dise pourquoi ces mouvements impétueux, ces aspirations passionnées, ces poignantes angoisses, pourquoi tout cela, si tout en nous est matière, et s'il n'existe pas dans l'homme un principe en harmonie avec la nature de la vérité, c'est-à-dire un principe immatériel et supérieur à la matière. Qu'il nous dise encore pourquoi la simple lecture de ces lignes navrantes fait passer en nous ces attendrissements subits que Jouffroy dépeint avec l'éloquence de la douleur. Et qu'il nous assigne le rapport matériel qui existe entre l'action de nos yeux se promenant sur le papier, et l'émotion de tristesse qui lui succède, même malgré nous.

En regard de cette âme languissante du malheureux Jouffroy que nous voyons se débattre en vain sous les serres du scepticisme, plaçons, si vous le voulez, l'âme d'Archimède, le grand géomètre, au moment où il lança, dans son exaltation délirante, ce fameux εὕρηκα ! (j'ai trouvé !) qui semble appartenir désormais à toutes les langues. S'il est impossible de dépeindre le triste état d'un sceptique sincère, comment peindre le bonheur du mathématicien qui rencontre, à force de patience, la solution longtemps cherchée d'un problème nouveau ? Comment peindre le bonheur du philosophe qui trouve, après de longs efforts, la démonstration d'un principe inconnu avant lui ? Et le bonheur de l'astronome qui arrache au système planétaire une des lois qui le régissent ? Et comment, car c'est ici la question, comment expliquer ce bonheur, cette jouissance ineffable, si nous ne sommes qu'une masse de matière organisée ? La matière peut-elle s'embraser d'amour pour la vérité absolue, si élevée au-dessus d'elle ? La matière peut-elle se débarrasser d'elle-même pour s'élancer dans le monde du nécessaire, à la recherche du vrai idéal ?

La sensibilité intellectuelle requiert donc un principe supérieur à la matière, puisque la matière, en dernière analyse, n'est qu'un véritable obstacle à l'exercice de cette sensibilité. Chaque jour la réflexion peut nous apprendre que, sans les entraves de la matière, nous atteindrions plus facilement la vérité, nous en jouirions plus pleinement.

Ainsi, pour résumer tous les arguments que nous avons puisés dans l'intelligence contre le matérialisme, nous dirons : La pensée, simple en elle-même, prouve que notre âme est également simple ; et le triple domaine dans lequel elle s'exerce prouve que notre âme est spirituelle. Le jugement, ayant pour point de départ deux idées à comparer, nous fait arriver à la même conclusion. Le raisonnement, qui a pour objet de lier entre eux nos divers jugements, vient corroborer les preuves précédentes. Enfin la sensibilité intellectuelle, ayant sa source dans l'idée, le jugement et le raisonnement, ne peut résider que dans un sujet spirituel. Donc la pensée, le jugement, le raisonnement et la sensibilité intellectuelle prouvent jusqu'à l'évidence qu'il existe en nous un principe immatériel, indépendant de la matière et supérieur à la matière. Ce principe qui pense, qui juge, qui raisonne, qui jouit et qui souffre, nous l'appelons âme. Donc l'âme humaine est spirituelle.

CHAPITRE XI

De la volonté libre.

Il n'y a rien d'inutile au monde. Tous les êtres de l'univers sont dirigés vers un but conforme à leur nature. Par conséquent tout être, en vertu de sa constitution intrinsèque, doit nécessairement manifester une tendance vers le but qui lui est assigné par sa nature, car nulle chose ne peut se montrer indifférente à la fin pour laquelle elle est faite. La pierre obéit aux lois de la pesanteur; elle tend vers le centre de la terre. La plante obéit aux lois qui régissent ses opérations : elle tend à la conservation de son espèce. L'animal obéit à l'instinct : il tend aux jouissances sensuelles. Mais l'animal n'est pas plus intelligent que la plante ou la pierre, et comme l'appétition doit être dans le même ordre que la connaissance, il s'ensuit que jusqu'ici nous ne voyons pas la nécessité d'un appétit raisonnable.

Il n'en est pas de même pour les êtres qui sont doués de connaissance. Nous devons nécessairement trouver en eux une faculté distincte qui les porte, par un acte vital, vers le bien que leur présente l'intelligence, car il faut de la proportion partout, et, comme nous l'avons dit, l'appétition doit être dans le même ordre que la connaissance. Cette faculté particulière aux êtres intelligents et raisonnables s'appelle *volonté*; et la volonté possède un attribut essentiel : la liberté.

I

DE LA VOLONTÉ

Lorsque nous avons dit que la volonté se distingue de la liberté, nous entendions seulement parler d'une distinction rationnelle, et non d'une distinction réelle. Qu'est-ce en effet que la volonté ? C'est le pouvoir de nous porter de nous-mêmes, en vertu de notre activité propre, vers un bien que l'intelligence nous a fait connaître. La volonté germe donc de l'intelligence, car la proportion qui règne dans les facultés humaines doit se faire remarquer aussi dans les actes qui procèdent de ces facultés.

On peut distinguer dans l'homme deux sortes d'appétits, parce que l'homme est tout à la fois un animal et un être raisonnable ; il se définit : un animal raisonnable. Nous partageons avec les brutes l'appétit sensitif, qui s'exerce indépendamment de toute connaissance intellectuelle. Nous partageons avec les anges l'appétit raisonnable, en vertu duquel nous nous portons vers un bien quelconque, après le jugement préalable de l'entendement. Comme ce dernier appétit, qui n'est autre chose que la volonté, est celui qui distingue formellement l'homme de la brute, nous nous en occuperons exclusivement : l'appétit sensitif, en effet, doit être soumis à l'empire de la volonté.

Or la volonté, telle qu'elle existe dans l'homme, implique nécessairement l'idée de liberté, c'est-à-dire d'élection. Un philosophe italien, Rosmini, a bien essayé d'établir une distinction réelle entre la faculté de vouloir et celle de choisir ; mais, si le choix n'est pas un acte de la volonté, il s'ensuit que la volonté n'est pas formellement libre, et nous tombons dans le hideux système du fatalisme.

Il est vrai sans doute que la liberté ne s'exerce pas dans un champ aussi vaste que celui de la volonté : cela prouve que la volonté n'est pas toujours libre, et qu'on a raison de ne pas confondre la faculté avec son attribut. Il est vrai que nous ne sommes pas libres de ne pas vouloir notre bonheur. Le bonheur, en effet, c'est notre fin dernière ; et puisque chaque créature n'est au monde que pour atteindre une fin, cette fin lui est nécessairement imposée en vertu même de sa nature. Il lui est impossible de s'y soustraire, et elle n'y pense pas. Aussi n'est-ce pas sur le choix de cette fin dernière que s'exerce notre volonté libre : on ne peut pas choisir ce qui est imposé. Elle ne s'exerce pas même sur les moyens qui se présentent à elle comme nécessaires pour posséder cette fin imposée. En effet, tous les biens qui ont une connexion évidente avec la fin dernière sont imposés, comme cette fin elle-même, à la volonté ; nous ne pouvons pas ne pas les vouloir. La volonté agit donc quelquefois sans pouvoir user de sa liberté, et voilà dans quel sens on doit dire que la volonté et la liberté sont distinctes l'une de l'autre.

Mais il est vrai aussi que tous les biens qui n'ont pas une connexion évidente, absolue, avec la fin dernière, ne nous sont pas nécessairement imposés. Ces biens appartiennent dès lors au domaine de la liberté et sont l'objet du choix. La volonté n'aime nécessairement que la fin dernière : elle n'aime donc nécessairement que les biens qui se présentent à elle comme moyens indispensables de posséder cette fin.

Ainsi, nous devons distinguer deux choses dans l'appétit raisonnable. En tant qu'il adhère nécessairement à la fin dernière, il s'appelle simplement volonté, car la fin dernière ne tombe pas sous l'élection, on la *veut*. En tant qu'il nous porte à rechercher les moyens qui ne se rattachent pas absolument à la fin dernière, il s'appelle volonté libre, ou liberté, ou choix. Mais le choix lui-même est un acte de la volonté, puisque, par le choix, la volonté se porte vers un bien particulier en vertu du bien général. La liberté est donc un attribut essentiel de la volonté humaine. Quelle est sa nature ? Quels sont ses caractères spécifiques ?

II

DE LA LIBERTÉ

Un des plus admirables dons que l'homme ait reçus du ciel, un de ceux qui le rapprochent le plus de son divin Auteur, c'est la liberté. De l'exercice de ce noble attribut découle la moralité de nos actes, et par là même, dépendent nos éternelles destinées. Etudier l'importante question de la liberté humaine, c'est donc étudier l'homme lui-même dans ce qui intéresse le plus sa grandeur et ses fins dernières.

Qu'est-ce que la liberté ? Saint Thomas la définit : « Le pouvoir de choisir entre les différents moyens qui peuvent nous conduire à notre fin ; *Vis electiva mediorum, servato ordine finis.* Elle a par conséquent sa racine dans la raison elle-même. La raison nous propose les biens particuliers, et nous apprend s'ils conduisent à la fin dernière ou bien s'ils en éloignent. La volonté libre entre alors en exercice, et est ainsi mise en demeure de les vouloir ou de les rejeter. Etre libre, ce n'est donc pas seulement être exempt de tout empêchement, de toute contrainte ; c'est aussi, c'est surtout être exempt de nécessité, c'est avoir le plein domaine de ses actes, c'est pouvoir se déterminer de soi-même, et pour un motif quelconque présenté par la raison, à telle action plutôt qu'à telle autre.

Lorsqu'il est question de la liberté humaine, il faut distinguer deux sortes de nécessités, la nécessité externe et la nécessité interne. La nécessité externe, ou contrainte, est celle qui est imposée à quelqu'un, contre sa propre inclination, par un principe extérieur. La nécessité interne consiste, au contraire, dans une certaine propension qui meut l'agent à poursuivre quelque chose par sa propre nature, ce qui lui a fait donner aussi le nom de nécessité de nature. C'est pourquoi on distingue ordinairement aussi deux espèces de liberté : la liberté de contrainte et la liberté de toute nécessité de nature. Celle-là exclut seulement toute violence externe, par laquelle la volonté de l'homme pourrait être poussée, malgré elle et malgré ses efforts, à des actes contraires à son inclination. Celle-ci exclut toute force, soit externe, soit interne, de telle sorte que la volonté soit complètement maîtresse de ses actes ; ce qui lui a valu le nom de libre arbitre, sous lequel elle est également connue (1).

On se fait une idée bien fausse de la liberté, quand on dit qu'il entre dans son essence de pouvoir choisir entre le bien et le mal. La liberté consiste essentiellement dans la faculté de choisir entre les différents moyens qui peuvent nous conduire à notre fin. Or évidemment notre fin ne peut être mauvaise, car Dieu n'a rien créé pour la souffrance. Les moyens d'atteindre cette fin ne peuvent être mauvais non plus ; autrement il n'y aurait plus dans l'univers ni ordre, ni proportion, ni bonté. Il s'ensuit donc que le pouvoir de faire le mal n'entre pas dans l'essence de la liberté. Le pouvoir de se tromper est-il essentiel à l'intelligence ? non sans doute. Pourtant nous pouvons nous tromper, et de fait nous nous trompons souvent. Mais qu'est-ce que cela prouve, sinon l'imperfection de notre intelligence et la faiblesse de notre pauvre nature ?

Qu'on remarque bien, d'ailleurs, la contradiction qui se trouve implicitement renfermée dans cette proposition : La liberté est le pouvoir de choisir entre le bien et le mal. Tout le monde conviendra que le pouvoir de faire le mal est une imperfection. Qu'est-ce qu'une imperfection ? Vous travaillerez longtemps avant d'en

---

(1) San-Severino. *Eléments de la phil. chrét.* t. I.

trouver une définition positive. L'idée d'imperfection rappelle de suite à l'esprit l'idée de négation. Direz-vous maintenant qu'une négation peut faire partie d'une essence ? Mais c'est dire que le néant peut concourir comme principe constitutif à la formation de l'être, c'est tomber dans l'incompréhensible système de l'identité absolue, c'est déraisonner.

« La liberté, a dit un auteur célèbre et un grand savant, c'est l'innocence, et, loin de consister pour l'homme à se soustraire à la loi ou à se la faire soi-même, elle consiste à l'exécuter ». Cependant il est certain que nous avons le pouvoir de faire le mal. Comment donc expliquer cette étrange anomalie ? C'est qu'en nous la volonté est viciée, et ce vice est une conséquence de l'imperfection de notre intelligence. Puisque nous pouvons nous tromper sur ce qui est vrai, nous pouvons nous tromper aussi sur ce qui est bien, car le bien n'est qu'un rejaillissement du vrai. Dieu, la perfection infinie, possède certainement la liberté dans toute sa plénitude, et cependant qui jamais osera dire que Dieu peut faire le mal ? personne absolument ; car, pour le dire, il faudrait croire à l'existence de Dieu, et l'idée de Dieu implique nécessairement l'idée de la perfection suprême. Et nous-mêmes, lorsque nous transgressons un principe de justice, oserions-nous dire que nous usons de notre liberté, et que nous n'en abusons pas ? Non, ma liberté ne m'a pas été donnée pour faire le mal, pas plus que mon intelligence pour errer, pas plus que mon cœur pour haïr. Je puis choisir entre le bien et le mal, c'est vrai ; je puis me décider pour le mal, c'est vrai ; mais alors je n'use plus de mon libre arbitre, j'en abuse.

Cette magnifique et profonde vérité donnerait lieu à des considérations très étendues, mais leur développement nous entraînerait trop loin. Concluons ce chapitre disant que la volonté libre, telle qu'elle existe dans l'homme, s'exerce, non pas sur la fin dernière, mais sur tous les objets qui n'ont pas avec elle une connexion nécessaire.

Comme les principes du matérialisme conduisent logiquement à la négation de la liberté humaine, et comme en effet la plupart des matérialistes rejettent son existence, nous allons maintenant nous attaquer corps à corps au fatalisme.

CHAPITRE XII

Examen du fatalisme.

Le fatalisme remonte à la plus haute antiquité. Pour en trouver l'origine, il faudrait remuer la poussière de toutes les écoles empiriques. Partant des époques les plus reculées de l'histoire, il s'est avancé jusqu'à la nôtre à travers toutes les générations philosophiques, se grossissant sans cesse, dans sa marche progressive, des élucubrations d'une raison dévoyée. Sans parler de quelques hérétiques des premiers siècles de l'Eglise, et d'un petit nombre de philosophes du moyen-âge ; sans nous arrêter aux Luthériens et aux autres pseudo-réformateurs du seizième siècle, qui ont cru que l'homme avait été dépouillé de son libre arbitre par le péché originel, nous arrivons aux temps modernes. Spinosa a restauré le fatalisme des stoïciens, comme il a renouvelé leur panthéisme, en le revêtant d'une forme nouvelle. Après avoir enseigné que les âmes sont certains modes suivant lesquels la connaissance infinie de Dieu se développe dans le monde soumis à la nécessité, il soutient, pour être conséquent, que l'âme humaine ne se détermine point par elle-même à vouloir, mais qu'elle y est déterminée par une cause, laquelle est à son tour déterminée par une autre, et ainsi jusqu'à l'infini ; que cela arrive nécessairement, parce que tout résulte de la nature de Dieu, suivant les lois de la nécessité.

Cette théorie de Spinosa a reçu, sinon toujours l'approbation expresse, au moins l'approbation tacite de tous les panthéistes allemands de ces derniers temps, qui ont ressuscité la plupart des monstrueuses doctrines du philosophe hollandais. Car, si l'âme, comme le veut Schelling, est l'absolu même qui se développe naturellement sous la forme d'esprit, ou, comme l'explique Hégel, si elle est la troisième phase de l'évolution de l'idée, phase dans laquelle elle acquiert la conscience d'elle-même, il est clair que les différentes volitions de l'âme ne peuvent être autre chose que les modes nécessaires de l'évolution de l'*Absolu* ou de l'*Idée*. Aux panthéistes allemands, se sont joints, dans les dix-septième et dix-huitième siècles, tous les écrivains impies d'Angleterre, de Hollande et de France, tels que Hobbes, Collins, Bayle, Helvétius, La Mettrie et beaucoup d'autres. Au dix-neuvième siècle, nous voyons se rallier à la même doctrine tous les matérialistes dont nous avons déjà parlé dans la première partie de ce travail.

Nous allons étudier dans ses principes et dans ses conséquences le pernicieux système du fatalisme, qui fait de l'homme une machine mise en mouvement par une volonté supérieure, ou fatalement asservie aux lois qui régissent la matière. Ses principes se réduisent à quelques objections dont il sera facile de faire justice. Ses conséquences sont funestes et absurdes.

I

PRINCIPES DU FATALISME

Nous pouvons ranger en deux classes les objections formulées par le fatalisme contre la liberté humaine : les unes se tirent de la constitution même de l'homme ; les autres sont suggérées par la difficulté de concilier notre libre arbitre avec les attributs de Dieu.

La première objection tirée de la constitution humaine

se formule ainsi : « L'homme raisonnable n'agit pas sans motifs ; or, entre plusieurs motifs, c'est le plus fort qui l'emporte, et par son poids naturel, détermine notre volonté à se porter d'un côté plutôt que d'un autre. Par conséquent, ce sont les motifs qui produisent nos déterminations : la liberté n'est qu'un vain mot, qu'un rêve de l'orgueil humain ».

Cette objection est spécieuse, mais toute sa force consiste dans une figure de rhétorique, dont il faut toujours se défier quand on veut avoir la science philosophique des choses. Les fatalistes supposent que la volonté est une espèce de balance, d'abord en équilibre, puis excitée à pencher d'un côté ou d'un autre, selon le poids des motifs qui en chargent les bassins. Trompés par cette fausse métaphore, ils oublient que les motifs pèsent sur nos déterminations juste autant que la volonté leur permet, et pas plus. Reid a contesté la légitimité des motifs pour nous déterminer à agir ; nous ne sommes pas de son avis ; mais il faut bien remarquer, ce que les matérialistes oublient, que tout l'effet des motifs se borne à disposer notre volonté, sans jamais pouvoir la contraindre.

Imaginez, si vous le voulez, le contrat le plus avantageux ; imaginez qu'un trésor s'ouvre devant moi, et que je puis m'en rendre le possesseur légitime par la simple apposition de ma signature au bas d'un papier. Imaginez en outre que ma pauvreté et celle de ma famille viennent ajouter un nouveau motif aux charmes naturels de l'or. Imaginez tout ce que voudrez : je me sens la force et la liberté de refuser ma signature. Concevez maintenant le projet le plus extravagant, le forfait même le plus épouvantable : je me sens la force et la liberté de l'accomplir. S'il est vrai qu'une bille cède fatalement au choc d'une autre bille, que la balance s'incline fatalement sous le poids qui la sollicite, il est vrai aussi que l'âme reste complètement maîtresse de ses actes sous l'influence des plus vives sollicitations de l'esprit et du cœur. Si parfois elle cède à l'attrait du plaisir et aux excitations du mal, à elle seule en incombe la responsabilité : c'est qu'elle veut bien abandonner la victoire.

Mais les fatalistes, eux, n'avouent pas si facilement leur défaite, et ils vont chercher une autre objection contre la liberté dans l'influence que le tempérament exerce sur le genre de vie et sur les habitudes particulières à chaque homme. Suivant eux, nous naissons tous vertueux ou méchants, comme nous naissons chétifs ou vigoureux, et l'organisation suffit à elle seule pour expliquer la moralité humaine.

Loin de nous la pensée de refuser au tempérament toute espèce d'influence sur le moral de l'homme. Nous conviendrons même, avec tout le monde, que certains cas exceptionnels, comme l'ivresse, la folie, peuvent interrompre l'exercice de la liberté. Mais ce ne sont là que des accidents, des exceptions, qui n'infirment en rien la règle générale. Il est de fait qu'une bonne éducation affaiblit considérablement nos penchants vicieux, et développe non moins considérablement nos bonnes inclinations. Quant aux accidents qui résultent de l'ivresse et de la folie, nous ne nous en occuperons pas, parce que nous considérons toujours l'homme dans son état normal. Mais nous renvoyons les fatalistes à une expérience quotidienne qui tranchera du premier coup la difficulté qu'ils proposent.

Voilà un homme qui a montré dans son enfance les dispositions les plus vicieuses ; allons plus loin, qui s'est souillé des crimes les plus exécrables. Puis, arrivé à un certain âge, il a changé tout à coup : il est devenu doux, aimable, vertueux. A quelle époque de sa vie placerez-vous le triomphe du tempérament ? Est-ce dans le jeune âge ? Alors cet homme était né avec des inclinations vicieuses. Comment donc a-t-il pu s'en débarrasser, si l'influence du tempérament est fatale ? Dira-t-on que cette influence n'a commencé à se manifester que dans l'âge mur ? Alors cet homme était né avec d'excellentes dispositions. Comment donc a-t-il pu se montrer vicieux dans son enfance ? Nouvelle impossibilité d'expliquer ce nouveau phénomène. Le fataliste se trouve ainsi renfermé dans un cercle qu'il appellerait fatal, sans pouvoir trouver d'issue pour en sortir honorablement.

Qui sait ? peut-être prendra-t-il cet argument pour une démonstration toute neuve de son système. « Le changement moral, dira-t-il, s'explique par le changement de constitution. Ainsi, voilà un tempérament mélancolique qui devient sanguin, et l'homme qui ne se déridait jamais devient aussitôt charmant et plein de gaieté ; voilà un tempérament lymphatique qui se change en tempérament bilieux, et l'homme que rien auparavant n'était capable d'émouvoir se livre tout à coup à des accès de fureur ou de générosité ». Tout cela est très bon, si l'on ne songe qu'à prononcer des paroles vides de sens. Mais voici deux faits qu'il faudrait concilier. D'abord ce changement dans la constitution humaine ne se fait jamais d'une manière instantanée : il procède toujours graduellement. Ensuite on a vu, on voit encore tous les jours des hommes chargés de crimes tomber aux pieds d'un prêtre, lui faire humblement l'aveu de leurs fautes, et se lever l'instant d'après, transformés en modèles de vertus. Il ne s'agit pas ici de crier au fanatisme : quels que soient vos sentiments personnels à ce sujet, il s'agit pour vous de concilier deux faits certains, qui se produisent très fréquemment, dont vous-mêmes avez été témoins. Or ces deux faits sont inconciliables, si vous enlevez la liberté à l'homme.

Mais les fatalistes n'abandonnent pas encore la victoire. Bayle, le fameux sceptique, le protestant par excellence, va leur fournir un nouvel argument. « La conscience, dit-il, ne nous laisse-t-elle pas échapper une partie des causes qui déterminent notre volonté ? Ce sentiment du libre arbitre ne serait-il pas un effet de notre ignorance ? Ne sommes-nous pas des girouettes qui se croient libres, tandis qu'elles n'obéissent qu'à l'impulsion du vent ? Qu'en savons-nous ? Que dire à ce sujet ? »

Nous ne dirons rien de tout ce qu'a d'honorable pour l'homme la comparaison de Bayle. Mais la question qu'il nous pose d'abord mérite bien une réponse. Sans doute notre conscience ne nous apprend pas tout ce que nous voudrions savoir, car, si l'intelligence de l'homme a des bornes, sa curiosité n'en a point. Mais il y a une chose qu'elle nous atteste avec l'infaillibilité de l'évidence : c'est que nous pouvons agir à notre gré, sans tenir aucun compte des motifs qui nous sollicitent ; c'est que la cause de nos déterminations est en nous-mêmes, et non dans les objets extérieurs. Nierez-vous la conscience aussi ? Alors niez tout, soyez sceptiques. Mais tant que vous serez matérialistes forcenés, vous ne serez pas sceptiques. Or, vous ne pouvez nier le témoignage de la conscience sans le devenir. Ou reconnaissez l'existence du libre arbitre, ou ne reconnaissez rien : pas de milieu.

Telles sont, exposées dans toute leur force, et réfutées ce nous semble, sans réplique, les trois seules objections que le fataliste ait pu trouver en faveur de son système dans la constitution même de l'homme. Elles sont moins sérieuses, toutefois, que celles qui sont nées de la difficulté de concilier le libre arbitre avec les attributs divins. Ces dernières peuvent aussi se réduire, comme les précédentes, à trois principales.

« Il est impossible, a-t-on dit, que l'homme soit

libre, parce que la liberté est contraire à la puissance, à la bonté, à la prescience de Dieu. Elle est contraire à sa puissance, parce qu'un être libre échapperait complètement à son action. Elle est contraire à sa bonté, car l'Etre souverainement bon ne peut vouloir le mal, et le libre arbitre est la faculté de faire le mal comme le bien. Elle est contraire enfin à sa prescience, car un acte libre ne saurait être prévu de personne, et Dieu prévoit toutes choses ». Examinons rapidement chacune de ces objections.

S'agit-il de la puissance divine ? Nous trouvons qu'elle se manifeste avec beaucoup plus d'éclat dans les êtres libres que dans ceux qui ne le sont pas. Un être libre, en effet, est incontestablement supérieur à un être nécessité. Or, plus un effet est perfectionné, plus il montre de puissance dans la cause qui l'a produit. Et d'ailleurs, en donnant à l'homme le libre arbitre, Dieu lui a commandé d'en faire un bon usage, et il a mis au-dedans de lui une voix sûre qui l'avertit sans cesse, qui le félicite quand il est fidèle, qui le réprimande quand il se détourne de la route du devoir. Que sont les joies et les remords de la conscience, sinon l'action même de Dieu qui se manifeste en nous?

S'agit-il maintenant de la bonté divine ? Pourquoi dire que Dieu veut le mal, en donnant à l'homme le libre arbitre ? Cette fausse conséquence tirée d'un fait réel vient de la fausse idée que l'on se fait de la liberté. Entendue comme nous l'avons définie et expliquée avec saint Thomas, la liberté ne consiste pas à pouvoir choisir entre le mal et le bien ; elle consiste à choisir entre les différents moyens capables de nous conduire au bien. Nous commettons le mal, sans doute ; mais Dieu ne le veut pas, puisqu'il le défend et le punit ; il le tolère seulement, et c'est à sa bonté même que nous devons cette tolérance. Notre liberté est imparfaite ; Dieu le sait, et il attend patiemment que nous en fassions un bon usage. Irez-vous lui reprocher de ne pas vous avoir foudroyé dès la première fois que vous avez transgressé ses commandements ?

Enfin nous arrivons à la grande difficulté, celle qui est tirée de la prescience divine. Un acte libre, dit-on, ne peut être prévu. Sans doute, quand il s'agit des créatures dont l'existence est renfermée dans les bornes du temps. Mais que veut dire ce mot de prescience ou de prévision, quand on l'applique à Celui pour lequel il n'y a ni passé, ni avenir, pour lequel tout est sans cesse présent ? Savons-nous ce que c'est que la prescience divine ? Les plus grands génies ont vu se briser devant ce mystère insondable les efforts de leurs sublimes intelligences. Dans son poëme immortel, Milton nous peint les tortures de l'ange déchu, qui s'étonne de ne plus comprendre la prescience divine. Et nous, qui ne pouvons même définir le mot, nous voudrions trouver dans la chose une objection contre un fait établi ! « Bon jeune homme, se serait écrié ici Jean-Jacques, qui me paraissez si bien né, un peu de bonne foi, je vous en conjure ! »

Mais pénétrons jusqu'au nœud de la difficulté. Notre conscience et le témoignage du genre humain nous démontrent l'existence du libre arbitre ; l'idée que nous avons des perfections divines nous atteste que Dieu connaît par avance toutes nos actions. Voilà donc, en présence l'une de l'autre, deux vérités évidentes, incontestables. Comment les concilier? comment prouver que la connaissance divine n'influe pas sur nos actions? Ici notre orgueilleuse raison demeure confondue et se voit forcée d'avouer son impuissance. Non, nous ne savons comment accorder ensemble la vérité de la prescience divine et celle de la liberté humaine. Mais est-ce une raison pour rejeter l'une ou l'autre ? Ne sommes-nous pas entourés de mystères, et, sans aller nous perdre au sein de l'Infini, ne trouvons-nous pas dans notre propre nature des problèmes que nous ne pourrons jamais résoudre ? Téméraires ! une goutte d'eau vous arrête, et vous voudriez mesurer l'océan ! Ecoutez, à propos du point délicat qui nous occupe, les paroles d'un évêque illustre et d'un grand génie :

« Quand nous nous mettons à raisonner, dit Bossuet, nous devons d'abord poser comme indubitable que nous pouvons connaître très certainement beaucoup de choses dont toutefois nous n'entendons pas toutes les dépendances et toutes les suites. C'est pourquoi la première règle de notre logique, c'est qu'il ne faut jamais abandonner les vérités une fois connues, quelque difficulté qui survienne quand on veut les concilier; mais qu'il faut au contraire, pour ainsi parler, tenir toujours fortement les deux bouts de la chaîne, quoiqu'on ne voie pas toujours le milieu, par où l'enchaînement se continue (1) ».

D'ailleurs, la raison humaine, impuissante sans doute à comprendre ce mystère, peut au moins démontrer qu'il n'est pas absurde. Car, si Dieu connaît de toute éternité toutes nos actions, c'est qu'il sait que nous les voudrons ; mais nous ne les voulons pas, parce qu'il les connaît. Du haut d'une montagne, je vois parfaitement ce que vous faites dans la plaine ; direz-vous pour cela que ma vue violente votre liberté ? Non ; si votre action est bonne, vous vous réjouirez d'avoir eu un témoin ; si elle est mauvaise, c'est à vous seul, et non pas à moi, qu'il faut en imputer la responsabilité. Disons-le donc bien haut : en nous donnant la liberté, Dieu savait bien l'usage que nous en ferions ; mais cette prescience ne détruit pas le don qu'il nous a fait, et le

(1) *Traité du libre arbitre*, ch. IV.

Créateur estime trop son œuvre de prédilection pour l'avoir soumise à l'empire de la nécessité.

Donc la liberté humaine n'est en contradiction avec aucune des perfections divines.

Ainsi, la force des motifs, l'influence du tempérament, l'imperfection du sens intime, la puissance, la bonté, la prescience de Dieu : telles sont les bases sur lesquelles repose le fatalisme. Nous venons de les lui enlever. Dès lors il n'a plus aucune raison d'être. Mais nous devons encore le poursuivre jusque dans ses conséquences, qui suffiraient à elles seules pour le détruire et le faire repousser avec horreur.

II

CONSÉQUENCES DU FATALISME

Posez que le fatalisme soit un système admis de tout le monde, et le monde verra bientôt arriver sa fin. Car, dans cette monstrueuse hypothèse, quelle différence y a-t-il entre le bien et le mal ? « Que Néron, à la vue de Rome incendiée, chante l'embrasement de Troie, ou que saint Louis rende la justice sous le chêne de Vincennes, l'un et l'autre ne font que remplir leur inévitable destinée ; l'un est juste par la même raison que l'autre est cruel, c'est-à-dire par le cours de l'immuable nécessité. Ainsi, que Titus soit les délices du genre humain, et que Caligula en soit l'effroi, ce sont deux anneaux également nécessaires de la chaîne des êtres ; l'un est de fer et l'autre d'or, si l'on veut, mais voilà tout ; la différence de leur conduite n'était pas plus de leur choix, que la différence de ces deux métaux ne vient de leur volonté. Ainsi enfin, qu'un meurtrier soit cité devant les tribunaux, les mains encore teintes du sang de son semblable, il peut se dire innocent. Oui, dans le système du fatalisme, il a le droit de dire au magistrat : « J'ai tué mon semblable aussi nécessairement que vous êtes le vengeur de sa mort ; chez moi comme chez vous, le tempérament fait tout par l'impulsion de l'irrésistible nature ; j'ai dû être le tigre qui dévore sa proie, et vous avez dû être le chasseur qui le poursuit ; vous êtes plus heureux que moi, mais je ne suis pas plus coupable que vous ». Si le magistrat était fataliste, il pourrait bien condamner l'assassin, mais il lui serait impossible de répliquer à sa harangue (1) ».

Et si tout cela était vrai, pourquoi châtier le crime et encourager la vertu ? A quoi serviraient tant de lois établies dans le but de retenir les hommes au sein de l'honneur et du devoir ? Si nous ne sommes maîtres d'aucune de nos actions, il est inutile de chercher à prévenir le mal. Si le crime et la vertu dépendent d'une cause tout à fait étrangère à l'homme, les scélérats marqués à l'épaule des stigmates de la honte doivent être rangés sur la même ligne que les hommes vertueux qui se dévouent au bien de leurs semblables. Les lois n'ont donc aucune raison d'être ; elles sont absurdes. Mais alors que deviendra la société, dont les lois sont la base et le fondement ?

Là ne s'arrêtent pas les conséquences du fatalisme. Ce système repoussant poursuit l'homme jusqu'au delà de la vie présente, et fait à la justice divine le plus sanglant outrage. « Supposons l'homme fatalement déterminé à faire le mal. Si l'on blâme ses actions, où ce blâme doit-il remonter ? A sa constitution, et non pas à lui. Si l'auteur de son être l'accusait de faire le mal, n'aurait-il pas le droit de lui demander raison et de lui dire : Pourquoi m'as-tu fait ainsi ? Je puis, si tel

---

(1) Frayssinous, *Déf. du Christ.* Conf. sur le *libre arbitre.*

est ton plaisir, être immolé au bien général, comme un homme atteint de la peste, mais je ne puis l'être comme un criminel, car tu sais que le mal dont tu m'accuses est ton ouvrage et non pas le mien (1) ».

Ces terribles conséquences sont tellement opposées aux plus invincibles propensions de la nature humaine, qu'il est impossible de trouver un fataliste dont la conduite soit d'accord avec les principes. « Donnez-moi, dit Fénelon, un homme qui fait le profond philosophe et qui nie le libre arbitre : je ne disputerai point contre lui, mais je le mettrai à l'épreuve dans les plus communes occasions de la vie, pour le confondre par lui-même. Je suppose que la femme de cet homme lui est infidèle, que son fils lui désobéit et le méprise, que son ami le trahit, que son domestique le vole ; je lui dirai, quand il se plaindra d'eux : Ne savez-vous pas qu'aucun d'eux n'a tort, et qu'ils ne sont pas libres de faire autrement ? Ils sont, de votre propre aveu, aussi invinciblement nécessités à vouloir ce qu'ils veulent, qu'une pierre l'est à tomber quand on ne la soutient pas. Croyez-vous que cet homme prenne une telle raison en paiement ? Croyez-vous qu'il excusera l'infidélité de sa femme, l'insolence et l'ingratitude de son fils, la trahison de son ami et le vol de son domestique ? N'est-il pas certain que ce bizarre philosophe, qui ose nier le libre arbitre dans l'école, le supposera comme indubitable dans sa maison, et qu'il ne sera pas moins implacable contre ces personnes, que s'il avait soutenu toute sa vie le dogme de la plus grande liberté ? Il est donc visible que cette philosophie n'en est pas une, et qu'elle se dément elle-même sans aucune pudeur. Allez plus loin. Dites à cet homme que le public le blâme sur une telle action dont on lui impute le tort ; il vous répondra, pour se justifier, qu'il n'a pas été

---

(1) Reid, *Essai sur les facultés actives*, 3º Essai.

libre de l'éviter, et il ne doutera nullement qu'il ne soit excusé aux yeux du monde entier, pourvu qu'il prouve qu'il a agi, non par choix, mais par pure nécessité. Vous voyez donc que cet ennemi imaginaire du libre arbitre est réduit à le supposer dans la pratique, lors même qu'il fait semblant de ne le croire pas. On peut donc dire de ceux qui contestent le libre arbitre ce qui a été dit des pyrrhoniens : c'est une secte, non de philosophes, mais de menteurs (1) ».

Après cela, on se demande tout naturellement quel motif peut pousser certains hommes à extravaguer de la sorte. Fénelon va nous le dire : « Pourquoi veut-on étouffer ainsi la voix de la raison ? c'est pour secouer le joug de la religion ; c'est pour alléguer une impuissance flatteuse en faveur du vice contre la vertu. Il n'y a que l'orgueil et les passions les plus déréglées qui puissent pousser l'homme jusqu'à un si violent excès contre sa raison. Mais cet excès lui-même doit ouvrir les yeux à l'homme qui y tombe. L'homme ne doit-il pas se défier de son cœur corrompu, et se récuser soi-même pour juge, dès qu'il s'aperçoit que le goût effréné du mal le porte jusqu'à se contredire soi-même et à nier sa propre liberté ? Une doctrine si énorme et si emportée ne doit point être examinée dans l'école, mais punie par les magistrats (2) ».

Telles sont les conséquences du fatalisme : les fruits sont dignes de l'arbre. Ce n'est pas sans dessein que nous nous sommes étendu sur cette partie de notre travail. Le fatalisme, en effet, est le fils très légitime du matérialisme, et tout partisan de ce dernier système doit logiquement répéter, avec un matérialiste contemporain : « Qui vient encore nous parler de liberté ? Comme la pierre qui tombe obéit aux lois de la pesan-

---

(1) Fénelon, *Lettres sur divers sujets de métaphysique*, 2º lettre.
(2) *Ibid.*

teur, l'homme obéit à des lois qui lui sont propres ; et ce n'est que parce qu'ici les conditions du phénomène sont plus complexes, qu'on a affirmé la liberté humaine ». Aussi nous sommes tellement pénétré de l'importance de cette matière, que nous n'avons pas cru devoir nous hasarder seul à défendre la grande cause de la liberté humaine : nous avons eu recours à des hommes d'un talent bien supérieur au nôtre. Et qu'on ne nous accuse pas, à la vue de nos citations multipliées, d'avoir réduit toute notre argumentation à une preuve d'autorité. Certes, nous savons qu'un écrivain n'a de valeur, en matière philosophique, que celle des raisons qu'il apporte ; mais nous demandons précisément que l'on pèse la valeur de ces raisons, et que l'on décide ensuite si le fatalisme est un système admissible en bonne philosophie.

CHAPITRE XIII

Démonstration de la liberté humaine.

Des considérations que nous avons exposées dans le chapitre précédent, il est facile de tirer une preuve au moins indirecte en faveur de la liberté humaine. En effet, si le fatalisme doit être rejeté comme faux dans ses principes et pernicieux dans ses conséquences, il s'ensuit qu'on doit admettre le système contraire, qui affirme la liberté humaine. Mais nous tenons à démontrer directement l'existence de cette précieuse prérogative de notre âme. Deux sortes de preuves se réunissent pour l'attester : le témoignage de la conscience et le témoignage du genre humain.

I

TÉMOIGNAGE DE LA CONSCIENCE

Descendons un instant en nous-mêmes pour interroger cette voix intérieure qu'on appelle la conscience. N'avons-nous pas en nous l'idée de notre liberté ? Et d'où nous viendrait cette idée, si réellement la liberté n'existait pas ? A chaque instant de la vie, dit M. Jourdain, la conscience nous dit que nous avons le pouvoir de prendre une détermination ou une autre ; que ce choix n'est pas le résultat d'une contrainte extérieure, qu'il n'est pas non plus nécessité intérieurement par une loi de la nature humaine, mais qu'il émane de notre activité volontaire. Ainsi, je puis indifféremment marcher à droite ou à gauche, lever le bras ou le tenir baissé, me taire ou parler. Si j'ai devant moi un livre et des fruits, je puis laisser les fruits pour m'emparer du livre, et réciproquement. Si je me suis mis à lire, je puis continuer ma lecture ou la suspendre, ou, après l'avoir interrompue, y revenir de nouveau. Citons d'autres exemples plus sérieux. Quand l'intérêt, la passion et le devoir me poussent en sens contraire, je puis écouter la voix du devoir, ou le cri de la passion, ou les calculs de l'intérêt. Socrate pouvait s'évader de sa prison : il préféra respecter les lois de son pays et boire la ciguë. Les martyrs pouvaient sauver leur vie en adorant les faux dieux : ils aimèrent mieux affronter les supplices que renier leur foi. Cette lutte, tantôt obscure et tantôt éclatante, de l'égoïsme et de la vertu, se passe dans toutes les consciences ; elle est l'histoire du cœur de l'homme. Mais quel est le juge qui tranche le débat, qui donne la victoire, sinon l'âme elle-même, armée de sa liberté ? (1) »

Tels sont les faits que nous atteste la conscience. Si maintenant nous descendons à des considérations plus particulières, et si nous soumettons les diverses opérations de notre volonté libre à l'analyse d'une minutieuse observation, nous arriverons encore au même résultat. Considérons ce qui se passe en nous avant d'agir, en agissant, après avoir agi.

Avant d'agir, nous examinons l'acte qui doit déterminer ou non notre faculté volitive, nous délibérons, nous pesons le pour et le contre, et enfin nous nous décidons en faveur de tel parti plutôt que de tel autre. Pourquoi cela, si nous ne sommes pas libres ? Aveugles instruments d'une volonté supérieure, nous serions fatalement poussés vers un objet, et nous ne songerions pas même à délibérer, car si la liberté n'existait pas, nous ne pourrions évidemment en avoir l'idée : le

---

(1) *Psychologie*, ch. XII.

néant n'a pas de représentation intellectuelle. La conscience nous atteste donc notre liberté avant que nous agissions.

Elle nous l'atteste encore au moment même où nous posons notre acte. Alors, en effet, nous sentons que nous pourrions revenir sur la décision déjà prise, et que les motifs qui nous déterminent à agir ne sont pas assez puissants pour enchaîner notre liberté. Nous sentons, de manière à n'en pouvoir douter, que nous sommes libres d'agir ainsi, et que nous pourrions agir autrement. Or, comment serions-nous capables de sentir en nous-mêmes, et de sentir avec certitude, une chose qui n'existe pas ? Comment le néant serait-il capable d'informer notre intelligence et de graver en elle une représentation positive ?

Et quand nous avons agi, d'où vient cette voix intérieure qui nous approuve ou qui nous blâme ? Comment expliquer la satisfaction de la conscience, si nous avons agi conformément à la saine raison ; le remords, si nous avons fait une action mauvaise ? On nous dira peut-être que certaines âmes corrompues et dégradées deviennent facilement insensibles aux joies et aux remords de la conscience. Malheur à ces âmes perverses, si tout sentiment d'honneur s'est éteint chez elles ! Mais demandez-leur, dans l'intimité d'une confidence, si réellement elles n'éprouvent plus ni joies ni remords, et elles vous diront en gémissant que jamais une action mauvaise ne leur a procuré de joie véritable. Ou il faut rejeter le témoignage de la conscience, c'est-à-dire tomber dans le scepticisme subjectif, ou il faut admettre l'existence de la liberté humaine : pas de milieu.

II

TÉMOIGNAGE DU GENRE HUMAIN

Nier la liberté de l'homme, c'est encore outrager la raison universelle du genre humain et lui faire la plus sanglante injure.

Dans tous les siècles, dans tous les pays, chez les peuplades les plus sauvages comme chez les nations les plus civilisées, on a regardé comme incontestable et incontestée l'existence de la liberté humaine. N'est-ce pas ce que nous attestent et les récompenses décernées partout à la vertu, et les châtiments partout infligés au crime? La loi, maîtresse souveraine, a régné sur tous les peuples, s'est imposée à tous les individus, a institué des peines pour ceux qui transgresseraient ses ordonnances; et pour ceux qui lui obéiraient, elle a établi des récompenses. Pourquoi cela, si l'homme n'est pas libre? Alors toute législation est inutile et déraisonnable. Car à quoi bon commander tel acte et défendre l'acte contraire? Chaque individu suivra la fatalité qui l'entraîne invinciblement, et à laquelle il est et sera toujours incapable de se dérober. Si le genre humain a cru que les lois sont nécessaires, il a donc cru que l'homme est libre.

Mais cette croyance ne prouve rien en faveur de la liberté, si elle ne possède par elle-même une force suffisante pour déterminer notre assentiment. Il n'entre pas dans notre plan de discuter ici la valeur philosophique du consentement unanime des peuples, considéré comme moyen de parvenir à la certitude. Quelques penseurs lui accordent trop; d'autres ne lui accordent pas assez. Nous croyons être également éloigné de ces deux extrêmes et nous tenir dans le vrai, lorsque nous posons ce principe : Toute croyance universelle qui porte sur un point de grave importance et contraire, ou du moins étranger aux passions, est pour nous un motif suffisant de donner notre adhésion. Une telle croyance, en effet, à cause précisément de son universalité, est fondée sur la nature humaine ; et la nature humaine, c'est Dieu qui l'a faite ; et Dieu est la souveraine Vérité. Ainsi, comme le dit un philosophe de beaucoup de sens et d'esprit, « dès qu'un raisonnement attaque l'instinct et la pratique universelle, il peut être difficile à réfuter, mais à coup sûr il est trompeur. L'homme sage s'en affranchit en gardant l'opinion commune (1) ». Attaquer une croyance universelle, quand cette croyance est d'une importance majeure pour la conservation et le bon ordre de la société, c'est donc attaquer la nature humaine elle-même.

Or, point de peuple où l'on ne trouve un code de lois plus ou moins parfaites. Cicéron dit qu'il n'existe aucune nation, si barbare soit-elle, qui ne regarde comme nécessaire de rendre un culte à la divinité. Il n'en existe point non plus qui ne regarde comme nécessaire d'admettre une législation. Que cette législation soit bonne ou mauvaise, n'importe ; là n'est pas la question ; elle existe, et son existence affirme l'universalité de la croyance à la liberté humaine. Quelques intelligences égarées pourront-elles affaiblir en rien l'autorité d'un si éclatant témoignage ? Pourront-elles avoir raison contre la raison du genre humain tout entier ? Et l'exception, ici, fait-elle autre chose que confirmer la règle ? Disons-le hardiment, sans être pour cela traditionaliste : l'humanité a toujours cru à l'existence de la liberté humaine ; donc la liberté humaine existe.

Ainsi le témoignage du genre humain tout entier

---

(1) Joubert, *Pensées, Essais et maximes*, t. I, p. 318.

vient se joindre au témoignage de notre conscience pour nous affirmer que nous sommes libres.

Résumons en quelques lignes tout ce que nous avons dit au sujet de la liberté.

Rien ne s'oppose dans l'homme, ni la puissance des motifs qui nous excitent à agir, ni l'influence du tempérament sur notre constitution morale, ni l'ignorance où nous sommes de certains phénomènes psychologiques, rien ne s'oppose à l'existence de la liberté. Au contraire, la conscience, dont personne ne peut rejeter le témoignage, nous atteste de toutes ses forces que nous sommes libres. De la part de Dieu, rien ne s'oppose non plus à ce que nous possédions le libre arbitre : ni sa puissance, ni sa bonté, ni sa prescience. Au contraire, ses infinies perfections reluisent à nos yeux d'un plus brillant éclat, lorsque nous en voyons l'image dans une créature intelligente et libre. Enfin le témoignage du genre humain tout entier s'accorde sur ce point avec celui de la conscience, et les désastreuses conséquences du fatalisme sont peut-être la plus forte preuve en faveur de l'importante vérité qui nous occupe. Il nous semble donc que le dogme du libre arbitre est hors de toute atteinte.

CHAPITRE XIV

Des opérations de la volonté libre.

Il nous faut maintenant démontrer comment tout ce que nous avons dit au sujet de la volonté libre nous amène à reconnaitre la spiritualité de l'âme humaine. Il nous faut donc passer en revue les principales opérations de la volonté libre. Ici se présentent naturellement deux considérations. En effet, non seulement nous sentons que nous sommes libres, mais nous sentons aussi que la bonté des actes dont nous sommes les témoins ou les acteurs procure à notre âme une douce jouissance, tandis qu'une action mauvaise commise par nous ou par d'autres nous fait éprouver un sentiment pénible. Cette faculté que nous possédons de jouir ou de souffrir à l'aspect du juste ou de l'injuste se désigne ordinairement sous le nom de sensibilité morale, et appartient à la volonté. Nous avons donc à prouver que la liberté et la sensibilité morale ne peuvent provenir de la matière, et ne peuvent résider que dans un sujet spirituel.

I.

PREUVE TIRÉE DE LA LIBERTÉ

La liberté, c'est le pouvoir de choisir. Or, le choix suppose la comparaison, et la comparaison suppose l'idée. La comparaison et l'idée ne peuvent exister dans un sujet purement matériel, puisqu'elles doivent leur existence à un principe spirituel ; nous l'avons suffisamment prouvé plus haut. Donc le pouvoir de choisir ne peut lui-même résider que dans une substance spirituelle. Toutes les argumentations possibles reviennent à celle-là. Une application particulière va nous la rendre plus sensible.

Je suppose, au fond d'une chaumière, un père de famille dévoré par la faim et par les soucis. Autour de lui, à demi morts d'inanition, trois ou quatre enfants lui tendent les bras, et pleurent en lui demandant du pain. Mais le dernier morceau est dévoré depuis un jour, les dernières économies sont épuisées, et le malheureux père ne peut donner à ses enfants que de stériles caresses. Si du moins il lui était possible de travailler encore, et de nourrir sa jeune famille au prix de ses sueurs et de son sang! Mais ses bras, fatigués par un long exercice et des labeurs violents, lui refusent leur concours. Son cœur se brise, il éclate en sanglots. Il voudrait sacrifier sa vie pour prolonger celle de ses enfants. Il appelle, il invoque, il supplie, et personne n'accourt à ses cris de détresse. Sa volonté demeure impuissante. Parfois un blasphème est prêt à s'échapper de sa poitrine oppressée ; mais il rejette loin de son cœur cette tentation affreuse. Pourtant il subit, comme les enfants qui se pressent autour de lui, les tortures horribles de la faim, et la chaumière de ces infortunés présente aux yeux le plus déchirant spectacle.

Tout à coup la porte s'ouvre. Un homme entre. Ses habits de soie font deviner un riche de la terre, et le fardeau dont il est chargé fait pressentir un cœur généreux. Il apporte du pain, du vin, tout ce qu'il faut pour ramener la vie et la joie dans cette famille désolée. Le père et les enfants, également affamés, poussent un cri, et se précipitent tous à la fois sur les provisions. Mais d'un geste le visiteur arrête leur élan.

« Ce pain, dit-il, n'est pas encore à vous. Avant de le prendre, il faut que vous me fassiez une promesse. Non loin d'ici se trouve un homme que je déteste : c'est mon ennemi ; c'est le vôtre aussi, car jamais sa main ne s'est ouverte pour laisser tomber dans la vôtre l'obole de la charité. J'ai juré sa mort. Aidez-moi à remplir mon serment, et la faim ne visitera plus cette demeure ».

Une foule de pensées tumultueuses viennent en ce moment se disputer le cœur du pauvre. Encore incapables de discerner le bien du mal, ses enfants l'entourent, le supplient, sanglottent, et à ses oreilles bourdonne sans cesse leur cri déchirant : J'ai faim ! Lui-même est à bout de forces ; il sent que la vie lui échappe. Et cet homme orgueilleux, ce riche inhumain dont on lui propose de débarrasser la terre, n'est-ce pas lui qui s'est engraissé de ses sueurs et de son sang ? N'est-ce pas à son service que ces membres raidis ont en vain consumé leur vigueur ? Que fera-t-il ? la mort l'attend, ou la honte. Cependant rachètera-t-il sa vie et la vie de ses enfants au prix d'un crime qui déshonorerait sa mémoire ? Le père est chrétien, il est libre ; l'horreur d'un forfait combat en lui l'horreur de la mort. Soudain, fixant ses regards sur un crucifix, seul ornement de sa chaumière, il se décide.

« Emportez votre pain, dit-il au visiteur, et laissez-nous mourir sans secours et sans remords. Je ne veux pas, pour quelques jours de vie, empoisonner ma vieillesse, et j'aime mieux voir mes enfants mourir sous mes yeux que de les condamner à porter un nom flétri. J'ai vécu pauvre et pur de toute tache, je veux mourir de même. Allez, et n'essayez pas plus longtemps de me faire tomber dans le crime. Vous m'insultez ; mais je suis libre, et j'userai de ma liberté jusqu'à la fin. Laissez-nous mourir ».

Quels sentiments cette héroïque réponse réveille-t-elle dans le cœur de l'inconnu ? Peut-être se souvient-il qu'autrefois aussi la pensée du crime lui faisait horreur. Peut-être la vue de cette famille si rudement éprouvée le ramène-t-elle à des idées plus humaines et plus généreuses. Nul ne pourrait dire ce qui se passe au fond de son âme. Mais l'expression dure et cruelle de son visage disparaît peu à peu sous une effrayante pâleur. On devine qu'en son cœur un combat violent s'est aussi engagé. Bientôt deux ruisseaux de larmes se font jour à travers ses yeux.

« Non, vous ne mourrez pas, s'écrie-t-il tout à coup. Homme vertueux, vous me donnez en ce moment une leçon que je n'oublierai de ma vie. Je suis un criminel et vous êtes un héros. C'est une honte pour moi de le dire, mais sous vos haillons bat un cœur plus noble que sous mes habits de soie. Père, vivez pour vos enfants ; enfants, vivez comme votre père ; et puissiez-vous toujours, au sein de votre pauvreté, goûter un bonheur qui n'est plus fait pour moi ! »

Nous demandons au matérialiste l'explication de ce double phénomène. Nous demandons si cette courageuse résistance du père et cet attendrissement subit de l'étranger ne proviennent pas d'un principe supérieur à la matière. Nous demandons, en un mot, si l'on peut donner une preuve plus forte de la spiritualité de l'âme.

II

PREUVE TIRÉE DE LA SENSIBILITÉ MORALE

La sensibilité morale est comme le couronnement de toutes les facultés humaines. Aussi l'argument qu'elle fournit en faveur de la spiritualité de l'âme est sans contredit le plus frappant. Impossible, absolument impossible d'expliquer, avec la matière seule, la jouissance morale que nous éprouvons en voyant triompher la justice, le remords qui nous assiège et nous tourmente impitoyablement, lorsque nous avons commis une action injuste.

Voyez cet homme ambitieux. Son unique désir était d'amasser des richesses et des honneurs, d'éclipser tous ses rivaux par l'éclat de son rang, d'étaler aux yeux du public un faste superbe et sans égal. La matière, voilà ce qu'il rêvait, ce qu'il poursuivait, ce qu'il voulait à tout prix ; c'était là son idole ; c'était là son dieu. Ses vœux ont été remplis : les richesses ont soudainement afflué dans sa maison ; ses coffres regorgent d'or ; les honneurs sont venus au devant de lui. Tous ceux qui ont connu son ancienne pauvreté envient sa fortune d'aujourd'hui : il n'a plus de rivaux, il n'a plus que des jaloux, car tout le monde le croit heureux. Mais pour arriver à ce degré de grandeur matérielle, cet homme a dû passer par la voie du crime, et il n'a pas reculé devant le crime. Un concurrent lui disputait l'honneur du succès ; c'était un obstacle : ne pouvant le franchir, l'ambitieux l'a brisé. Aussi, depuis ce jour sinistre, le bonheur s'est enfui pour jamais de son âme agitée. Le fouet du remords déchire sa conscience, et le ver rongeur du repentir envenime toutes ses jouissances. Ses jours sont empoisonnés par le souvenir de son forfait ; et quand la fatigue assoupit enfin ses membres brisés, son âme bourrelée de remords ne peut goûter un instant de repos : au milieu de son sommeil fiévreux, le criminel voit des spectres effrayants qui rôdent sans cesse autour de sa couche.

Pourquoi cela, si le principe de son remords est matériel ? La matière serait donc en désaccord avec elle-même ! Elle serait son propre juge, et, par la condamnation qu'elle s'infligerait, elle se montrerait supérieure à elle-même ! Évidemment soutenir une pareille thèse serait tomber dans l'absurde. Il faut donc admettre qu'il existe en nous un principe essentiellement supérieur à la matière, c'est-à-dire un principe spirituel.

Voyez maintenant cet homme de bien. Ses ancêtres

lui avaient laissé, avec un nom pur de toute tache, une fortune considérable et de brillants honneurs. Au sein de son opulence et du haut de sa position, cet homme a vu des malheureux à qui tout manquait dans la vie : et les richesses, et les honneurs, et même le pain de chaque jour. Ses regards attristés se sont involontairement détournés de cet affreux spectacle ; mais cette déchirante image de la misère humaine n'a pu sortir de sa mémoire. Dans la solitude de ses pensées, le puissant de la terre s'est reproché son faste orgueilleux ; il s'est dit : Combien de ces malheureux valent mieux que moi ! Pourtant le monde leur refuse ses jouissances, et moi je nage au sein des honneurs. Et alors, vaincu par ses réflexions, il a dépouillé ses richesses, ses dignités, ses grandeurs ; il a distribué son or aux pauvres ; il s'est fait pauvre lui-même. Et le riche d'autrefois a senti sa conscience plus légère et son cœur plus à l'aise. Les pauvres le bénissent, le monde le regrette, ses amis le plaignent. Mais lui n'entend ni les bénédictions des pauvres, ni les regrets du monde, ni les plaintes de ses amis. Absorbé dans la méditation des vérités éternelles, dans la contemplation des choses divines, il savoure à longs traits le bonheur qu'on goûte dans un asile calme et pieux. Il ne regrette qu'une chose : son retard à se débarrasser de la matière pour vivre de la vie spirituelle, son retard à comprendre la vanité des biens de la terre.

Peut-on raisonnablement expliquer cette satisfaction morale en la regardant comme une propriété de l'organisation humaine ? Libre à chacun de qualifier ces sentiments du nom qui lui plaira ; leur existence est certaine ; il faut l'expliquer. Or, nous demandons si le principe en vertu duquel ces sentiments paraissent en nous n'est pas un principe immatériel, indépendant de la matière, supérieur à la matière, et par conséquent spirituel.

CHAPITRE XV

Du transformisme.

Maintenant que nous avons étudié l'homme dans ses facultés essentielles, il nous sera plus facile d'apprécier à sa juste valeur la doctrine à laquelle Darwin a donné son nom. Nous devons en effet un dernier mot au matérialisme, et nous ne laisserons point passer, sans lui renouveler une flétrissure que souvent il a reçue, ce dégoûtant système qui voudrait prévaloir dans les écoles contemporaines, et qui consiste à expliquer, par de simples transformations de la matière, l'existence de tous les êtres de l'univers. Certes nous n'avons pas besoin d'apporter à notre thèse un nouvel argument : nous sommes persuadé que jamais les matérialistes ne pourront détruire ceux que nous leur avons opposés dans le cours de ce travail. Mais il est nécessaire de démontrer jusqu'où peuvent descendre les aberrations humaines, quand on ne veut plus marcher à la lumière de la foi ni de la raison. Voici donc comment nos matérialistes expliquent l'origine des êtres organisés :

« La nature a commencé comme elle commence tous les jours, dans les temps et les lieux les plus favorables, par créer directement les animaux les plus simples. En vertu de ces facultés d'accroissement et de reproduction qui sont essentiellement propres aux premières périodes de la vie, elle a pu, par la complication graduelle de l'organisation dans les circonstances convenables, et par la transmission héréditaire des progrès acquis, créer, non pas directement, mais progressivement, des animaux de plus en plus parfaits ; et dans le cours des siècles et avec l'infinie diversité des conditions extérieures, elle a produit cette multitude énorme d'espèces dont la série, habilement échelonnée, révèle encore aujourd'hui, malgré quelques irrégularités et quelques lacunes, une manifeste communauté d'origine (1) ».

Si maintenant nous voulons descendre aux applications particulières de ces principes généraux, le même ouvrage se chargera de guider nos pas. « Les irrégularités de la série animale, dit-il, s'expliquent d'une manière satisfaisante par l'action des circonstances extérieures. C'est ainsi, par exemple, que, consécutivement à une inaction prolongée pendant plusieurs générations, les ailes ont dû avorter chez plusieurs espèces d'insectes, les yeux se réduire à un état rudimentaire chez la taupe, les membres s'atrophier et disparaître complètement chez les serpents. Et réciproquement, par suite de la répétition continue des mêmes efforts, la natation a développé à la longue de larges membranes entre les doigts des oies et des canards ».

En vérité, il faut être doué d'une dose considérable de sérieux pour ne pas rire en feuilletant les extravagances de cette nouvelle philosophie. Mais aussi il faut être doué d'une audace sans pareille pour écrire sérieusement de telles absurdités. Et pourtant c'est encore la partie la moins déraisonnable du système. Une fois arrivés à l'homme, ces profonds penseurs ne trouvent pas pour lui de généalogie plus brillante que celle qui le fait descendre immédiatement du singe. Ils en sont arrivés au point de regarder l'homme comme un phénomène inexplicable, s'il n'y avait pas d'orangs : « Supposez, disent les auteurs de l'Encyclopédie nouvelle, que les orangs, déjà si rares, viennent à disparaître complètement, certes la distance serait bien plus grande entre l'homme et le reste des animaux, et notre

---

(1) *Encyclopédie nouvelle*, art. *animal*.

espèce serait une énigme bien plus difficile à déchiffrer ». *Risum teneatis, amici !*

Ces citations, rapprochées de celles que nous avons déjà faites dans la première partie de ce travail, suffisent pour nous donner une idée de cette magnifique théorie de la transformation des êtres. Le mot nature mis partout à la place de Dieu, l'œuvre du Créateur effrontément outragée, l'homme ravalé au niveau du singe : voilà le résumé de cette doctrine impie, condamnée tout à la fois par la raison, par l'expérience et par l'autorité des véritables savants.

I

LE TRANSFORMISME EST CONTRAIRE A LA RAISON

Nous avons promis de donner aux vieux sophismes de vieilles réponses. Voici celle que faisait Holland à d'Holbach, à propos du sujet qui nous occupe, lorsque parut le trop fameux *Système de la nature :*

« La nature, dénuée de sentiment et d'intelligence, a donc produit cet être merveilleux dont la constitution étonne également l'anatomiste et le philosophe ! La terre a donc fait l'homme comme le bourgeois-gentilhomme faisait de la prose, c'est-à-dire sans le savoir ! Ces millions de parties qui forment le corps humain ont donc été dispersées jadis sur le globe, se sont rencontrées on ne sait quand ni comment, se sont entreheurtées, attirées, repoussées ; puis, après bien des essais, se sont rangées tout juste dans le bel ordre où nous les voyons, ordre qui surpasse tout ce que l'art a pu produire et tout ce que l'esprit peut concevoir ! Mais ce n'est pas là le plus étonnant. Ces mêmes atomes, de bruts et de morts qu'ils étaient, ont produit, par leurs combinaisons fortuites, la vie, le sentiment et la faculté de raisonner. Pour s'épargner la peine de former à si grands frais chaque individu, ils se sont arrangés en mâle et en femelle, de manière à pouvoir désormais étendre leur espèce par la voie de la génération. C'est enfin à leurs impulsions réciproques, à leur gravitation mutuelle, que l'on doit l'invention de la parole, des sciences et des arts. Loin de satisfaire la raison, ce système plaît moins à l'imagination que les brillantes illusions de la mythologie.

« Si la nature ou la matière a produit tous ces corps organisés, plantes, animaux et hommes, d'où vient que, depuis qu'on l'observe, elle ne produit plus rien de pareil ? La nature a-t-elle donc changé ? Pourquoi cette même rencontre d'atomes, qui fit jadis tant de merveilles, n'a-t-elle plus lieu, et pourquoi s'obstine-t-elle à laisser désormais aux êtres organisés le soin de se reproduire eux-mêmes ?

« Les anciens, qui étaient aussi ignorants en histoire naturelle qu'en physique, pouvaient croire qu'un animal se formait comme le sel, par la juxtaposition de différentes molécules réunies en vertu de certaines forces de rapport. Il leur était permis de conjecturer qu'une masse de boue, imprégnée et échauffée par les rayons du soleil, peut s'animaliser, tout comme ils se persuadaient que les insectes, les grenouilles, les crapauds et les lézards qu'ils trouvaient dans la fange du Nil, étaient de la boue animée par la chaleur. Mais il est inconcevable que dans un siècle comme le nôtre, après toutes les découvertes des modernes, on n'ait pas honte de parler encore comme les anciens, et d'étayer un système de philosophie sur des erreurs dont le peuple même commence à se moquer.

« Un animal ne naît que de son semblable, c'est la loi uniforme et invariable de la nature. Rien de ce qui est organisé ne se forme par simple juxtaposition de molécules, pas même le champignon ni la mousse. La raison s'unit à l'expérience pour rejeter les générations équivoques. Elle nous dit qu'un corps organisé est un tout qui n'a pu se former successivement, puisque chaque partie suppose l'existence des autres. C'est un système d'un nombre infini de machines qui se correspondent directement, qui ont entre elles des rapports intimes, qui sont faites les unes pour les autres, et dont les forces concourent à un but général. Ce tout se développe et augmente de volume ; mais, en tant que machine, il est toujours en petit ce qu'il sera en grand, de sorte que toutes les matières alimentaires ne sauraient y ajouter une fibre.

« Imaginons pour un moment que l'aveugle concours des molécules de la matière inanimée ait réussi à produire un homme, à l'aide des lois de l'impulsion et de l'attraction. Supposons, contre toute vraisemblance, que dis-je ? contre toute certitude, que la nature ne sait plus faire aujourd'hui ce qu'elle a su faire en des temps plus reculés. Dévorons enfin toutes les absurdités qui entourent et accablent le système de l'athée et du matérialiste ; soumettons le bon sens au préjugé et l'évidence à l'erreur ; qui est-ce qui animera cet androïde, cette matière organiquement disposée par les mains du hasard ? Qui est-ce qui lui donnera la faculté de sentir, de penser, de juger et de faire des abstractions ? Comment est-ce que la nature donnera le sentiment et l'intelligence, n'ayant ni intelligence, ni sentiment ? Hélas ! elle n'est qu'impulsion et gravitation, et il lui est aussi impossible de produire par là une seule pensée, qu'il l'est au néant de créer un seul atome.

« Les matérialistes croient, en toute simplicité de cœur, que le sol de la Laponie a produit le renne, parce que cet animal est indigène à ce pays et qu'il ne peut vivre dans un climat plus doux. Que dites-vous de l'argument ? Voyez-vous ces vers qui fourmillent dans les cavités d'un vieux fromage ? Ils y trouvent une nourriture et une chaleur qui leur convient ; donc c'est ce fromage qui les a produits. Une telle conclusion est bonne pour l'enfant qui a mangé le fromage sans se soucier du ver ; mais elle étonne dans un philosophe qui se donne pour capable de creuser des idées et d'interpréter la nature ».

Il y a plus d'un siècle que furent écrites ces pages, où le bon sens respire à chaque ligne. Elles conservent encore aujourd'hui le mérite de l'actualité ; car la philosophie, au lieu de prendre hardiment son vol vers le ciel, comme le demanderaient sa nature et ses destinées, s'enfonce de plus en plus dans le bourbier du matérialisme. Et l'on voit des hommes, doués par ailleurs d'un vrai talent, qui ne rougissent pas de prêter à ce dégradant système l'appui de leurs noms illustres, qui ne rougissent pas de se mettre au même rang que la brute, en faisant figurer dans la liste de leurs ancêtres un singe ou un champignon ! Non, la dignité humaine ne pouvait recevoir de plus sanglant outrage. Non, la raison ne pouvait être plus avilie. Il faut entendre ces choses pour les croire ; mais nous les entendons chaque jour. Ne cherchez pas ailleurs la cause des commotions violentes qui ébranlent aujourd'hui toutes les sociétés.

Condamné par la raison, le transformisme pourra-t-il au moins s'appuyer sur l'expérience, ou s'autoriser des grands noms qui honorent la science française ? Pour résoudre ces deux questions, nous aurons encore recours à l'ouvrage de M. H. de Valroger, qui nous a déjà servi lorsque nous avons eu à parler des générations spontanées.

II

LE TRANSFORMISME NE PEUT S'APPUYER SUR L'EXPÉRIENCE

Parmi les sciences comprises dans le cadre immense de l'histoire naturelle, dit M. de Valroger, il en est une qui devrait surtout justifier les théories conjecturales de M. Darwin, si ces théories étaient conformes à la réalité : c'est la paléontologie. M. Darwin et ses disciples ont donc fait et font encore chaque jour les plus grands efforts pour l'attirer à eux. Mais elle n'a point satisfait leurs désirs ardents. Elle constate, il est vrai, de temps en temps, des faits qui peuvent aisément s'adapter aux hypothèses de M. Darwin, comme aux hypothèses les plus contraires, et que les darwinistes tâchent de tourner en preuves de leurs idées. Mais de pareils faits ne prouvent aucun système ; or, les recherches infatigables des paléontologistes n'en ont jamais découvert de plus favorables aux conjectures des transformistes. Ce qui résulte, en somme, de ces découvertes, semble contraire au darwinisme, ou du moins ne le confirme en aucune façon. M. Darwin et ses partisans sont réduits à chercher une consolation imaginaire dans des découvertes à venir, qu'ils prophétisent chaque jour, mais qui ne trouvent crédit que parmi les enthousiastes. Mécontents d'être réduits à cette fausse consolation, ils se vengent en dépréciant injustement la science qui leur refuse tout appui positif. Entrons, pour le montrer, dans quelques détails.

Chaque espèce fossile venant s'intercaler dans les vides que présentait aux naturalistes le plan du monde organisé, ces vides diminuent peu à peu. Le progrès de la paléontologie autorise donc de plus en plus la conception rationnelle d'une certaine continuité idéale dans le plan des règnes organisés. Mais cela n'exclut ni la distinction, ni la constance des types contigus. Ce même progrès démontre en effet que les espèces fossiles étaient toujours nettement caractérisées, comme les espèces actuelles. Les types intermédiaires que l'on découvre de temps en temps ne ressemblent pas du tout aux formes vagues, indéterminées et transitoires, imaginées par les transformistes pour expliquer le passage graduel et insensible d'une espèce à une autre espèce (1).

Citons un exemple. Les darwinistes ont cru trouver un argument à l'appui de leur système dans la découverte de l'*archœopterix macrurus*, oiseau singulier qui avait une assez longue queue, formée de vingt vertèbres et garnie de plumes de chaque côté. Suivant Büchner, cette découverte permet de faire sortir les reptiles et les oiseaux de la même souche. Huxley insiste pareillement sur les caractères qui rapprochent l'archœopterix des reptiles. Mais cet animal singulier n'avait nullement un caractère indécis. Huxley lui-même et Darwin le rangent sans hésiter parmi les oiseaux. Lyell s'exprime ainsi : « Avant qu'aucun ostéologiste expérimenté eût eu l'occasion d'examiner l'échantillon original, on crut que ce fossile pouvait être un ptérodactile emplumé, ou qu'il allait établir une transition des oiseaux aux reptiles. Mais M. Owen a démontré que c'est incontestablement un oiseau, et que ceux de ses caractères qui sont anormaux sont loin d'être ceux d'un vrai reptile (2) ». Toutes les découvertes paléontologiques tendent donc à confirmer la thèse de la fixité des espèces, et ne fournissent aucun argument à la théorie des transformistes. Mais il y a plus.

Les darwinistes invoquent souvent la longueur incal-

---

(1) *Genèse des espèces*, p. 208, etc.
(2) *Ibid.* p. 210, note.

culable des périodes géologiques ; mais, plus ces périodes ont duré longtemps, plus il est inconcevable, au point de vue transformiste, que tous leurs vestiges nous offrent seulement l'empreinte de la persistance des types spécifiques. Depuis le jour où les premiers terrains paléozoïques commencèrent à se former, il s'est écoulé sans doute un temps immense ; pourquoi donc tous les dépôts accumulés d'une manière si lente n'offrent-ils aucun indice de la transformation des espèces ? Pourquoi tous les débris dont ils sont pleins paraissent-ils contraires à cette hypothèse ?

Les documents amassés par les géologues et les paléontologistes ont sans doute bien des lacunes et des obscurités impénétrables ; mais ils suffisent pour réfuter les systèmes qui les contredisent. Ils sont d'ailleurs moins incomplets que ne l'a dit M. Darwin.

Les recherches des géologues et des paléontologistes n'ont pas été restreintes à deux ou trois contrées. Les terrains paléozoïques ont été explorés dans les îles Britanniques, en France, en Allemagne, en Espagne, en Portugal, en Sardaigne, dans les Alpes, en Saxe, en Bohême, en Scandinavie, en Russie, sur un très grand nombre de points de l'Asie, dans les deux Amériques, dans l'Afrique méridionale et en Australie. Les flores et les faunes fossiles partout recueillies dans ces terrains ont été soigneusement décrites ; celles qui appartenaient à une localité ont été minutieusement comparées avec celles des autres contrées. Les régions où l'on a étudié les terrains secondaires, tertiaires et quaternaires, sont encore plus nombreuses ; leurs fossiles ont été décrits et comparés avec le même soin que ceux des couches antérieures. On a ainsi découvert plus de vingt-cinq mille espèces fossiles. Or, ces espèces sont distribuées dans un ordre tout différent de celui qu'elles devraient présenter, si les théories transformistes étaient fondées. Toutes ces espèces ont eu des caractères aussi définis que ceux des espèces actuelles. On devrait y trouver une foule immense de formes transitoires; pas une ne peut être à bon droit regardée comme telle! L'aspect général des faits mis en lumière par l'archéologie du monde organisé est donc contraire aux hypothèses du darwinisme (1). Citons quelques détails.

Les études si patientes, si exactes et si détaillées de M. Barrande sur les trilobites, ont mis en lumière la fixité générale de leurs types spécifiques, pendant la longue durée de leur développement. Sur trois cent cinquante espèces, dont cet observateur habile et modeste a minutieusement étudié l'histoire, dix seulement ont eu des variations; et leurs variations ne portent que sur la taille, la grosseur des yeux, le nombre correspondant des lentilles, le nombre d'articulations visibles au pigidium, et le nombre des pointes ornementales. Ces variations sont purement temporaires, et M. Barrande a constaté, dans la plupart des cas, le retour à la forme typique, ou primitive. Ces variations ne semblent donc être que des oscillations transitoires. « Aucune des trois cent cinquante espèces n'a produit une nouvelle forme spécifique distincte et permanente. Les traces de transformation par voie de filiation sont complètement imperceptibles. Plusieurs zoologistes et paléontologistes, qui se sont occupés d'autres groupes et d'autres époques géologiques, sont arrivés au même résultat, après de longues recherches et de patientes comparaisons. Nous ne voyons pas que la concurrence vitale et la sélection naturelle aient produit quelque part une forme nouvelle que l'on soit en droit de considérer comme le résultat de la filiation (2) ».

« Dans certaines familles, dit M. Agassiz, les carac-

---

(1) *La Genèse des espèces*, p. 219, etc.
(2) *Ibid.* p. 225-226.

tères spécifiques sont très tranchés, les espèces peu nombreuses et la distinction plus facile. Dans d'autres, les différences sont faibles, souvent difficiles à saisir, et néanmoins constantes. Pour reconnaître les limites des espèces, il faut ici une étude patiente et prolongée. Ainsi, dans le monde minéral, certains métaux sont tellement semblables que les maîtres seuls ont pu, par une étude longue et minutieuse, en saisir et en faire connaître les différences; tandis que d'autres diffèrent au point d'être distingués tout d'abord l'un de l'autre par l'homme le moins exercé.

« J'ai pris la peine de comparer entre eux des milliers d'individus de la même espèce; j'ai poussé, dans un cas, la minutie jusqu'à placer les uns à côté des autres vingt-sept mille exemplaires d'une même coquille, dont les espèces congénères sont fort voisines les unes des autres. Je puis affirmer que, sur ces vingt-sept mille exemplaires, je n'en ai pas rencontré deux qui fussent parfaitement identiques; mais, sur ce grand nombre, je n'en ai pas non plus trouvé un seul qui déviât du type de l'espèce, au point d'en laisser douteuses les limites (1) ».

A tout cela que répond M. Darwin? « Probablement dit-il, il nous faudrait descendre beaucoup au dessous des strates fossilifères les plus anciennes, pour découvrir les premiers progrès au moyen desquels l'œil s'est successivement perfectionné ». Ainsi, les points de l'espace et du temps où nous ne pouvons rien voir, qui sont inaccessibles à nos observations, sont toujours le refuge de M. Darwin : c'est là, suivant lui, que doit se trouver la justification de ses hypothèses. Pour défendre ses premières conjectures, il invente sans cesse de nouvelles conjectures, dont la vérification est également impossible. Mais il ne prouve jamais que la fertilité de son imagination.

(1) *De l'espèce*, p. 380.

Obligé par la nature même de notre travail à réduire notre argumentation à un exposé sommaire, nous renvoyons pour plus de détails à l'intéressant ouvrage qui nous sert de guide. L'auteur aborde et traite avec une compétence indiscutable les différentes questions relatives au transformisme, et son livre, la *Genèse des espèces*, a sa place marquée dans toutes les bibliothèques sérieuses.

III

LE TRANSFORMISME ET LA SCIENCE FRANÇAISE

A la suite de M. de Valroger (1), passons en revue les principaux représentants de la science française, et voyons si l'on doit les ranger parmi les transformistes. Dans la première partie de ce travail, nous avons parlé de ceux qui ont adopté et défendu ce système. Voyons si les adversaires du même système sont capables de soutenir avec eux la comparaison, et ne désespérons pas trop de l'avenir.

Buffon pensa d'abord que les espèces sont immuables ; il admit ensuite qu'elles pouvaient changer presque indéfiniment. Mais des études plus approfondies lui révélèrent la fausseté des opinions contraires qui l'avaient séduit tout d'abord, et il s'arrêta finalement à une doctrine plus mesurée. Il reconnut que, tout en restant inébranlables en ce qu'ils ont d'essentiel, les types spécifiques peuvent se réaliser sous des formes parfois très différentes ; il joignit à l'idée bien arrêtée de l'espèce l'idée non moins précise de la race. Bien qu'il ait subi, d'une manière déplorable, l'influence des sophistes antichrétiens, il n'a jamais admis un seul

---

(1) *La Genèse des Espèces*, p. 327, etc.

instant les absurdes paradoxes du matérialisme athée. Jamais il n'a pensé que l'homme puisse être un singe perfectionné par une nature aveugle, ou le produit matériel des agents physiques. « Quelque ressemblance, dit-il, qu'il y ait entre le Hottentot et le singe, l'intervalle qui les sépare est immense, puisque à l'intérieur il est rempli par la pensée, et au dehors par la parole. L'homme est d'une nature si supérieure à celle des bêtes, qu'il faudrait être aussi peu éclairé qu'elles le sont pour pouvoir les confondre. Que l'homme s'examine, s'analyse et s'approfondisse, il reconnaîtra bientôt la noblesse de son être, il sentira l'existence de son âme, il cessera de s'avilir, et verra d'un coup d'œil la distance infinie que l'Être suprême a mise entre les bêtes et lui ».

Loin de considérer l'homme comme un singe perfectionné par des lois aveugles, Etienne Geoffroy Saint-Hilaire le plaçait en dehors de la classification mammalogique, et bien au dessus du règne animal. Dès 1794, inaugurant au Museum d'histoire naturelle l'enseignement zoologique, il fit un discours tendant à prouver que l'homme ne doit être compris dans aucune classe d'animaux. Et peu de temps avant sa mort, il résumait ainsi ses réflexions sur la place et le rôle de l'homme dans la création : « L'homme est de création moderne, comparativement à la plupart des animaux, à quelques égards ses congénères. Le dernier né de la création des six jours, il en est le plus éclatant produit. L'apparition de l'homme sur la terre coordonne et achève le sublime arrangement des choses, en ce qui concerne notre planète. Ainsi Dieu s'est donné un actif et puissant ministre dans l'administration de l'ordre créé par son éternelle sagesse ».

Isidore Geoffroy, son fils, sans arriver à une vue nette des limites dans lesquelles est contenue la variabilité des espèces, a toujours admis la réalité de ces limites.

Il a même vu comment ces limites flexibles, mais indestructibles, sont partout maintenues et ont dû l'être toujours. « L'homme, dit-il, n'est pas, comme le prétendent quelques faiseurs de systèmes, la première espèce de singe ; grossière erreur, même au point de vue purement physique... Que l'homme soit, dans le plan général de la création, séparé par un intervalle immense des animaux, de ceux même qui lui ressemblent par leur forme matérielle, qui en doute ? Pas plus les naturalistes que les philosophes ».

Cuvier, absorbé d'abord par l'étude des sciences zoologiques et géologiques, distrait ensuite par des fonctions administratives, resta toujours étranger aux sciences philosophiques et religieuses. Si grand, si extraordinaire qu'il fut à certains égards, son génie ne put donc avoir qu'un développement très incomplet. Mais son ferme bon sens lui inspira toujours une manifeste antipathie contre le matérialisme athée, contre l'idéalisme panthéistique et la déification de la nature. On sait avec quelle force il défendit la Bible, sur les points où elle touchait les objets spéciaux de ses études. Les sectaires anti-chrétiens ne lui ont jamais pardonné cette bonne action. « La naissance des êtres organisés, dit-il, est le plus grand mystère de l'économie organique et de toute la nature ».

D'abord élève de Cuvier, et comme lui grand anatomistes, M. de Blainville combattit tour à tour les polygénistes, qui exagèrent la fixité des formes organiques et refusent en conséquence d'admettre l'unité originaire des races humaines, puis les transformistes, qui méconnaissent ce qu'il y a d'immuable dans les caractères spécifiques. Après quarante années d'études opiniâtres, son génie indocile se recueillit et s'humilia devant le Dieu dont il avait scruté les œuvres avec une ardeur trop passionnée. Une vie nouvelle, la vie religieuse, se développa dans sa conscience. Toujours indépendant et fier, il tint à honneur de professer ouvertement la foi bienfaisante qui rajeunissait sa vieillesse ; et ses auditeurs, matérialistes ou sceptiques, durent être maintes fois surpris du langage chrétien de ce vaillant successeur du grand Cuvier.

L'esprit sagace de M. Flourens, fortifié d'abord par les leçons de Cuvier, développé ensuite par l'étude de nos grands philosophes chrétiens du dix-septième siècle, a toujours eu une visible antipathie pour les hypothèses matérialistes et athées. Les découvertes géologiques et paléontologiques de son illustre maître avaient été pour lui une révélation du plan divin de la création. Dans l'harmonieux concours de toutes choses pour la réalisation de ce plan divin, il voyait une preuve de la sagesse toute-puissante et de l'unité du Créateur. La doctrine spiritualiste des causes finales a été souvent défendue par lui contre des préjugés et des malentendus auxquels Buffon et les Geoffroy avaient cédé bien à tort. Aussi les matérialistes l'ont-ils souvent déprécié avec une injustice qui doit être pour nous un motif de plus d'honorer sa mémoire.

Au moment où M. Darwin publiait en Angleterre son livre sur l'*Origine des espèces*, en 1859, M. Godron, doyen de la Faculté des sciences à Nancy, publiait en France un traité savant et judicieux sur l'*Espèce et les races*. « L'ouvrage de M. Godron, dit M. d'Archiac, représente complètement l'opinion de la fixité de l'espèce. Dans la forme comme dans le fond, il offre un contraste frappant avec le livre du naturaliste anglais. Autant celui-ci est diffus, dépourvu d'ordre et de méthode, chargé de répétitions et de contradictions fréquentes, autant l'ouvrage français se distingue par la disposition des matières, par la clarté, par l'enchaînement logique des faits, par une exposition simple, dégagée de digressions inutiles et de répétitions superflues. Cet ouvrage restera comme un témoignage honorable de la sagacité, de l'esprit vraiment philosophique et des connaissances de son auteur. »

Dans un rapport mémorable sur l'*Ampélographie* du comte Odart, M. Chevreul a donné à la thèse de la fixité organique une forme prudente, qui la rend tout à fait incontestable. Après s'être formellement prononcé pour la permanence des types qui constituent les espèces, sous l'empire des conditions actuelles, ce savant ajoutait : « Si l'opinion de la mutabilité des espèces dans des circonstances différentes de celles où nous vivons, n'est point absurde à nos yeux, l'admettre en fait, pour en tirer des conséquences, c'est s'éloigner de la méthode expérimentale, qui ne permettra jamais d'ériger en principe la simple conjecture ». C'est seulement dans cette mesure que M. de Quatrefages a soutenu la fixité des espèces, en défendant l'unité originaire des races humaines.

En 1864, M. d'Archiac examina longuement les conjectures de M. Darwin sur l'origine des espèces. Comparant ces conjectures avec les faits, il disait : « Si elles étaient exactes, il ne devrait rester, depuis longtemps, que des formes choisies, élues, privilégiées ; mais aujourd'hui, comme toujours, et dans toutes les classes, il y a des déshérités qui continuent à vivre. Les animaux supérieurs se sont développés dans la série des âges, sans préjudice des inférieurs, aussi nombreux que jamais. Les organismes inférieurs sont les plus répandus dans la nature. De plus, quand on étudie les espèces d'un genre qui a traversé les divers étages d'une formation, ou même plusieurs formations successives, on ne voit point que les dernières espèces soient nécessairement plus parfaites, plus belles, plus fortes que les premières ». Et il ajoute : « L'échafaudage élevé par M. Darwin ne repose sur rien de réel ; car la science sur laquelle on devrait compter le plus pour l'étayer (la paléontologie) lui refuse son appui.... Sa théorie ne répond point aux données de la science actuelle, et attend de l'avenir une démonstration que rien ne laisse entrevoir ».

Trois ans plus tard, en 1867, M. Milne Edwards a résumé et jugé, avec une compétence incontestée, tous les travaux récents qui, dans notre pays, ont contribué réellement au progrès des sciences zoologiques. Amené à s'expliquer sur l'indifférence dédaigneuse que la plupart de nos savants opposent à l'enthousiasme irrationnel des darwinistes, il a justifié cette conduite générale des savants français en déclarant nettement que « l'hypothèse de M. Darwin ne semble de nature à lever aucune des difficultés relatives à l'origine des espèces ».

L'année suivante, M. Faivre, doyen de la Faculté des sciences à Lyon, publiait un traité court et substantiel, où la variabilité des espèces et ses limites sont étudiées sans parti pris et sans aucune prétention systématique. Voici la conclusion de son livre : « L'hypothèse de la mutabilité des espèces ne se légitime ni par son principe, qui est une conjecture, ni par ses déductions, que ne confirme point la réalité, ni par ses démonstrations directes, qui sont à peine des vraisemblances. Malgré l'habileté que des savants illustres ont mise à défendre cette doctrine, la raison et l'expérience n'ont point infirmé le jugement si réservé et si juste qu'en a porté Cuvier : Parmi les divers systèmes sur l'origine des êtres organisés, il n'en est pas de moins vraisemblable que celui qui en fait naître successivement les différents genres par des développements ou des métamorphoses graduelles ».

Dans le même temps, M. Hébert, professeur de géologie à la Faculté des sciences de Paris, terminait un de ses cours par cette noble protestation contre le darwinisme matérialiste et athée : « La science ne saurait conduire ni à l'athéisme, ni au matérialisme.

Elle n'aboutit pas davantage au scepticisme, ou à une confiance orgueilleuse dans l'intelligence humaine.... Toutes ces populations qui ont occupé la terre avant nous ont assisté, inconscientes, à la série des phénomènes qui préparaient la demeure de l'homme. A l'homme seul a été donné le pouvoir de s'élever, par le développement de ses facultés, jusqu'à l'intelligence des œuvres de Dieu, et d'y puiser ce sentiment profond d'admiration reconnaissante, cette soif de science, cette ardeur pour le bien, ce besoin de dévouement, qui constituent le plus beau côté de sa nature. C'est par là qu'il a été créé à l'image du souverain Maître ; et c'est par là qu'il se distingue des animaux dont sa nature terrestre le rapproche ; c'est cette partie de son être qu'aucune transformation naturelle, propre à la matière, n'a pu lui communiquer. Cette transformation des espèces, qui ferait dériver l'homme du singe, la science la repousse. C'est une théorie contraire aux faits connus, et que nous considérons comme antiscientifique ».

Comme tous les maîtres formés à l'école de Cuvier, MM. Ad. Brongniart et E. Blanchard sont résolument opposés aux théories conjecturales sur la transformation des espèces. « Les conditions de la vie imposées à chaque espèce, dit M. Blanchard, paraissent déterminées de façon à faire regarder comme impossibles des modifications un peu considérables chez les êtres animés ». M. Brongniart dit à son tour : « Les transformistes désertent le terrain de la science positive et s'égarent dans des contes de fées ».

Le darwinisme ne pouvait avoir aucun juge plus bienveillant et plus irrécusable à tous égards que M. de Quatrefages. Jamais ce naturaliste éminent n'a dissimulé le charme qu'auraient eu pour lui les hypothèses de M. Darwin, si les données positives de la nature et les lois du progrès scientifique eussent permis de les admettre. Mais plus il a observé et médité, mieux il a vu que ces hypothèses étaient inadmissibles ; et finalement il a résumé les motifs de son opposition réfléchie dans un livre qui a dû éclairer de nombreux lecteurs par ses explications lumineuses.

Pendant quarante ans, M. Barrande a étudié les terrains fossilifères les plus anciens. Parvenu au terme de ses explorations, il a soigneusement comparé les théories de la filiation et de la transformation des espèces avec la masse des faits que présentent les premières faunes siluriennes et la faune cambrienne. « L'étude spéciale de chacun des éléments zoologiques qui constituent les premières phases de la faune primordiale silurienne, lui a démontré que les prévisions théoriques sont en complète discordance avec les faits observés. Les discordances sont si nombreuses et si prononcées, que la composition de la faune réelle semblerait avoir été calculée à dessein pour contredire tout ce que nous enseignent les théories sur la première apparition et sur l'évolution primitive des formes de la vie animale ». Il était impossible de soumettre le darwinisme à une épreuve plus irrécusable et plus décisive.

Bornons-nous à ces citations. Elles suffisent amplement pour prouver que le transformisme, en désaccord avec la raison, en désaccord avec l'expérience, a de plus contre lui les plus illustres représentants de la véritable science française. C'est par conséquent un système qui ne résiste pas à un examen sérieux.

CHAPITRE XVI

De l'immortalité de l'âme humaine.

« L'immortalité de l'âme, dit Pascal, est une chose qui nous importe si fort, qui nous touche si profondément, qu'il faut avoir perdu tout sentiment pour être dans l'indifférence de savoir ce qui en est. Toutes nos actions et nos pensées doivent prendre des routes si différentes, selon qu'il y aura des biens éternels à espérer ou non, qu'il est impossible de faire une démarche avec sens et jugement, qu'en la réglant par la vue de ce point, qui doit être notre dernier objet. Aussi notre premier intérêt et notre premier devoir est de nous éclairer sur ce sujet, d'où dépend toute notre conduite ».

L'immortalité de l'âme est une conséquence de sa spiritualité. Mais avant d'en aborder la démonstration, il nous paraît utile d'en fixer la nature.

Cette immortalité n'est pas celle du panthéisme, qui prétend qu'en se séparant du corps, l'âme humaine rentre dans le grand Tout d'où elle était sortie, et s'absorbe dans l'Infini : cette théorie est la destruction de la personnalité humaine. Ce n'est pas non plus l'immortalité de la métempsycose, qui fait passer l'âme dans d'autres corps d'hommes ou d'animaux. Elle n'a rien de commun non plus avec la doctrine positiviste sur la persistance de l'espèce humaine, grâce aux transformations incessantes des individus. L'immortalité de l'âme, telle que nous l'entendons, et telle que la raison nous semble l'exiger, c'est l'immortalité de la personne, c'est-à-dire de cette âme qui a aimé, pensé, agi et lutté, parce que l'activité, la pensée, l'amour, la liberté font partie intégrante de la nature même de l'âme ; c'est la persistance de l'existence individuelle gardant après la mort la physionomie qu'elle s'est créée durant la vie. Cette continuation de l'existence antérieure, qui doit durer toujours, diffère en deux points de la précédente : d'abord l'âme est séparée, pour un temps connu de Dieu seul, du corps auquel elle était substantiellement unie ; ensuite sa destinée est fixée d'une manière irrévocable : elle doit être éternellement heureuse ou éternellement malheureuse, selon qu'elle a usé bien ou mal de ses facultés pendant qu'elle était sur la terre : le temps du mérite et du démérite est passé pour elle ; l'heure est venue de recevoir la récompense ou le châtiment.

Cela posé, nous diviserons en deux catégories les preuves qui établissent l'immortalité de l'âme humaine : les unes sont intrinsèques, et nous les tirerons de la nature, de l'origine et des aspirations de notre âme ; les autres sont extrinsèques, et s'appuient sur le témoignage universel du genre humain, sur l'insuffisance de la sanction morale dans la vie présente, et sur les attributs de Dieu.

I

PREUVES INTRINSÈQUES

L'âme humaine est spirituelle de sa nature ; son origine est divine ; ses aspirations sont infinies : autant de raisons qui combattent en faveur de son immortalité.

Nous avons vu que l'âme est une substance simple, une, identique, absolument indivisible. Sans doute l'on distingue en elle des parties, que l'on appelle facultés, mais il faut pour cela recourir à l'abstraction. En réalité, les facultés de l'âme sont unies entre elles et à la substance même du principe vital, aussi indissolublement que la forme et la couleur d'un corps sont unies entre elles et à la substance de ce corps. Nous savons d'un autre côté que la mort est une division, une désagrégation, une dissolution des molécules dont se composent les organismes vivants. Sur la nature de la mort, l'expérience nous apprend simplement que c'est la cessation des phénomènes physiologiques provenant de l'union des différentes parties du corps entre elles et de l'union de l'âme avec le corps. Or, si l'âme est simple et si la mort est une décomposition, il est évident que l'âme ne saurait être soumise à la mort, puisqu'il ne peut y avoir de décomposition qu'au sein des êtres composés. Le corps meurt, parce qu'il est composé de parties : mais l'âme, qui n'a pas de parties, ne peut pas mourir comme lui ; elle est inaccessible à toutes les causes qui altèrent la composition des corps ; elle ne porte en elle-même aucun élément d'altération ni de destruction. Cette preuve est ainsi exposée par Platon : « L'âme étant essentiellement distincte du corps, inétendue, simple et indivisible, ne possède aucun germe de corruption, et ne peut périr par dissolution de parties. Sa vie ne s'éteint pas avec celle de l'organisme, comme l'harmonie d'une lyre s'évanouit quand les cordes de l'instrument sont détendues ou brisées ».

« Mais, dira-t-on, si l'âme ne peut périr par décomposition à la manière des corps, du moins ne pourrait-elle pas être détruite par annihilation ? » Nous répondrons que l'âme ne pourrait être anéantie que par elle-même ou par celui qui l'a créée. L'âme a-t-elle le pouvoir de s'anéantir elle-même? Évidemment non, pas plus qu'elle n'a eu le pouvoir de se créer elle-même, car le pouvoir d'annihiler est corrélatif de celui de créer : si donc l'âme ne s'est pas créée, elle ne peut s'annihiler. Mais Dieu, qui l'a tirée du néant, ne pourrait-il pas l'y faire rentrer ? Sans doute, absolument parlant, Dieu pourrait, d'un seul acte de sa volonté, faire rentrer dans le néant tout ce qu'il en a fait sortir ; mais ce pouvoir, est-il vraisemblable qu'il veuille l'exercer ? Procédons par analogie, et considérons ce qui se passe dans le monde matériel. Tout se transforme dans la nature, mais rien n'y périt. Les corps peuvent bien être dissous et leurs éléments dispersés, mais ils ne sont pas pour cela anéantis. Il y a toujours la même quantité d'être, et aussi la même quantité de mouvement. Comment donc pourrait-il se faire que ce qu'il y a de plus élevé, de plus réel dans la nature, la substance spirituelle, fût condamnée à l'anéantissement, alors que la substance matérielle est intégralement conservée ? Est-il admissible que Dieu refuse à l'âme ce qu'il accorde à l'atome ? La dernière des molécules de la matière inerte serait donc plus libéralement traitée par le Créateur que la première et la plus noble des substances sorties de ses mains ! Une telle supposition dépasse les limites de l'invraisemblable.

On ajoute : « A supposer que l'âme ne soit pas anéantie, elle peut perdre toute vie consciente et personnelle, car la persistance de la substance ne garantit en aucune façon la persistance de la personnalité. Il y a plus : la conscience étant liée ici bas au fonctionnement normal de certains organes corporels, on peut très bien supposer que le *moi* ne survit pas à la séparation du corps et de l'âme, et que toute identité personnelle s'éteint fatalement après la mort ». Voici la réponse de M. l'abbé A. Mellier, professeur à la Faculté catholique des Lettres de Lyon : « Il est vrai que, pendant l'union de l'âme et du corps, l'exercice conscient des facultés de l'âme paraît subordonné à des conditions organiques; mais peut-on inférer de là que, après la séparation des deux éléments constitutifs de l'homme, cette condition subsistera encore ? Est-ce un bon procédé d'induction que d'aller de ce qui est vrai dans une situation à ce qui doit l'être dans une situation toute différente ? »

Si cet argument ne démontre pas d'une manière péremptoire que l'âme est immortelle, il établit du moins que l'immortalité est possible et vraisemblable.

L'argument tiré de l'origine de l'âme humaine a la même force probante. La forme substantielle, c'est-à-dire le principe vital, ou, si l'on aime mieux, l'âme des plantes et des animaux est en puissance dans la matière qu'elle doit informer. En vertu de certaines lois primitivement établies par Dieu, aussitôt que la matière se trouve dans des conditions qui la rendent apte à recevoir l'organisation, la forme surgit d'elle-même, lui donne l'être et la vie, et la constitue dans son genre et dans son espèce. Aussi cette forme, sortie de la puissance de la matière, est-elle absorbée par la matière et lui communique toutes ses propriétés. Il en résulte que, si la matière, en se désagrégeant, cesse de remplir les conditions nécessaires à l'organisation, la forme disparaît. Que devient-elle ? Va-t-elle animer une autre plante ou constituer un autre animal ? Ou bien s'évanouit-elle pour ne plus revenir ? Cette dernière hypothèse nous semble la plus probable, car la matière destinée à former une nouvelle plante ou un nouvel animal renferme en puissance la forme qui lui est propre, et l'on sait qu'il n'y a pas deux formes identiquement semblables. Dans tous les cas, nous ne voyons nullement la nécessité ni même la convenance d'une intervention particulière de Dieu chaque fois qu'il s'agit de produire une plante ou un animal.

Il en est tout autrement si nous examinons l'âme humaine. Celle-ci possède des propriétés qui ne peuvent ni provenir de la matière, ni lui être communiquées. Par sa nature et par ses facultés, elle est tellement élevée au dessus de tous les éléments matériels, qu'il serait absurde de soutenir qu'elle est en puissance dans la matière. On ne peut donc lui appliquer le raisonnement que nous venons de faire à propos des plantes et des animaux. Dès lors, son existence est inexplicable, si l'on n'admet pour elle un acte spécial du Créateur qui la tire du néant pour l'unir au corps, aussitôt que le corps est capable de recevoir l'organisation. Eh bien! nous le demandons à tout homme que n'aveugle pas l'esprit de système, est-il supposable que Dieu fasse usage de sa puissance créatrice pour produire un effet passager? Est-il supposable qu'il tire du néant une âme faite à son image, pour la replonger dans le néant après une durée variable de jours, de mois ou d'années? Sans parler de ses autres attributs, dont nous nous occuperons bientôt, il y a là, pour employer le langage humain, une question de dignité dont, moins que tout autre, le Tout-Puissant peut se départir. Non, l'âme ne périt pas avec le corps : le Créateur estime trop son œuvre de prédilection pour la condamner à l'anéantissement.

Considérons maintenant la disproportion qui existe entre les aspirations de notre âme et la réalité des choses de ce monde. Ni le cœur, ni l'intelligence, ni la volonté ne trouvent ici-bas leur pleine satisfaction.

Entre toutes les aspirations de l'homme, dit M. Mellier, la première, la plus vivace, la plus obstinée, est l'amour de l'existence. Tous, qui que nous soyons, nous aimons la vie, nous avons une horreur invincible de la mort, nous reculons d'épouvante devant la seule idée de l'anéantissement. Nous sentons, d'autre part, que cette vie sans fin à laquelle notre âme aspire ne saurait raisonnablement lui être refusée; seule, en effet, elle peut réaliser indéfiniment la destination pour laquelle l'âme a été créée, qui est de connaître Dieu, de l'aimer et de s'attacher à lui par la volonté ou même temps que par l'intelligence et par le cœur. La simple possibilité d'être jamais privés de l'existence ferait de nous les plus misérables de tous les êtres. Doués, comme nous le sommes, de la faculté de réfléchir et de prévoir, nous serions obsédés par la pensée de notre anéantissement futur, et l'horreur de cette image serait pour nous une source de souffrances, de chagrins, de désespoirs perpétuels.

Nos désirs sont infinis. Nous aimons le bien et le beau, comme nous aimons le vrai, d'un amour qui n'est jamais satisfait ici-bas; tout bien imparfait, toute beauté finie, ne font que le rendre plus ardent et plus inquiet, car il ne tend à rien moins qu'à une possession sans limites dans sa durée comme dans son objet. Or nos désirs dérivent de notre nature. Si donc ils ne devaient jamais être satisfaits, il y aurait dans notre nature une anomalie cruelle, qui retomberait sur l'auteur même de notre nature, sur Dieu. Une telle supposition est incompatible avec les attributs divins.

Notre intelligence a l'irrésistible désir de posséder la vérité, non telle ou telle vérité particulière, si élevée ou si utile qu'elle puisse être, mais la vérité totale, universelle; non d'une manière vague, par une approximation confuse, mais avec l'évidence et la certitude qui caractérisent la véritable connaissance. Cet insatiable besoin du vrai est, comme le dit Cicéron, le fond même de notre nature intellectuelle: *Naturâ inest mentibus nostris insatiabilis quædam cupiditas veri videndi.* Elle voudrait explorer toutes les parties de l'univers, en comprendre toutes les merveilles, en sonder tous les mystères. Or, le savant meurt en s'écriant avec Socrate : « Ce que je sais, c'est que je ne sais rien ». L'intelligence humaine n'est donc jamais entièrement satisfaite.

Enfin notre volonté a été créée pour être libre : c'est là son essence et sa fin. Soumise ici-bas à l'influence de mille causes diverses qui restreignent et diminuent son indépendance, quand elles ne la détruisent pas tout à fait, notre âme souffre de cette sujétion, de ces entraînements et de cette défaillance ; elle aspire à briser les liens qui l'enchaînent, à entrer en possession de toutes ses puissances, à déployer librement toutes ses facultés. Ce besoin, comme les deux précédents, est inné dans toutes les âmes ; il tourmente surtout les plus nobles et les plus grandes : il est donc essentiellement humain. Or, ce besoin, nous ne pouvons le satisfaire pleinement ici-bas.

Concluons donc avec M. Cousin : « Il est vraisemblable qu'il y a quelque chose après la mort, puisqu'à la mort rien n'est terminé. Tous les êtres atteignent leur fin ; l'homme seul n'atteindrait pas la sienne ! La plus grande des créatures serait la plus maltraitée ! Mais un être qui demeurerait incomplet et inachevé, qui n'atteindrait pas la fin que tous ses instincts proclament, serait un monstre dans l'ordre éternel, problème mille fois plus difficile à résoudre que les difficultés qu'on élève contre l'immortalité de l'âme ».

II

PREUVES EXTRINSÈQUES

Les preuves extrinsèques de l'immortalité de l'âme humaine se tirent, avons-nous dit, du témoignage unanime des peuples, de l'insuffisance de la sanction morale dans cette vie, et des attributs divins.

En parlant de la liberté, nous avons établi la valeur du consentement général. Or, tous les peuples, tant anciens que modernes, ont cru à l'existence d'une vie future, et par cela même à l'immortalité de l'âme. Cette croyance est affirmée, dans l'antiquité, par le culte des morts, par les fables sur le Tartare et l'Elysée, par le témoignage des poètes, des historiens et des philosophes, d'Homère et de Virgile, de Sophocle et d'Euripide, de Socrate et de Platon, de Cicéron et de Sénèque, etc. D'un autre côté, il suffit d'avoir lu son histoire pour savoir que chez les modernes, les juifs, les chrétiens, les mahométans, admettent tous l'immortalité de l'âme, et que les récits des voyageurs et les usages des peuplades barbares attestent la foi universelle en une vie future.

D'où vient à l'homme cette idée? se demande M. l'abbé Berthaud. Vient-elle de l'expérience? L'homme l'emprunte-t-il au monde extérieur par voie d'observation et d'analogie? Non, bien au contraire; car toutes les analogies tirées du monde extérieur ne peuvent qu'obscurcir et repousser l'idée d'immortalité. En effet, le seul spectacle que le monde extérieur présente à l'homme, c'est l'alternative continuelle de la vie et de la mort. Toute existence purement terrestre trouve sa fin sur la terre.

Vient-elle de la contemplation des destinées humaines et de l'injustice qui semble y présider? Naît-elle, en d'autres termes, de la nécessité du rétablissement de l'ordre moral dans une autre vie? Nous répondons : sans doute l'idée d'immortalité et celle du besoin de la justice éternelle sont intimement liées; mais c'est précisément parce que l'homme croit à l'immortalité de l'âme, qu'il veut voir l'ordre moral rétabli.

Vient-elle de l'impuissance du monde actuel à satisfaire les aspirations de l'âme humaine? Nous répondons encore : c'est parce que l'âme se sent immortelle, qu'elle aspire à des choses qui ne passent point.

Vient-elle de la science? Serait-elle une invention philosophique, une hypothèse, un système imaginé pour expliquer le problème de notre nature et de notre destinée ? Non encore, car cette idée est universelle, antérieure dans l'histoire de l'humanité à tout enseignement extérieur, à toute école philosophique. « L'homme, conclut M. Guizot, ne reçoit l'idée de l'immortalité ni de l'expérience, ni de la science. Le monde extérieur ne la lui fournit point ; son esprit ne l'a point inventée. C'est du fond de son âme qu'elle surgit en lui : il se sent, il se voit, il se sait immortel ». L'homme a donc le sentiment inné de son immortalité.

Par conséquent, il faut croire avec le genre humain tout entier que l'âme est immortelle : *Permanere animos arbitramur*, dit Cicéron, *consensu nationum omnium*.

Faisons un pas de plus, dit M. Méllier : aux données empruntées à la psychologie ajoutons celles que nous fournit la morale : nous y trouverons une raison décisive d'affirmer avec certitude que l'âme survit au corps. Cette raison, c'est la nécessité qu'il y ait dans une autre vie une sanction équitable de la loi morale, une rémunération rigoureusement proportionnelle du bien et du mal accomplis par les agents moraux.

Entre le bien moral et le bonheur, entre le mal moral et le malheur, la raison conçoit et affirme irrésistiblement un rapport nécessaire, universel, absolu. Et pour que ce principe sortisse son effet, il ne suffit pas que la vertu reçoive une récompense quelconque et que le vice soit puni par n'importe quel châtiment : il faut que toute action vertueuse obtienne une part de bonheur proportionnée à l'effort qu'elle a coûté, que toute action coupable reçoive un châtiment proportionné à sa malice et à sa gravité. Ainsi le veut l'éternelle justice, à laquelle Dieu lui-même ne saurait rien changer.

Or, cette rémunération équitable, exacte, complète, du bien et du mal moral par le bonheur et par le malheur, nous savons qu'elle ne se fait pas en cette vie.

Qui ne reconnaît, en effet, l'insuffisance des diverses sanctions que la loi morale reçoit sur la terre ? Qui ne comprend que, si la satisfaction morale et le remords commencent à récompenser la bonne volonté et à punir le mauvais vouloir de l'homme, il s'en faut de beaucoup que cette récompense et ce châtiment soient distribués selon les règles d'une équité absolue ? Qui ne voit que la répartition des biens et des maux durant cette vie ne donne qu'une satisfaction approximative, grossière, souvent même tout à fait méconnaissable, au principe moral ? Qui ne sait enfin, par une expérience malheureusement trop fréquente, que la société, les lois, le pouvoir civil, punissent et récompensent moins équitablement encore que la force des choses et que la conscience ? Le principe du mérite et du démérite ne reçoit donc pas, à beaucoup près, dans cette vie, une complète et rigoureuse satisfaction. Donc il la recevra ailleurs, car il faut absolument qu'il l'obtienne; il ne peut pas plus se trouver en défaut que les autres principes rationnels. Donc l'âme doit nécessairement survivre au corps, et il faut que la vie qui l'attend de l'autre côté de la tombe soit une vie consciente, une vie personnelle, une vie rattachée par le souvenir à notre vie terrestre ; car sans la survivance du moi, sans l'identité de la personne humaine après la mort, toute rémunération est évidemment impossible.

Ainsi, non seulement il est démontré que l'âme peut survivre au corps et que sa nature rend cette survivance vraisemblable pour elle, mais il est établi, à la lumière d'un principe immuable de la raison, qu'elle doit nécessairement lui survivre, et exercer dans cette vie future toutes ses facultés conscientes pour son bonheur ou pour son malheur.

Ici se placent naturellement plusieurs questions subsidiaires auxquelles nous allons répondre avec M. Berthaud.

L'immortalité sera-t-elle la même pour toutes les âmes ? Non : la justice de Dieu et la loi morale exigent que le mérite soit récompensé et que le démérite soit puni. Parmi les âmes, les unes seront donc récompensées, et les autres punies. Par conséquent le sort des âmes dans l'immortalité ne sera pas le même pour toutes.

Quelle est la nature de la récompense et du châtiment dans l'autre vie ? Le bien suprême de l'âme est celui qui répond le mieux à ses aspirations. Or les aspirations de l'âme sont pour la Vérité éternelle, pour la Beauté parfaite, pour l'Amour infini. La récompense de l'âme juste sera donc la jouissance de la vue de Dieu, car Dieu est la Vérité éternelle, la Beauté parfaite et l'Amour infini. Par contre, la privation de la vue de Dieu fera le malheur des méchants.

Le corps partagera-t-il le bonheur ou le malheur de l'âme ? la justice distributive exige que les deux parties de l'homme, l'âme et le corps, dont l'union constitue le composé humain, soient traitées sur le pied d'une égalité parfaite. Telle était l'opinion de Platon. La philosophie, de même que la théologie, considère la résurrection des corps comme le complément nécessaire de l'immortalité de l'âme.

Quelle sera la durée de l'immortalité de l'âme ? La raison exige que l'immortalité de l'âme ne finisse jamais, car elle veut que le juste soit entièrement heureux. Or le juste ne serait pas parfaitement heureux, si son immortalité devait finir ; en effet, à la seule pensée que ce bonheur doit avoir une fin, il sentirait sa joie s'évanouir, et par conséquent serait malheureux.

Mais le châtiment du coupable n'aura donc jamais de fin ? Certes, le dogme de l'éternité des peines est un dogme bien effrayant, et l'on est tenté de se demander comment un supplice éternel peut se concilier avec la bonté de Dieu. Cependant, si l'on consulte la justice divine, l'éternité des peines nous apparaît comme une conséquence nécessaire des idées morales. Les philosophes les plus célèbres de l'antiquité ont admis cette conséquence. Il y a, disait Platon, deux sortes de fautes : les unes guérissables, pour lesquelles le châtiment est expiatoire ; les autres incurables, qui doivent être éternellement expiées. « Ceux qui sont trouvés avoir commis des fautes réparables, quoique fort grandes, c'est une nécessité qu'ils soient aussi précipités dans le Tartare ; mais après y avoir demeuré un an, ils sont rejetés par le flot jusqu'à ce qu'ils aient fléchi ceux qu'ils ont traités injustement. Ceux qui sont trouvés incurables à cause de la grandeur de leurs fautes, qui ont commis de graves et nombreux sacrilèges, ou des meurtres contraires à la justice et à la loi, ou d'autres crimes de même nature, ceux-là, une destinée méritée les précipite dans le Tartare d'où ils ne sortent jamais ». Une perspective aussi terrible que celle de l'éternité des peines doit nous aider à mettre un frein à nos passions. Remplissons nos devoirs, et nous pourrons sans crainte envisager l'avenir.

Il nous reste à montrer comment les attributs de Dieu viennent confirmer notre thèse et proclamer l'immortalité de l'âme humaine.

Déjà nous avons constaté ce que nous révèle l'étude de notre nature : il y a au fond de notre être des aspirations innées, invincibles, inassouvies, vers la vie sans fin, vers la vérité universelle, vers la sainteté parfaite, vers la beauté infinie, vers l'absolue liberté. Or nous savons, d'autre part, que Dieu, qui seul a pu mettre ces aspirations dans le cœur de sa créature, est infiniment sage, infiniment juste, infiniment bon, infiniment véridique. C'en est assez pour que nous ayons le droit d'affirmer l'immortalité de l'âme.

Oui, l'âme est immortelle, parce que Dieu, qui est infiniment sage, ne peut anéantir gratuitement, ou priver sans raison de ses facultés conscientes, un être capable de remplir éternellement sa destinée providentielle. L'âme est immortelle, parce que Dieu, qui est infiniment juste et bon, ne peut condamner au néant, ou, ce qui reviendrait au même, à un sommeil éternel, un être qui éprouve pour l'un et pour l'autre une invincible horreur. L'âme est immortelle, parce que Dieu qui est infiniment véridique, nous a promis l'immortalité, en mettant dans nos âmes des aspirations qui ne peuvent être satisfaites que dans une vie sans fin.

Ainsi il suffit, comme on le voit, de rapprocher sous un même regard les désirs innés de l'homme, et les perfections de Dieu, pour reconnaître, non plus seulement que l'âme de l'homme peut et doit survivre au corps, mais qu'elle lui survivra pour toute l'éternité, qu'elle est pleinement et nécessairement immortelle.

Avant de clore ce chapitre, il nous semble à propos de bien fixer les limites où s'arrête la raison humaine sur cette question de l'immortalité de l'âme, et quelles sont les lacunes que vient remplir à ce sujet le christianisme. Nous emprunterons à M. Mellier les dernières pages de ses *Leçons de philosophie*.

Après avoir établi l'existence et la pérennité d'une autre vie, dit-il, il nous reste à chercher quelle sera la nature de cette existence assurée à notre âme immortelle. A dire vrai, c'est là une de ces questions mystérieuses dont Dieu s'est réservé la solution. Abandonnée à ses propres lumières, la philosophie ne saurait prétendre à en dissiper les ténèbres ; à peine peut-elle, sur bien des points, hasarder des vues hypothétiques, de vagues et incertaines conjectures. Mais si elle est impuissante à satisfaire pleinement notre légitime curiosité, elle peut cependant donner quelques réponses d'un intérêt assez vif.

Ainsi, elle peut affirmer que l'âme persistera dans

son identité, et aura dans l'autre vie le plein usage de ses facultés essentielles, c'est-à-dire de la raison, de la sensibilité morale et de l'activité, sans la possession et l'exercice desquelles on ne conçoit pas que le principe du mérite et du démérite puisse recevoir une véritable satisfaction. Elle peut affirmer que la vie future doit être meilleure pour les bons que pour les méchants, d'autant meilleure pour les premiers qu'ils auront été plus parfaits, d'autant plus dure pour les seconds qu'ils auront été plus pervers, puisque tout le bien et tout le mal moral accomplis dans cette vie doivent recevoir dans l'autre une rémunération rigoureusement proportionnelle. Elle peut affirmer enfin que, pour ceux qui auront été ici-bas constamment fidèles à leur destinée, toutes les facultés humaines recevront un développement en rapport avec leurs infinies aspirations ; que l'intelligence entrera en possession de la vérité universelle ; que le cœur jouira du bien parfait et de la beauté infinie ; que la volonté atteindra au plus haut degré d'indépendance, de force, d'amoureuse docilité à la loi du bien : voilà ce que la sagesse, la justice et la bonté de Dieu nous garantissent pour les hommes qui, dans cette vie, auront été les plus vertueux. Là s'arrêtent les renseignements positifs et précis que la philosophie peut nous donner sur la vie future. Tout ce qu'elle prétendrait y ajouter ne serait que conjecture.

Ces renseignements ont sans doute leur prix, et l'on ne saurait en méconnaître l'importance. Mais combien ne sont-ils pas incomplets ! Dans quelle obscurité ne laissent-ils pas tant de problèmes qui naissent en foule de celui de la vie future ! C'est au christianisme qu'il appartient de combler les lacunes que, faute de prémisses suffisantes, la meilleure philosophie laisse fatalement dans une question dont la solution nous intéresse si fort. Il les remplit en grande partie, et autant que cela est nécessaire pour nous exciter à atteindre notre fin morale, et nous faire mesurer toute l'importance de l'épreuve que nous subissons ici-bas.

Ainsi, c'est le christianisme qui nous apprend qu'à la fin de notre existence sur la terre, notre sort est irrévocablement fixé ; qu'il n'y a plus pour nous, si nous avons été vertueux, aucun péril de tomber dans le vice, ni, si nous avons été vicieux, aucun espoir de revenir à la vertu ; que par suite nous ne pouvons perdre notre bonheur si nous recevons la récompense des justes, mais que nous sommes plongés dans un malheur sans fin, si nous avons encouru le châtiment des méchants. C'est le christianisme qui nous fait savoir que les bons et les méchants seront rétablis dans la pleine intégrité de leur être ; qu'ils ne jouiront et ne souffriront pas seulement dans leur âme, mais aussi dans leur corps ressuscité du tombeau et rendu pour toujours à sa compagne. C'est lui qui nous révèle l'existence d'un lieu d'expiation transitoire, où l'âme humaine sera purifiée par la souffrance de ses imperfections même les plus légères, avant d'entrer dans l'éternelle félicité. C'est lui qui nous enseigne que le bonheur des bons consistera essentiellement dans une union si étroite avec Dieu, qu'aucune relation terrestre ne saurait en donner une idée, et que le malheur des méchants consistera surtout dans la privation consciente de cette union intime avec l'essence divine. C'est lui enfin qui nous assure que des rapports persisteront dans l'autre vie entre les âmes bienheureuses, et qu'il en existe aussi actuellement entre celles qui habitent encore ce monde et celles qui l'ont quitté, soit pour aller temporairement expier leurs fautes légères dans le purgatoire, soit pour entrer au ciel.

Ces solutions, et plusieurs autres que nous pourrions mentionner, échappent à la philosophie la plus avancée et la plus pure. Abandonnée à ses propres forces, elle n'aurait jamais pu les découvrir et ne saurait peut-être pas même en fournir une démonstration rigoureuse. On voit par là combien les hommes ont besoin de la religion, même lorsqu'ils sont instruits et accoutumés aux spéculations scientifiques, pour éclaircir le plus important des problèmes qu'ils puissent se poser, celui de leur destinée immortelle (1).

(1) Cf. M. l'abbé A. Mellier, *Leçons de philosophie*, et M. l'abbé Berthaud, *Cours de philosophie*. Nous avons fondu ensemble, de manière à les compléter l'un par l'autre, tout en conservant le texte autant que possible, les deux chapitres consacrés par ces auteurs à la question de l'immortalité de l'âme.

CHAPITRE XVII

Grandeur de l'homme.

Nous pouvons maintenant aborder cette importante question : Qu'est-ce que l'homme ?

L'homme n'est pas un corps pur, il n'est pas un pur esprit : c'est un corps et une âme unis ensemble de manière à former une substance complète ; c'est le merveilleux abrégé de tout ce qui existe dans l'univers. Aucun observateur ne peut contempler sans étonnement cette créature extraordinaire jetée comme un trait d'union entre deux mondes qui la pressent de toutes parts.

L'homme est un abîme de misères. L'homme est un mystère de grandeurs. Être étrange, qui résume en sa nature toutes les qualités et toutes les imperfections du monde créé. Être incompréhensible, capable de s'élever à des hauteurs qu'un œil ordinaire ne peut mesurer, comme de descendre à des profondeurs dont la seule vue nous donne le vertige. Nous ne voulons considérer ici que sa grandeur au point de vue naturel. Arrêtons-nous donc un instant à contempler ce chef-d'œuvre de la puissance divine. Et si par malheur des instincts dépravés ou de pernicieux enseignements étaient venus obscurcir en nous l'idée de nos sublimes prérogatives, relevons-nous, et apprenons à nous estimer à notre juste valeur.

Du côté naturel, l'homme peut être envisagé sous un triple aspect. Être physique, il se trouve placé au sommet de la création corporelle. Être intelligent, il commande à la nature et peut étendre son empire jusque dans le domaine de la vérité immatérielle. Être moral, il subjugue les cœurs et se commande à soi-même.

I

GRANDEUR PHYSIQUE DE L'HOMME

Quelle idée n'a-t-on pas de la grandeur de l'homme, quand on pense que tout l'univers a été créé pour lui ! Reportons-nous par la pensée vers ces temps reculés où Dieu répandit partout le mouvement et la vie. Obéissant à sa parole féconde, la lumière jaillit du néant et envahit l'immensité de l'espace ; le firmament s'étend comme une riche tenture entre la terre et les cieux ; les eaux quittent la surface du globe et s'engouffrent dans leurs abîmes ; des multitudes de plantes viennent former sur le sol un magnifique tapis de verdure ; le soleil et la lune se balancent au milieu de l'espace pour présider au jour et à la nuit ; les plaines du ciel s'enrichissent d'étoiles étincelantes ; la mer se remplit de poissons ; l'air se peuple d'oiseaux, et bientôt une foule d'autres animaux croissent et se multiplient sur le continent.

Pourquoi tout cela ? Quelle est donc la créature privilégiée à laquelle est destinée cette demeure royale ? Pour qui cette splendide réalité qui déconcerte tous les efforts de notre imagination ? Ecoutez encore la Genèse.

Dieu, qui d'un mot vient de produire tant de merveilles, s'arrête tout à coup, et semble se recueillir en lui-même. Sa fécondité n'est pas épuisée, mais c'est que le moment est solennel ! Il s'agit de couronner dignement le grand ouvrage des six jours ; il s'agit de donner à ce palais un monarque digne d'y trôner, capable de connaître et d'aimer le Créateur. Se recueillant donc dans la contemplation de sa divine essence et de ses perfections infinies, il prend en lui-même le type de ce nouvel être qui doit régner sur la terre, et il dit : « Faisons l'homme à notre image et à notre ressemblance ».

Le voyez-vous, ce chef-d'œuvre des mains divines, ce miracle vivant de la puissance créatrice ? Il sait que la terre est son domaine, il sait que la terre est faite pour lui ; mais il sent qu'il n'est pas fait pour la terre. Son œil avide s'en détache avec mépris et sonde les profondeurs de l'espace, cherchant sa véritable patrie. Voyez-vous cette stature élevée, ce front haut, cette démarche majestueuse, ces yeux où brille encore un reflet qui atteste son origine ? Voyez-vous ce visage resplendissant de lumière, dont un païen lui-même, malgré le voile qui obscurcissait à ses yeux l'éclat de la dignité humaine, n'a pu s'empêcher d'admirer la noblesse ?

> Os homini sublime dedit, cœlumque tueri
> Jussit, et erectos ad sidera tollere vultus.

Dans chaque partie de ce corps merveilleux, quel art infini ! Quelle incroyable perfection dans l'ensemble ! Oui, comme le dit Fénelon, le sceau de l'Ouvrier est empreint sur son ouvrage, et le Créateur semble avoir pris plaisir à faire un chef-d'œuvre avec un peu de boue. Tout ce que les autres êtres de la nature sensible présentent de qualités et de perfections, nous le retrouvons dans l'homme. Les Grecs l'appelaient un *petit monde*, un *microcosme*, et rien n'est plus juste. Aussi voyez comme l'homme et la société sont fidèlement représentés dans le miroir de la nature ! Voyez comme tous les êtres, depuis le moindre des minéraux jusqu'au plus parfait des animaux, symbolisent admirablement celui qui les résume tous lui-même en sa personne !

Le plus débile des êtres quand il arrive au monde, l'homme devient vite le plus puissant. Ses membres, moins forts que ceux de beaucoup d'animaux, sont doués d'une souplesse et d'une dextérité qui le rendent maître de tout ce qui vit sur la terre. Avec une adresse qui se perfectionne chaque jour, il perce de ses traits les animaux les plus féroces ; il les fait tomber adroitement dans les pièges que sa ruse leur a tendus ; il les réduit en captivité, puis il les apprivoise et s'en joue. Le chien l'accompagne comme un ami fidèle ; le cheval est son rapide coursier ; les lions et les tigres le flattent de leurs caresses pour obtenir les siennes, et l'éléphant, docile à sa voix, courbe le dos et lui sert de monture.

Qu'elle est belle, qu'elle est vraie, cette exclamation de Galien qui s'écriait, après avoir décrit la merveilleuse structure du corps humain : « Est-ce un livre que j'ai fait ? Non, c'est un hymne que je viens de chanter à la gloire de Dieu ! »

II

GRANDEUR INTELLECTUELLE DE L'HOMME

Pour que l'homme régnât véritablement sur la terre, ce n'était pas assez d'un corps parfait. La sublimité de sa mission demandait autre chose : il fallait à l'homme une intelligence.

Par la puissance de son souffle divin, le Créateur illumina ce corps merveilleux d'un rayon de son éternelle lumière. A la boue qu'avaient façonnée ses mains toutes-puissantes, il joignit cette sublime faculté de connaître qui nous rend semblables à lui, puisqu'elle nous fait découvrir et admirer l'infinie perfection de son Etre mystérieux et de son incorruptible Vérité. Voilà ce qui élève l'homme au-dessus de toute la création matérielle, au-dessus de tous les mondes que nous voyons rouler dans le firmament, au-dessus de tout ce qui a reçu la vie sans recevoir l'intelligence. Car notre pensée se sent, pour ainsi dire, à l'étroit dans l'univers. Prenant son essor, elle s'élance hardiment par delà les limites du temps et de l'espace, et va se perdre jusqu'au sein de Dieu même, seul capable de la contenir dans son immensité.

Grâce à ce don céleste de l'intelligence, l'homme a pu produire ces étonnantes merveilles dont la terre se couvre chaque jour ; il a pu dompter et soumettre à son empire les éléments les plus terribles ; il a pu faire servir toute la nature corporelle à l'exécution de ses gigantesques desseins.

La terre, c'est son marchepied ; il la remue jusque dans ses profondeurs ; il arrache à ses entrailles fécondes le grain qui doit le nourrir et les métaux qui serviront à ses besoins ou à sa parure. La mer, qui semblait devoir séparer à jamais tous les peuples, est devenue pour l'homme un moyen de communication avec ses semblables : il la parcourt dans tous les sens ; il affronte ses fureurs ; il en retire une partie de sa nourriture. Le feu, il le captive dans une prison de fer, il l'excite, il le dompte, et s'en sert pour franchir plus rapidement les distances. L'air, il connaît le moyen de le fendre et de s'y élever si haut, qu'à ses pieds il voit planer l'aigle. L'espace, il le traverse en se jouant, et ses pensées volent d'un bout de la terre à l'autre avec la rapidité de l'éclair. Ces régions élevées qu'il ne peut atteindre que du regard, il les parcourt avec des instruments puissants ; il étudie le nombre, la nature et la forme de ces globes lumineux qui roulent sur nos têtes ; il connaît leur marche et prédit leur retour. Toutes les forces, toutes les puissances de la nature corporelle sont entre ses mains : il les maîtrise, il les assujettit, il en dispose à son gré.

C'est par l'intelligence que l'homme acquiert ces

connaissances étendues dont il est seul à jouir sur la terre. C'est par elle qu'il sonde les profondeurs du monde physique, et trouve dans le plus petit des atomes une empreinte de l'infini. C'est par elle qu'il embrasse d'un coup d'œil l'ensemble des créatures, les lois qui les régissent, les rapports merveilleux qui les unissent entre elles et avec leur divin Auteur. C'est par elle que cet ensemble de la création lui apparaît comme une échelle immense dont l'extrémité inférieure se perd au-dessous de ses pieds, et dont le sommet s'élève à une hauteur incommensurable au-dessus de sa tête, s'approchant toujours de Dieu sans jamais pouvoir l'atteindre. C'est grâce à elle enfin que, montant par degrés cette longue échelle des créatures, il arrive, par delà tous les mondes visibles et imaginables, jusqu'à la contemplation de l'Infini, principe unique et fin dernière de tout ce qui existe. Voilà la vraie richesse de l'homme, voilà sa véritable gloire, et voilà ce qui peut le faire proclamer à juste titre Roi de toute la création visible.

Corps et âme substantiellement unis, mystérieux abrégé de la création, l'homme résume en lui-même la nature physique et la nature intelligente, l'esprit et la matière, le temps et l'éternité. Par son corps il tient au monde visible, et par son âme au monde intellectuel. Il est le lien qui rattache la terre au ciel. Sans lui, le vaste système de la nature serait incomplet, et l'admirable hiérarchie des êtres n'existerait pas.

Qui de nous ne sent son cœur bondir et son âme déborder de reconnaissance, sous l'étreinte de ces grandes pensées qu'aucune langue humaine ne peut rendre qu'imparfaitement ? Qu'ils sont étroits, bas et obscurs à côté de ceux-là, les horizons du matérialisme ! O homme, toi si grand, si beau, si puissant, pourquoi souiller ton noble front au contact de misérables créatures ? Pourquoi éteindre dans la boue et dans la fange cette étincelle lumineuse et divine que tu portes en toi-même ? Chef-d'œuvre de Dieu, sache donc respecter ta noblesse, et n'insulte pas, par tes avilissements volontaires, la puissance qui t'a produit !

III

GRANDEUR MORALE DE L'HOMME

Si l'intelligence élève l'homme à une si grande hauteur au-dessus de toutes les choses visibles, que ne dirons-nous pas de la grandeur morale à laquelle il peut atteindre ? Par l'intelligence, l'homme arrive à la connaissance du bien ; par la volonté, il en opère l'accomplissement. Et n'est-ce pas là surtout que se manifeste en lui le cachet de la Divinité ? Trouvez-moi un état plus voisin de la perfection divine que celui où tous les instincts charnels de notre nature sont impitoyablement foulés aux pieds ; où la vertu, dans ce qu'elle a de plus austère, de plus héroïque, de plus absolu, devient le moteur unique de toutes les actions humaines ! Sans doute cet état sublime est difficile à atteindre, car les penchants de notre nature dégradée sont difficiles à vaincre : tous du moins nous pouvons et tous nous devons y aspirer, car tous nous sentons dans notre cœur un vide qu'aucune créature ne pourra jamais combler, pas plus qu'une goutte d'eau remplir les abîmes de l'océan.

Avez-vous réfléchi quelquefois à cet ardent besoin d'amour, toujours inassouvi, qui tourmente notre âme depuis qu'elle a conscience de ses actes ? Vous êtes-vous demandé pourquoi votre bonheur ici-bas n'a jamais été parfait ? N'en cherchez pas la raison ailleurs que dans ce besoin d'aimer, que nous ne pouvons jamais satisfaire. C'est Dieu qui a fait notre cœur : Dieu seul peut en contenir les battements précipités. Malheur, trois fois malheur à qui s'imagine que les créatures suffiront à étancher sa soif d'amour ! L'amour des créatures est imparfait comme elles, et ne pourra jamais remplir notre cœur, car notre cœur est plus grand que le monde. La créature, dit Fénelon, est un roseau cassé ; ne cherchez pas à vous appuyer dessus : loin de vous soutenir, le roseau plierait et vous percerait la main. Ce qu'il faut à l'homme, c'est un amour sans limites, un amour parfait, un amour infini. Notre âme se tord, s'il est permis de parler ainsi, dans les convulsions de l'amour ; elle appelle à grands cris l'objet qui seul peut calmer sa souffrance et lui offrir le repos dans une jouissance sans bornes. C'est alors, en effet, mais alors seulement, que sera remplie la condition de son développement légitime et de son véritable bonheur.

Car, après tout, l'intelligence, si belle et si noble qu'elle soit, n'est qu'un moyen d'arriver à l'amour de la vertu, et l'homme n'est complet que par le développement successif et la concordance harmonieuse de toutes ses facultés. La vérité, voilà l'objet de son intelligence ; le bien, voilà l'objet de sa volonté. Et qu'est-ce que le bien, sinon la splendeur du vrai, comme le vrai lui-même est la splendeur de l'Etre ? Et qu'est-ce que l'Etre, sinon Dieu, modèle de beauté, de bonté, de vérité ?

L'homme ne s'agite ici-bas que pour deux choses, connaître et jouir, et il ne cherche à connaître que dans l'espérance de jouir. L'amour est en réalité le but suprême auquel tendent tous les efforts de son intelligence et de son cœur. L'amour est comme un abîme sans fond dans lequel vient mourir toute la fécondité de notre âme. Aussi l'amour, c'est la perfection même, et le plus beau nom que nous puissions donner à Dieu, c'est celui d'Amour : *Deus charitas est*. Que l'on juge donc, et que l'on comprenne, s'il est possible, car ni la plume ni la langue ne peuvent le dire, combien est élevé l'état d'une âme qui aspire à aimer Dieu comme Il s'aime lui-même, et qui se rend digne ainsi d'attirer sur elle, de la part de son Créateur, un regard de complaisance et d'amour !

Je t'admire, ô homme, lorsque je te vois promener victorieusement les investigations de ta pensée sur tout l'univers créé ; mais je t'admire encore plus, lorsque je te vois reporter au Créateur de ton être la gloire de la nature et l'hommage de ton cœur.

Et si nous ne pouvons que balbutier quand il s'agit de peindre la grandeur naturelle de l'homme, comment oserons-nous parler de sa grandeur surnaturelle ? Pourtant nous ne sommes qu'au dernier degré de cette hauteur prodigieuse. Comme s'il manquait encore quelque chose à cette incompréhensible dignité, Dieu a voulu y mettre le dernier sceau en unissant sa nature divine à la nature humaine. Par le mystère étonnant de l'Incarnation, devant lequel toute intelligence créée reste confondue ; par ce mystère, trop sublime pour être d'invention humaine, la création tout entière, et l'humanité surtout, se trouve élevée au comble de l'honneur et de la gloire. Trop faibles pour comprendre cet acte d'ineffable amour, trop petits pour en parler dignement, nous ne pouvons qu'adorer en silence, et diriger vers le Ciel, que le sang d'un Dieu nous a conquis, tous les efforts de notre intelligence, toutes les aspirations de notre cœur.

Oui, tu t'abuses étrangement, ô homme, lorsque tu ne veux considérer en toi que la partie matérielle, ce corps de boue, et lorsque tu dis sans figure que les vers sont tes frères et que la pourriture est ta sœur, laissant ainsi choir dans la fange la triple couronne qui ceint ton front royal. Relève-toi, et reprends ton diadème ! Si tes pieds touchent à la terre, ton front s'élève vers les Cieux !

CHAPITRE XVIII

Résumé.

Si l'on examine attentivement la marche que nous avons suivie dans ce travail, on verra que notre but principal a été moins d'examiner dans tous ses détails le système empirique, que de nous attaquer au matérialisme contemporain, en démontrant la spiritualité de l'âme humaine. Nous avons accompagné les matérialistes dans le parcours rapide de la création visible, et nous leur avons dit :

Vous prétendez que tout est matière dans l'univers. Si votre système est vrai, la matière doit tout expliquer. Or, elle n'explique pas même, à parler rigoureusement, le moindre minéral ; car cet être n'est pas seulement étendu, il est un aussi, et l'étendue ne peut produire l'unité. Elle n'explique pas plus les végétaux, car ceux-ci possèdent la vie, et la vie suppose un principe distinct des forces de la matière. Elle explique encore moins les animaux, car la sensation et le mouvement spontané ne peuvent exister sans un principe simple, que la matière est incapable de fournir. Enfin l'homme présente un concert merveilleux de facultés, soit sensitives, soit raisonnables, qui démontrent en lui l'existence d'un principe non seulement distinct, mais encore indépendant de la matière, et supérieur à la matière.

En considérant de plus près les arguments que nous avons développés contre l'empirisme en général, matérialisme et sensualisme, il sera facile de les faire reposer tous sur un principe unique, dont ils ne sont que des applications particulières. Ce principe est celui-ci : L'effet ne peut être supérieur, ni même égal à la cause,

Que les matérialistes le nient, et nous leur refusons le droit de rien affirmer. Car enfin, puisqu'ils ne veulent promener leurs investigations que sur le monde physique, ou ils croient à la mécanique, ou ils ne croient à rien. Or, il n'est pas de vérité mieux démontrée en mécanique que la supériorité de la cause sur l'effet : elle brille d'une telle évidence qu'on ne peut s'empêcher de la reconnaître, à moins toutefois d'être complètement aveugle.

Raisonnons sur ce principe, et voyons d'abord si le sensualisme s'y conforme.

Il est certain que nous avons des sensations, et que, dépourvus de sensations, nous serions dépourvus d'idées. Mais il est non moins certain que l'idée est supérieure à la sensation. Dès lors la sensation n'est pas la cause unique de l'idée : elle n'en est que la condition. Direz-vous que l'idée est une sensation transformée ? Il existe entre ces deux phénomènes une différence radicale, essentielle, la différence du contingent à l'universel ; et la transformation ne suppose pas un changement d'essence, car ce ne serait plus une transformation. Donc le système de Condillac est inadmissible, puisqu'il heurte un principe incontestable. Et quant à la volonté, nous savons qu'elle est libre ; nous savons aussi que la sensation est fatale, et personne n'a jamais osé soutenir que la liberté soit inférieure à la fatalité. Si donc la volonté libre n'était qu'une sensation transformée, il s'ensuivrait qu'une cause aurait produit un effet supérieur à elle-même, ce qui est absurde. Donc le sensualisme est insoutenable sur tous les points.

Venons maintenant au matérialisme.

Il est certain que les minéraux possèdent tout à la fois la multiplicité et l'unité. Il est certain aussi que la matière doit être regardée comme la source de la multiplicité. Mais l'unité est supérieure à la multiplicité : donc elle ne peut en provenir, et la matière seule n'explique pas même les minéraux. A cette occasion, il était naturel de rechercher quelle est l'origine de la matière ; or, l'univers n'a pas toujours existé tel qu'il est, la matière n'est pas éternelle, et elle n'est pas sortie du sein de Dieu par émanation : d'où il reste à conclure qu'elle a été tirée du néant par un acte de la puissance créatrice.

De plus que les minéraux, les végétaux possèdent la vie. Or, le principe vital, supérieur au simple principe de l'être, est supérieur aussi à toutes les forces physiques et chimiques de la matière, puisqu'il a besoin, pour se maintenir dans l'existence, de les dominer sans cesse. Il faut donc admettre dans les végétaux autre chose que la matière.

La preuve tirée des animaux est encore plus forte, car la vie en eux est plus parfaite que dans les végétaux. Les deux attributs essentiels de la vie animale sont la sensation et le mouvement spontané. Or, la sensation est simple, la matière est composée, et la simplicité est supérieure à la composition. L'effet ne pouvant être supérieur à la cause, il s'ensuit que la matière n'est pas la cause unique de la sensation. De même, la matière est inerte, l'animal se meut d'un lieu à un autre, et la faculté de se mouvoir est supérieure à l'inertie. Il y a donc dans l'animal autre chose que de la matière ; il y a un principe immatériel. Ces principes nous ont permis d'étudier la question des générations spontanées, que nous avons repoussées au nom de la raison et de l'expérience.

Nous avouons toutefois que le principe vital des plantes et des animaux ne pourrait jouir d'une existence isolée, et qu'il dépend intrinsèquement de la matière, puisqu'il ne possède rien qu'il ne puisse lui communiquer. Mais il faut bien avouer aussi que ce principe est réellement distinct de la matière, car autrement on admettrait que l'effet est supérieur à la cause.

Lorsque nous arrivons à l'homme, l'argumentation acquiert une importance beaucoup plus considérable. Car toutes les preuves précédentes lui peuvent être appliquées, et chacune d'elles reçoit encore une nouvelle force, par suite de l'influence prédominante des deux facultés qui le caractérisent spécialement : l'intelligence et la volonté libre.

D'abord la sensation ne se manifeste pas dans l'homme chaque fois que la cause de la sensation est posée extérieurement. Il faut donc que le principe en vertu duquel nous sentons soit immatériel, et même indépendant de la matière. En outre, le mouvement spontané est soumis à l'influence directe de la volonté libre, et la volonté libre suppose un principe intrinsèquement supérieur à la matière.

Par l'intelligence, nous acquérons des idées, nous portons des jugements, nous faisons des raisonnements. Or, l'idée universelle est très certainement supérieure à la sensation ; le jugement est supérieur à la simple idée, et le raisonnement atteste une puissance de plus que le simple jugement. Si donc la sensation ne peut provenir d'un principe purement matériel, *a fortiori*, l'idée, le jugement et le raisonnement n'en proviendront pas non plus. Et puisque ces trois attributs de notre intelligence sont d'une nature plus élevée que la sensation, il faut nécessairement qu'ils découlent d'un principe supérieur au principe de la simple sensation animale. Donc ils appartiennent à un principe spirituel.

Enfin, malgré les objections des fatalistes, nous avons prouvé l'existence de la liberté humaine, et nous ne trouvons aucune trace de cette faculté chez les êtres inférieurs. Par conséquent il faut admettre dans l'homme un principe vital supérieur au principe vital des plantes et des animaux. Ce principe est donc spirituel.

Sous l'influence de ces considérations, nous avons pu réfuter, comme contraire à la raison, à l'expérience et aux enseignements de la véritable science française, la théorie du transformisme ; puis, comme conséquence de la spiritualité de l'âme humaine, nous avons démontré par deux sortes d'arguments son immortalité. L'homme nous est alors apparu à la place qu'il occupe véritablement dans la hiérarchie des êtres. Nous avons admiré sa grandeur et la noblesse de ses destinées. La comparaison de cette réalité si belle avec les théories stupides des matérialistes ne peut que nous remplir d'admiration à la vue de l'infinie sagesse de Dieu, et d'étonnement à la vue de la sottise humaine.

Ainsi, nous pouvons condenser en quelques lignes tout ce raisonnement, et argumenter de cette manière :

Toute cause est supérieure à son effet, et tout effet est inférieur à sa cause. Or, l'unité des corps inorganiques, la vie végétative des plantes, la vie sensitive des animaux, sont supérieures à la matière. Donc elles ne peuvent provenir de la matière.

Et dans l'homme, l'idée, le jugement, le raisonnement, la sensibilité intellectuelle, la liberté, la sensibilité morale, sont autant de choses intrinsèquement indépendantes de la matière. Donc ces attributs ne sont pas des effets de la matière, et leur existence en nous ne peut s'expliquer que par l'existence d'un principe simple et spirituel. Ce principe, c'est l'âme humaine. Donc l'âme humaine est spirituelle.

CONCLUSION

Nous venons de combattre le matérialisme en adversaire loyal et convaincu. Tous les défenseurs de ce système pourraient-ils protester ainsi de leur sincérité ? Beaucoup sans doute s'imaginent suivre le chemin qui conduit à la vérité ; mais beaucoup plus encore professent cette honteuse doctrine uniquement parce qu'elle favorise leurs passions. Le but qu'ils se proposent, la fin qu'ils veulent atteindre, ce n'est pas de connaître la vérité, c'est de jouir ; ce n'est pas d'utiliser leurs facultés intellectives, c'est de satisfaire leurs appétits sensitifs ; c'est de savourer à longs traits, et le plus longtemps possible, la coupe des plaisirs dégradants ; c'est d'employer leur puissance de calcul à additionner lentement des jours et des années, à se procurer la plus grande somme possible de jouissances matérielles. Ils croient avoir bien vécu, pourvu qu'ils aient vécu conformément à leurs instincts dépravés. Chez eux l'intelligence est malade assurément, mais le cœur est gangrené, et ce sont les vices du cœur qui ont déteint sur l'intelligence.

Ces matérialistes par goût et par habitude n'offrent que peu de prise aux arguments philosophiques. En eux le cœur fait la loi à l'intelligence : c'est au cœur qu'il faut s'attaquer tout d'abord, c'est aux sentiments qu'il faut surtout recourir. Pour couper le mal dans sa racine, il faut faire appel à leur honneur, à leur dignité d'homme, leur montrer l'abjection dans laquelle ils croupissent, les assimiler aux brutes. Et si l'on parvient à les faire rougir d'eux-mêmes, ils sont à moitié sauvés.

Quant à ces intelligences honnêtes, mais fourvoyées, qui cherchent sincèrement la vérité, mais qui ne peuvent la découvrir, engagées qu'elles sont dans le labyrinthe de l'erreur, nous leur citerons les paroles d'une grande intelligence qui vint un jour, elle aussi, frapper à la porte du matérialisme. Sous l'empire d'une de ces émotions soudaines qui maîtrisaient par intervalles son cœur agité, sous l'action de la vérité qui cherchait à se faire jour dans son âme, Théodore Jouffroy a écrit les lignes suivantes :

« Il y a un petit livre qu'on fait apprendre aux enfants, et sur lequel on les interroge à l'église. Lisez ce petit livre, qui est le Catéchisme : vous y trouverez une solution de toutes les questions que j'ai posées, de toutes sans exception. Demandez au Chrétien d'où vient l'espèce humaine, il le sait ; où elle va, il le sait ; comment elle va, il le sait. Demandez à ce pauvre enfant, qui de sa vie n'y a songé, pourquoi il est ici-bas et ce qu'il deviendra après sa mort : il vous fera une réponse sublime, qu'il ne comprendra pas, mais qui n'en est pas moins admirable. Demandez-lui comment le monde a été créé et à quelle fin ; pourquoi Dieu y a mis des animaux, des plantes ; comment la terre a été peuplée, si c'est par une seule famille ou par plusieurs ; pourquoi les hommes parlent plusieurs langues ; pourquoi ils souffrent ; pourquoi ils se battent, et comment tout cela finira : il le sait. Origine du monde, origine de l'espèce, question des races, destinée de l'homme en cette vie et en l'autre, rapports de l'homme avec Dieu, devoirs de l'homme envers ses semblables, droits de l'homme sur la création, il n'ignore rien ; et quand il sera grand, il n'hésitera pas davantage sur le droit naturel, sur le droit politique, sur le droit des gens ; car tout cela sort, tout cela découle avec clarté, et comme de soi-même, du Christianisme. Voilà ce que j'appelle une grande religion ; je la reconnais à ce signe infaillible, qu'elle ne laisse sans réponse aucune des questions qui intéressent l'humanité (1) ».

Telle est la conclusion à laquelle arrivera tôt ou tard, s'il n'est pas surpris par un coup de la colère divine, le matérialiste qui cherche de bonne foi la vérité. Après avoir égaré sa raison dans les tortueux détours du paralogisme et de l'erreur, après s'être épuisé en recherches superflues, il sera logiquement ramené à son point de départ, et finira par où il a commencé : par le Catéchisme.

Enfin nous ne pouvons mieux terminer qu'en proposant encore un grand exemple aux matérialistes, et surtout aux élèves de la Faculté de médecine. Voici les paroles par lesquelles un médecin justement célèbre, le docteur Laënnec, achevait un discours prononcé par lui à l'inauguration de l'Ecole médicale de Nantes. Elles seront aussi le couronnement de ce travail.

« Dieu de mes pères, si l'étude de mon art ne doit me conduire qu'à douter de ta puissance, s'il faut que, dans ce corps fragile et périssable, je ne retrouve plus cet instrument céleste de ma pensée, cette âme immortelle et libre que je tiens de ta bonté ; s'il faut qu'assimilé à la brute stupide, dégradé dans tout mon être, je reconnaisse des penchants irrésistibles dans mon crâne et la cogitabilité dans une huître : Ah ! rends-moi mon ignorance ! ne permets pas que je blasphème ton nom ! je n'étudierai plus ».

(1) *Mélanges philosophiques. Du problème de la destinée humaine.*

FIN

TABLE DES MATIÈRES

	Pages.
Lettre de Monseigneur.......................	
Préface......................................	I-VI
Introduction.................................	1

PREMIÈRE PARTIE

Histoire de l'Empirisme philosophique...............	7

Première Epoque.

Empirisme ancien...............................	9
Chapitre I. — De l'Empirisme en Inde...............	10
I. Empirisme Brahmanique. — 1. Ecole de Kapila. — 2. Ecole de Kanada........................	11
II. Empirisme Bouddhique : Sakya-Mouny. — 1. Ecoles des Bouddhas. — 2. Ecoles des Djainas : les gymnosophistes.......................	16
Chapitre II. — De l'Empirisme en Grèce...............	21
I. Empirisme grec avant Socrate. — 1. *Ecole ionienne :* Thalès de Milet, Hippon de Rhegium, Anaximandre, Phérécyde de Scyros, Anaximène, Héraclite d'Ephèse, Cratyle, Anaxagore, Diogène d'Apollonie, Empédocle, Archelaüs le Physicien, Hermotime de Clazomène. — 2. *Ecole atomistique :* Leucippe, Démocrite, Diagoras de Mélos, Métrodore de Chio, Anaxarque d'Abdère........................	21-36
II. Empirisme grec après Socrate. — 1. *Ecole cyrénaïque :* Aristippe de Cyrène, Aréta, Bion le Borysténète, Aristippe le Jeune, Annicéris de Cyrène, Théodore de Cyrène, Evhémère. —	

2. *Ecole stoïque :* Zénon, Persée de Cittium, Herille de Carthage, Aristan de Chios, Athénodore de Soli, Cléanthe, Chrysippe, Zénon de Tarse, Diogène de Babylone, Antipater de Sidon, Panœtius de Rhodes, Posidonius d'Apamée. — 3. *Ecole Epicurienne :* Epicure, Aristobule, Néoclès, Chérédème, Métrodore de Lampsaque, Polyen de Lampsaque, Timocrate, Hermachus de Mitylène, Apollodore l'Epicurien, Colotès, Zénon l'Epicurien, Diogène de Séleucie, Phèdre, Philodème de Gadara...   36-48

CHAPITRE III. — De l'Empirisme en Italie...............   48
   I. L'Epicurisme en Italie : Lucrèce, Horace, Pline l'Ancien....................................   49
   II. Le Stoïcisme en Italie : Sénèque, Epictète, Marc-Aurèle......................................   53
   III. Les ennemis du Christianisme : Celse, Lucien..   59

Deuxième Epoque.

EMPIRISME AU MOYEN-AGE..............................   64
CHAPITRE I. — De l'Empirisme avant l'apogée de la scolastique............................   67
   I. L'Empirisme chez les philosophes. — 1. *Nouveau scepticisme :* Ænésidème, Agrippa, Antiochus de Laodicée, Ménodote de Nicomédie, Hérodote de Tarse, Sextus Empiricus. — 2. *Ecole d'Alexandrie :* Philon le Juif, Numénius d'Apamée, Potamon d'Alexandrie, Ammonius Saccas, Aristobule le Juif, Plotin, Amélius d'Etrurie, Porphyre, Jamblique, Hiéroclès, Proclus, Olympiodore, Damascius de Damas..   68-74
   II. L'Empirisme chez les sectes religieuses. — 1. Les *Gnostiques :* Philon le Juif, Simon le Magicien, Cérinthe, Basilide, Saturnin, Valentin, Carpocrate, Cerdon, Marcion, Bardesane. — 2. Les *Manichéens :* Manès, Nestorius, Eutychès..   74-80
   III. L'Empirisme aux débuts de la scolastique. — 1. La *Kabbale :* Aristobule d'Alexandrie, Philon le Juif, Rabbi-Akiba, Simon Ben-Jochaï, Anan Ben-David, Saadia, Ibn-Gébirol ou Avi-

cebron, Bechaï ou Baya Ben-Joseph, Juda Hallevi, Moïse Ben-Maïmoun ou Maimonide. — 2. *Philosophie arabe* : Kendi, Al-Farabi, Ibn-Sina, Gazali, Ibn-Bâdja, Tofaïl, Averroès..... 81-90

CHAPITRE II. — De l'Empirisme dans l'Ecole........... 90
  I. L'Empirisme avant la querelle des Universaux. — Frédégise, Gottescalc, Scot Erigène, Bérenger 91-95
  II. Querelle des Universaux. — Roscelin, Abailard, Gilbert de la Porée 95-99
  III. L'Empirisme après la querelle des Universaux. — Amaury de Chartres, David de Dinant, Roger Bacon, Guillaume d'Occam, Pierre d'Ailly, Grégoire de Rimini, Durand de Saint-Pourçain, Walter Burleigh, Thomas de Bradwardin, Jean Wicleff, Jean Buridan, Wessel Gransfort, Gabriel Biel, Jacques Almain..... 99-104

CHAPITRE III. — L'Empirisme de la Renaissance 104
  I. Retour à la philosophie païenne. — 1. Les *Aristotéliciens* : Pomponace, Jacques Zarabella, César Crémonini, Ucilio Pompeio ou Vanini. — 2. Les *Platoniciens* : Bessarion, Nicolas de Cuss, Marsile Ficin, Jean Pic de la Mirandole, Mazzoni. — 3. Les *Stoïciens* : Juste-Lipse. 105-109
  II. Les novateurs et les sceptiques. — Luther, Montaigne, Pierre Charron 109-111
  III. Organisateurs de la philosophie. — Machiavel, Louis Vivès, Télésio, Ramus, Jordano-Bruno, Sanchez, Campanella...................... 111-118

Troisième Epoque.

EMPIRISME MODERNE................................ 119

CHAPITRE I. — De l'empirisme au dix-septième siècle... 120
  François Bacon, Gassendi, Claude de Beauregard, Jean-Chrysostôme Magnon, Sorbière, Bernier, Chapelle, La Mothe le Vayer, Cyrano de Bergerac, Hobbes, Spinosa, Locke, Dodwell, Collins........................ 120-136

CHAPITRE II. — De l'Empirisme au dix-huitième siècle. 136
  I. L'Empirisme en Angleterre. — Mandeville, Bo-

lingbrocke, Coward, Gravesande, Hutcheson, Hartley, Hume, Ferguson, Burke, Erasme Darwin, Priestley, Bentham.................. 136-143
II. L'Empirisme en France. — 1. Les *Sensualistes :* Dumarsais, Montesquieu, Deslandes, Condillac, Charles Bonnet, de Beausobre, Garat, Destutt de Tracy, Bichat. — 2. Les *Matérialistes :* Mirabaud, Maupertuis, d'Argens, La Mettrie, Helvétius, Saint-Lambert, Deschamps, Boullanger, d'Holbach, Robinet, Naigeon, Maréchal, Cabanis, Volney. — 3. Les *Encyclopédistes :* Langlet-Dufresnoy, Quesnay, Danville, La Condamine, de Jaucourt, de Tressan, de Brosses, Daubenton, Necker, Diderot, d'Alembert, Voltaire, Duclos, Buffon, Mably, Raynal, J.-J. Rousseau, Grimm, Turgot, Morellet, Marmontel, Condorcet 144-181

CHAPITRE III. — De l'Empirisme au dix-neuvième siècle. 181
I. L'Empirisme en France : Laromiguière, Jouffroy. 182-186
1. Les *Matérialistes.* Phrénologistes : Porta, Ghirardhelli, Lavater, Camper, Blumenbach, Gall, Spurzheim, Vimont, Dumoutier, Ysabeau 186-192
Physiologistes : Haller, Bordeu, Georget, Broussais, Boisseau, Bégin, Roche, Treille, Clerc, Goupil, Sarlandière, Lallemand, Bouillaud, Scoutetton, V. Duval, Ducamp, Richond des Brus, Montègre, Quémond de Dieppe, les deux Gaubert, Sanson, Jourdan, Magendie, Claude Bernard, Mortillet, Robin, Broca, Vulpian, Paul Bert, L. Luys............... 193-205
Transformistes : De Maillet, Lamarck, Bory de Saint-Vincent, Etienne Geoffroy Saint-Hilaire, Serres, Félix Pouchet, Joly, Musset, Meunier, Naudin, Mademoiselle Royer, Topinard, Martins, Gaudry, Giard, Fouillée, Georges Pouchet, Renan, Viardot......... 205-226
Dynamistes : L. Luys, Leblais, Fouillée, Jules Soury, Le Bois-Reymond, Nuyter, Viardot, Taine, About, Littré, Renan, Michelet et Moreau.................................. 226-236
2. Les *Socialistes.* Saint-Simoniens : Saint-Simon, Augustin Thierry, Auguste Comte, Olinde Rodrigues, Bazard, Enfantin, Buchez,

TABLE DES MATIÈRES

Laurent, Adolphe Garnier, Armand Carrel, Pierre Leroux, Jean Reynaud, Lherminier, Mangerin, Guéroult, Théodore Bac, E. Péreire, Stéphane Mony, Lechevalier, Transon...... 236-241

Phalanstériens : Fourier, Baudet-Dulary, Muiron, Lechevalier, Transon, Renaud, Barrier, Paget, Cantagrel, de Pompéry, Pellerin, Hennequin, Toussenel, Madame Vigoureux, Madame de Gamond, Victor Considérant... 241-243

Humanitaires : Pierre Leroux, Jean Reynaud. 243-246

Communistes : Etienne Cabet, Villegardelle, Pecqueur, Vidal, Pierre Proudhon, Louis Blanc...... 246-248

3. Les *Positivistes* : Auguste Comte, Emile Littré, Taine, Ch. Robin, Renan............ 249-260

II. L'Empirisme en Angleterre : Malthus, Lyell, Stuart Mill, Charles Darwin, Lewess, Bain, Spencer, Tyndall, Huxley............ 260-276

III. L'Empirisme en Allemagne : Kant, Fichte, Schelling, Hégel, Owen, Schopenhauer, Feuerbach, Schmid, Ruge, Burmeister, Strauss, Bruno Bauer, Schaaffhausen, Vogt, Moleschott, Virchow, Buchner, Haeckel, de Hartmann............ 276-300

Résumé de l'histoire de l'Empirisme............ 300-303

SECONDE PARTIE

EXAMEN DE L'EMPIRISME PHILOSOPHIQUE............ 307-308

CHAPITRE I. — Des minéraux............ 309
  I. Qu'est-ce que la matière ?............ 310-315
  II. La matière ne peut à elle seule produire l'étendue. 315-318
  III. Le matérialisme se brise contre un grain de sable. 318-322

CHAPITRE II. — De l'origine de la matière............ 323
  I. La matière est-elle éternelle ?............ 323-327
  II. L'univers a-t-il toujours existé tel qu'il est ?... 327-330
  III. L'univers est-il sorti de Dieu par émanation ?.. 330-333

CHAPITRE III. — Des végétaux............ 334
  I. De la vie en général............ 334-337
  II. De la vie végétative............ 337-340
  III. Le principe vital des plantes est distinct des forces matérielles............ 340-345

CHAPITRE IV. — Des animaux ... 346
  I. Les animaux n'ont pas d'âme spirituelle ... 347-352
  II. De la vie animale ... 352-356
  III. La sensation exige un principe immatériel ... 356-358
  IV. Le mouvement spontané exige un principe immatériel ... 358-361

CHAPITRE V. — Des générations spontanées ... 362
  I. La théorie des générations spontanées est contraire à la raison ... 363-368
  II. La théorie des générations spontanées est contraire à l'expérience ... 368-374
  III. Histoire du Bathybius ... 374-376

CHAPITRE VI. — De l'homme ... 377
  I. L'homme a conscience de ce qui se passe en lui ... 378-381
  II. Le témoignage de la conscience est certain ... 381-383
  III. Des facultés humaines ... 383-387

CHAPITRE VII. — Examen du sensualisme ... 388
  I. Rapports des facultés humaines ... 388-390
  II. Différences des facultés humaines ... 390-391
  III. Caractères de la sensation ... 392-394
  IV. L'idée n'est pas une sensation transformée ... 394-395
  V. La volonté n'est pas une sensation transformée ... 396-398
  VI. Le sensualisme est un système illogique ... 398-401

CHAPITRE VIII. — De la vie sensitive de l'homme ... 402
  I. De la sensation ... 402-405
  II. Du mouvement spontané ... 405-408

CHAPITRE IX. — De l'idée ... 409
  I. L'idée considérée dans son existence ... 409-412
  II. Réponse à trois objections ... 412-415
  III. L'idée considérée dans son domaine ... 415-417

CHAPITRE X. — Des opérations de l'intelligence ... 418
  I. Du jugement ... 418-420
  II. Du raisonnement ... 420-422
  III. De la sensibilité intellectuelle ... 422-435

CHAPITRE XI. — De la volonté libre ... 436
  I. De la volonté ... 436-438
  II. De la liberté ... 439-442

CHAPITRE XII. — Examen du fatalisme ... 443
  I. Principes du fatalisme ... 444-452
  II. Conséquences du fatalisme ... 452-456

TABLE DES MATIÈRES

Chapitre XIII. — Démonstration de la liberté humaine..	457
I. Témoignage de la conscience................	457-459
II. Témoignage du genre humain................	459-462
Chapitre XIV. — Des opérations de la volonté libre.....	463
I. Preuve tirée de la liberté.....................	463-466
II. Preuve tirée de la sensibilité morale...........	466-468
Chapitre XV. — Du transformisme	469
I. Le transformisme est contraire à la raison.......	471-474
II. Le transformisme ne peut s'appuyer sur l'expérience	475-480
III. Le transformisme et la science française.......	480-487
Chapitre XVI. — De l'immortalité de l'âme humaine...	488
I. Preuves intrinsèques........................	489-495
II. Preuves extrinsèques.......................	495-504
Chapitre XVII. — Grandeur de l'homme..............	505
I. Grandeur physique de l'homme...............	506-508
II. Grandeur intellectuelle de l'homme...........	508-511
III. Grandeur morale de l'homme................	511-513
Chapitre XVIII. — Résumé	514
Conclusion	519

LISTE ALPHABÉTIQUE

des philosophes, écrivains et personnages marquants

CITÉS DANS CET OUVRAGE

~~~~~~

Abailard, 97, 98, 99, 117, 216.
About, 230, 250.
Abraham, 100.
Adam, 94.
Adrien, 56, 58, 76, 83.
Ænésidème, 65, 69, 93, 260.
Agassiz, 285, 294, 478.
Agobard, 92.
Agrippa le sceptique, 69.
Ailly (Pierre d'), 102.
Alain de Rissel, 99.
Albert le Grand, 85, 103, 234.
Alcibiade, 35.
Alcuin, 91, 92.
Alembert (d'), 144, 151, 163, 172, 173, 175, 176, 179.
Alexandre d'Aphrodise, 64.
Alexandre de Halès, 103.
Alexandre le Grand, 71.
Al-Farabi, 87, 88.
Alfred d'Angleterre, 93.
Almain, 102.
Al-Mamoun, 87, 88.
Al-Mansour, 87.
Alméon de Crotone, 327, 328.
Amaury de Chartres, 94, 100, 101, 117, 334.
Amélius d'Etrurie, 72.
Ammonius Saccas, 72.
Anan ben-David, 84.
Anaxagore, 27, 28, 30, 43, 226.
Anaxarque d'Abdère, 36.
Anaximandre, 24, 25, 26, 33, 47, 206, 323.
Anaximène de Milet, 26, 27, 28, 47, 323.
Annicéris de Cyrène, 39.

Anselme de Laon, 97.
Anselme (Saint), 96.
Antigone Gonatas, 41.
Antiochus de Laodicée, 69.
Antipater de Sidon, 42.
Antisthène, 37, 39, 40.
Antonin, 58.
Apollodore, 42.
Apollodore l'Epicurien, 47.
Apollonius de Tyane, 64.
Arc (Jeanne d'), 176.
Arcésilas, 42, 68.
Archelaüs le Physicien, 30, 43.
Archelaüs, évêque, 79.
Archiac (d'), 483, 484.
Archimède, 81, 82, 434.
Aréta, 38, 39, 47.
Argens (marquis d'), 154, 156.
Arioste, 216.
Aristippe de Cyrène, 37, 38, 47, 146.
Aristippe le Jeune, 39, 47.
Aristobule l'Epicurien, 47.
Aristobule le Juif, 72, 83.
Ariston de Chios, 41.
Aristote, 20, 23, 24, 25, 31, 37, 40, 65, 68, 81, 85, 87, 88, 89, 91, 93, 95, 101, 107, 108, 109, 113, 118, 121, 215, 226, 270, 310, 312, 313, 317, 318, 320, 327, 328, 331, 383.
Arrien, 57.
Athanase (Saint), 327.
Athénodore de Soli, 41.
Augustin (Saint), 25, 54, 310, 314, 325, 362.
Averroës, 88, 89, 90, 106, 107.

LISTE ALPHABÉTIQUE

Avicebron, 85.
Avicenne, 88, 94.

Bac, 240.
Bachelet, 98.
Bacon François, 8, 101, 105, 115, 116, 118, 120, 121, 122, 123, 125, 128, 135, 136, 140, 176, 182, 187, 216, 281.
Bacon Roger, 100, 101, 104, 117, 121.
Bahram, 79.
Bailey, 250, 268.
Bailly, 24.
Bain, 143, 250, 268, 269.
Balaam, 102.
Balard, 372.
Balmès, 356, 357, 358, 412, 415.
Bardesane, 77.
Barrande, 478, 487.
Barrier, 243.
Barruel, 349.
Barthez, 340.
Bartholius, 121.
Basile (Saint), 362.
Basilide, 75, 76, 77.
Baudet-Dulary, 242.
Bayle, 115, 216, 333, 420, 444, 448.
Bazard, 239, 240.
Beausobre (de), 144, 151.
Béchaï, 85.
Bède, 83.
Beethoven, 234.
Bégin, 199.
Bentham, 143, 262.
Bérard, 340.
Béranger, 94, 95, 117.
Bérigard (de), 124.
Berkeley, 18, 20, 137, 263.
Bernard Claude, 201, 203, 213.
Bernard de Chartres, 99.
Bernard (Saint), 99.
Bernier, 125.
Berryer, 414.
Bert Paul, 201, 203, 204, 224.
Berthaud, v, 496, 498, 504.
Berzélius, 340.
Bessarion, 107.
Bichat, 144, 153, 154, 193, 196, 335, 340, 343.
Biel, 102.
Bion le Borysténète, 39.
Biot, 122.
Blainville (de), 482.

Blanc Louis, 246, 247, 248.
Blanchard, 486.
Blumenbach, 187.
Boccace, 216.
Boece, 81, 82, 91, 95.
Bois-Reymond (du), 228.
Boisseau, 199.
Bolingbrocke, 137, 138, 143.
Bonaventure (Saint), 103.
Boniface VIII, 102.
Bonnet, 144, 150, 151.
Borden, 193, 340.
Bory de Saint-Vincent, 210.
Boschowick, 310.
Bossuet, 234, 451.
Bouddha, 17, 19.
Bouillaud, 199.
Boullanger, 154, 163, 172, 175, 180.
Branchereau, 278.
Brin, iv, 93, 105, 145, 204, 226, 244, 247, 262, 263, 280, 286, 287, 299, 300.
Brisbarre, 98.
Broca, 201, 202, 203.
Brongniart, 372, 486.
Brosses (de), 172, 173, 174.
Brougham, 268.
Broussais, 13, 14, 20, 192, 193, 195, 196, 197, 198, 199, 200, 260.
Bruno Bauër, 284.
Brutus, 51.
Buchez, 239.
Buchner, 14, 20, 226, 227, 228, 230, 250, 267, 274, 288, 289, 290, 291, 292, 293, 300, 301, 316, 324, 325, 476.
Buffon, 149, 151, 165, 172, 174, 175, 177, 480, 483.
Bunsen, 273.
Burdach, 340.
Buridan, 102.
Burke, 141, 143.
Burmeister, 282.
Burney, 268.
Burnouf, Emile, 57.
Byron, 234.

Cabanis, 18, 20, 154, 168, 169, 170, 171, 193, 196, 198, 227, 285, 292.
Cabet, 246, 247.
Caligula, 452.
Campanella, 112, 116, 118, 120, 216.

Camper, 187.
Candide, 92.
Canestrini, 267.
Cantagrel, 243.
Carbonel, IV, 171, 178, 281.
Carnéade, 68.
Caro, 300, 301.
Carpentier, 376.
Carpocrate, 77.
Carrel, 239.
Casaubon, 108.
Cassiodore, 81, 82.
Catherine de Médicis, 234.
Caton d'Utique, 234.
Catulle, 50.
Cécrops, 81.
Celse, 49, 59, 60, 61, 117.
Cerdon, 77, 78.
Cérinthe, 75, 76.
Cerise, 340.
César, 50, 51.
Chapelle, 125.
Charlemagne, 65, 87, 91.
Charles le Chauve, 93.
Charpentier, 113.
Charron, 109, 111, 118.
Chatam, 234.
Châteaubriand, 195, 234.
Chénier, Marie-Joseph, 179.
Chérédème, 47.
Chevreul, 484.
Chrysippe, 42, 47.
Cicéron, 22, 25, 36, 49, 50, 461, 494, 496, 497.
Clarapède, 267.
Claude, 52, 54.
Cléanthe, 42, 47.
Clerc, 199.
Climaque (Saint Jean), 83.
Colebrocke, 10, 17.
Collins, 135, 136, 444.
Colomb, 216.
Colotès, 47.
Commode, 62.
Comte, 122, 238, 239, 250, 251, 252, 254, 259, 262, 263, 268.
Condamine (la), 172, 173, 174.
Condillac, 48, 144, 146, 147, 148, 149, 150, 151, 152, 153, 156, 159, 168, 171, 172, 175, 177, 184, 217, 259, 260, 391, 392, 397, 400, 428.
Condorcet, 144, 159, 172, 174, 175, 179, 237.

Confucius, 66.
Considérant, 243.
Copernic, 107, 121, 216.
Cousin, 13, 36, 49, 124, 125, 133, 134, 148, 328, 331, 398, 428, 429, 430, 495.
Coward, 138, 143.
Cratès de Thèbes, 38.
Cratyle, 27.
Crémonini, 105, 106, 118.
Cromwell, 234.
Ctésiphon, 78.
Cubricus, 78.
Cumberland, 139, 141.
Cuvier, 210, 335, 336, 340, 482, 483, 485, 486.
Cyrano de Bergerac, 125.

Dain (Mme Sophie), 190.
Damascène (Saint Jean), 83.
Damascius de Damas, 73.
Damien (Saint Pierre), 95.
Dante (le), 216.
Danville, 172, 173, 174.
Darras, 60.
Darwin, Charles, 20, 141, 142, 207, 209, 212, 213, 214, 215, 216, 217, 222, 224, 226, 227, 260, 262, 264, 265, 266, 267, 284, 286, 294, 301, 475, 476, 477, 479, 483, 484, 485, 486.
Darwin, Erasme, 141, 142, 143, 206.
Daubenton, 172, 173, 174, 175.
Daule, 281.
David de Dinant, 94, 100, 101, 117, 331.
Dawson, 376.
Démocrite, 20, 31, 33, 34, 35, 36, 43, 44, 45, 47, 123, 124, 128, 132, 260, 300, 301, 303, 310, 323.
Denys le tyran, 37.
Descartes, 23, 31, 48, 91, 105, 114, 115, 118, 121, 123, 124, 128, 146, 182, 216, 231, 234, 310, 383, 386.
Deschamps, 154, 162.
Deslandes, 144, 146.
Destutt de Tracy, 144, 152.
Dezobry, 98.
Diagoras de Mélos, 35.
Diderot, 122, 151, 154, 167, 172, 173, 174, 175, 176, 179, 180, 224, 300.

Diogène d'Apollonie, 28.
Diogène de Babylone, 42.
Diogène le Cynique, 19, 20.
Diogène Laërce, 27, 36, 64.
Diogène de Séleucie, 47.
Diomède, 82.
Dion Chrysostome, 64.
Djaïna, 19.
Dodwell, 135, 136.
Dominique (Saint), 103, 234.
Domitien, 56.
Ducamp, 199.
Duclos, 144, 172, 175, 177.
Dugald-Stewart, 185.
Dumarsais, 144, 145, 172, 175.
Dumas, 213, 372.
Dumoutier, 187, 192.
Dupanloup (Mgr), 236.
Dupuis, 264.
Durand de Saint-Pourçain, 102.
Duval, 199.

Egide Colonne, 102.
Ehrinberg, 371.
Empédocle, 29, 226.
Enfantin, 219, 239, 240, 244.
Epaphrodite, 56.
Epictète, 49, 54, 56, 57, 58, 117, 421.
Epicure, 15, 31, 36, 37, 39, 43, 44, 45, 46, 47, 49, 50, 51, 52, 59, 62, 107, 118, 123, 124, 128, 143, 146, 215, 235, 260, 303, 310, 323.
Epiphane le Scolastique, 83.
Erasme, 105, 216.
Eratosthène, 39.
Esope, 234, 235.
Euclide, 37, 40, 81.
Euler, 176.
Euripide, 496.
Eusèbe, 77.
Eutychès, 80.
Eve, 94.
Evhémère, 39.

Faivre, 485.
Faraday, 273.
Feller, 157, 158, 163, 164.
Fénelon, 313, 454, 455, 507, 512.
Ferguson, 140, 141, 143.
Ferraz, v, 238, 241, 247.
Ferrière, 221.
Feuerbach, 281, 282.

Fichte, 18, 20, 277, 278, 280, 299, 331.
Flammarion, 339.
Flourens, 203, 285, 364, 372, 373, 483.
Fontenelle, 174, 407.
Fortunat, 83.
Fouillée, 223, 228.
Fourier, 241, 242, 243, 244, 245, 248, 331.
Franck, 1, 111, 138, 156.
François d'Assise (Saint), 103.
Frayssinous, 347, 452, 453.
Frédégise, 91, 92, 117.
Frédéric de Prusse, 151, 155, 156, 158, 176.
Fulbert de Chartres, 94.

Galiani, 51.
Galien, 64, 508.
Galilée, 121, 216.
Gall, 187, 188, 189, 190, 191, 192, 198, 200.
Gallion, 54.
Garat, 144, 151.
Garnier, 239.
Gassendi, 20, 121, 123, 124, 125, 135, 310.
Gatti de Gamond (Mme), 243.
Gaubert, 199.
Gaudry, 222, 223.
Gaütama, 12, 215.
Gazali, 87, 88, 89, 94.
Geoffroy de St-Hilaire, Etienne, 210, 211, 212, 481, 483.
Geoffroy de St-Hilaire, Isidore, 211, 481.
Georget, 193, 194, 195, 198.
Gérando (de), 397.
Gerbert, 94.
Gerson, 100.
Ghirardhelli, 187.
Giard, 223.
Giébel, 340.
Gilbert de la Porée, 99.
Giraud, 215, etc.
Godron, 483.
Goethe, 234, 280, 281.
Gorgias, 21.
Gottescalc, 92, 94, 117.
Goupil, 199.
Grammont (duc de), 157.
Gravesande, 138, 139, 143.
Grégoire le Grand (Saint), 83.

Grégoire de Rimini, 102.
Grégoire de Tours (Saint), 83.
Grimm, 144, 172, 175, 178.
Guerchin (le), 234.
Guéroult, 240.
Guillaume d'Auvergne, 103.
Guillaume d'Auxerre, 103.
Guillaume de Champeaux, 96, 97, 99, 101.
Guillaume d'Occam, 102, 109, 117.
Guizot, 497.
Gümbel, 376.

Haeckel, 219, 222, 267, 293, 294, 295, 296, 375, 376.
Haller, 193.
Hallevy, 85.
Haroun-al-Raschid, 87.
Hartley, 139, 140, 143.
Hartmann, 281, 296, 297, 298, 299, 300.
Hébert, 485.
Hégel, 27, 48, 114, 163, 234, 278, 279, 281, 282, 284, 299, 231, 444.
Helvétius, 137, 154, 158, 159, 160, 161, 162, 172, 175, 178, 260, 444.
Hennequin, 243.
Héraclite d'Ephèse, 26, 27, 33, 41, 47.
Hercule, 414.
Hérille de Carthage, 41.
Hermachus de Mytilène, 47.
Hermès, 108, 215.
Hermogène, 324, 325.
Hermotime de Clazomène, 30, 303.
Hérodote, 215.
Hérodote de Tarse, 69.
Hésiode, 76, 215.
Hettinger, 341.
Hiéroclès, 73.
Hipparchia, 38.
Hippocrate, 33.
Hippon de Rhegium, 23, 24.
Hobbes, 125, 126, 127, 128, 129, 136, 138, 141, 143, 237, 260, 263, 444.
Hodgson, 18.
Holbach (d'), 154, 163, 164, 165, 166, 167, 172, 175, 178, 471.
Holland, 471.
Homère, 215, 496.

Horace, 49, 51, 52, 110, 117.
Huet, 110.
Humbold (de), 283.
Hume, 18, 20, 69, 140, 143, 260, 261, 270, 274.
Hutcheson, 139, 141, 143.
Huxley, 267, 274, 275, 375, 376, 476.

Ibn-Râdja, 85, 89.
Ibn-Gébirol, 85.
Ibn-Sina, 87, 88.
Ignace de Loyola (Saint), 234.
Isa-ben-Yahia, 88.
Isaac, 100.
Isidore le gnostique, 76.
Isidore de Séville (Saint), 83.

Jaïmini, 12.
Jamblique, 73.
James Mill, 262.
Jaucourt (de), 172, 173, 174.
Jean d'Arabie, 88.
Jean l'Evangéliste (Saint), 75, 76.
Jean XXII, 102.
Joly, 213, 371, 372, 373.
Jordano Bruno, 20, 112, 114, 115, 118, 216, 237.
Joubert, 461.
Jouffroy, 185, 186, 424, 425, 426, 427, 428, 429, 430, 431, 432, 433, 434, 520.
Jourdain, 381, 382, 388, 389, 457, 458.
Jourdan, 199.
Jourdy, 214.
Jussieu, 340.
Juste-Lipse, 108.
Justin (Saint), 58, 326.
Justinien, 73.

Kanada, 12, 14, 15, 16, 215.
Kant, 31, 48, 69, 91, 93, 276, 277, 279, 299, 331, 383.
Kapila, 7, 12, 13, 14, 31, 215, 383.
Kendi, 87.
Képler, 121, 216.
Kleutgen, 313.
Khoung-fu-Tseu, 215.
Krause, 331.
Kuno Fischer, 121.

Lactance, 2, 54, 326, 327.
Lacyde, 42.

Laënnec, 521.
Laffite, 252.
Lagrange, 170.
Lallemand, 199.
Lamarck, 14, 20, 142, 207, 208, 209, 210, 213, 214, 224, 225, 280.
Lamartine, 232, 233.
Lamennais, 331.
Lanfranc, 95.
Lange, 227.
Lao-Tseu, 66.
Laouénan (Mgr), 10.
Laplace, 230, 290.
Lapparent (de), 376.
Laromiguière, 182, 183, 184, 185, 186, 428, 429.
Laugel, 207, 373.
Laurent, 239.
Lavater, 187, 192.
Leblais, 228, 250, 287.
Lechevalier, 240, 243.
Leibnitz, 102, 105, 155, 187, 215, 216, 270, 309, 310, 311, 313, 317, 319, 320, 391.
Lenglet-Dufresnoy, 172, 173.
Léopardi, 281.
Leroux, 14, 20, 240, 244, 245, 246, 248, 331.
Leucippe, 31, 32, 33, 34, 36, 44, 47, 310, 323.
Leuret, 286.
Lewes, 250, 267, 268.
Lherminier, 240.
Liberatore, 343.
Liebig, 340.
Littré, 122, 230, 249, 250, 252, 253, 254, 258, 259.
Locke, 34, 48, 125, 129, 130, 131, 132, 133, 134, 135, 136, 137, 139, 140, 143, 145, 146, 149, 150, 156, 162, 179, 182, 210, 217, 260, 263.
Lombard Pierre, 99.
Longet, 285.
Louis de Bavière, 102.
Louis le Débonnaire, 93.
Louis (Saint), 103, 104, 452.
Lucain, 54.
Lucien, 42, 49, 59, 61, 62, 117.
Lucilius, 55.
Lucrèce, 35, 49, 50, 51, 54, 117, 167, 206, 215, 234, 260, 281, 360.
Luther, 109, 110, 112, 118.
Luys, 201, 204, 205, 228, 287.
Lyell, 262, 267, 476.

Mably, 144, 172, 174, 175, 177.
Machiavel, 112, 118, 128, 237.
Magendie, 193, 199, 200, 201, 286.
Magnen, 124.
Magnus, 273.
Mahomet, 86.
Maillet, 206, 207.
Maimonide, 85, 86.
Maistre (Joseph de), 121, 125, 133, 134, 359, 360, 361, 405.
Malebranche, 110, 115, 234.
Malesherbes, 179.
Malthus, 216, 261, 262.
Mandeville, 136, 137, 143.
Manès, 78, 79.
Mangerin, 240.
Manou, 215.
Marc-Aurèle, 49, 54, 56, 58, 59, 62, 77, 117, 281.
Marcion, 77.
Marco Polo, 103.
Maréchal, 154, 167.
Maret (Mgr), 276.
Margerie (Amédée de), v, 289, 293.
Marguerite, 111.
Marmontel, 144, 172, 175, 179.
Marsile Ficin, 107, 108.
Martianus Capella, 81.
Martin Th.-H. 363, 365, 367.
Martini, 341.
Martins, 222.
Maupertuis, 154, 155, 158.
Maxime de Tyr, 64.
Mayron (de), 102.
Mazzoni, 107.
Mélanchton, 109.
Mélissus de Samos, 331.
Mellier, v, 491, 493, 497, 501, 504.
Ménodote, de Nicomédie, 69.
Meslier, 163.
Métrodore de Chio, 35.
Métrodore de Lampsaque, 47.
Mettrie (de la), 122, 154, 156, 157, 158, 161, 198, 260, 444.
Meunier, 243.
Michelet de Berlin, 231, 232, 233, 284.
Milne-Edwards, 264, 340, 372, 373, 485.
Milton, 450.
Minos, 215.
Mirabaud, 154.
Mirville (de), 121, 122.

Moïse, 60, 108, 215.
Moleschott, 227, 228, 250, 286, 287, 300.
Molière, 125.
Molinos, 20.
Montaigne, 109, 110, 111, 118, 187.
Montègre, 190, 216.
Montesquieu, 144, 145, 146, 162, 172, 174, 175, 234, 328.
Mony, 240.
Moreau, 233, 234, 235.
Morellet, 144, 172, 175.
Mortillet, 201, 202.
Mothe le Vayer (la), 125.
Muiron, 243.
Muller, 340.
Musset, 213, 371, 372.

Naigeon, 154, 165, 166, 167.
Napoléon, 234.
Naudin, 213, 214.
Nausiphane, 43.
Necker, 172, 173, 174, 175.
Néoclès, 47.
Néron, 52, 53, 54, 452.
Nestorius.
Newton, 156, 216, 230, 234, 269, 310.
Nicolas, Auguste, 170, 198.
Nicolas de Cuss, 107.
Nicole, 110.
Nicomaque, 81.
Nizolius, 105.
Nolen, 296.
Numa, 215.
Numénius d'Apamée, 72.
Nuyter, 229.
Nysten, 253, 259.

Odart, 484.
Olympiodore, 73.
Olinde Rodrigues, 239.
Origène, 61, 328, 329.
Orphée, 108, 215.
Othon, 94.
Otto de Guérick, 121.
Owen, 279, 280, 476.
Ozaneaux, 382, 383.

Paget, 243.
Panœtius de Rhodes, 42.
Parménide, 330.
Pascal, 110, 165, 488.

Pasteur, 213, 368, 369, 370, 371, 372, 373.
Patanjali, 12, 215.
Paul (Saint), 54, 55.
Paulus, 281.
Pauthier.
Payen, 213.
Pecqueur, 247.
Pellerin, 243.
Péreire, 240.
Périclès, 27.
Persée de Cittium, 41.
Pétrarque, 216.
Phèdre l'Epicurien, 47.
Phérécyde de Scyros, 25, 26.
Philippe le Bel, 102.
Philodème de Gadara, 47.
Philolaüs, 327, 328.
Philon le Juif, 72, 74, 83.
Pic de la Mirandole, 107, 108.
Pierre (Saint), 75.
Pierre de Blois, 103.
Pierron, 62.
Pinel, 190.
Platon, 27, 37, 40, 43, 49, 68, 73, 76, 77, 79, 81, 91, 93, 107, 108, 112, 113, 118, 137, 215, 226, 303, 310, 312, 323, 324, 326, 490, 496, 499, 500.
Pline l'Ancien, 49 52, 53, 117, 206, 215.
Plotin, 72, 73, 310, 312.
Plutarque, 64, 234.
Polyen de Lampsaque, 47.
Pompadour (Mme de), 179.
Pompée, 50.
Pompéry (de), 243.
Pomponace, 105, 106, 118.
Porée (Père), 158.
Porphyre, 72, 73, 91, 95.
Porta, 187.
Posidonius d'Apamée, 42.
Potamon d'Alexandrie, 72.
Pouchet, Félix, 212, 213, 214, 368, 369, 370, 371, 372, 373.
Pouchet, Georges, 224, 225.
Priestley, 142, 143, 179, 268, 269.
Proclus, 73, 93.
Proudhon, 246, 247, 248.
Ptolémée, 64, 81.
Pyrrhon, 18, 20, 36, 37, 300.
Pythagore, 20, 21, 25, 26, 76, 81, 107, 108, 215, 310.

Quatrefages (de), 213, 340, 484, 486.
Quémond de Dieppe, 199.
Quesnay, 172, 173, 174, 179.

Raban-Maur, 92.
Rabbi-Akiba, 83.
Rabelais, 216.
Ramus, 112, 113, 118, 120.
Ravaisson, 237, 247, 263.
Raymond Lulle, 102.
Raynal, 154, 172, 174, 175, 177, 178.
Redi, 373.
Reid, 428, 445, 453, 454.
Rémusat (Ch. de), 121, 122.
Renan, 216, 225, 230, 231, 250, 259, 283.
Renaud, 243.
Reynaud, 240, 245, 246, 248.
Riaux, 1.
Ribot, 250.
Richelieu, 116.
Richond des Brus, 199.
Realdès (de), 313.
Robin Charles, 201, 202, 250, 252, 259.
Robinet, 154, 166, 328.
Robinet (docteur), 252.
Roche, 199.
Romulus, 81.
Roscelin, 96, 97, 98, 117.
Rosmini, 437.
Rousseau Jean-Jacques, 105, 144, 151, 162, 167, 172, 175, 178, 180, 237, 416, 450.
Royer (Mlle Clémence), 214, 215, 216, 217, 218, 219.
Royer-Collard, 428, 429.
Ruge, 282.

Saadia, 85.
Sadolet, 105.
Saint-Evremond, 125.
Saint-Lambert, 154, 161, 162, 172, 175, 195.
Saint-Simon, 237, 238, 239, 240, 241, 242, 250, 331.
Sainte-Beuve, 229.
Saisset, 328.
Sakya-Mouny, 17, 216.
Salinis (de), 15, 16.
Salluste, 50.
Salomon, 215.

Sanchez, 112, 115, 118, 120.
Sanchoniaton, 215.
San-Severino, 313, 323, 440.
Sanson, 199.
Santi, 341.
Sapor, 78.
Sarlandière, 199.
Saturnin, 76, 77, 78.
Scaliger, 108.
Schaaffhausen, 267, 284, 285.
Schelling, 114, 277, 278, 279, 280, 299, 331, 444.
Schmid, 281, 282.
Schopenhauer, 280, 281, 297, 299.
Schulze, 280.
Scorbiac (de), 15, 16.
Scot (Duns), 102.
Scot Érigène, 93, 94, 101, 117, 331.
Scoutetten, 199.
Sénèque le philosophe, 49, 54, 55, 117, 496.
Serres, 212.
Sextus Empiricus, 70.
Simon ben-Jochaï, 83.
Simon le Magicien, 75, 76, 77.
Simonin, v, 294.
Sixte-Quint, 234.
Socrate, 21, 26, 30, 36, 37, 57, 98, 146, 215, 234, 458, 494, 496.
Socrate le Scolastique, 83.
Sophocle, 496.
Sorbière, 125.
Soury, 228, 287.
Sozomène, 83.
Spencer, 224, 250, 268, 270, 271, 272, 273.
Spinosa, 14, 20, 93, 105, 114, 128, 129, 135, 168, 237, 278, 281, 331, 443.
Spurzheim, 187, 190, 191, 192.
Stahl, 335, 340.
Stanislas de Pologne, 161.
Straton, 37.
Strauss, 283, 284.
Strauss-Durcheim, 340.
Stuart-Mill, 250, 262, 263, 268.
Suarez, 313.
Sylvestre II, 94.

Tacite, 53, 215, 234.
Taine, 145, 230, 250, 254, 255, 256, 257, 258, 259.
Tao-Tseu, 215.
Télésio, 112, 113, 118, 120.

DES PHILOSOPHES

Tennemann, 279, 319.
Térébinthe, 78.
Tertullien, 324.
Thalès de Milet, 7, 9, 21, 22, 23, 24, 25, 26, 27, 28, 30, 31, 33, 47, 215, 323, 325.
Théodore de Cyrène, 39.
Théodoret, 79, 83.
Thierry Augustin, 238.
Thomas d'Aquin (Saint), 65, 85, 95, 100, 102, 103, 104, 234, 313, 329, 352, 439, 449.
Thomas de Bradwardin, 102.
Tomasi, 341.
Thucydide, 215.
Ticho-Brahé, 121.
Timocrate, 47.
Tite-Live, 215.
Titus, 452.
Tofaïl, 89.
Topinard, 219, 220, 221, 295.
Toussenel, 243.
Transon, 240, 243.
Trécul, 341.
Treille, 199.
Tressan (de), 172, 173, 174.
Turgot, 144, 159, 172, 174, 175, 178, 179.
Tyndall, 273, 274.

Urbain VIII, 116.

Valentin, 76, 77.
Vallet, v, 260.
Valroger (de), v, 207, 264, 267, 283, 284, 286, 362, 474, 475, 480.
Vanini, 105, 106, 107, 118, 216.
Varnhagen, 283.
Varron, 50.
Vespasien, 52.
Viardot, 225, 229, 230, 281, 299.

Vidal, 247.
Vigoureux (Mme), 243.
Villegardelle, 247.
Vimont, 191.
Vincent de Beauvais, 103.
Virchow, 227, 287, 288, 293.
Virgile, 206, 496.
Vivès, 112, 118.
Vogt, 227, 250, 267, 285, 286.
Volney, 154, 171, 172.
Voltaire, 49, 61, 125, 137, 144, 159, 161, 162, 163, 167, 172, 173, 174, 175, 176, 178, 179, 180, 249, 284, 328.
Vulpian, 201, 203, 204.
Vyâsa, 12, 215.

Wagner-Rodolphe, 285.
Wallace, 284.
Walpole, 121.
Walter Burleigh, 102.
Walter Scot, 234.
Washington, 234.
Wessel Gransfort, 102.
Wicleff, 102.
Wolf, 310.

Xénocrate, 43.
Xénophane, 21, 26, 31, 33, 330.

Yousouf, 89.
Ysabeau, 187, 192.

Zabarella, 105, 106, 118.
Zénon de Cittium, 37, 40, 41, 42, 47, 56, 57, 59, 108, 118, 146.
Zénon l'Épicurien, 47.
Zénon d'Élée, 31, 331.
Zénon de Tarse, 42.
Zittel, 376.
Zoroastre, 108, 215.

L. J. C.

www.ingramcontent.com/pod-product-compliance
Lightning Source LLC
Chambersburg PA
CBHW070826230426
43667CB00011B/1702